AF544713

México

hecho a mano

CENTRO

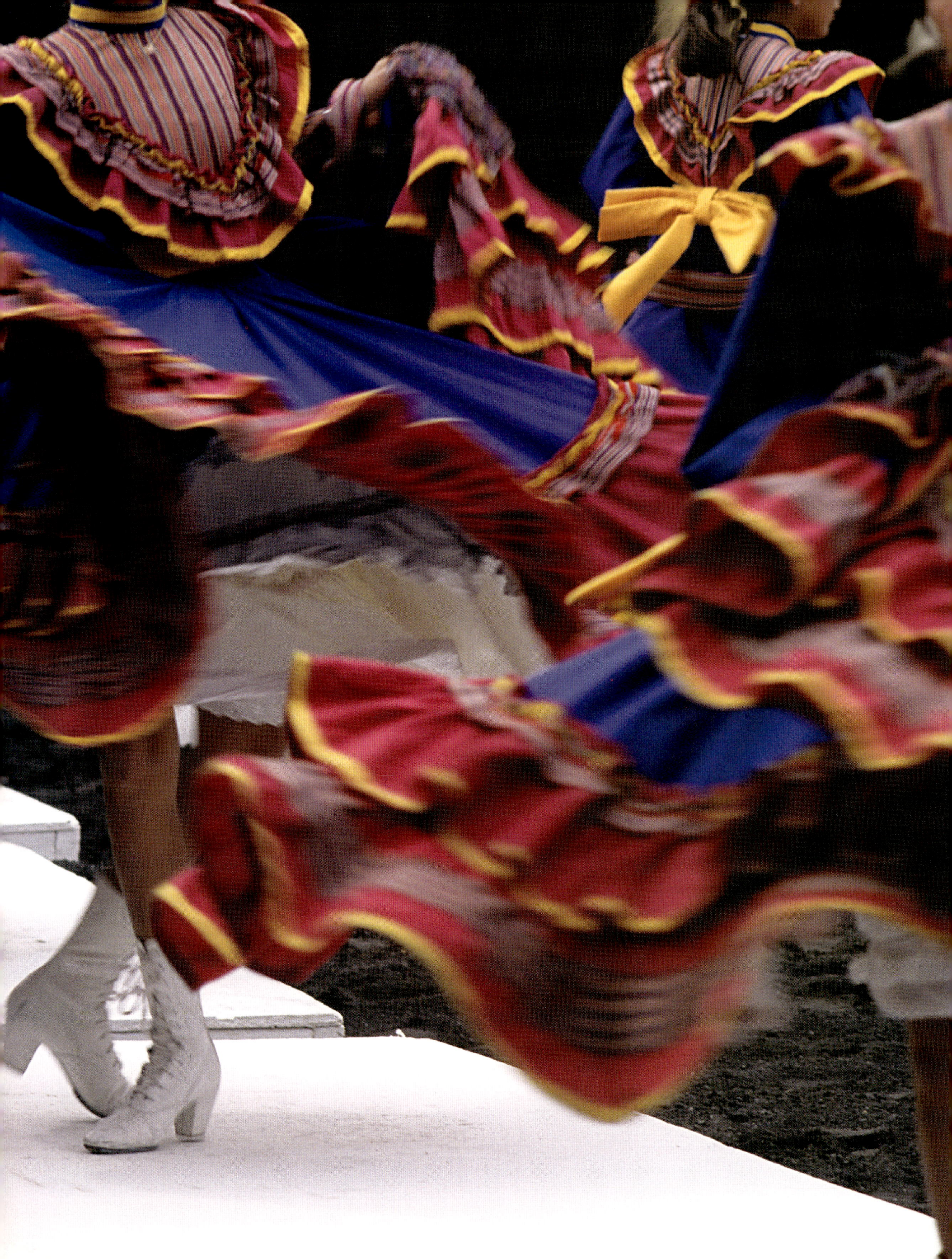

Mexico

handcrafted

CENTRAL REGION

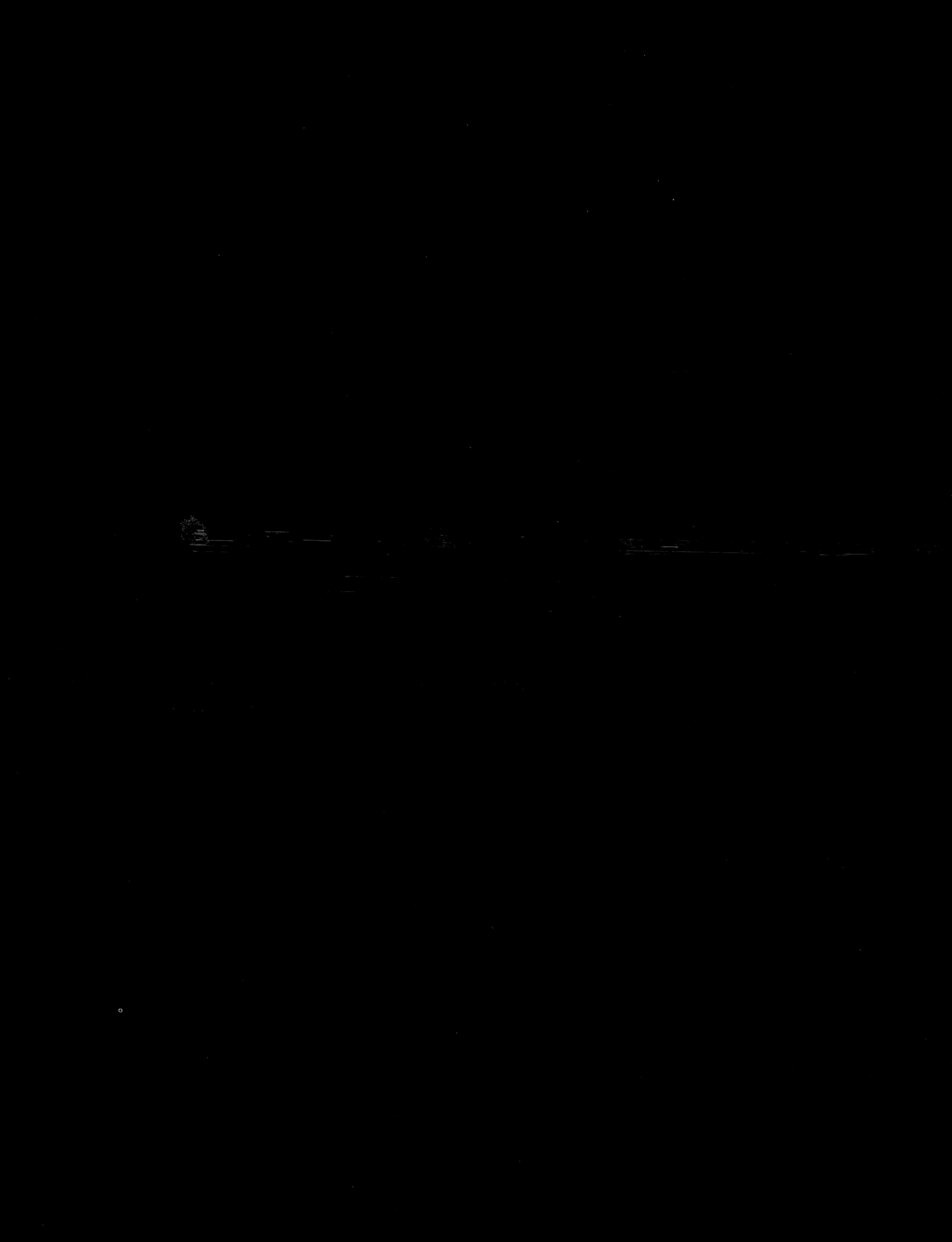

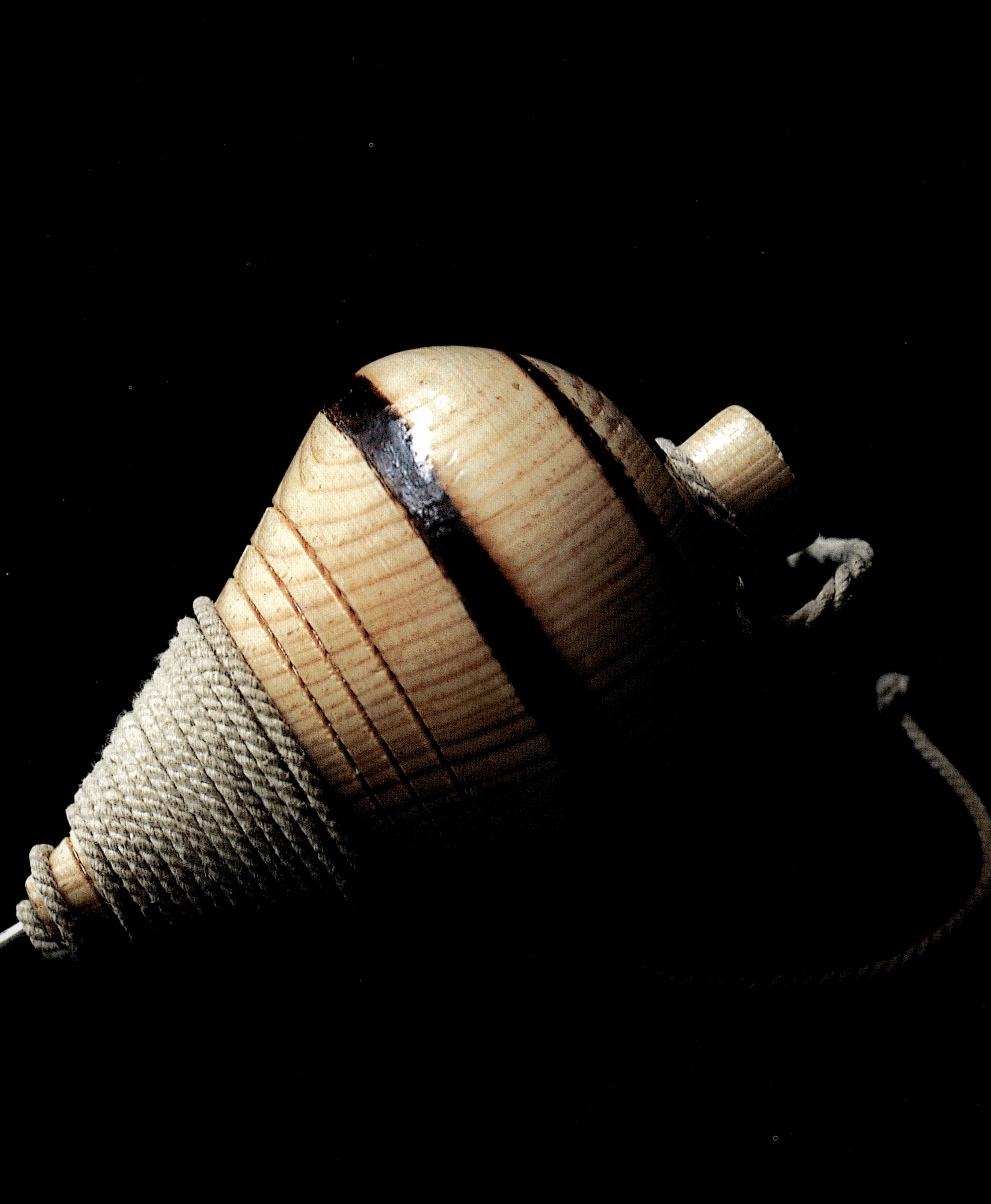

autores *authors* Fernando de Haro & Omar Fuentes

diseño y producción editorial *editorial design & production* AM Editores S.A. de C.V.

dirección del proyecto *project managers* Valeria Degregorio V. y Tzacil Cervantes O.

coordinación *coordination* Edali Nuñez Daniel

texto original *original text* Abraham Orozco

traducción *translation* Louis Loizides

fotografía *photography* Carlos Hahn

México, Hecho a mano - Centro / Mexico, Handcrafted - Central Region

1a. Edición / 1st. Edition

ISBN español 978 970 9726-80-0 ISBN inglés 978 970 9726-81-7

AM Editores S.A. de C.V., Paseo de Tamarindos #400-B suite 102, Col. Bosques de las Lomas C.P. 05120, México D.F., Tel. 52(55) 5258-0279. Fax. 52(55) 5258-0556. E-mail: ame@ameditores.com **www.ameditores.com**

Impreso en China / Printed in China.

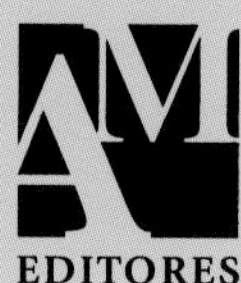

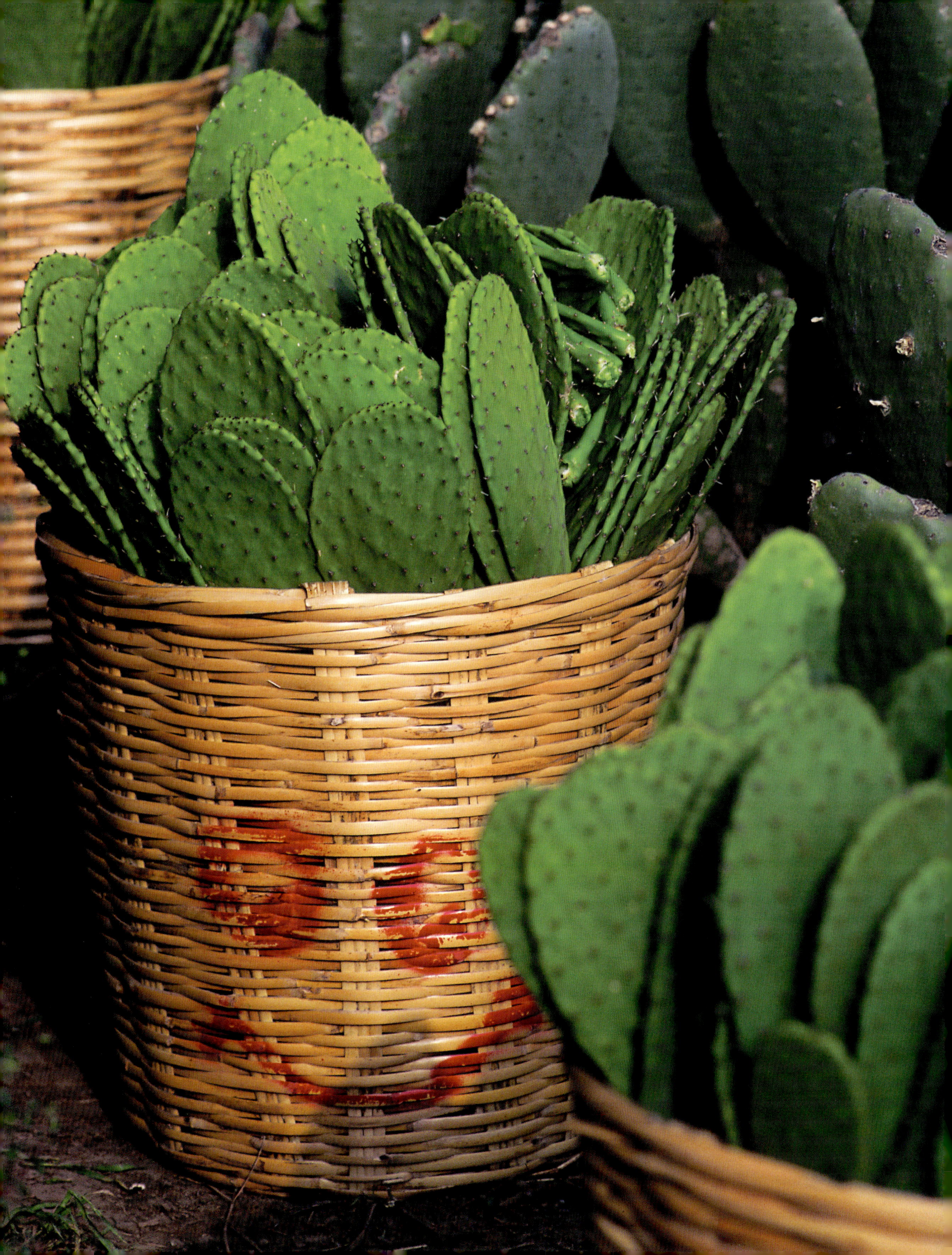

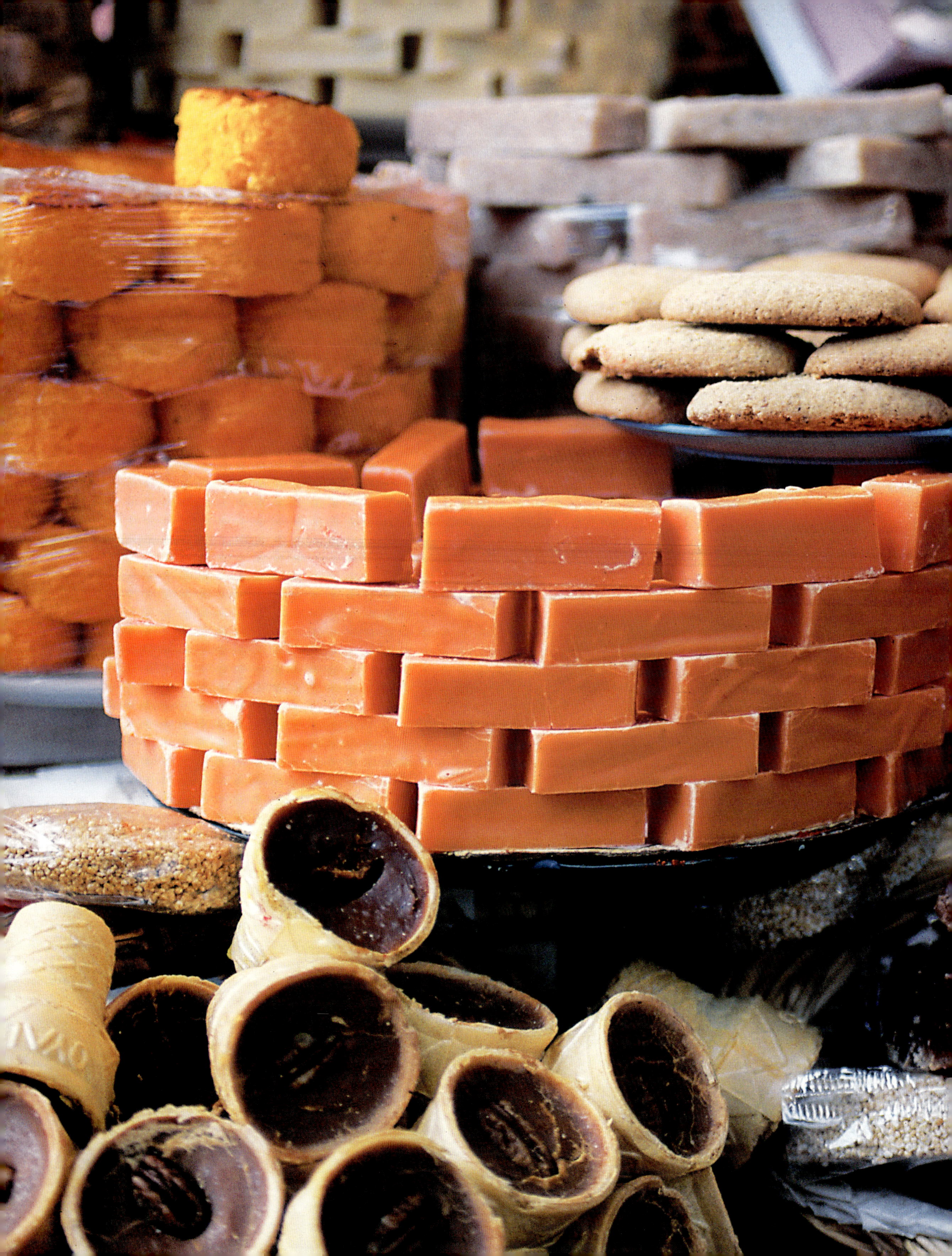

México, *hecho a mano*

Hecho a mano es, ante todo, la oportunidad de recorrer el extenso territorio mexicano, de asomarse a su historia, de identificarse con su gente, de conocer la riqueza de sus tradiciones, su arte, su cultura, pero, sobre todo, de admirar la manera como sus hombres y mujeres transforman el entorno con sus propias manos, engalanan sus atuendos para vestirse de fiesta, llenan de texturas, colores y formas sus utensilios cotidianos, enriquecen con aromas y sabores la mesa de todos los días y convierten en filigrana las piedras que protegen la morada de sus ancestros.

Un recorrido por el centro geográfico de México que parte de las extensas llanuras del altiplano, bordea las serranías que envuelven la cuenca del Valle de México, se extiende sin fronteras hasta los confines de las huastecas y recala en las costas del Pacífico, de Nayarit a Michoacán, pasando por Jalisco y Colima, luego de nutrirse de la riqueza cultural e histórica de las tierras interiores como Aguascalientes, Querétaro, Guanajuato, Hidalgo, Morelos, Puebla y Tlaxcala.

La confluencia de las culturas de los pueblos indígenas, fuertemente enraizada en el espíritu de sus habitantes, con las de las civilizaciones europeas, representada por el conquistador español, da lugar al surgimiento de una nueva cultura, más rica y más poderosa porque comparte lo mejor de cada una de ellas. Sin esta circunstancia no sería posible entender las diferentes expresiones que conviven a lo largo del territorio. El artesano lleva implícita la herencia prehispánica, pero en cada momento histórico ha sabido adecuarse a la época que le ha tocado vivir. Durante la colonia asimiló técnicas y modelos europeos adaptándolos a su particular idiosincrasia. El alfarero aprendió de los europeos a usar el torno para facilitar su trabajo y enriqueció la decoración de sus objetos con elementos importados; las mujeres siguieron confeccionando sus trajes en forma tradicional, pero a los tejidos ancestrales añadieron las nuevas telas y los encajes traídos del viejo mundo. Los hombres, por una exigencia laboral, empezaron a vestir al modo europeo. La cocina comparte aromas, colores y sabores de su propia cultura con el condimento, la sazón, y algunos ingredientes, de la más exquisita cocina española y europea en general. Muchas construcciones, dedicadas al culto cristiano traído por el conquistador español, se asentaron sobre antiguas estructuras erigidas para conmemorar deidades primigenias. Las manos de los naturales supieron interpretar, con absoluta precisión, las más depuradas expresiones del arte barroco y universal.

Una diversidad de expresiones, una misma identidad. En esta región del centro de México, que es la que más desarrollo alcanzó durante la Colonia, es posible disfrutar hoy de hermosas ciudades de una gran riqueza arquitectónica, como Morelia, Querétaro, Guadalajara, Guanajuato, Puebla, Cuernavaca, la ciudad de México, donde conviven los vestigios de importantes centros ceremoniales, con sus pirámides y obras escultóricas, con los igualmente importantes centros históricos coloniales y su inagotable inventario de magníficos edificios civiles o religiosos de diferentes épocas y estilos. Al mismo tiempo, y a cada paso, tanto en esas grandes ciudades como en los poblados vecinos o en comunidades apartadas, comparten el escenario una inmensa riqueza de manifestaciones culturales, objetos artesanales de diversa naturaleza, algunos suntuarios y otros de uso cotidiano, pero siempre emblemáticos y representativos de cada lugar. Piezas de cerámica, vasijas de barro, objetos decorativos, juguetes, loza, azulejos, artículos de vidrio, piezas de latón y cobre martillado. Los diseños son diversos y muy variados, los temas son inagotables, lo mismo el sol, la luna y las estrellas, trabajados en barro coloreado, que imágenes religiosas, miniaturas de barro o cerámica para los nacimientos; igualmente figuras representativas de la cultura y la contracultura de nuestro tiempo, como máscaras de luchadores, héroes de la pantalla o ídolos deportivos así como delicadas expresiones de enorme belleza y riqueza estética.

En los poblados de las sierras de Querétaro o Guanajuato, en las plazas de los típicos poblados michoacanos o de las fértiles tierras morelenses, los tianguis y mercados semanales son una fiesta para los sentidos. Lo dulce y lo salado. Aromas, colores y sabores. Dulces regionales de figuras y sabores caprichosos, cuidadosamente alineados, golosinas para chicos y grandes; frutas de temporada frescas y jugosas, artísticamente acomodadas; verduras y productos de la huerta en apetitosos racimos; hongos silvestres, legumbres, maíces de todos colores, frijol, canastos de granos y condimentos para los guisos tradicionales, guajolotes y gallinas, pescados y mariscos; antojitos y aperitivos, aguas frescas y sorbetes. Un deleite visual y una grata promesa para el paladar. Y como un regalo adicional, colores vivos y diferentes texturas en la ropa y en los trajes regionales, engalanados para la fiesta o discretos para las faenas del día; de origen prehispánico como los huipiles y jorongos o con influencia europea como los trajes de charro y china poblana. La gama de colores ilumina la plaza en días de fiesta, religiosa o pagana; ya sea en homenaje al santo patrono o a los héroes que nos dieron patria y libertad, la boda o el bautizo, el onomástico, la ocasión es propicia para vestirse de gala. Quizá una de las tradiciones más añejas es la del vestido. Por el traje se distingue a la casta, a la clase social.

Hay algo en los pueblos que no pasa, que permanece; los define en su esencia original; pasan el tiempo y el hombre, no los pueblos. Algunas formas de su vida cambian, evolucionan, se modifican sin que por eso dejen de ser lo que fueron y siguen siendo. Muchas influencias llegarán, permanecerán un tiempo y luego se irán, pero la esencia no cambia ni cambiará jamás. Sus formas de creación y su manejo del color se conservan en el vestido y los textiles igual que en la cerámica, en los juguetes y hasta en el pan, las tortillas y los dulces, belleza permanente que fluye como un río, siempre igual y siempre diferente. Los colores son emblemáticos, vivos y brillantes cuando expresan el carácter alegre y desenfadado de los pueblos del centro y del occidente mexicano, sobrios y discretos cuando simbolizan el duelo e incluso el rango y la nobleza de sus habitantes. Colorantes de origen vegetal o animal que decoran telas de algodón o cambaya, diseños y dibujos originales, teñidos o bordados. Mujeres y hombres endomingados que transitan por las plazas y los mercados; hombres, mujeres y niños de estreno en los días de fiesta y en las celebraciones.

Faldas, blusas, huipiles para el diario o para días de fiesta, sarapes, jorongos, sombreros, elegantísimos rebozos. Vestidos delicadamente bordados con grecas escalonadas o motivos geométricos, con formas florales o de animales estilizados, terminados con colores aprendidos de la naturaleza. Arte popular anónimo que impide identificar a sus creadores, pero que establece una relación íntima entre la obra nueva y el ser nacional cuyas raíces vienen de muy lejos. Refajos y corpiños, enaguas rematadas con cintas multicolores, vestidos que distinguen e identifican a los pueblos, los individualizan. Muchos pueblos conservan un fuerte rasgo indígena en la indumentaria, aun cuando sea de origen europeo; es sin duda el resultado de la fusión de dos grandes culturas. Como el sobrio y elegante traje de charro, de origen salmantino, de gala o de faena, sin duda el más representativo de la mexicanidad de hoy y el más reconocido universalmente.

Brillantes vestidos de seda, rojos, violetas, anaranjados y verdes; bandas anchas, pacientemente bordadas a mano o en máquina de coser en amarillo, rojo y negro; tejidos y bordados ajenos a la necesidad de halagar el gusto de cualquier posible comprador, pero siempre procurando satisfacer, únicamente, un íntimo sentido estético. Hay algo que queda claro luego de este extenso recorrido: el pueblo mexicano no crea formas simplemente utilitarias, sus facultades artísticas congénitas le permiten poner siempre un toque de gracia personal, un sabio concepto de belleza en todo lo que produce, sobre todo si está hecho a mano.

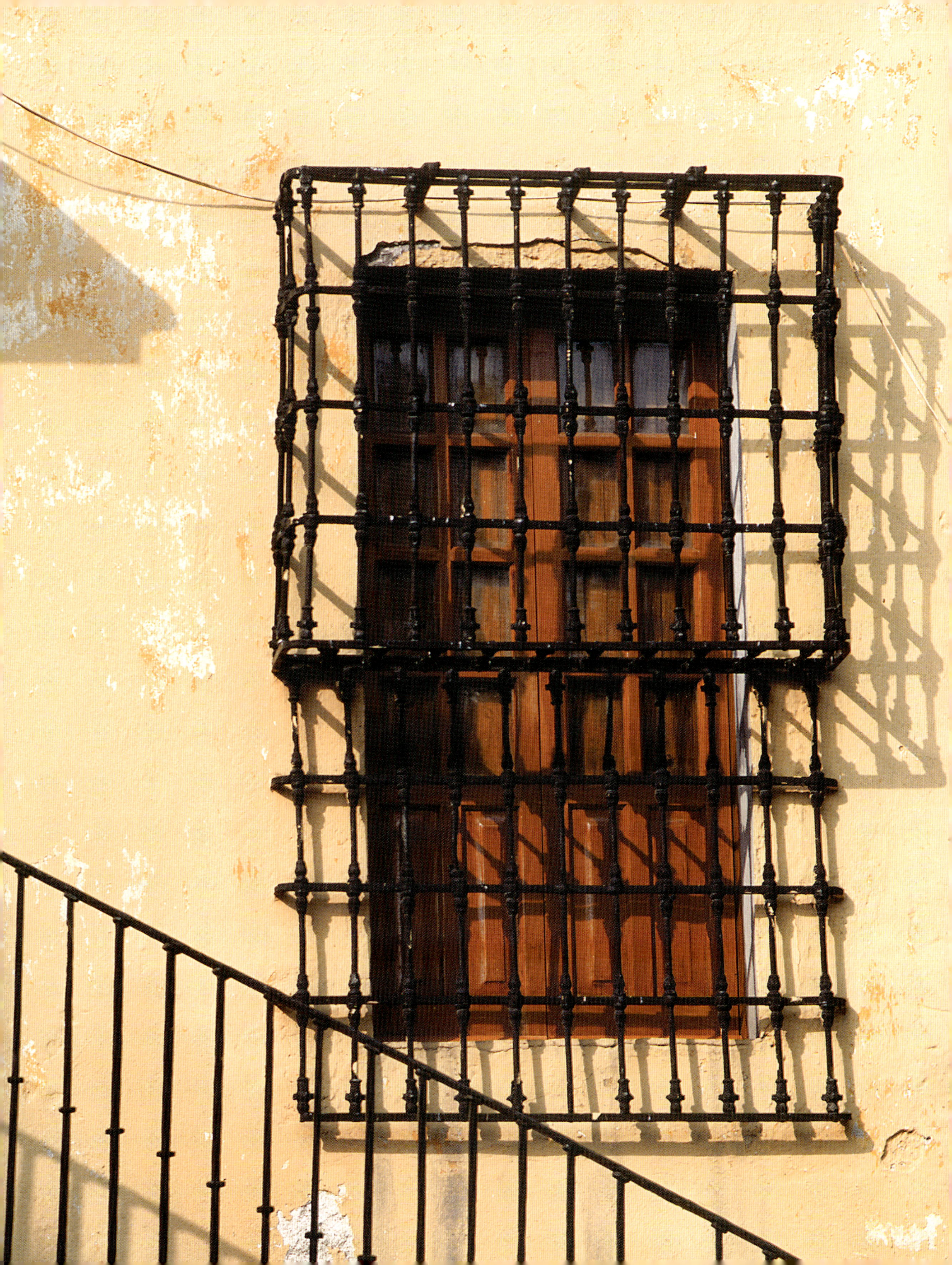

Mexico, *handcrafted*

Handcrafted is, first and foremost, a trip through the extensive terrain that is Mexico, including its history and people, where you can delve into the wealth of its traditions, art and culture, but above all experience how men and women transform their surroundings with their very hands, adorn their clothing for festivals, with a variety of textures, colors and forms, use everyday utensils to bring their dining tables to life every day with aromas and flavors, and turn the stones that protect the dwelling places of their ancestors into true works of art. This trip strolls through the geographical center of Mexico, starting from the extensive plains of the highlands, climbs the mountain ranges that enclose the Valley of Mexico basin, moves on undaunted to the land of the Huastecs and takes a dip on the Pacific coast, from Nayarit to Michoacán, passing through Jalisco and Colima, after taking in its fill of the cultural and historical wealth of the inland realms of Aguascalientes, Querétaro, Guanajuato, Hidalgo, Morelos, Puebla and Tlaxcala.

The coming together of the cultures of the indigenous communities, strongly embodied in the spirit of its inhabitants, and those of the European settlers, in the form of the Spanish conquest, created a new culture that was richer and more powerful than previous cultures because it took the very best from each component part. This cultural fusion must be borne in mind if we want to understand the different expressions that coexist all over the country today. Artisans are proud of their Pre-Hispanic heritage but, at the same time, they have managed to adapt to each new stage in history. During the colonial era, they learned new methods and models from Europe and adapted them to their particular idiosyncrasy. Potters found out from the Europeans how to use the potter's wheel to make their work easier and enrich their creations by decorating them with imported ornaments; women continued to make clothes in the traditional way, but new cloths and laces from the Old World were added to their ancestral repertoires. Men began to wear European style clothing for work. The kitchen began to blend the aromas, colors and flavors of its own culture with the condiments, seasoning and ingredients of fine Spanish cuisine and European gastronomy in general. Many buildings devoted to the Christian faith brought over by the Spanish conquistadors were constructed on top of older buildings where indigenous deities had once been worshipped. The hands of the local people recreated the purest expressions of baroque and universal art with absolute precision.

All of this amounts to a whole range of expressions within a single identity. Central Mexico, which is the region that achieved the highest level of development during the colonial era, is blessed by beautiful cities with outstanding architecture, such as Morelia, Querétaro, Guadalajara, Guanajuato, Puebla, Cuernavaca, and Mexico City. It also boasts a wealth of important ceremonial centers, each featuring pyramids and sculptures, as well as the equally important historic centers from colonial times and their endless array of magnificent civic or religious buildings from different eras and in different styles.

At the same time, in both the biggest cities and the small villages or communities that surround them, each step offers visitors an immense wealth of cultural expressions, different types of handcrafts, ranging from everyday items to exquisite works of art, but in each case emblematic and representative of each place, such as ceramics, earthenware pots, decorative items, toys, paving stones, tiles, glassware, objects made from tin and hammered copper. Equally immense is the range of designs, which could just as easily be a representation of the sun, the moon or the stars, made from colored clay; religious symbols, miniature models of the manger made from clay or ceramics; or they could be figures that embody the culture and counterculture of our times, such as wrestlers' masks, movie heroes or sports idols, as well as some of the finer expressions of beauty and esthetic richness. In the highland villages of Querétaro or Guanajuato, or in the town squares of Michoacán or the fertile lands of Morelos, the daily or weekly markets are a feast for the senses.

The menu is all-inclusive, covering sweet and savory; aromas, colors and flavors; regional sweets and desserts made with fanciful flavors and shapes, all blended with a careful hand; candies for young and old alike; fresh and juicy seasonal fruits, arranged with artistic panache; vegetables and garden produce in appetizing bunches; wild mushrooms, pulses, corn of every color, beans, basketfuls of grains and spices for traditional dishes, turkeys and hens, fish and shellfish; fancies and snacks, refreshing drinks and sorbets: all in all, a visual delight and a promise of great things in store for the palate. As an added bonus, there are the bright colors and rich textures of the regional attire and garments, decorated for festivals or more discrete for work. Some date from Pre-Hispanic times, such as the huipiles and jorongos, while others, such as the charro suits and china poblana, proudly display their European influences. The array of colors brightens up the town square during festivals, be they Christian or pagan, whether in homage to the Patron Saint or to the heroes who gave us our homeland and freedom, a wedding, a christening or a saint's day, the occasion is ideal for dressing up to the nines.

Dress is perhaps one of the oldest traditions around. Attire reveals caste or social class. There is something about the villages that simply refuses to vanish: it just stays around to define their original essence. People and time go by, but not the villages. Ways of life can change or evolve, but this does not necessarily mean they stop being what they once were and continue to be. Many influences may arrive, hang around for a while and then move on, but the essence never changes. This includes, of course, the persistence of color that remains alive in clothing and textiles, as well as in ceramics, toys and even bread, tortillas and sweets, where this ever-present beauty flows like a river, always the same yet always different.

Colors are emblematic, vibrant and brilliant when they portray the joyful and laid back character of the villages of Mexico's central and western regions, yet toned-down and discrete when they express mourning and even the resourcefulness and nobleness of the inhabitants. Colorings of vegetable or animal origin are used to decorate cotton or cambaya garments with original designs and patterns, dyes or embroidery. These colors are the raw material of men, women and children in their Sunday best strolling along the squares and markets, or specially dressed for festivals and celebrations.

The garments on view include skirts, blouses, huipiles for day to day usage or for festivals, serapes, jorongos, hats, smart shawls, dresses delicately embroidered with frills or geometric motifs, stylized flowers or animals, and finished with the finest colors nature has to offer. The anonymous popular art of making clothes conceals the crafting hands but forges an intimate link between the new creation and the national spirit whose roots are deeply entrenched in history.

See for yourself the underskirts and brassieres, petticoats finished with multicolored ribbons, dresses that distinguish and identify the different villages. Many villages maintain strong indigenous features in the attire, even if it is European in origin, clearly outlining the product of the blending of two great cultures. One example of this is the sober and elegant charro suit, originally from Spain and, whether for show or for work, without doubt the most representative costume of Mexico and the most universally recognized today.

Enjoy the abundance of silk dresses, in red, violet, orange and green tones; wide bands, patiently embroidered by hand or with a sewing machine in yellow, red and black; weaves and embroidery that do not feel any urge to pander to the whims of any possible buyers, but instead seek to satisfy only a profound sense of tastefulness. One thing you will come to realize in this extensive trip is that the Mexican people do not make things only for practical purposes: their congenital artistic flair demands that they incorporate a personal touch in their work revealing an instinctive concept of beauty in everything they make, especially if it's handcrafted.

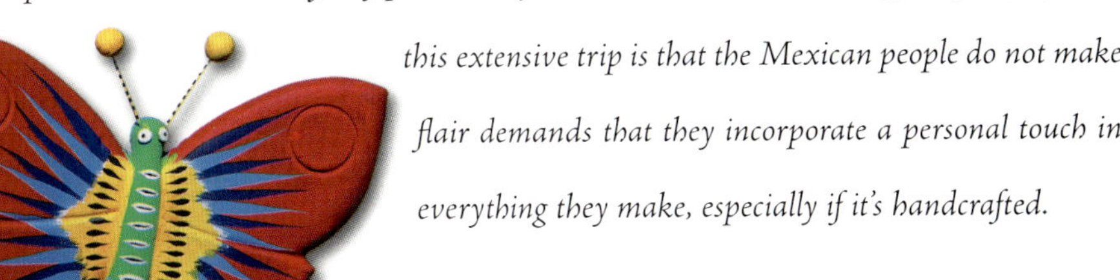

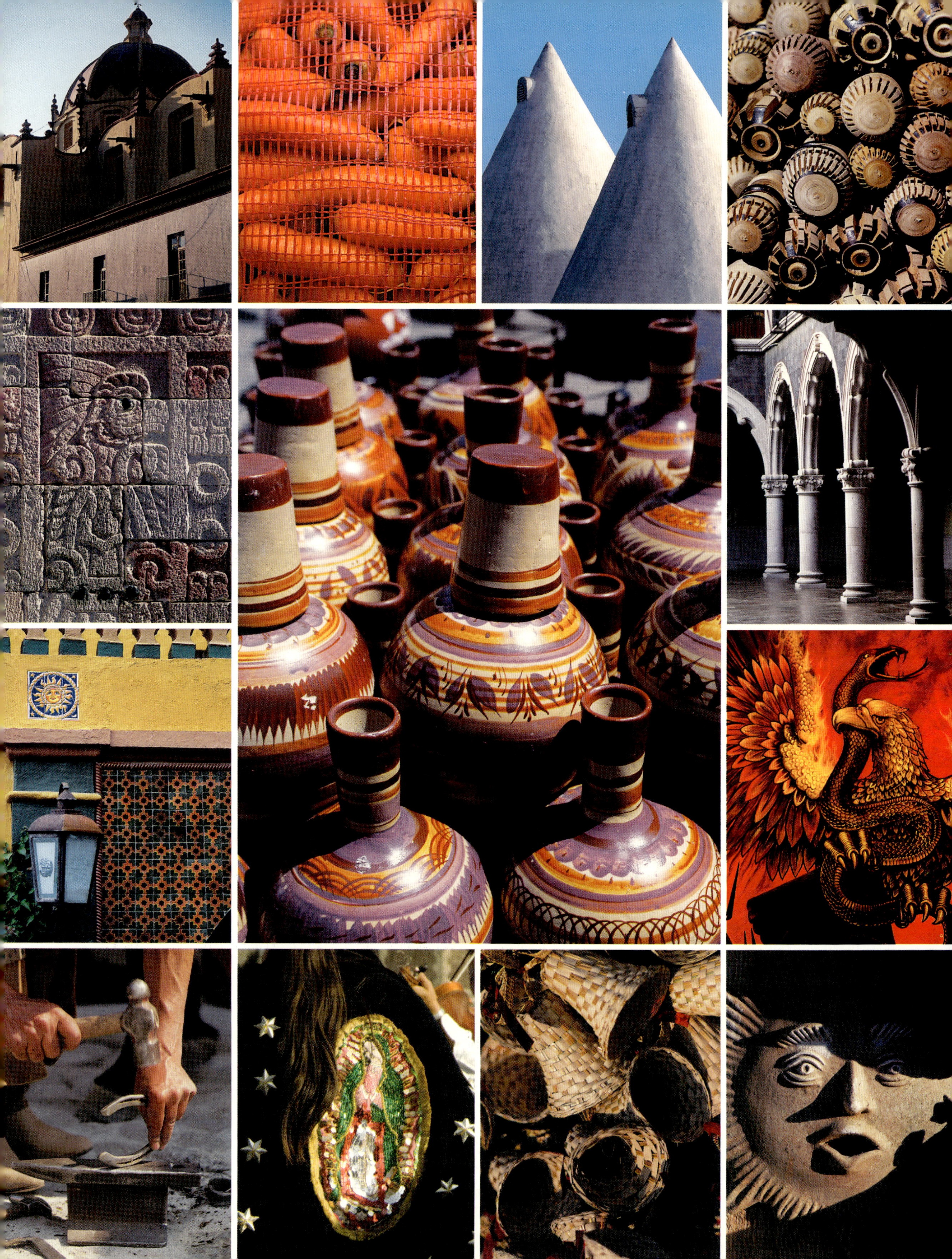

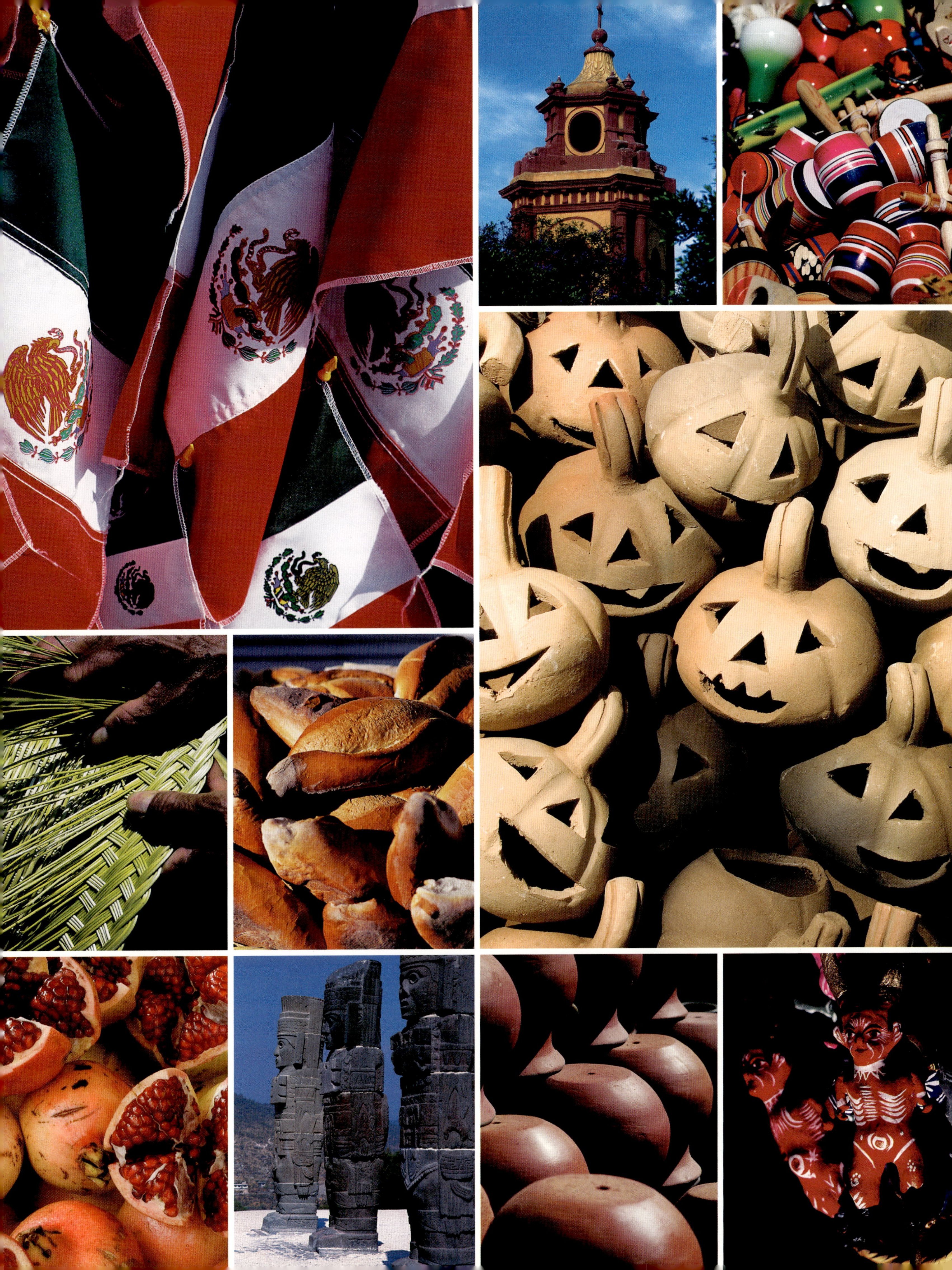

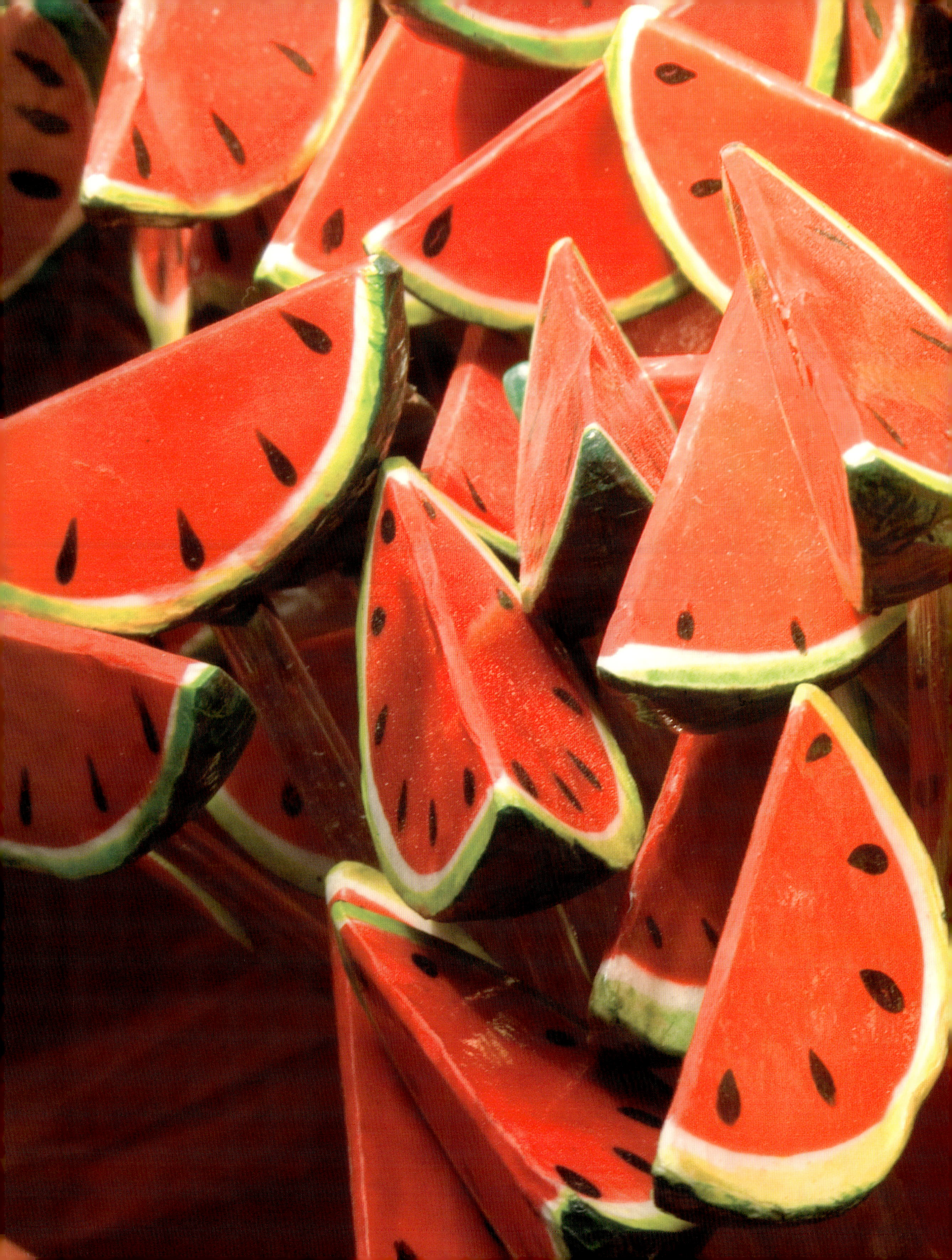

contenido *contents*

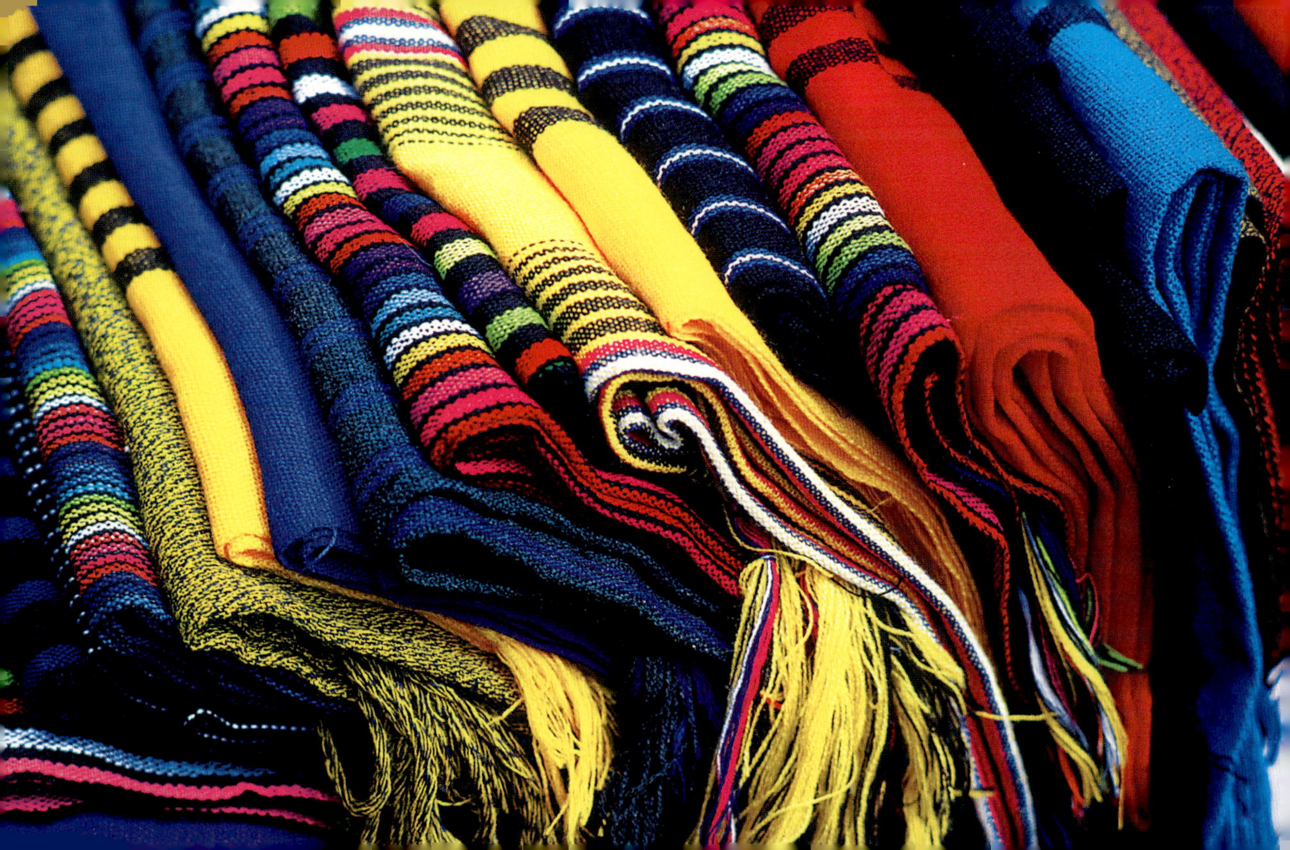

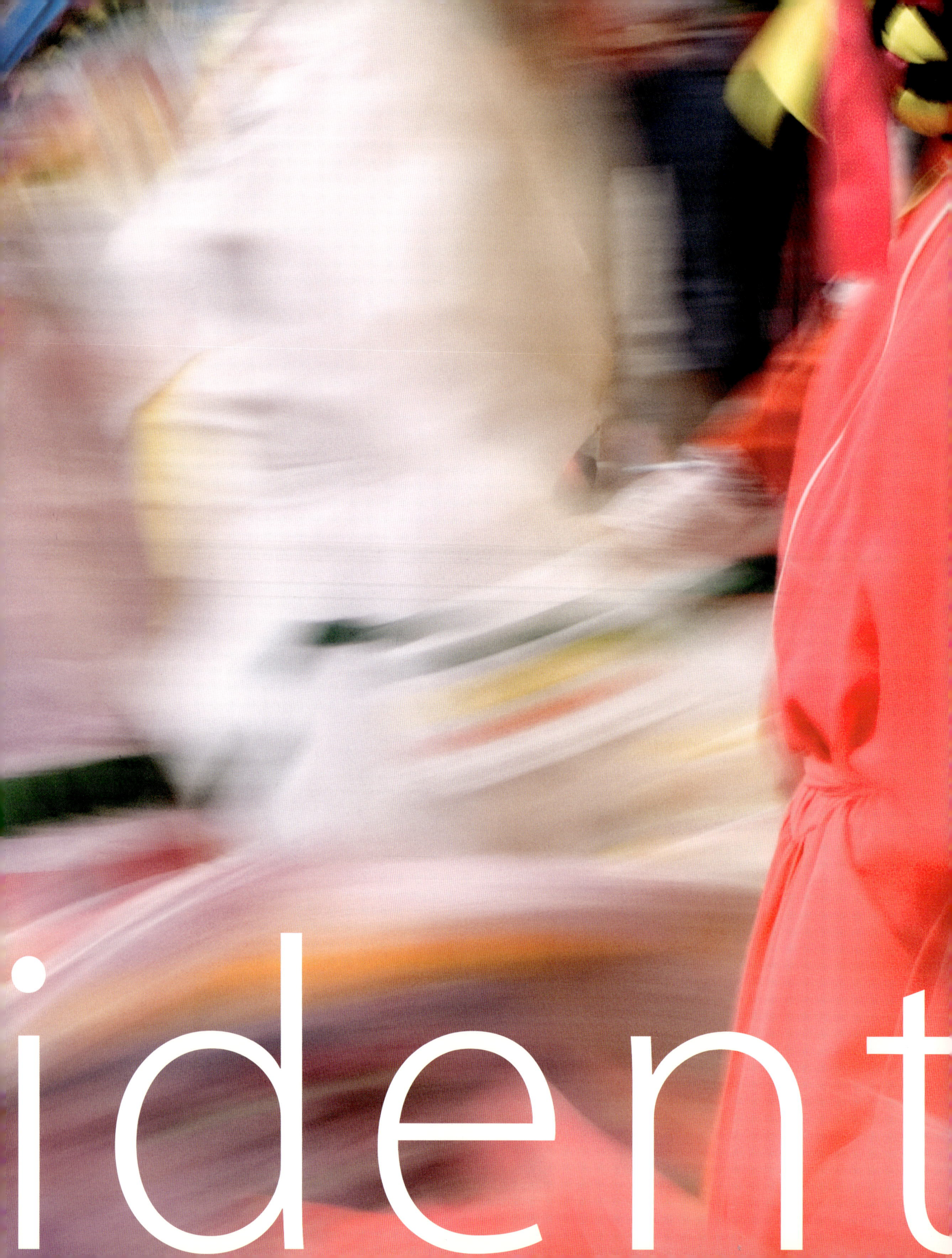
ident

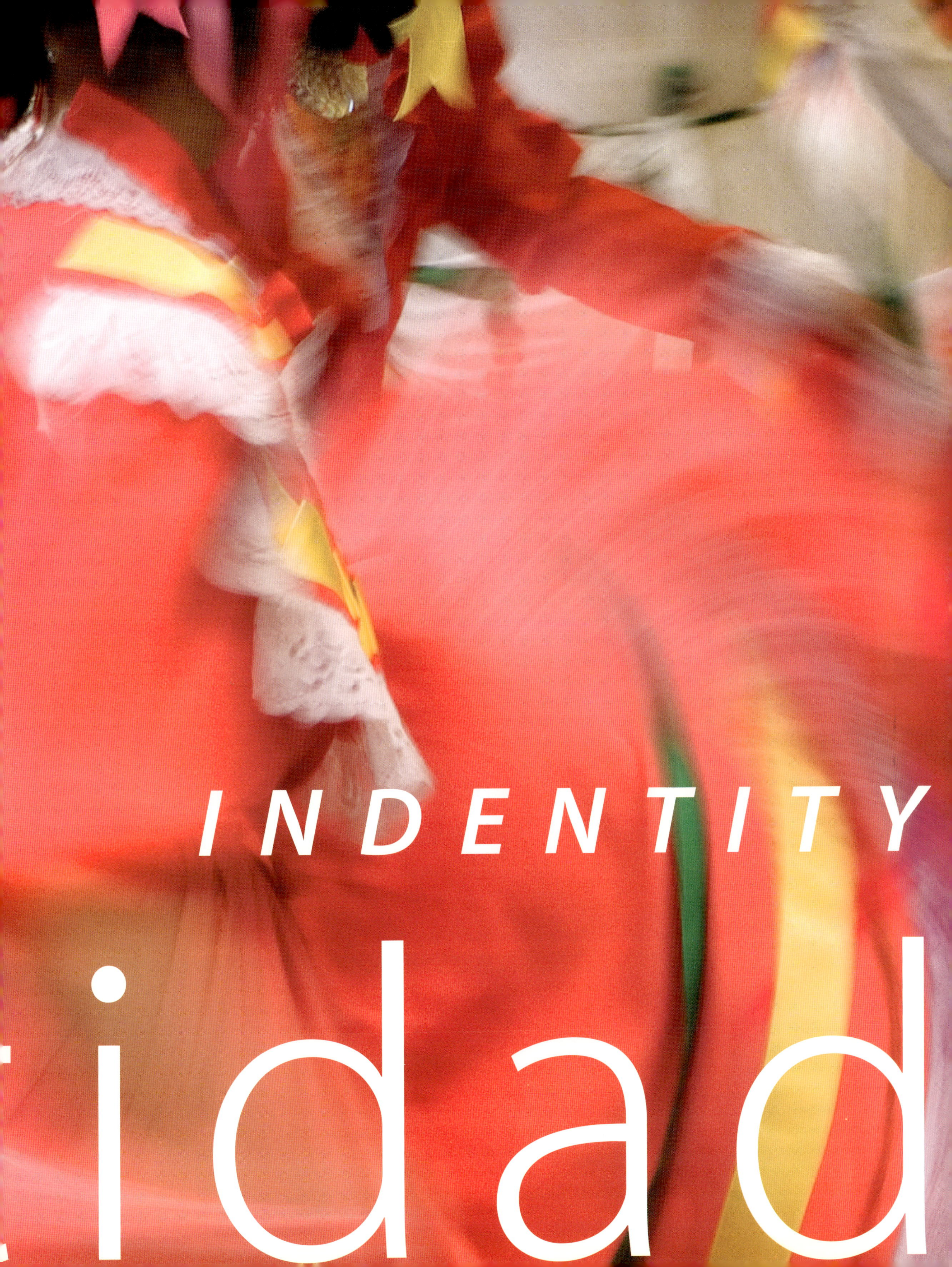
INDENTITY
tidad

La figura garbosa, el gesto altivo, con amplios vuelos el traje de la ranchera; con su porte distinguido el charro muy bien vestido.

Gente y Vestido

Cuando se habla del trabajo hecho a mano, la confección del vestido ocupa un primer lugar. Conforme evolucionan las culturas, el traje se convierte en una especie de divisa que distingue los diferentes rangos que el individuo desempeña dentro de su grupo. En la cultura occidental de nuestros días, existe la tendencia a uniformar los atuendos de la gente en todo el mundo, sin considerar las condiciones locales; en cambio, entre los grupos indígenas de México, el vestido distingue a cada pueblo individualmente. En cada comunidad hay, a su vez, ciertas prendas que definen el cargo o el rango que ocupa su portador. El traje se convierte en un símbolo de estatus social, que refleja los méritos que el individuo ha acumulado en el servicio hacia su comunidad. Igualmente, cada dibujo tiene una tradición; no se elige por su belleza ni por su valor estético, sino porque identifica al portador con su propio grupo étnico.

Durante la conquista, la comunidad indígena masculina era reclutada como mano de obra y obligada a vestir al modo europeo, pero, la mujer, relegada al ámbito doméstico y conocedora de todos los secretos sobre el arte del tejido y la tintorería, se constituye a partir de ese momento en conservadora y transmisora de la tecnología textil a través de la confección de su indumentaria.

A lo largo de quinientos años ha subsistido el gusto estético y los conocimientos técnicos ancestrales. A mediados del siglo XX, cuando hicieron su aparición en los tianguis los hilados y los tintes sintéticos las mujeres indígenas supieron asumir el cambio y, sin tener que hilar y teñir ellas mismas sus propias prendas, aprovecharon el tiempo para enriquecer los labrados y la decoración del atuendo sin que perdieran su armonía ni su identidad. Y eso es lo que se ve en nuestros días.

LAS MATERIAS PRIMAS: El algodón era una fibra propia de las altas culturas precolombinas, su uso estaba reservado para las clases privilegiadas, pues la gente del pueblo usaba prendas en su mayoría elaboradas de ixtle y otras fibras vegetales. Se empleaba el pelo de conejo, las plumas de pájaros tropicales y las pieles de variadas especies de animales. Embellecían sus prendas con la "seda de la tierra", o sea, hilos torcidos con pelo de conejo o liebre, lo que daba una textura suave y lustrosa. Aunque la "seda china" fue introducida después de la conquista, en ciertas regiones se usaba el filamento de la seda silvestre, de madroño y la seda de encino colorado.

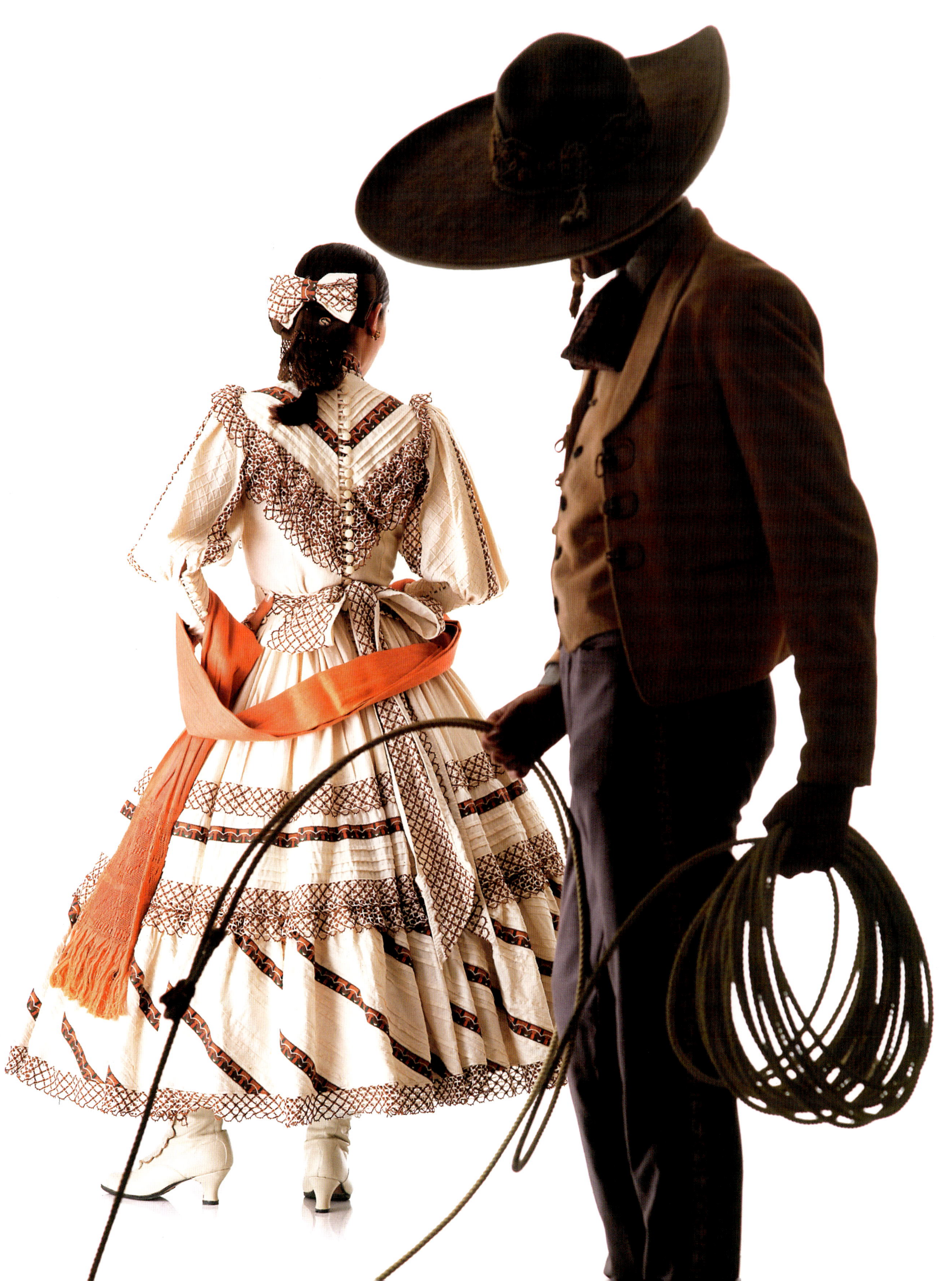

En el traje indígena se sigue usando el algodón, de las dos clases el blanco y el café, las fibras de agave y en ocasiones el chichicastle y la seda silvestre; pero hoy se emplean principalmente materiales no tradicionales, como telas de fábrica, hilazas y estambres, listones y los encajes aun para los trajes confeccionados al estilo tradicional.

LOS TELARES: El tejido era labor de mujeres, quienes usaban el telar de cintura para crear telas de gran finura y belleza, aunque también se hacían otras muy sencillas, de tipo utilitario. Aún se utilizan esos telares, que consisten de un madero cilíndrico, suspendido por medio de una reata de un poste o un árbol y otro que se ajusta, por medio de un mecapal, es decir, una faja de cuero con dos cuerdas, a la cintura de la tejedora. Entre ambos se tienden los hilos de la urdimbre.

La tejedora regula la tensión de los hilos con el peso de su cuerpo, inclinándose hacia adelante y hacia atrás. Para los tejidos más sencillos necesita una espada para abatanar el hilo de la trama. Para los tejidos más elaborados se usan unas varillas, llamadas de paso y de lizo, que sirven para abrir alternadamente las caladas y hacer la trama.

A raíz de la conquista, los españoles introdujeron un telar con una armazón de madera, que sólo manejan los hombres para hacer sarapes grandes de lana, o telas de algodón de tipo cambaya y rebozos.

En el Estado de México se tejen bellos sarapes con ese implemento. Los conocimientos y la habilidad de los artífices textileros mexicanos, se ha venido enriqueciendo paulatinamente con nuevas técnicas y nuevos modelos para elaborar los magníficos tapetes de Temoaya y los gobelinos de Xonacatlán, Estado de México, tejidos por mujeres mazahuas que incorporan a sus conocimientos técnicas persas y francesas para ofrecer piezas de impecable originalidad.

EL REBOZO: Una de las prendas más bellas del atuendo femenino, es el rebozo. Desde los tiempos de la colonia, el rebozo ha sido usado, principalmente, por la mujer mestiza y sólo en cierta medida, por la mujer indígena. Se usa de diferentes maneras, para envolverse, para taparse, para cargar niños o bultos, como adorno y como tocado. Los tradicionales rebozos, lisos, moteados o con rayas, bellamente empuntados a mano, de lana o de fino algodón, algunos bordados en colores con flores y animales, se fabrican en Tenancingo, Puebla.

Los de Paracho, Michoacán, se distinguen porque cuentan con un ancho borde cubierto de diseños anudados con hilos de seda, de colores brillantes. En Guanajuato se fabrican con el diseño tradicional, pero los que alcanzan su máxima belleza son los de Santa María del Río, en San Luis Potosí, hechos de finísima seda muy delgados. Para darles más realce, se guardan en pequeños cofrecillos de madera taraceada que son, por sí mismos, piezas artesanales muy apreciadas.

ORNATOS: Durante la colonia, los artífices más hábiles frecuentemente eran empleados para tejer y bordar telas para los españoles. Aunque en muchos casos las técnicas eran nativas, el estilo decorativo era en gran parte europeo u oriental, pero conservaba ciertos rasgos indígenas, ya sea en la selección de los motivos o en la combinación de colores.

Es muy difícil encontrar prendas completamente lisas o de un solo color. Son notables, hoy en día, los bellísimos bordados de flores y figuras multicolores en las prendas femeninas en poblaciones indígenas de Puebla, Hidalgo o el Estado de México, o el elegante punto de cruz de las prendas masculinas de los coras de Nayarit. En todo el mundo se conocen y aprecian los deshilados de Aguascalientes y de San Luis Potosí. Pero sin duda el ornato más conocido es de los trajes de lentejuelas multicolores de la china poblana.

VESTIDOS TÍPICOS: En la zona huicot, que comprende los huicholes, los coras y los tepehuanes de la sierra del norte de Jalisco y de Nayarit, las mujeres usan falda, blusa de manga larga y delantal, hechos con telas de fuerte colorido, adornadas con tiras de género, es decir, tela industrial, en colores contrastantes y cosidas en forma de picos. Los hombres usan calzón y camisa de manta con pequeños bordados y sombreros de palma. Los huicholes son los mejor vestidos de la región; camisas de manta y pantalón adornados con punto fino de cruz, sobre todo en las orillas y en los puños.

Para mayor elegancia usan sobre los hombros una capa doblada en dos triángulos profusamente bordada y con dos tiras de franela roja añadidas. La mujer huichola usa una ancha falda plisada, una corta camisa recta con manga larga, un quechquemitl y ocasionalmente una faja de lana. Entre los purépechas o tarascos de Michoacán se usa una falda con una tira de lana cosida sobre una tira de algodón del mismo ancho; este zagalejo se cose con todos los pliegues que se deseen sobre una pretina.

Para el trabajo diario muchas mujeres sustituyen estas prendas por una falda muy plisada, hecha de satín de color fuerte o de una tela estampada con pliegues cosidos en la parte cercana a la cintura. Debajo de la falda se usa una enagua blanca también plisada con hermosos bordados en la cenefa.

Una de las prendas que aún se utilizan es el huipil, que es una especie de túnica que se compone de dos o de tres lienzos rectangulares, doblados transversalmente, unidos a lo largo y dejando aberturas para los brazos y la cabeza. Los indígenas usan un huipil para el diario y otro más fino para las fiestas. Se usa también como enredo o con una falda de pretina, de corte europeo. Se lleva de muchos modos, entallado o voluminoso, plegado alrededor de la cintura, o con pliegues enfrente, de lado o atrás. Generalmente van sostenidos por una faja hecha en telar de cintura.

En la sierra de Puebla, en la Huasteca y entre las familias otomianas, se acostumbra llevar el quechquemitl en lugar del huipil. Esta prenda, de origen precolombino, indica la posición social y generalmente se asocia con diosas o mujeres nobles. Son dos lienzos rectangulares unidos de tal manera que forman una espacie de capa que cubre el pecho, la espalda y los hombros. Suele llevarse encima de una camisa de tipo europeo en combinación con enredo y faja, o con enagua de pretina.

EL TRAJE DE CHARRO: A partir del siglo XIX, un personaje nuevo que encarna la mezcla étnica, lo indígena por un lado y lo mestizo por el otro, que da nombre y figura a lo mexicano: el charro. Su traje de gran gala es, por lo general, de precio elevado y se compone de pantalón ajustado, de terciopelo, de paño o de piel de venado, retenido en la cintura por medio de una faja de extremos colgantes. Los lados de este pantalón están adornados con botones de plata unidos entre sí con pequeñas cadenas del mismo metal.

Una chaqueta corta, de paño o de piel de venado, igualmente ornamentada con botones de oro y de plata, se abre en el peto para dejar ver un chaleco del mismo material y con el mismo acabado, o una camisa blanquísima o ricamente bordada, adornada por una corbata de seda que se anuda en forma de lazo.

El traje de faena consiste en un pantalón ajustado, de paño gris listado, con una aleta de la misma tela en los costados, una camisa blanca o bordada con grecas y motivos mexicanos, botonadura de concha o de hueso y una corbata de seda, anudada en forma de lazo. A veces lleva una chaqueta corta sencilla.

SOMBREROS, PENACHOS Y TOCADO: Existe una gran variedad de sombreros que se fabrican en diferentes poblaciones de la región central de México; son famosos los de San Francisco del Rincón, en Guanajuato, por la calidad y resistencia de las fibras con las que se fabrican y cada uno conserva un sello característico que permite definir su procedencia, Michoacán, Hidalgo, Jalisco o cualquier otro lugar. El que merece una mención especial es el sombrero charro, de ala ancha y copa de "piloncillo", de tipo Puebla; con cuatro "pedradas", tipo San Luis Potosí, que en el traje de gala suele ser de fieltro con hilo de oro o de plata. El de faena, puede ser de fieltro, de palma o de vara de arroz, liso o galoneado de cuero, de gamuza o de popotillo. La forma cambia de acuerdo con la región, hay sombreros potosinos, poblanos, hidalguense, entre otros. La forma del sombrero es para protección de una caída o una coz, el ancho debe ir a plomo con los hombros de quien lo usa. El penacho es quizá la prenda masculina más representativa de las fiestas y celebraciones indígenas. Aunque se usan generalmente para las conmemoraciones cristianas y en los carnavales, sus orígenes se remontan a épocas precolombinas. Adornados con flores y plumas preciosas, los penachos y tocados se usan en danzas como los Quetzales. Las mujeres adornan su tocado con flores cuando intervienen, por ejemplo, en la danza de las Pastoras, en Valle de Bravo, México; en la danza de las Moritas, en Morelos; en la mayoría de las procesiones del Santo Patrono, en toda la región centro; en la danza de las Gualupitas, en Michoacán; en la Cuadrilla Azteca, en la ciudad de México. Igualmente adornan sus trenzas con estambres e hilos de colores, en Hidalgo, Puebla, Estado de México, San Luis Potosí y en casi toda la región centro.

COLORES Y DISEÑOS: Varias regiones se caracterizan por su estilo decorativo y su gusto por el adorno. Hay tejidos que van completamente cubiertos por figuras geométricas y florales. En otras se usan figuras humanas o animales estilizados. El colorido es rico y variado, con colores fuertes, con rojo, amarillo, morado, azul, negro. En el Estado de Nayarit hay poblaciones donde los trajes de hombres y mujeres se decoran con diseños autóctonos, como la estrella de 8 picos, el sol, la pisada de tigre, grecas y flores de vivos colores.

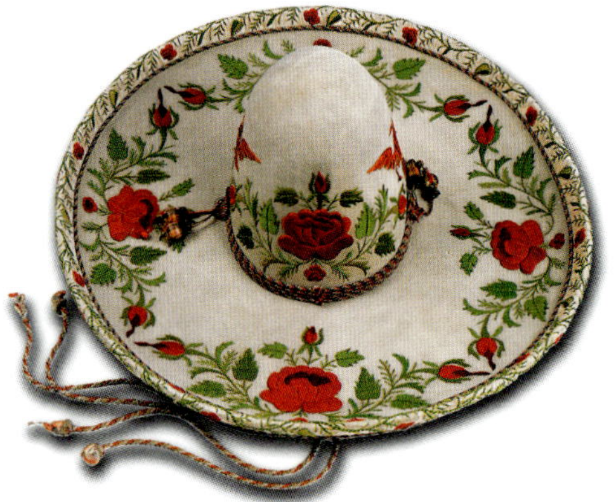

Sombrero de fieltro finamente bordado, con copa de piloncillo.
A Finely embroidered felt hat, with a cone-shaped crown.

The graceful figure, the haughty gesture, the fullness of the "ranchera"; dress with its distinguished posture the very well dressed "charro".

People & Dress

When we talk about something being handmade, nothing fits the bill quite like clothing. Cultural evolution transforms clothing into a form of currency that distinguishes the different strata within a social group. The trend in contemporary western culture is for clothing to become the same all over the world, regardless of local circumstances. For the indigenous peoples of Mexico, on the other hand, attire distinguishes each community individually, and within each community, specific items of clothing are used to define the position or status of the person wearing them. The suit is a symbol of social standing that reflects the merits obtained by the wearer in serving his or her community. Similarly, there is a whole tradition behind each image; these are not chosen for their beauty or esthetic value, but because they identify the wearer with his or her own ethnic group.

During the conquest, the male indigenous population was recruited for labor and forced to wear European-style clothing. Women, on the other hand, were assigned household chores but were also familiar with the secrets of weaving and dyeing, which made them the depositaries and teachers of textile-related techniques embodied in the clothes they made. The esthetic tastes and technical knowledge of pre-Hispanic times have been preserved for five hundred years. In the mid-twentieth century, when synthetic yarns and dyes first made their appearance in markets, indigenous women were able to take on the change and, now with no need for them to weave and dye their own clothing, made the most of their time to enrich the embroidery and the decoration of garments without undermining their harmony or identity. The result is what we can see in Mexico today.

RAW MATERIALS: *Cotton was a fiber that was very well-known to the evolved Pre-Hispanic cultures. Its usage was reserved for the privileged classes, as most people wore clothes made from ixtle (cactus plant fiber) and other vegetable fibers. Rabbit fur was also used, along with the feathers of tropical birds and the skins of different animal species. They would embellish their clothing with earth silk, which were strands wound with hare or rabbit fur to give the material a softer and shinier texture. Even after the introduction of silk from China after the conquest, people in certain regions continued to use "silk" from wild plants, strawberry tree and oak. Some indigenous attire is still made from cotton, cactus plant fiber and, sometimes, chichicastle and "silk" from wild plants, but most of the materials used today are non-traditional, such as factory cloths, yarns and worsted yarn, ribbons and laces, even for clothing made in the traditional style.*

LOOMS: *Weaving was a task for women who would use the waist loom to make very fine and splendid cloths, or more simple and pragmatic cloths. These looms are still used to this day. They comprise a wooden cylinder held by one strap from a post or tree and another one that is adjusted using a mecapal, which is a leather strip with two cords, tied around the weaver's waist. The warp strands are then held between the two, and the weaver regulates the tension of the* *strands with the weight of her body, leaning forwards and backwards. A "sword" is needed for simpler weaves to the beat the weft thread. More elaborate weaves require the use of rods, called shutoff and heddle rods, to open and close the openwork in alternation and make the weft.*

In the wake of the conquest, the Spaniards introduced a loom with a wooden frame that was used only by men to make long woolen serapes or cotton cambaya and shawls. Beautiful serapes are woven in Estado de México using this device. The skills and knowledge of Mexican textiles craftspeople have been steadily enriched by the arrival of new methods and models for making items such as the magnificent rugs of Temoaya and the French-style tapestries of Xonacatlán, in Estado de México, woven by the Mazahua women who added impeccable Persian and French techniques to their established skills.

SHAWLS: *One of the most splendid items of women's clothing is the shawl. Shawls have been used since colonial times by mixed-race women and, to a lesser degree, indigenous women. It is used in different ways, such as for wrapping oneself in, covering oneself, carrying children or loads, for decorative purposes and as headwear. Traditional shawls, which can be plain, dotted or striped, beautifully hand-sewn, made from cotton or fine wool, some embroidered in colorful flowers and animals, are produced in Tenancingo, Puebla; the ones from Paracho in Michoacán are distinguished by a wide hem covered by designs woven with brightly colored silk strands; in Guanajuato they are made with traditional designs; but the most outstanding ones are from Santa María del Río, in San Luis Potosí, made with very thin and very fine silk. To really bring out their splendor, they are kept in small inlaid wooden chests, which are, in themselves, exquisite items of handcraft.*

ORNATE GARMENTS: *During colonial times, the most skillful craftspeople were employed to weave and embroider cloth for the Spaniards. Even though the techniques used were often native in origin, the decorative style was largely European or Oriental, but with certain indigenous features, such as the type of motifs or color combination used. It is very difficult to find items of clothing that are completely plain or of a single color. The beautiful multicolor flowers and figures currently embroidered on women's clothing in the indigenous communities of Puebla, Hidalgo or Estado de México, or the elegant cross point of the garments worn by the Cora men in Nayarit are worthy of note. The threads of Aguascalientes and San Luis Potosí are known and loved the world over, but without doubt the most well-known ornate garment is the china poblana with its shiny multicolored ornaments.*

TYPICAL DRESSES: *In the Huicot zone, which includes the Huicholes, Coras and Tepehuanes of the Sierra del Norte mountain range in Jalisco and Nayarit, women wear a skirt, a long-sleeved blouse and an apron, made from brightly color cloth, decorated with strips of industrial cloth in contrasting colors and sewn in the shape of peaks. Men use pants and blanket-style shirts with small embroidered ornaments and palm hats. The Huicholes are the region's best-dressed people, with their blanket-style shirts and pants decorated with a fine cross point, especially on the selvage and cuffs. A cloak is used over the shoulders, folded into two profusely embroidered triangles and with two red flannel strips to afford even greater elegance to their attire. Huichol women wear a broad pleated skirt, a short straight long-sleeved blouse, a quechquemitl and sometimes a woolen sash.*

The Purépechas or Tarascos of Michoacán wear skirts with a woolen band sewn on top of a cotton band of equal width; this zagalejo is sewn with as many folds as are required on a waistband. For day to day work, instead of these garments many women use a pleated skirt made from brightly colored satin or cloth with printed designs and folds sewn in close to the waist. A pleated white underskirt with magnificent embroidery along the edge is also worn.

One item of clothing that is still worn is the huipil, which is a type of tunic consisting of two or three rectangular cloths, folded cross-sectionally, joined all along their lengths and with openings for head and arms. The indigenous people use a normal huipil on a day to day basis and a finer one for celebrations. The huipil is also used as a shawl or with an underskirt in the European style. These can be worn in many different ways, tight or loose, folded around the waist, or with folds at the front, side or back. They are usually held in place by a sash made on a waist loom. In the highlands of Puebla and the Huasteca regions, as well as among Otomí families, the quechquemitl is often worn instead of the huipil. This Pre-Hispanic item of clothing indicates social standing and is usually associated with goddesses and noblewomen. It consists of two rectangular sheets of cloth joined to make a kind of cloak that covers the chest, back and shoulders. It is normally worn on top of a European style shirt together with a shawl and sash, or with a waistband underskirt.

THE SUIT OF THE CHARRO OR HORSEMAN: *The nineteenth century witnessed the arrival of a new figure that embodied the ethnic mix of Mexico: the indigenous people on the one hand and the mixed Spanish / Pre-Hispanic mestizos on the other, to bestow a whole new name and definition of the Mexican people: the charro. The splendid charro suit is usually expensive and includes tight pants made of velvet, wool or deerskin, held at the belt with a sash with overhangs. The outside legs of the pants are adorned with silver buttons joined together with small silver chains. There is a short jacket, made of wool or deerskin, also decorated with gold and silver buttons, and which opens up at the chest to reveal a waistcoat made from the same material and with the same decorations, or a brilliant white or richly embroidered shirt, along with a silk bow tie. The work suit consists of tight pants, made from gray material with shiny ornaments and an overhang of the same material at the sides, a white shirt or one embroidered with frills and Mexican motifs, shell or bone buttons and a silk bow tie. It sometimes also includes a simple short jacket.*

HATS, PLUME HEADDRESS AND HEADWEAR: *A vast array of hats is made at different points in the central regions of Mexico, the most famous ones including the hats from San Francisco del Rincón, in Guanajuato, for the quality and toughness of the fibers they are made with, but all of them boast their own characteristic hallmark that reveals where it is from: Michoacán, Hidalgo, Jalisco or somewhere else.*

One hat that deserves special mention is the charro hat, with its white trim and piloncillo or cone-shaped crown, typical of the type made in Puebla; with four pedradas, San Luis style, which in the show suit is usually made of felt richly decorated with gold or silver thread. The hat for work can be made from felt, palm or "vara de arroz", undecorated or trimmed with leather, chamois or straw. The shape changes depending on the region: there are typical hats from San Luis Potosí, or from Puebla, richly trimmed and embroidered, and the hats from Hidalgo, as well as others. The shape of the hat affords protection from a fall or a kick, and it must be exactly as wide as the shoulders of the person wearing it. The plume headdress is perhaps the most representative item of a man's attire at indigenous festivals and celebrations. Although it is normally used for Christian commemorations and carnivals, its origins date back to Pre-Hispanic times. Plume headdresses and headwear, decorated with flowers and fine feathers, are used in dances. Women decorate their headdress with flowers when they take part, for instance, in the dance of the Pastoras (Shepherdesses) in Valle de Bravo, Estado de México; in the dance of the Moritas (Little Blackberries) en Morelos; in most of the processions of the Santo Patrono throughout the central region; in the dance of the Gualupitas in Michoacán, or in the Cuadrilla Azteca in Mexico City. They also decorate their braided hair with colorful ribbons and bows in Hidalgo, Puebla, Estado de México, San Luis Potosí and throughout the north of the country.

COLORS AND DESIGNS: *Many regions are characterized by their decorative styles and zeal for ornaments. Some fabrics are completely covered with geometric and floral figures, while others include stylized human or animal forms. Coloring is rich and varied, the most common being strong hues such as red, yellow, purple, blue or black. In some communities in the state of Nayarit the clothing of both men and women is decorated with traditional local designs, such as the eight-pointed star, the sun, the footprint of a tiger, frills and flowers, all in bright colors.*

El rebozo es una prenda versátil y se usa también como accesorio.

The shawl is a versatile garment that is also used as an accessory.

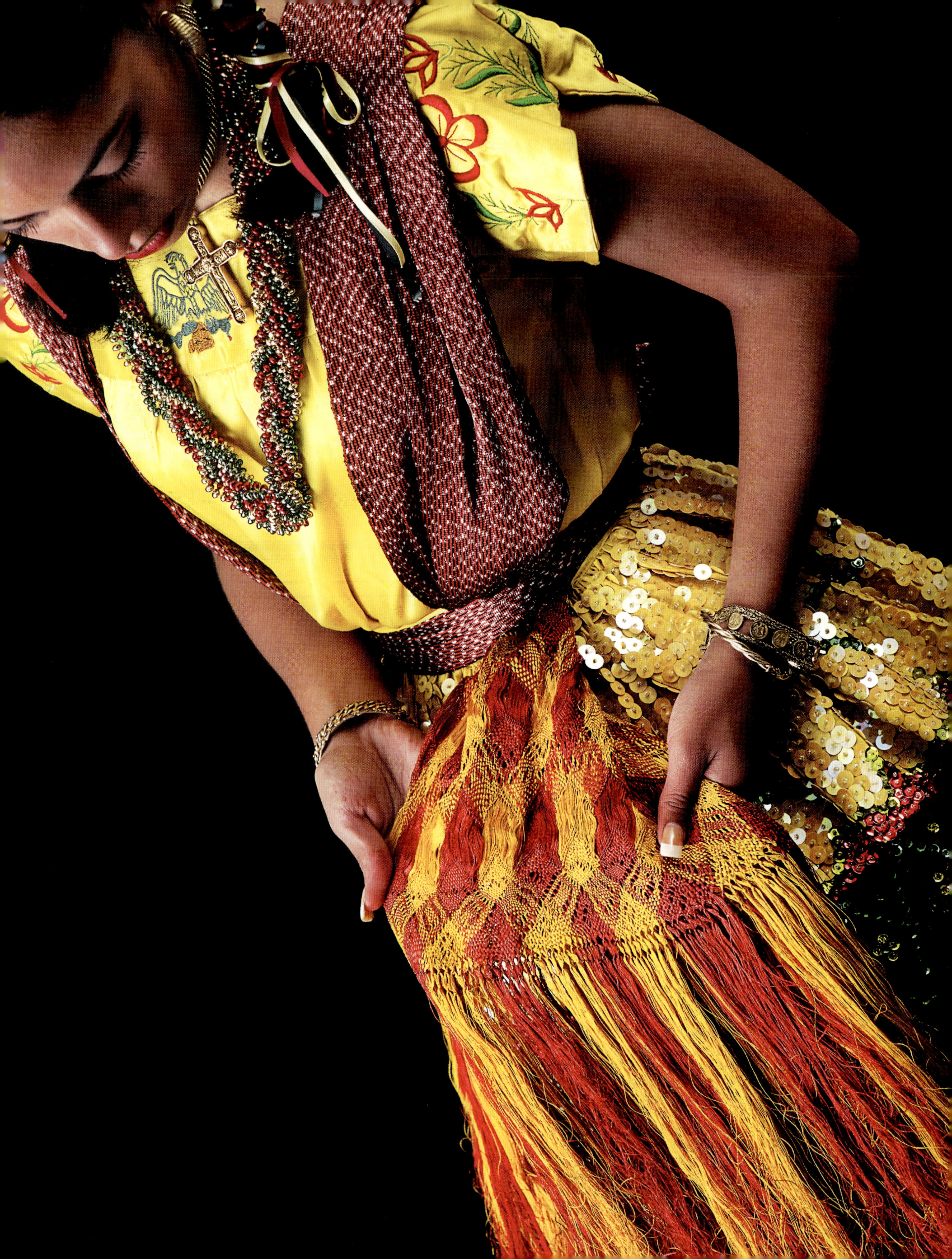

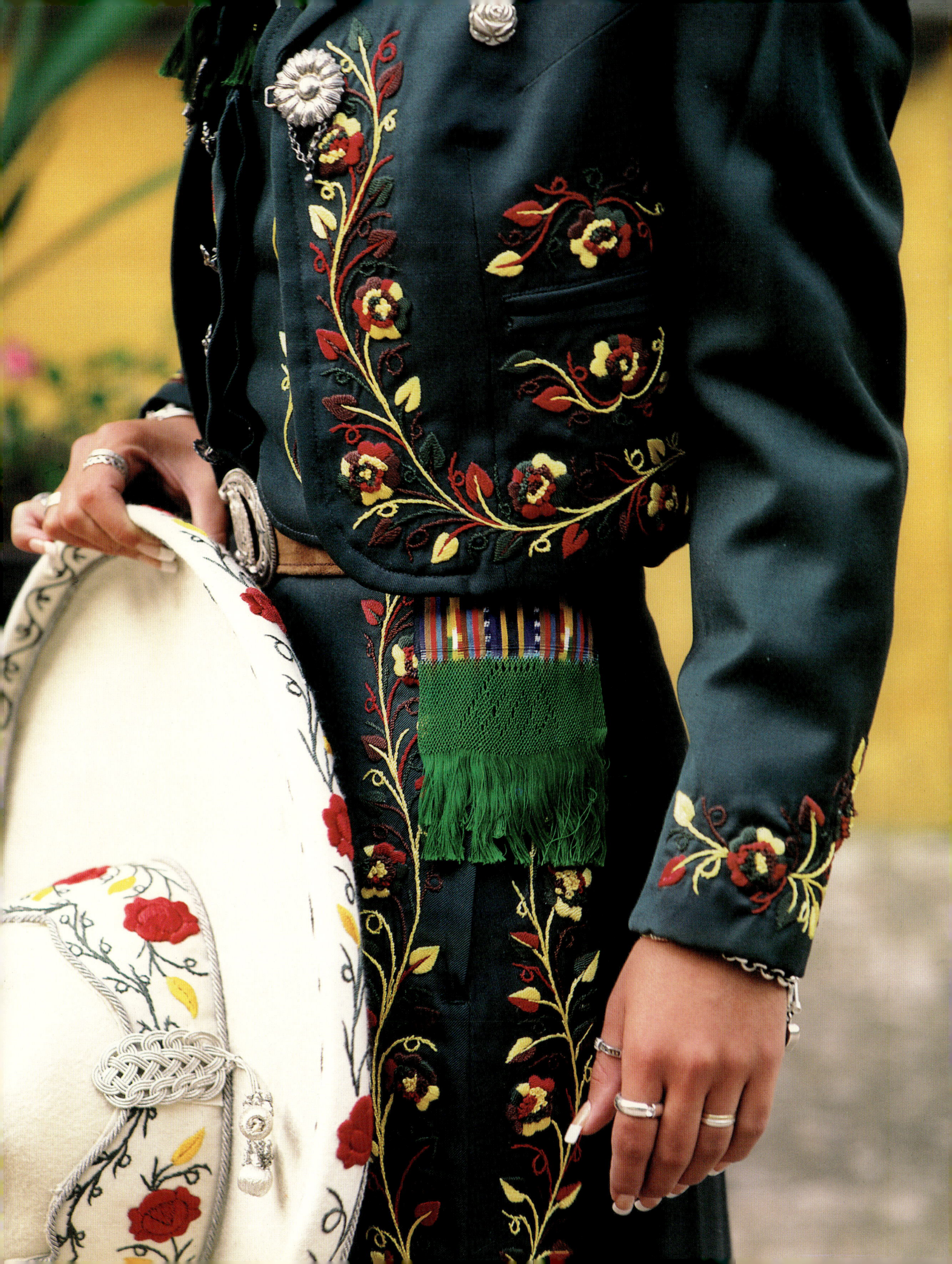

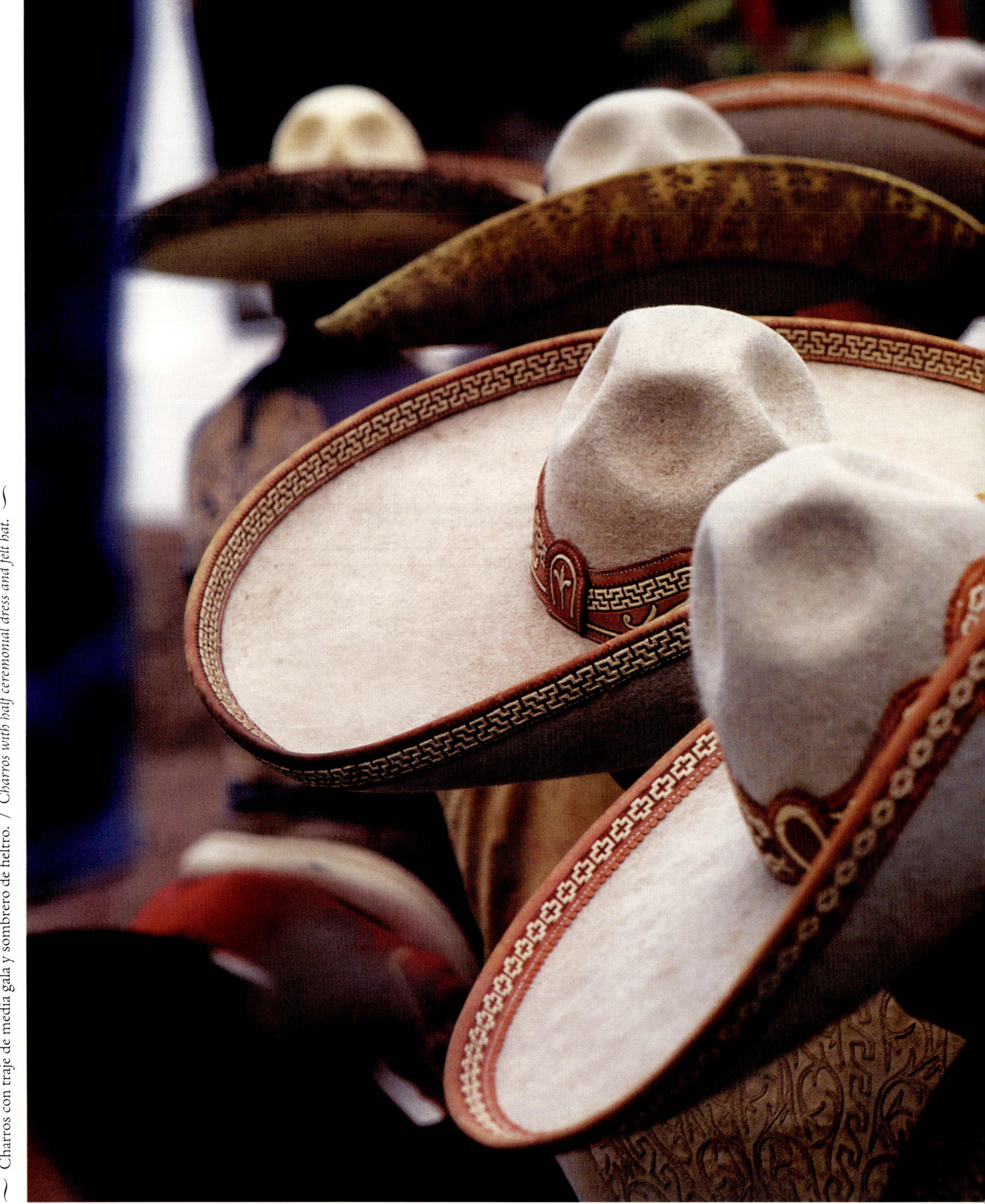

~ Charros con traje de media gala y sombrero de fieltro. / *Charros with half ceremonial dress and felt hat.* ~

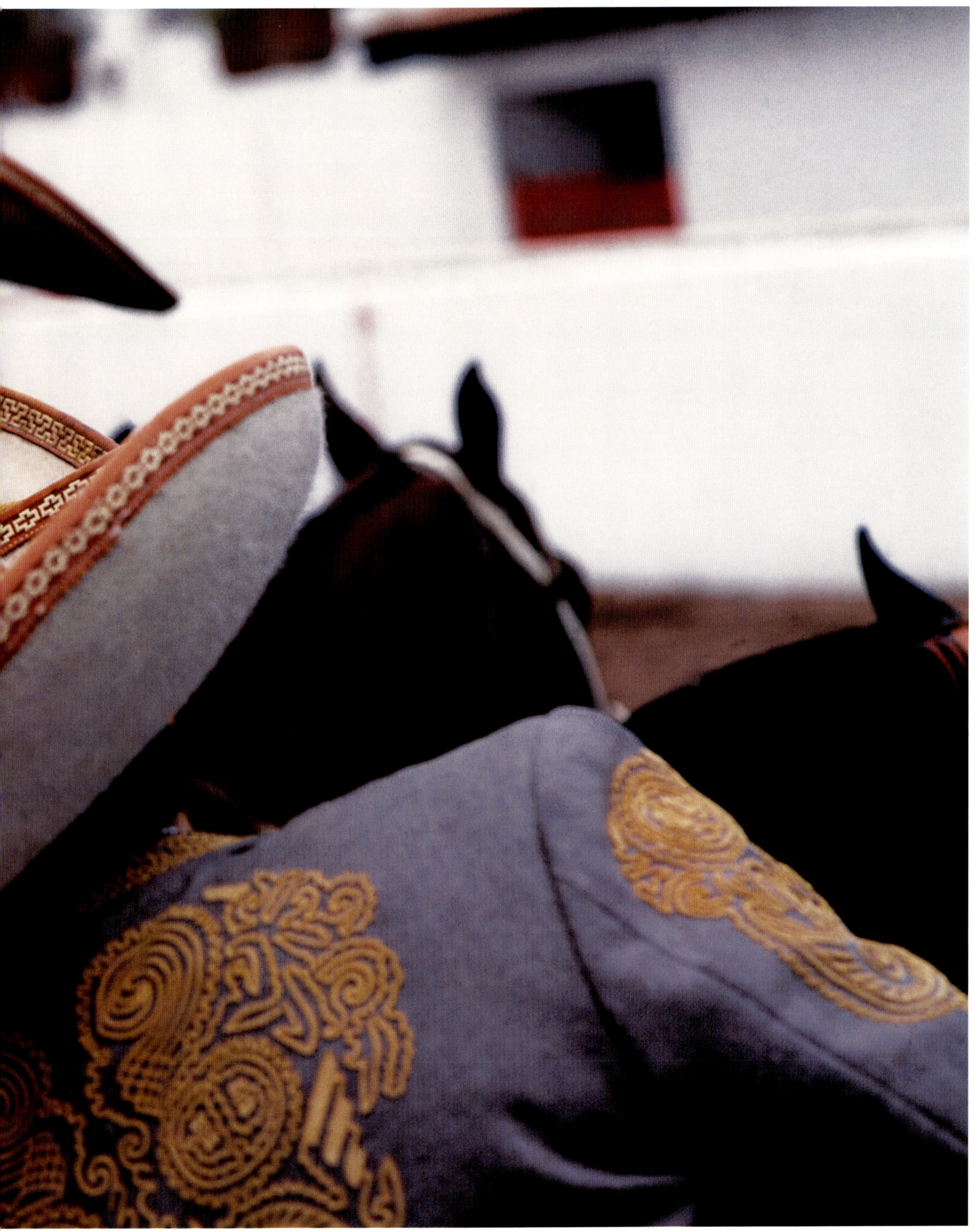

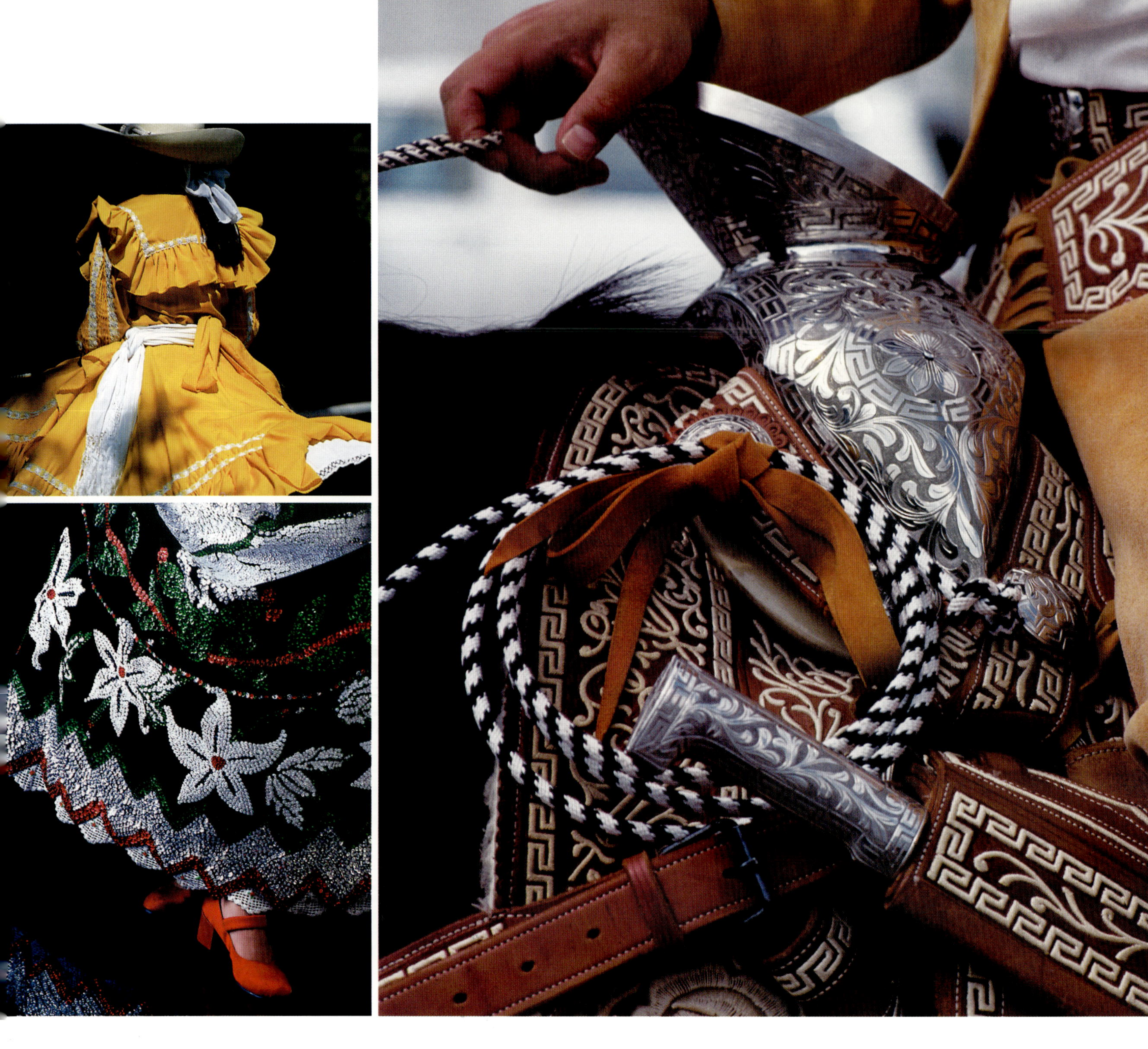

Silla de montar, con cabezada de plata, y elegante bordado de pita,
no hay ninguna que la iguale, cada una es original.

~

Saddle with a silver saddlebow, made of smooth and tough leather,
with elegant threaded embroidery, none can rival it, each one is original.

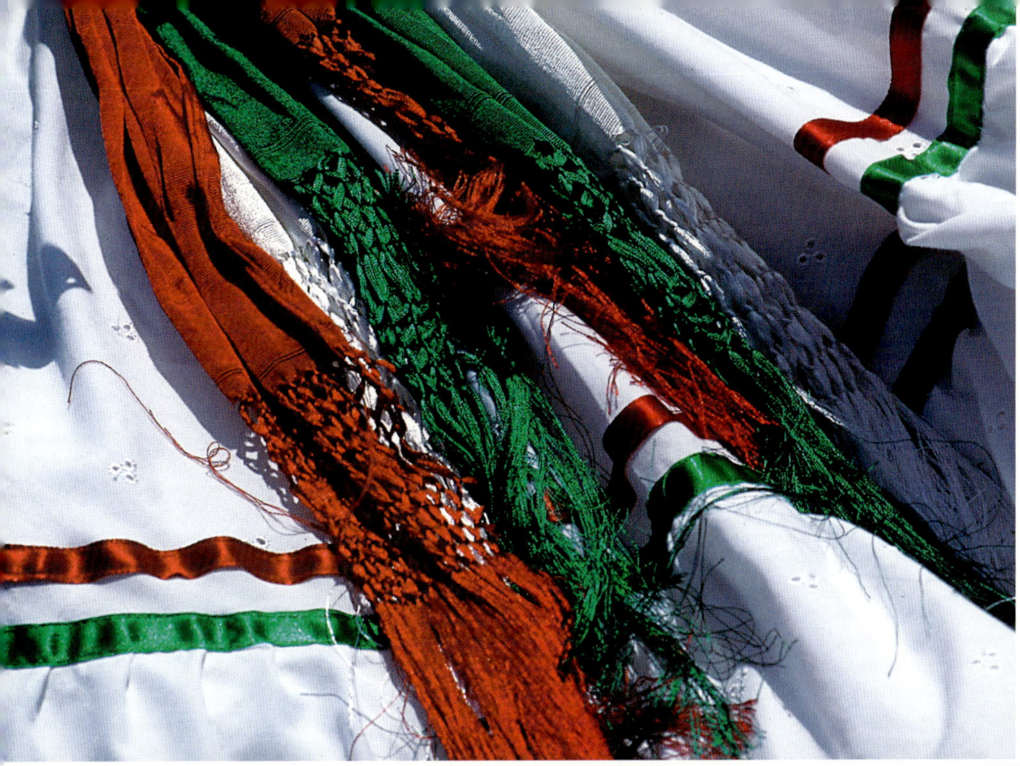

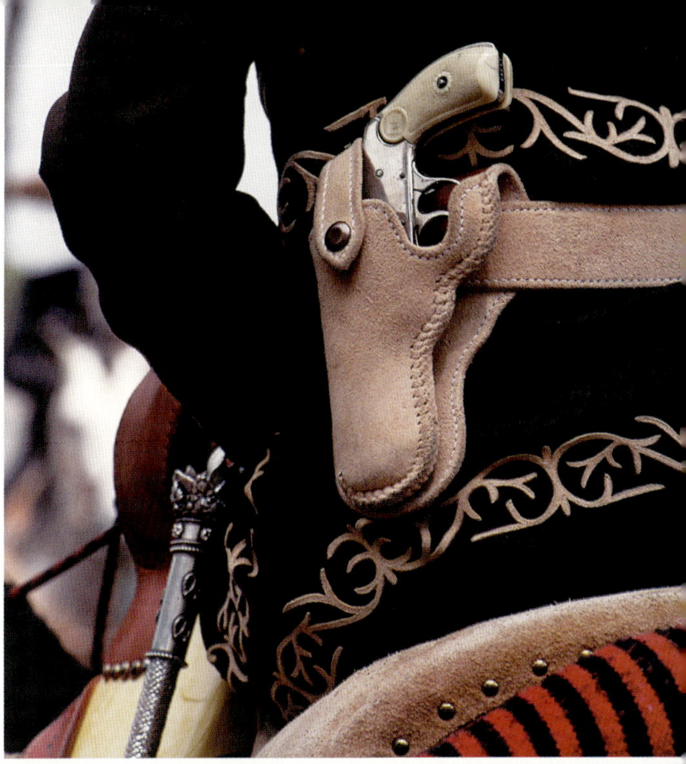

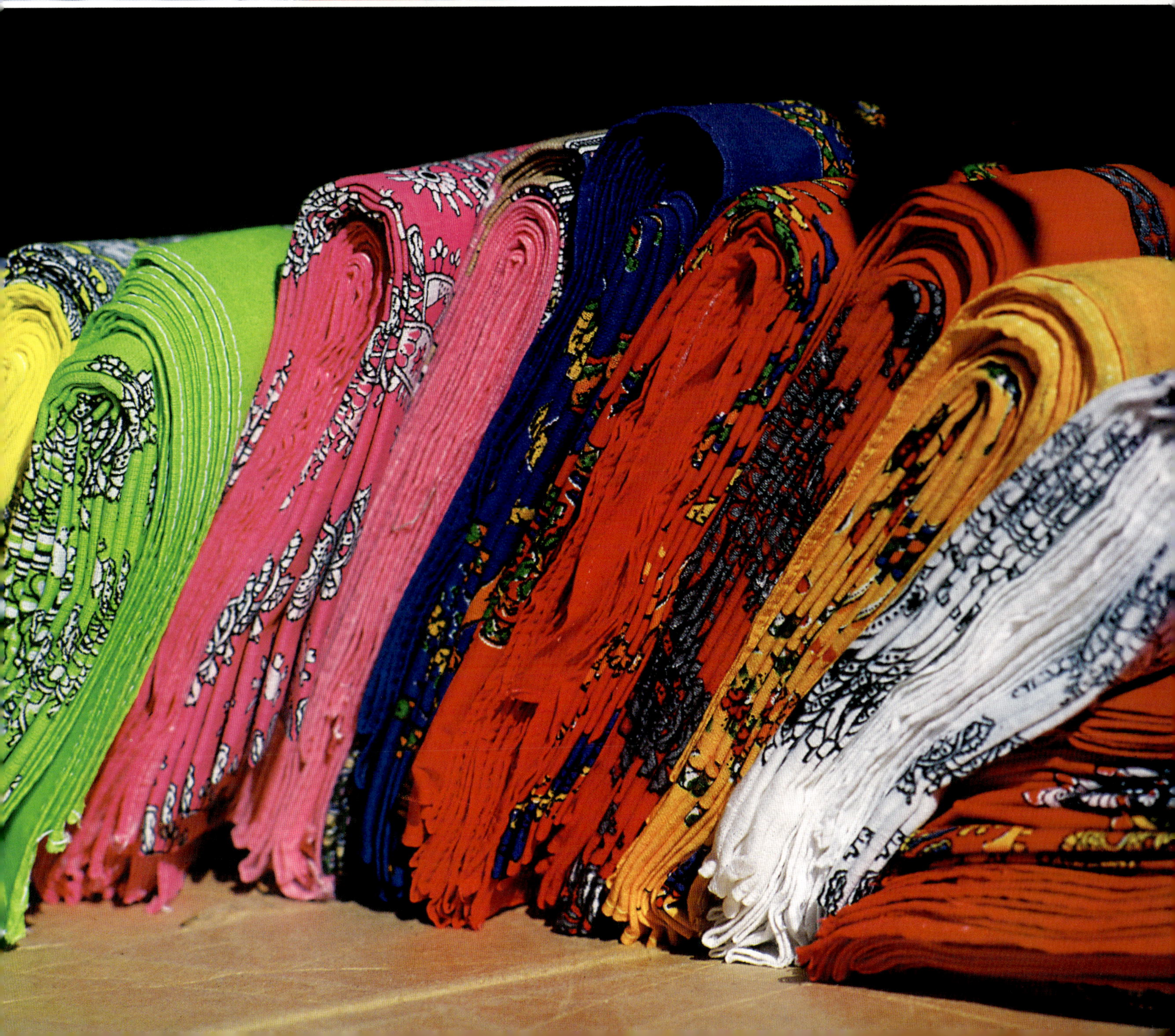

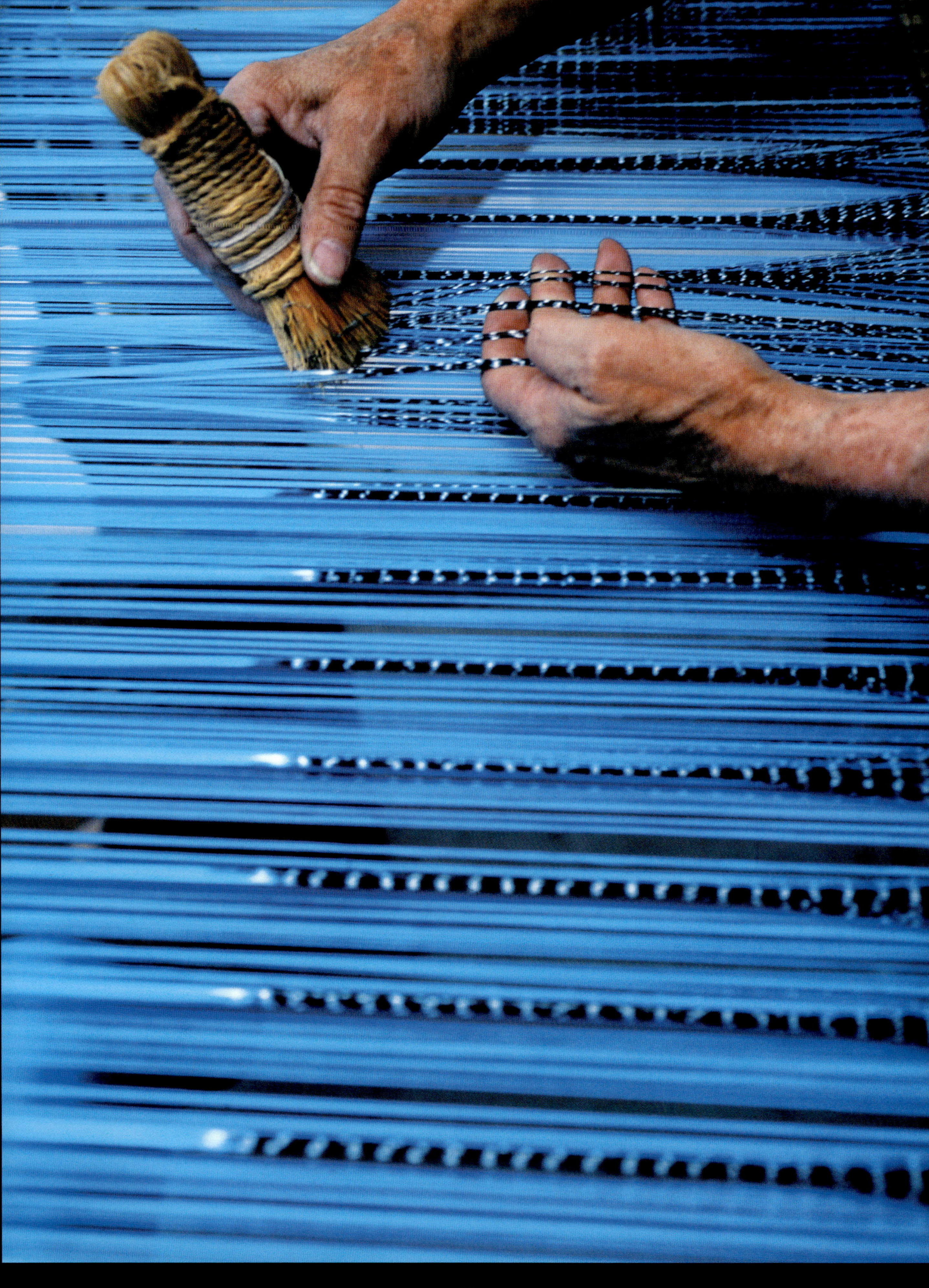

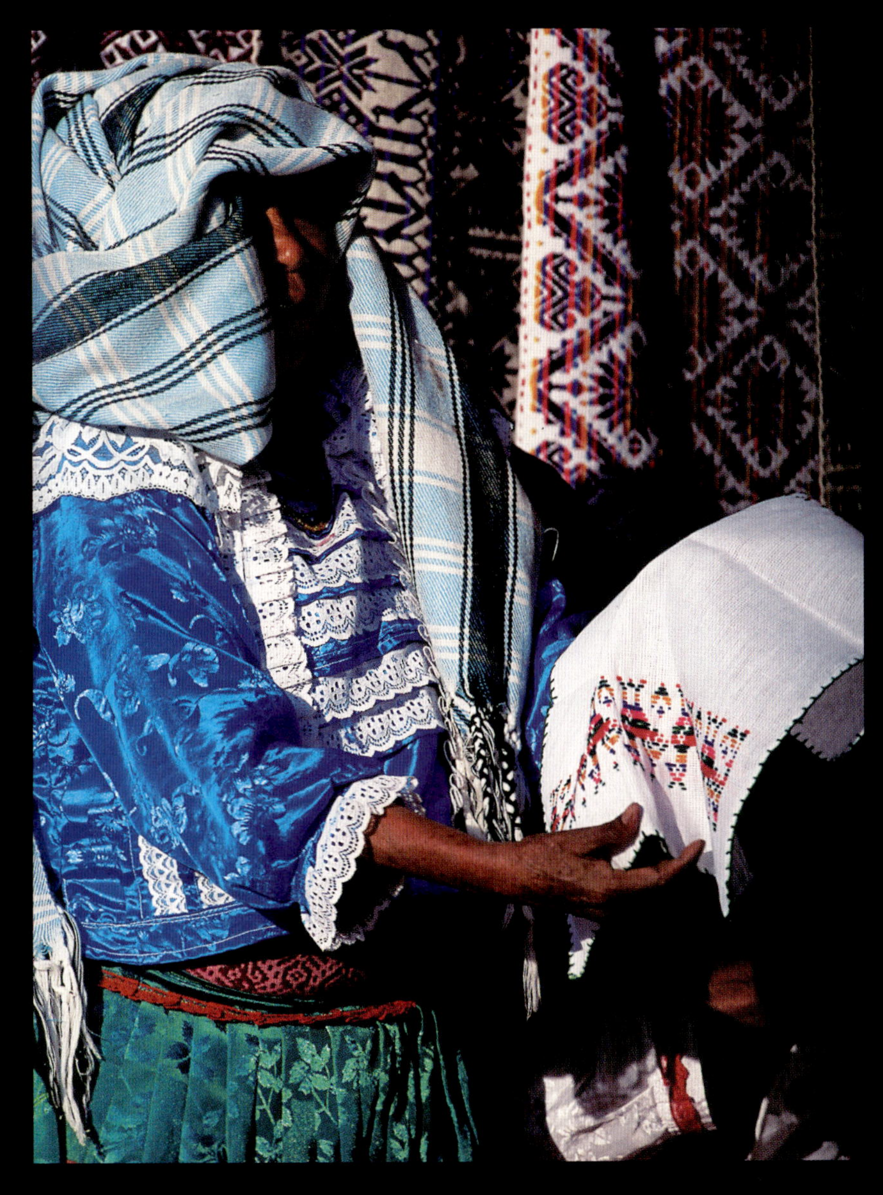

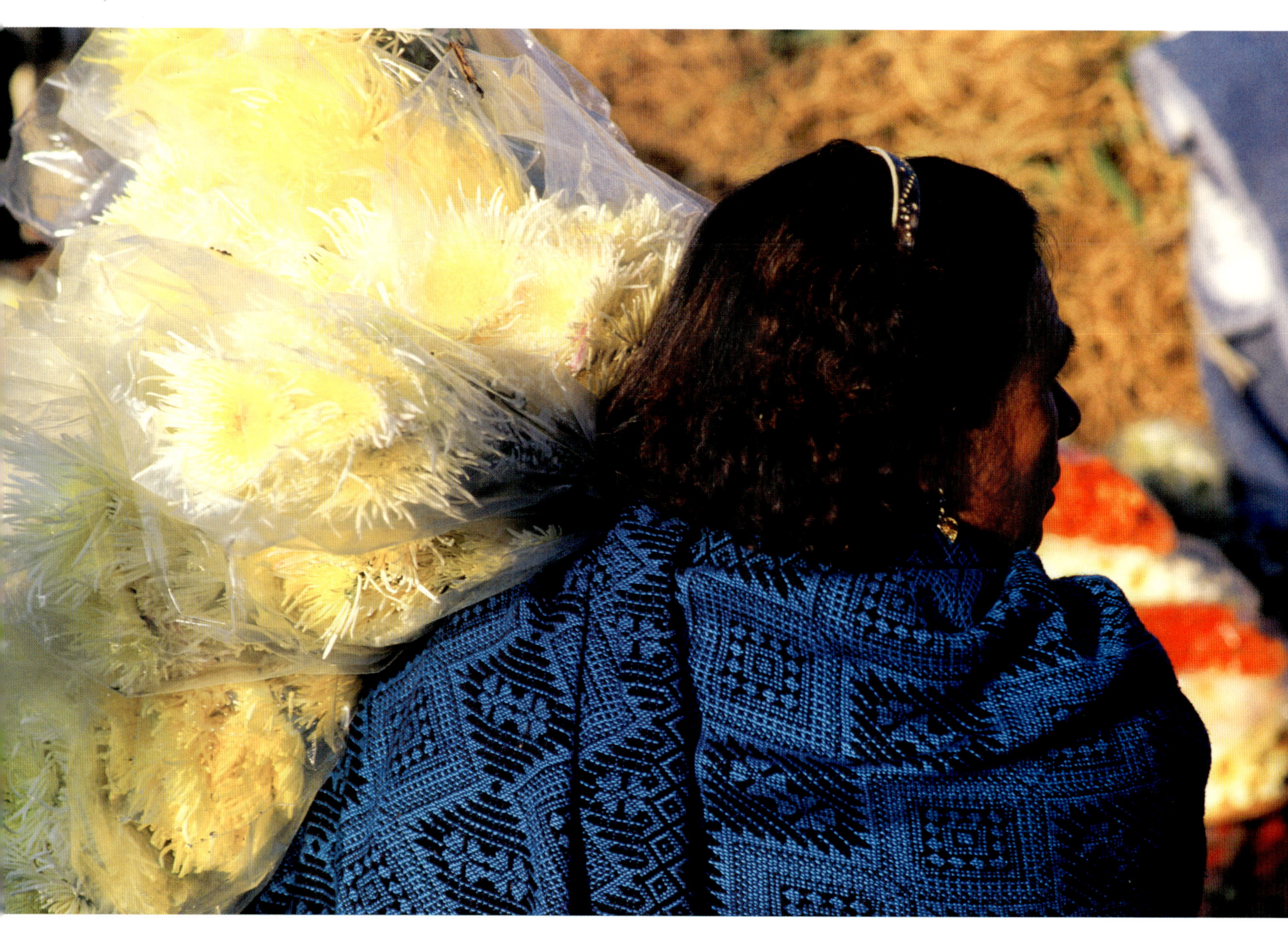

Los rebozos de Tenancingo, hechos de fino algodón, son famosos en el mundo por sus bellos empuntados a mano y sus maravillosos colores.

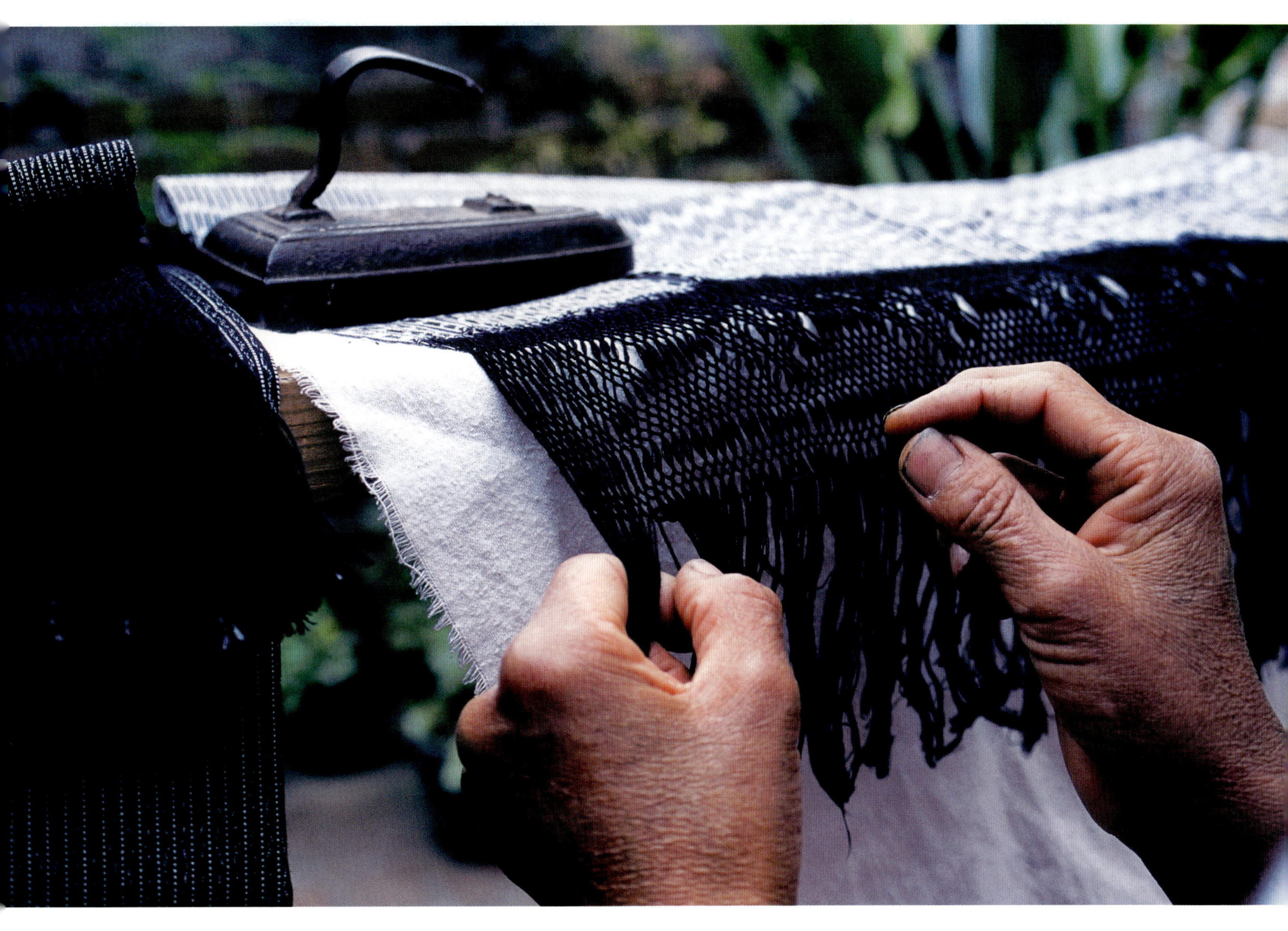

The shawls of Tenancingo, made of fine cotton, are famous the world over for their beautiful hand stitching and wonderful colors.

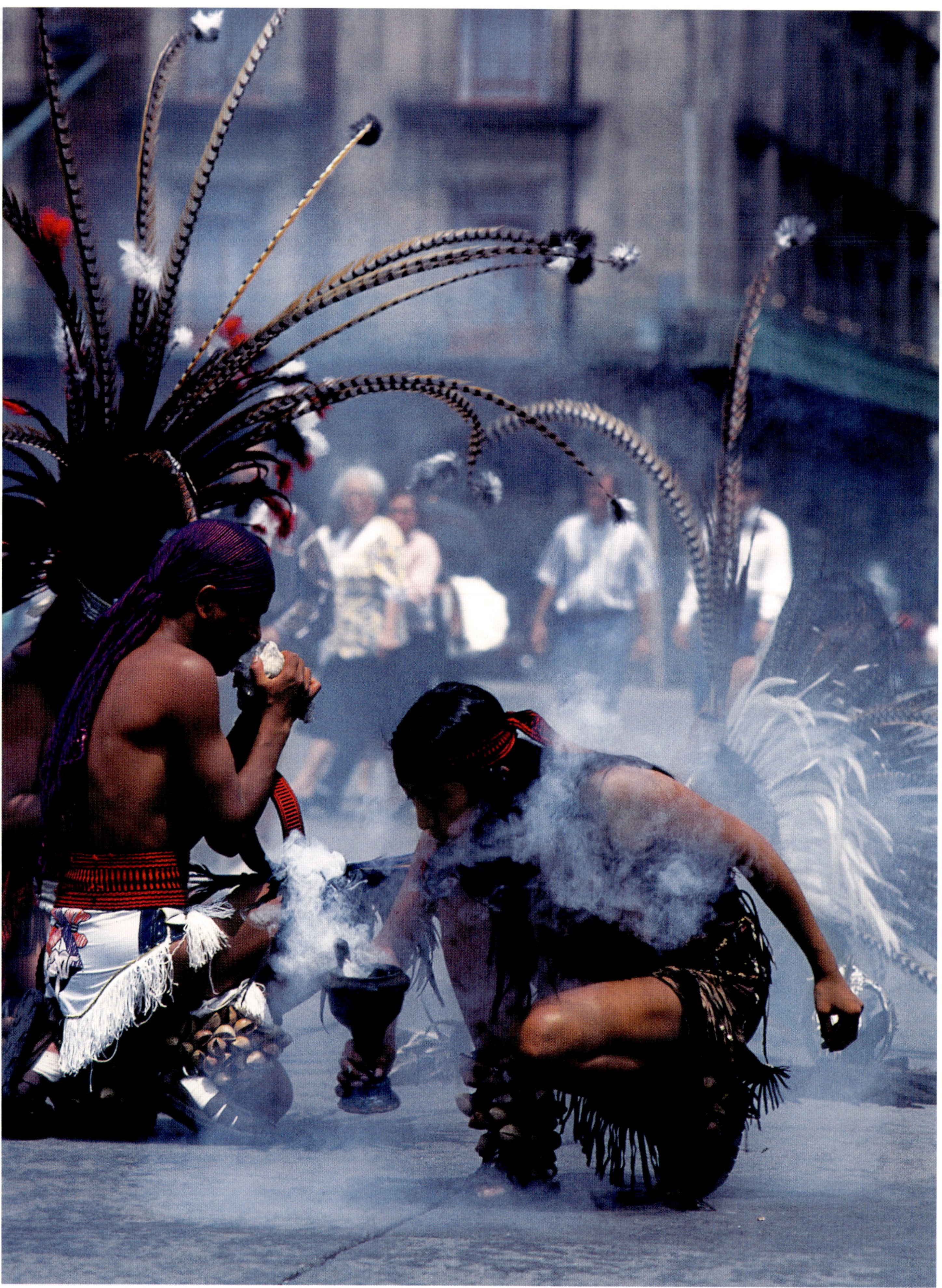

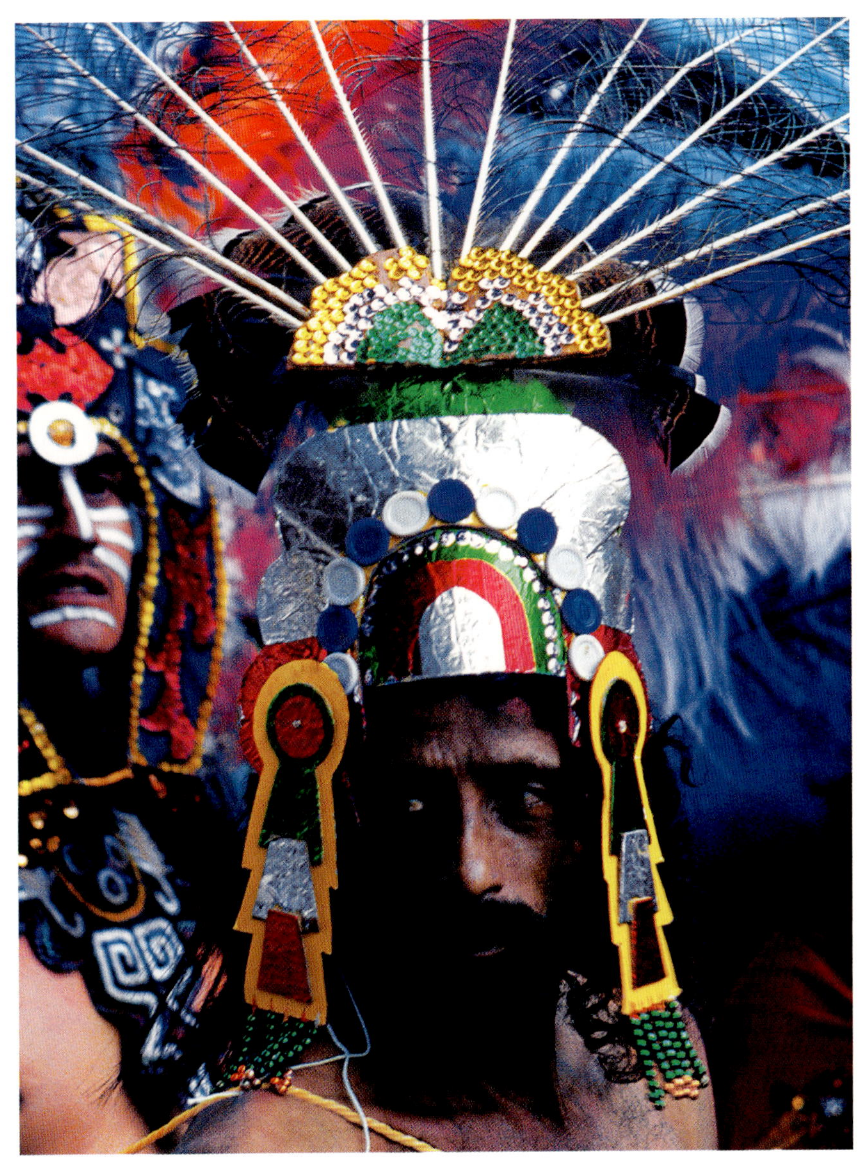

En las fiestas mexicanas, el campesino se transforma, luce tocado de chaquiras y plumas, manto con adornos y cuentas y se prepara para el ritual.

~

In Mexican fiestas, the rural dwellers are transformed, and gleam with "chaquiras" and feathers, blankets with adornments and tales as they prepare for the ritual.

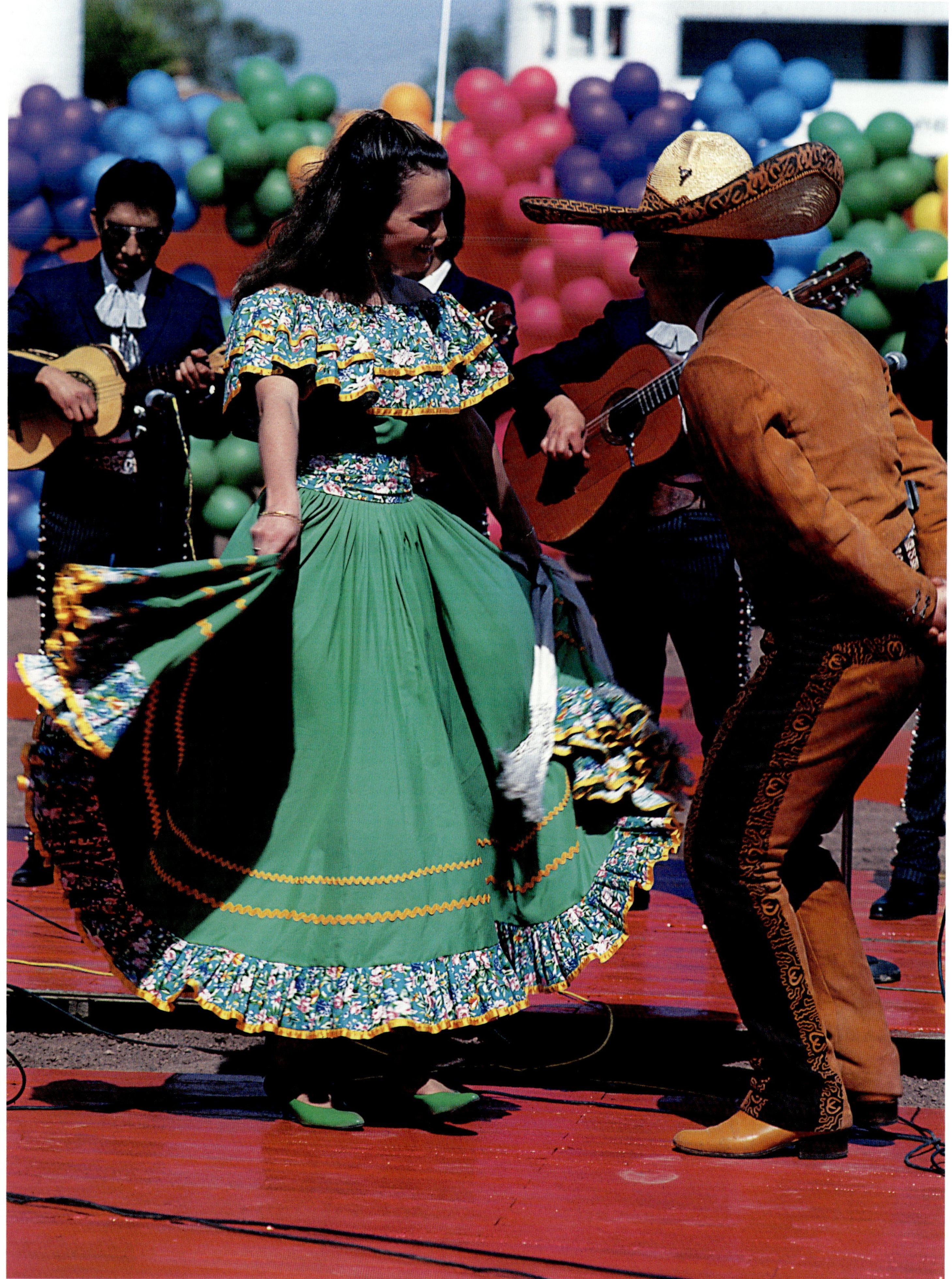

~ La tradición de los trajes regionales. / *The tradition of regional suits.* ~

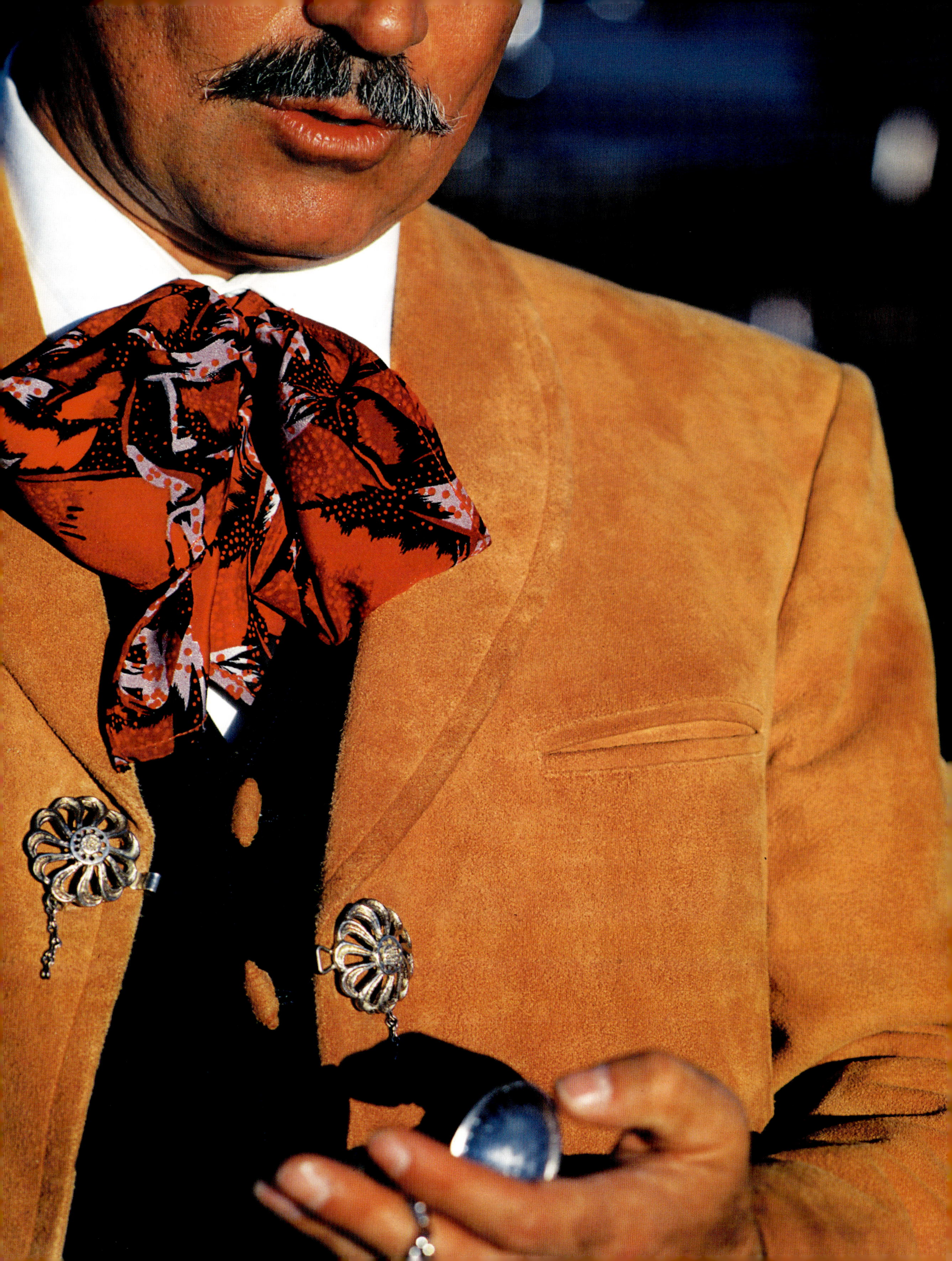

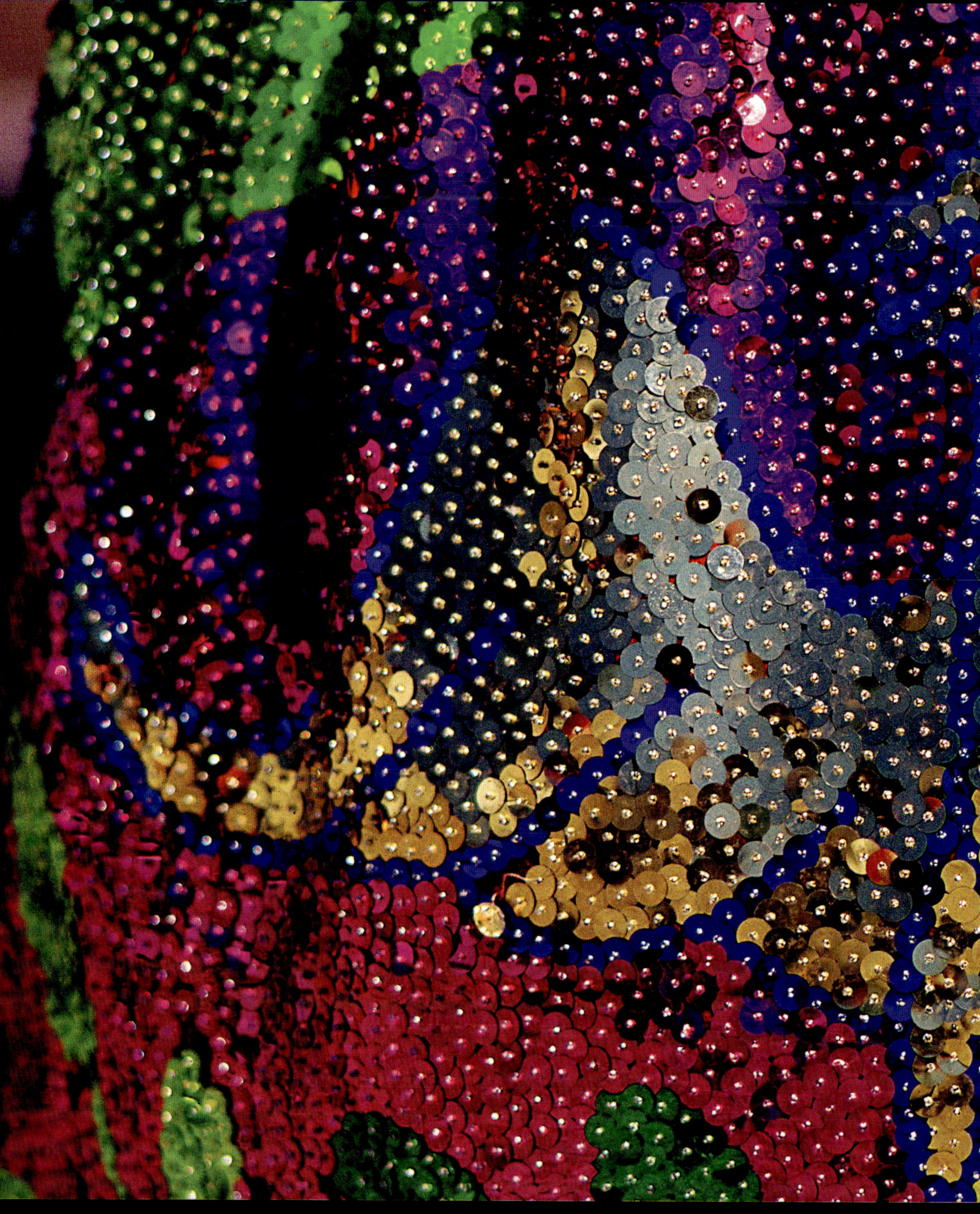

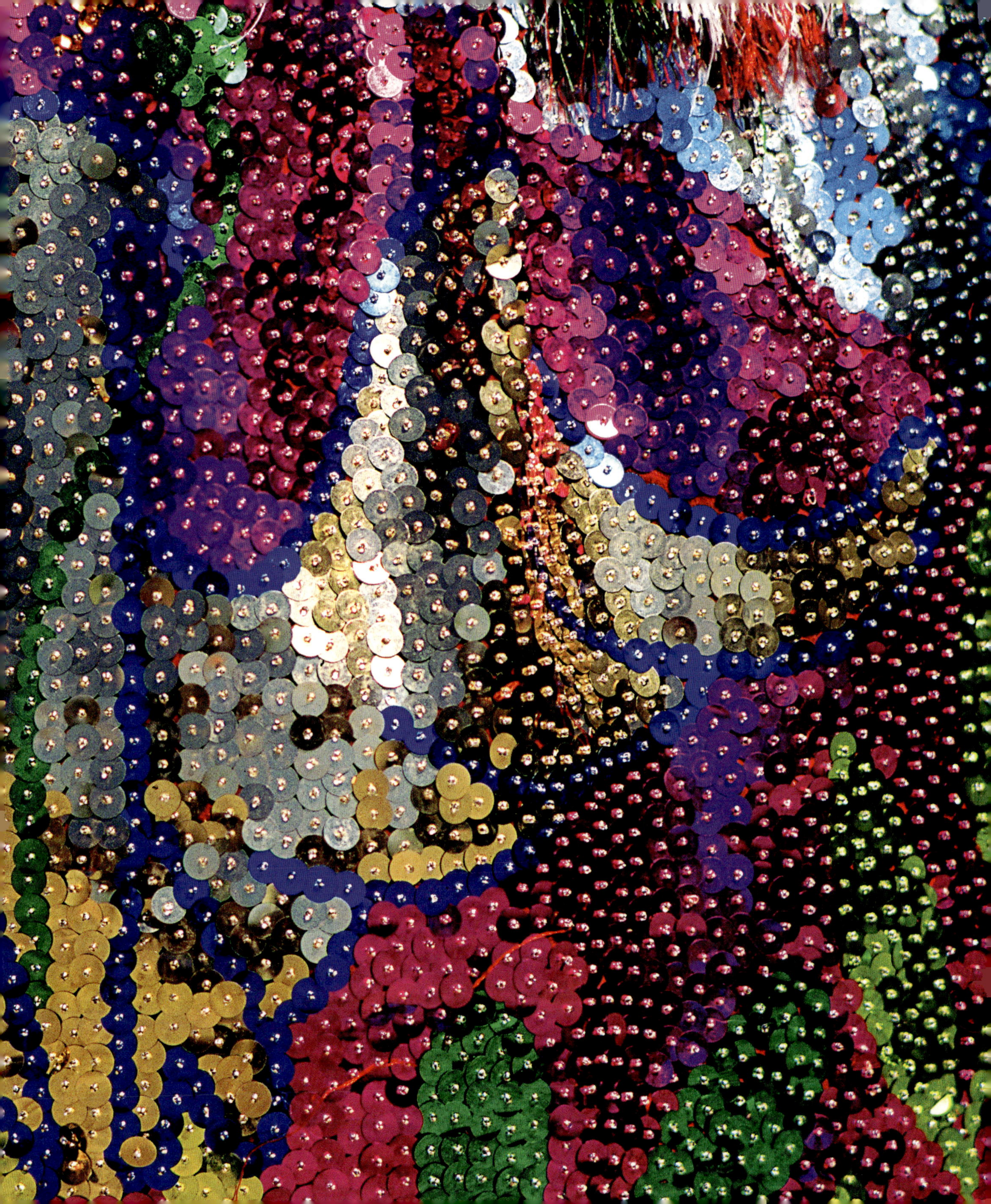

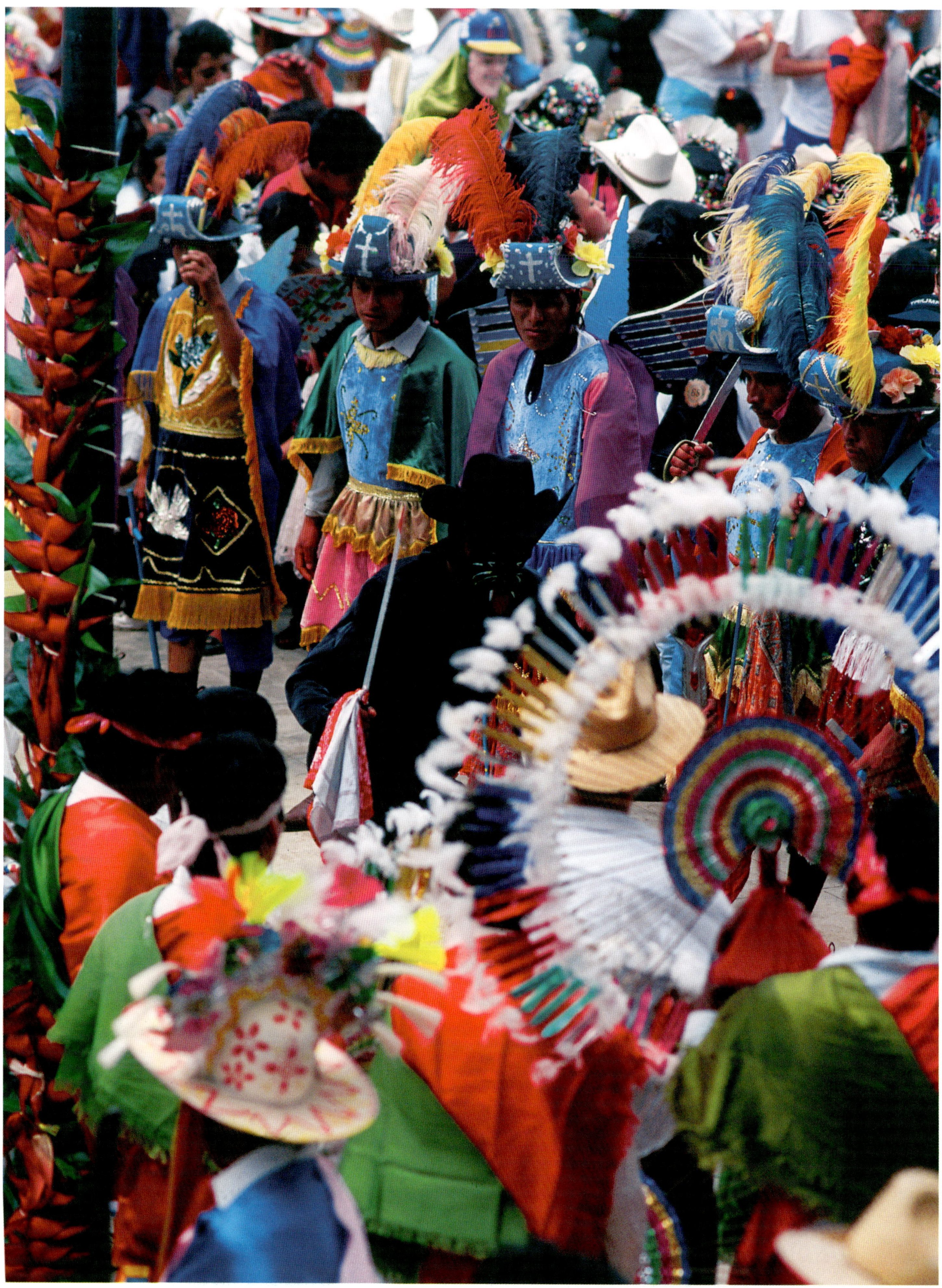

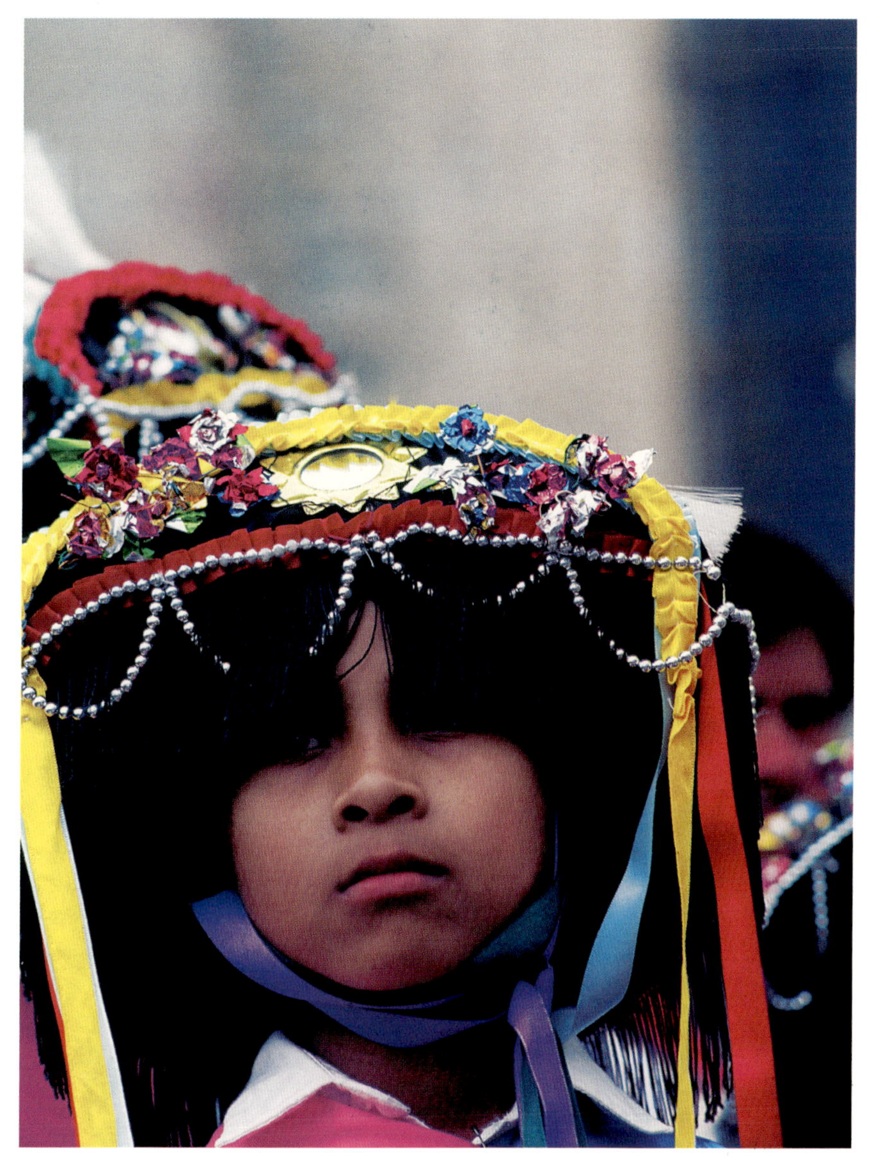

El simbolismo de las prendas del danzante,
nos deslumbra con su riqueza y esplendor.

~

The symbolism of the dancer's attire dazzles
us with its richness and splendor.

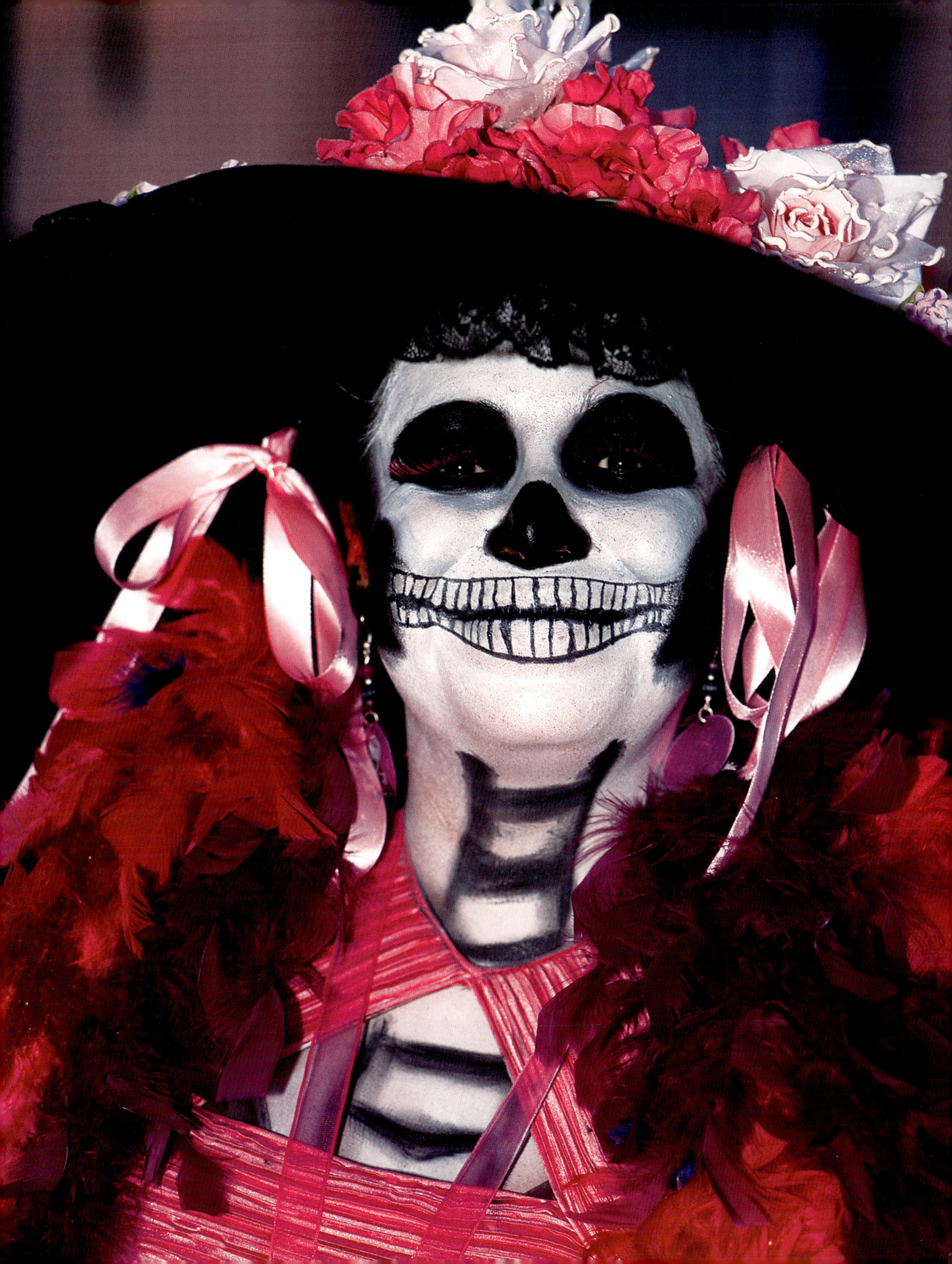

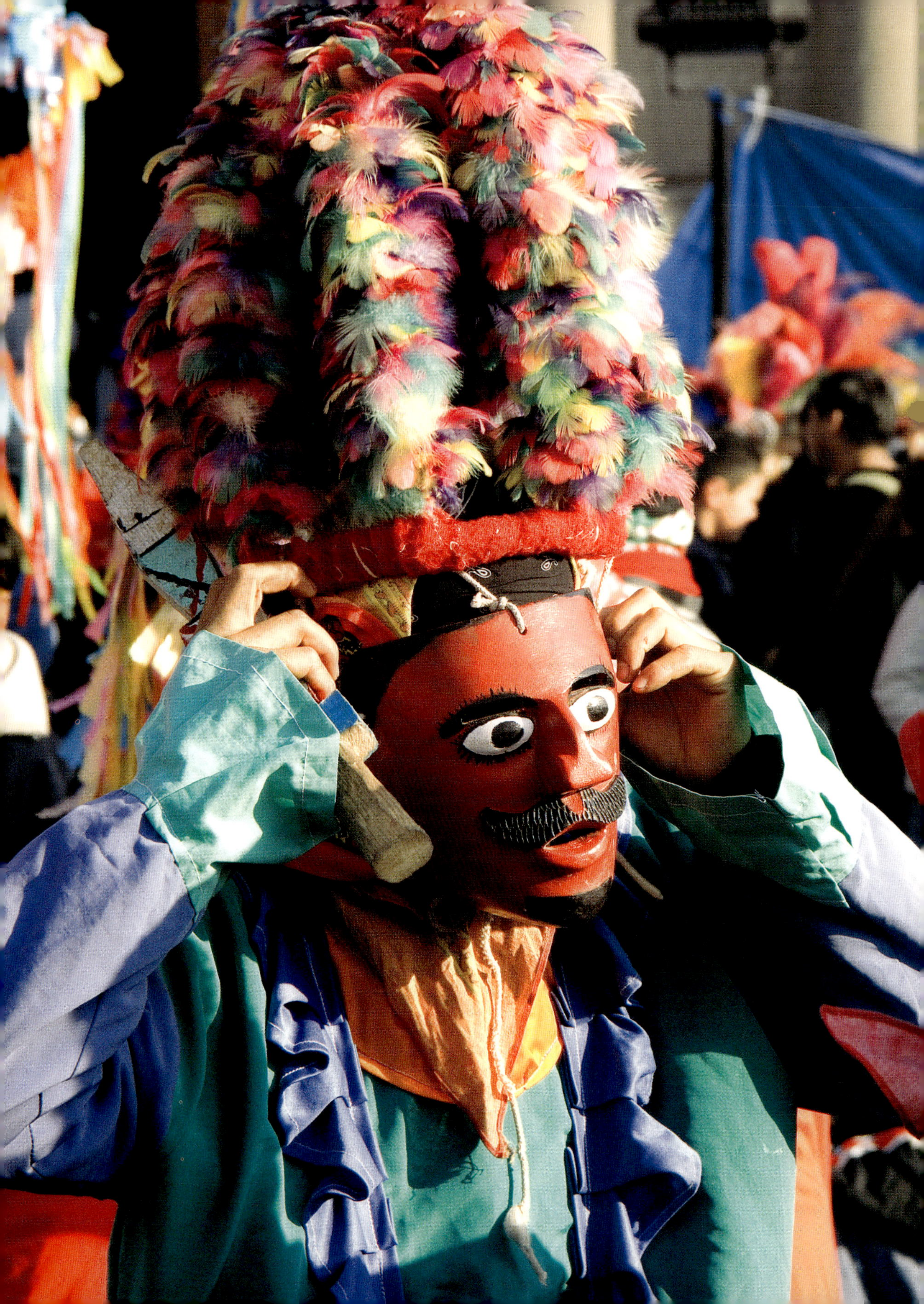

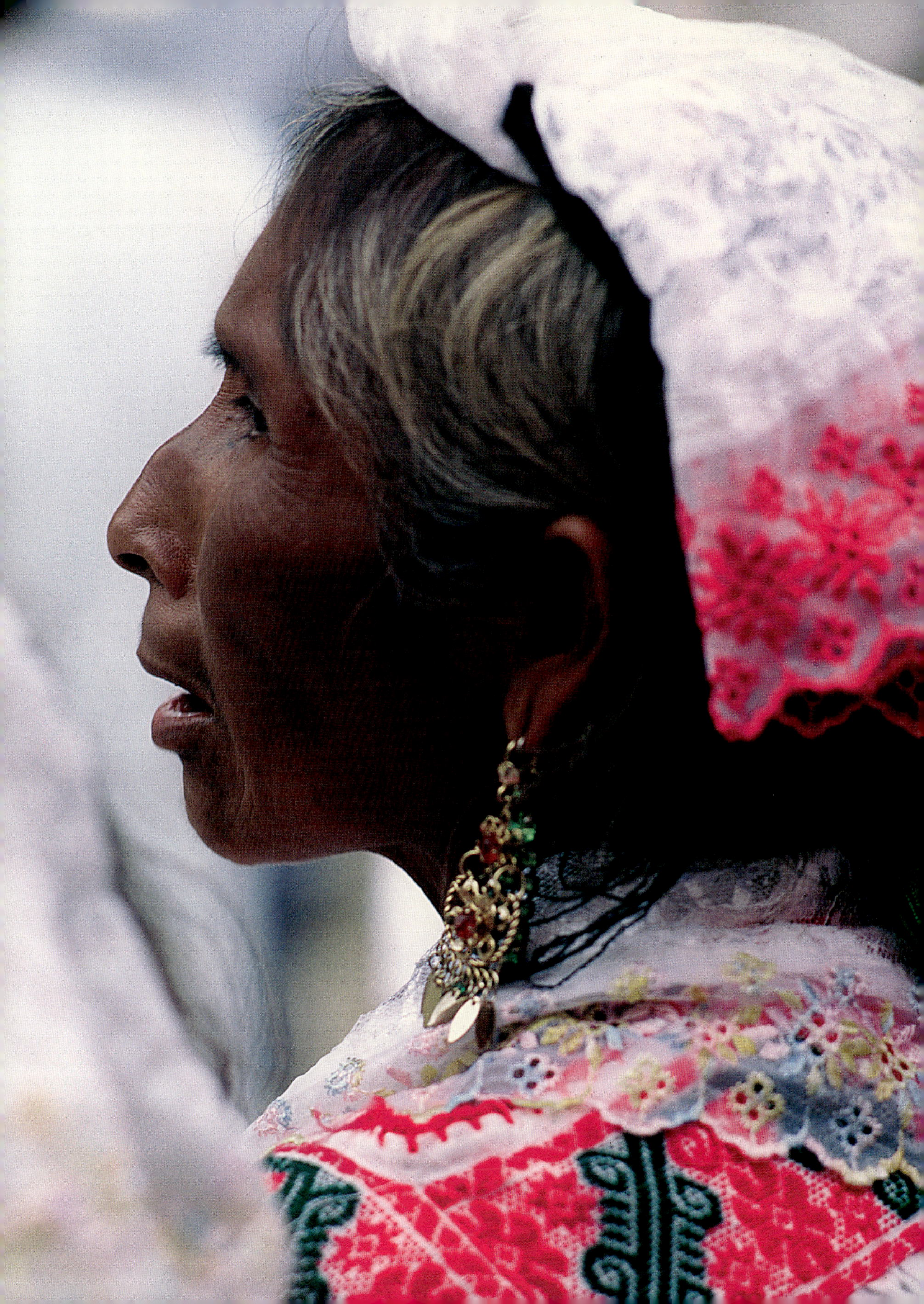

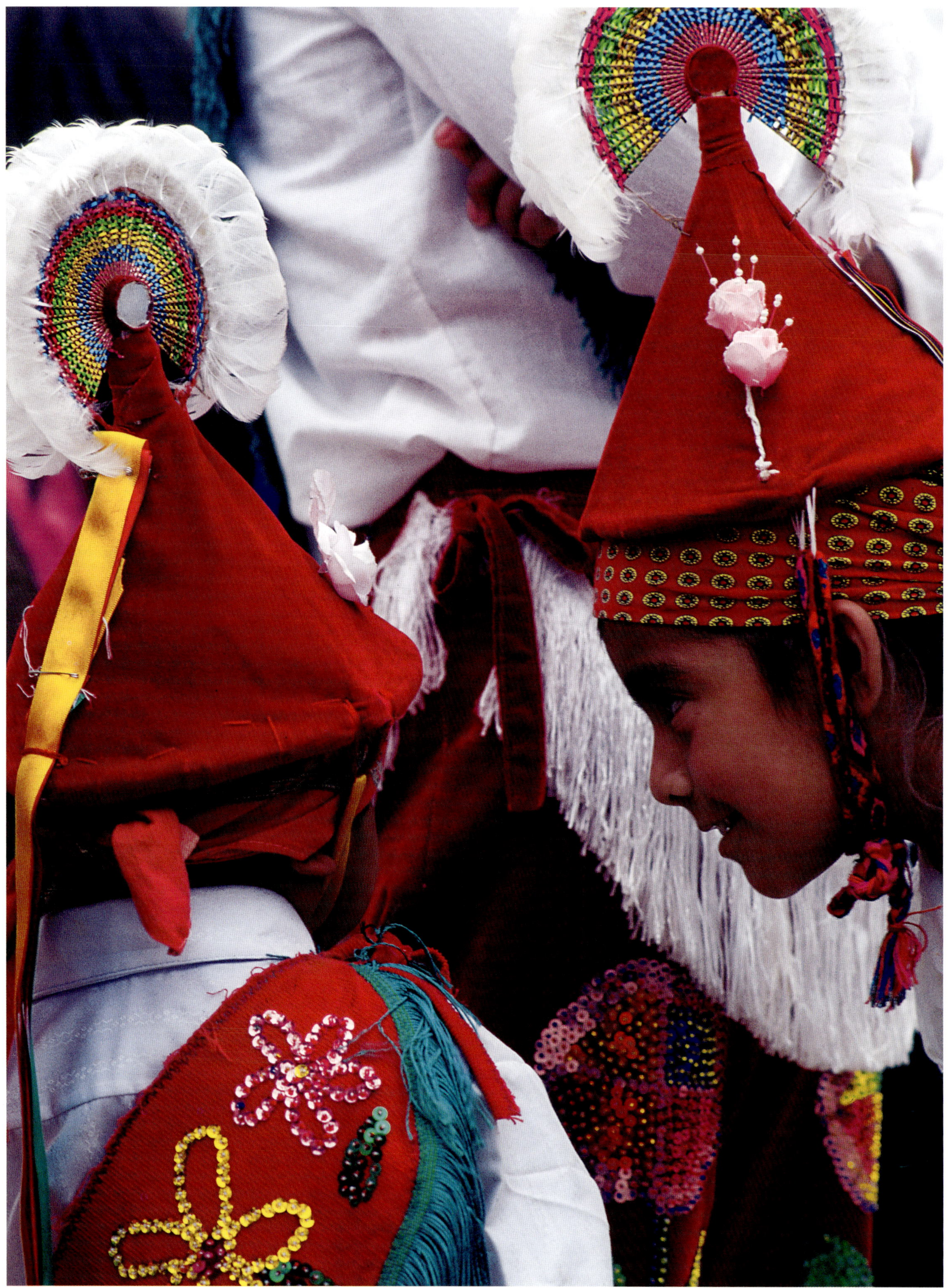

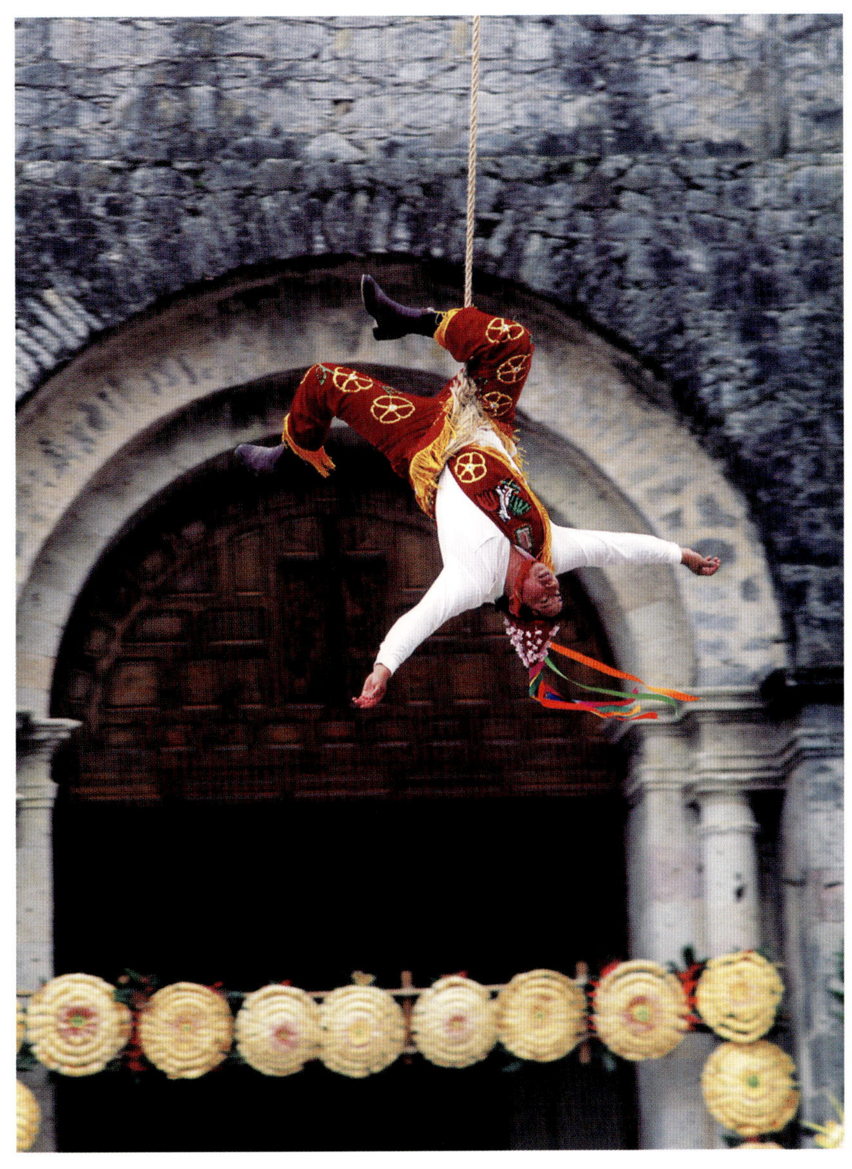

"Los hombres que volaban no eran todos, sólo aquellos que estaban muy enseñados para este misterio, los cuales se ensayaban muchos días para ejercitarlo con destreza y gala."

~

"Not all men flew, only the ones who had been taught about this mystery, and who spent a lot of time training so they could fly with grace and skill."

Fray Juan de Torquemada

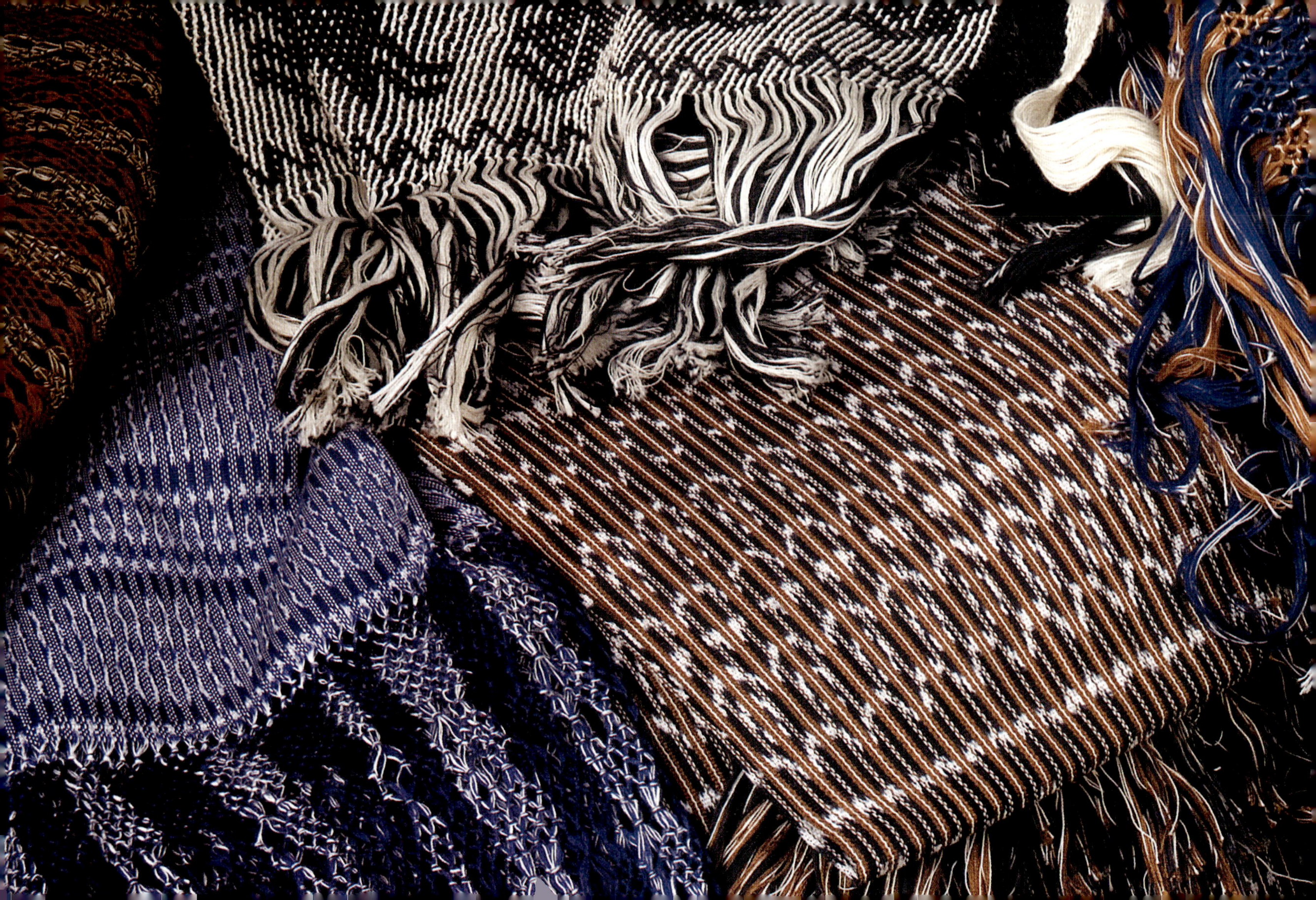

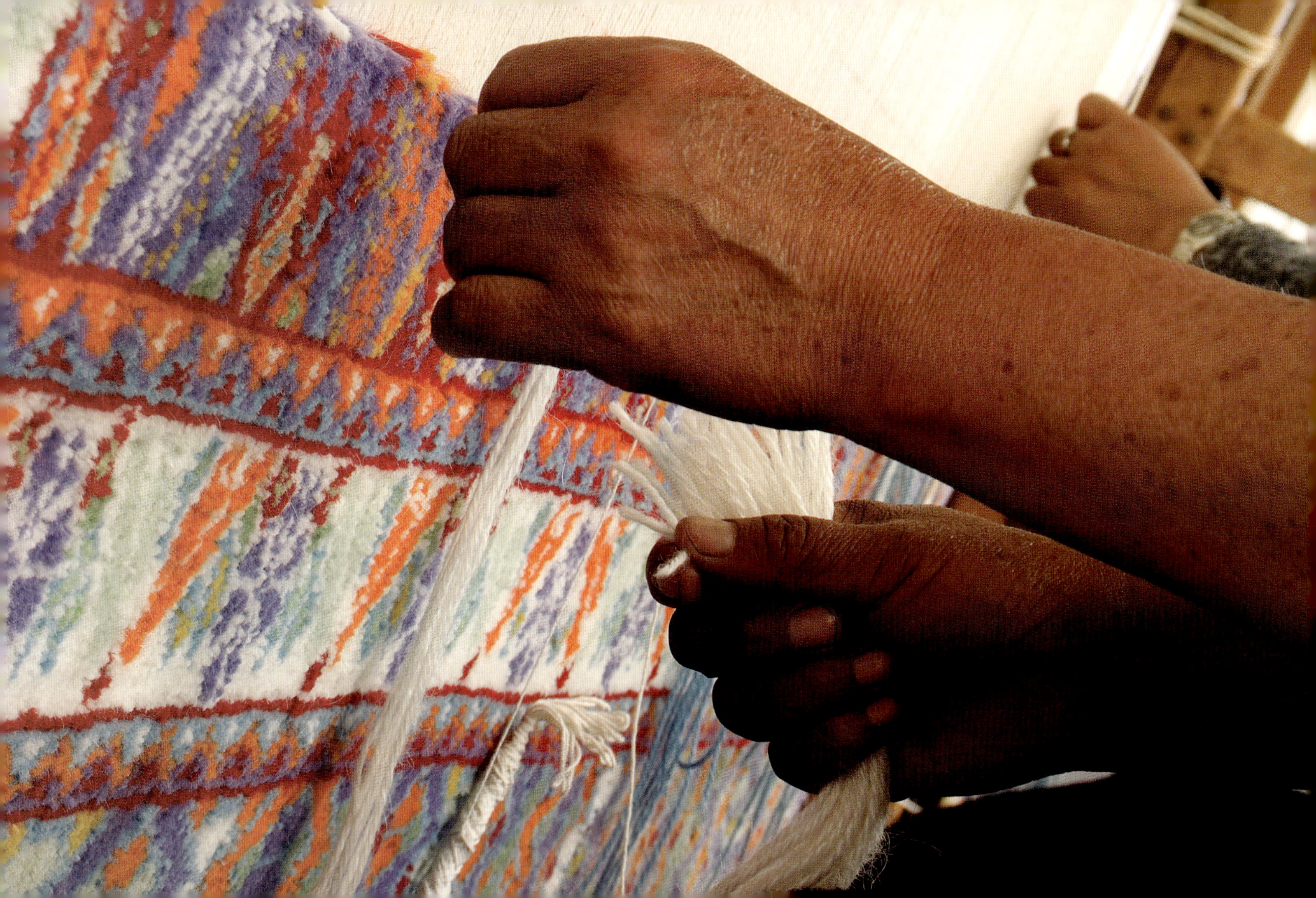

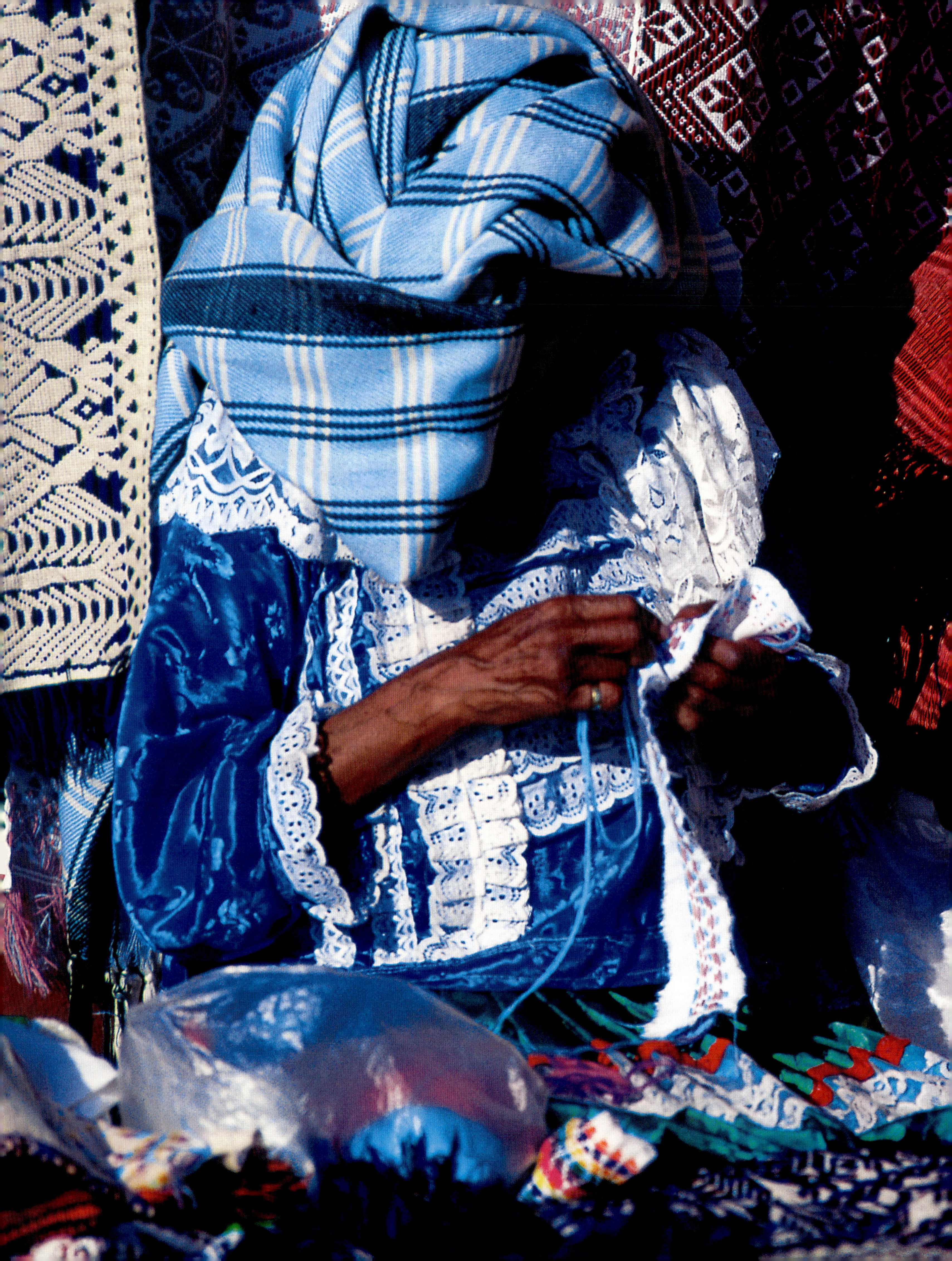

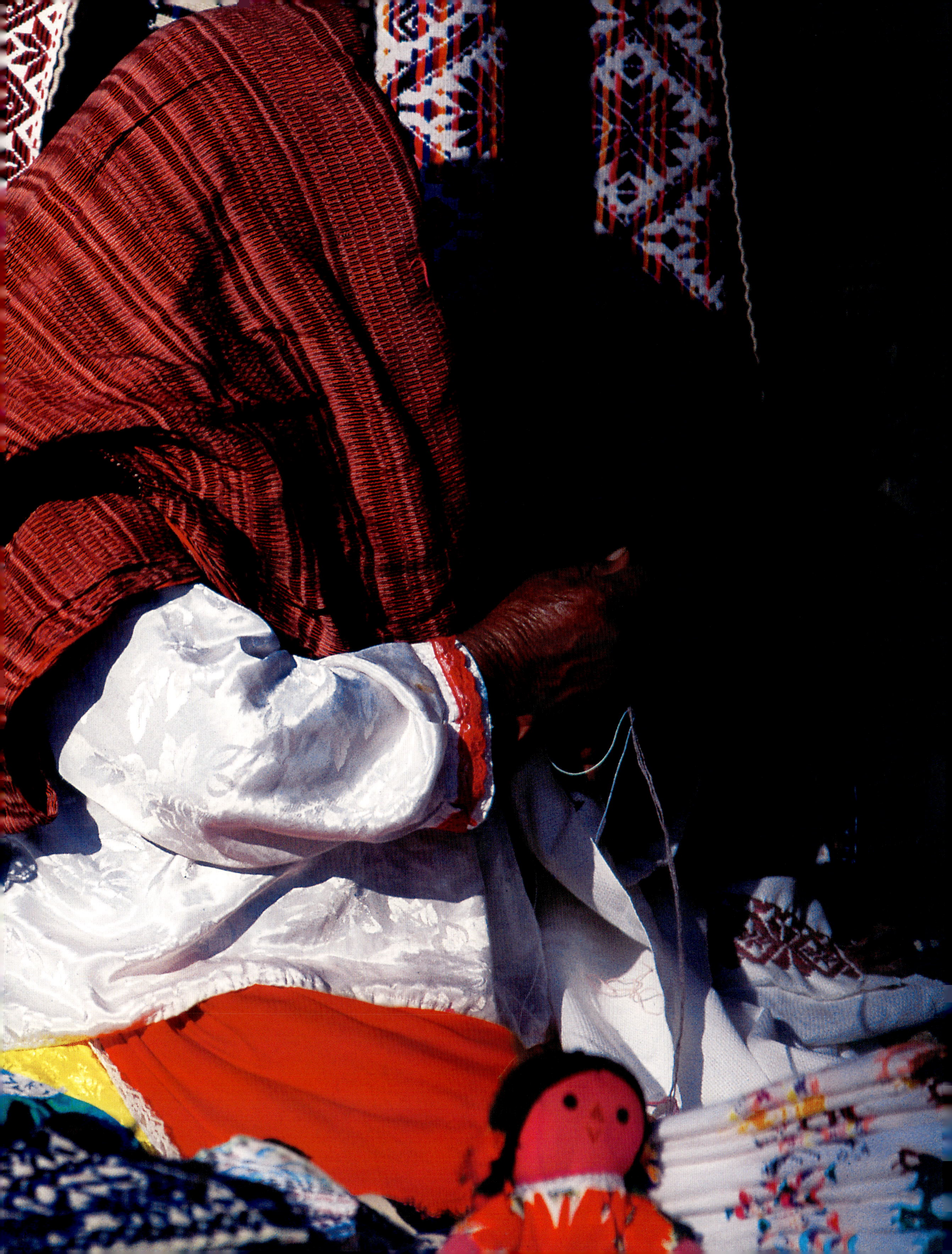

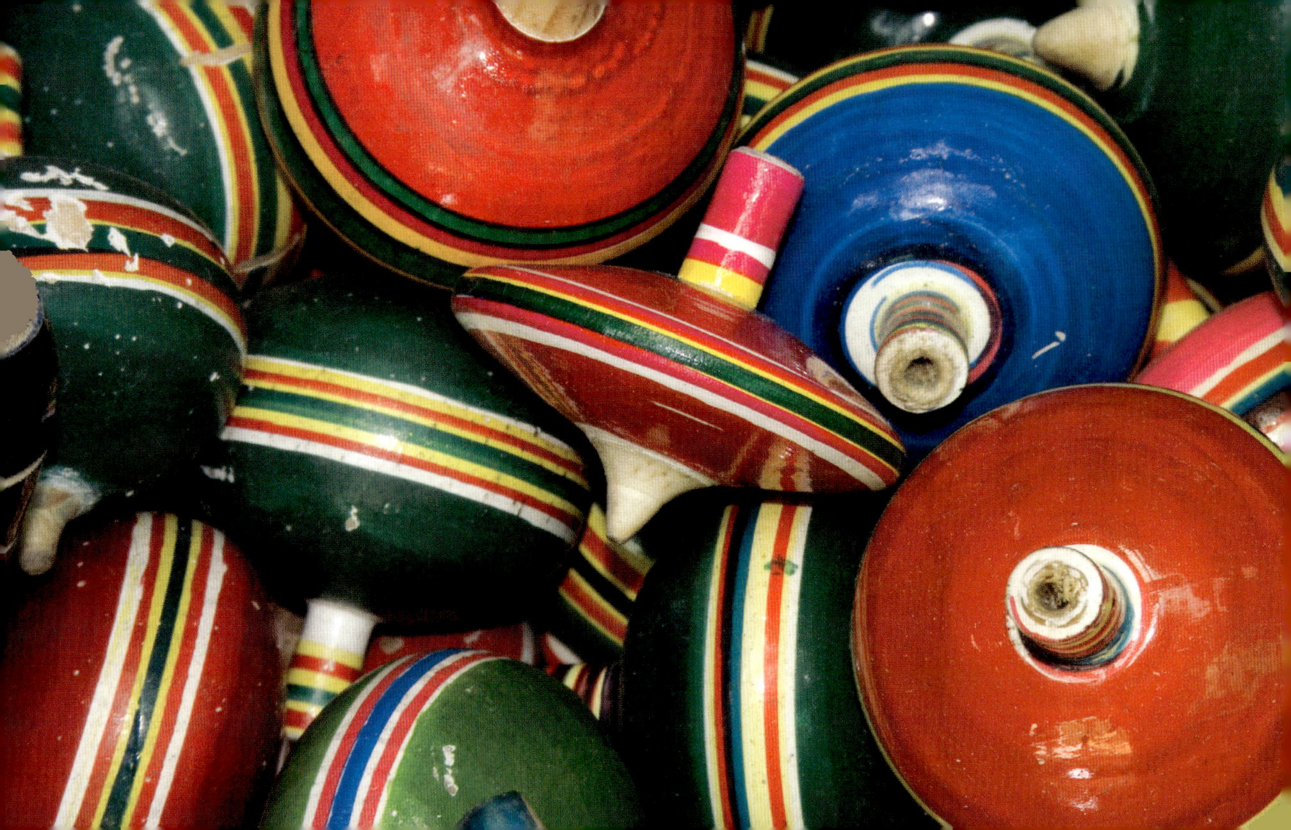

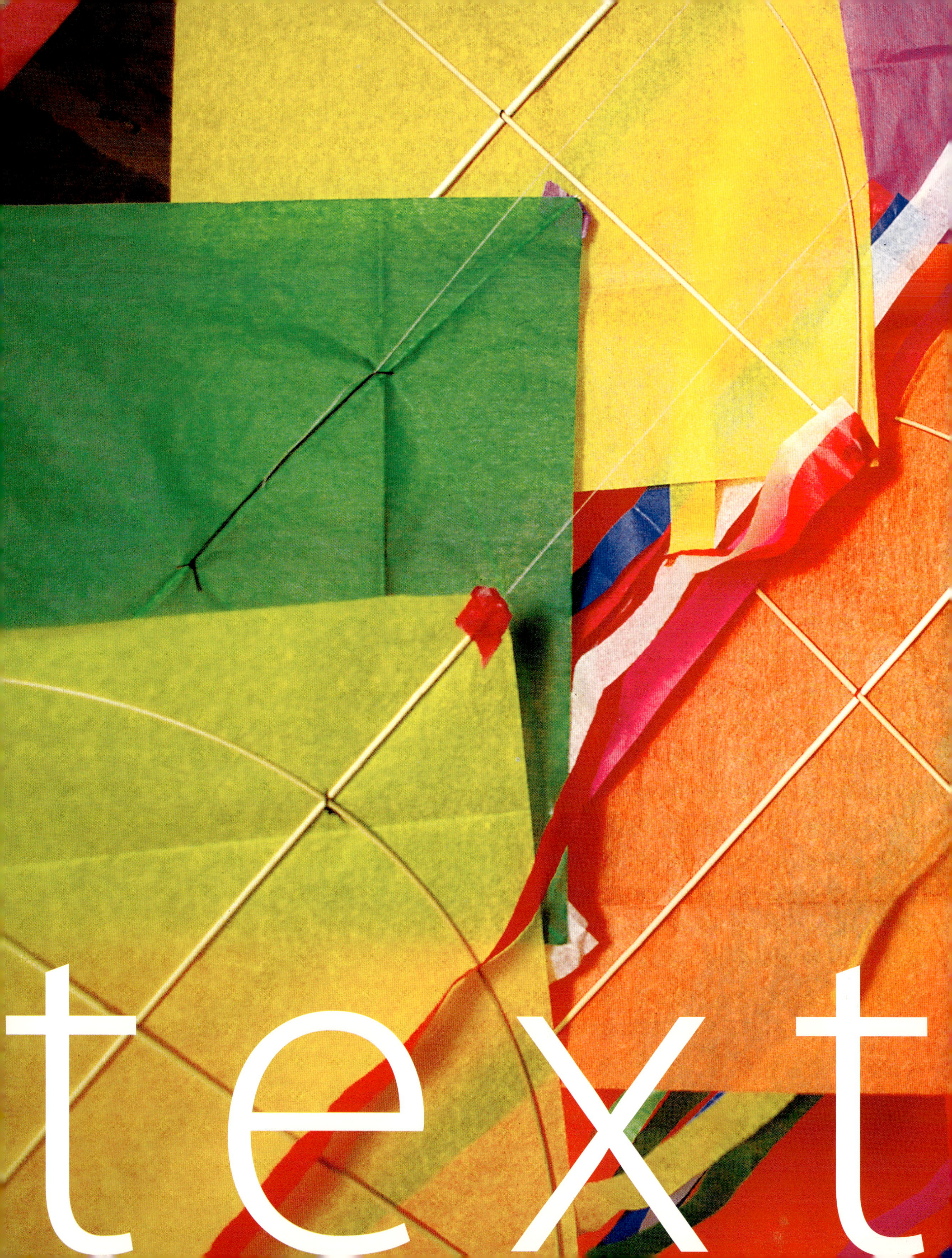
text

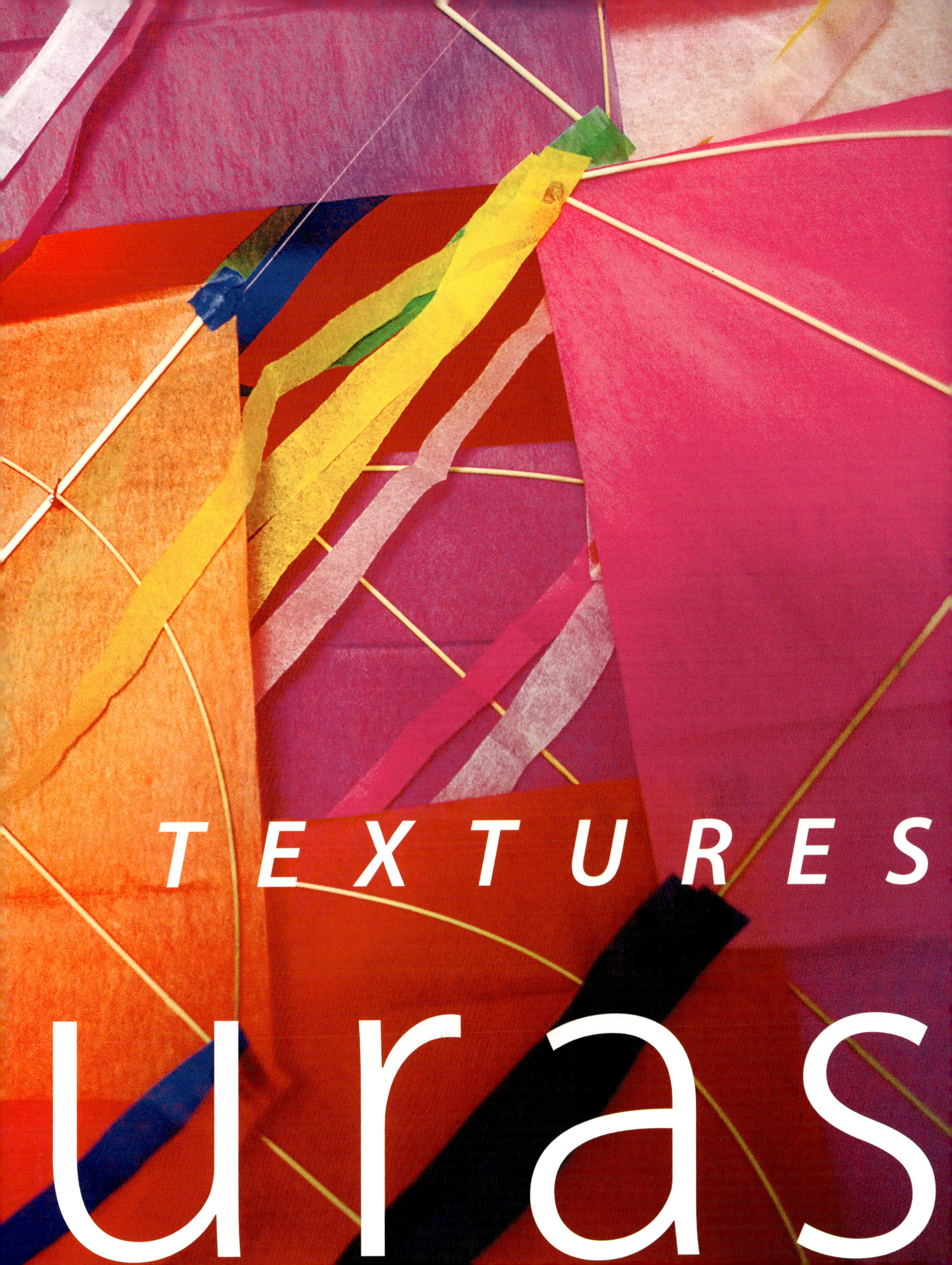
TEXTURES
uras

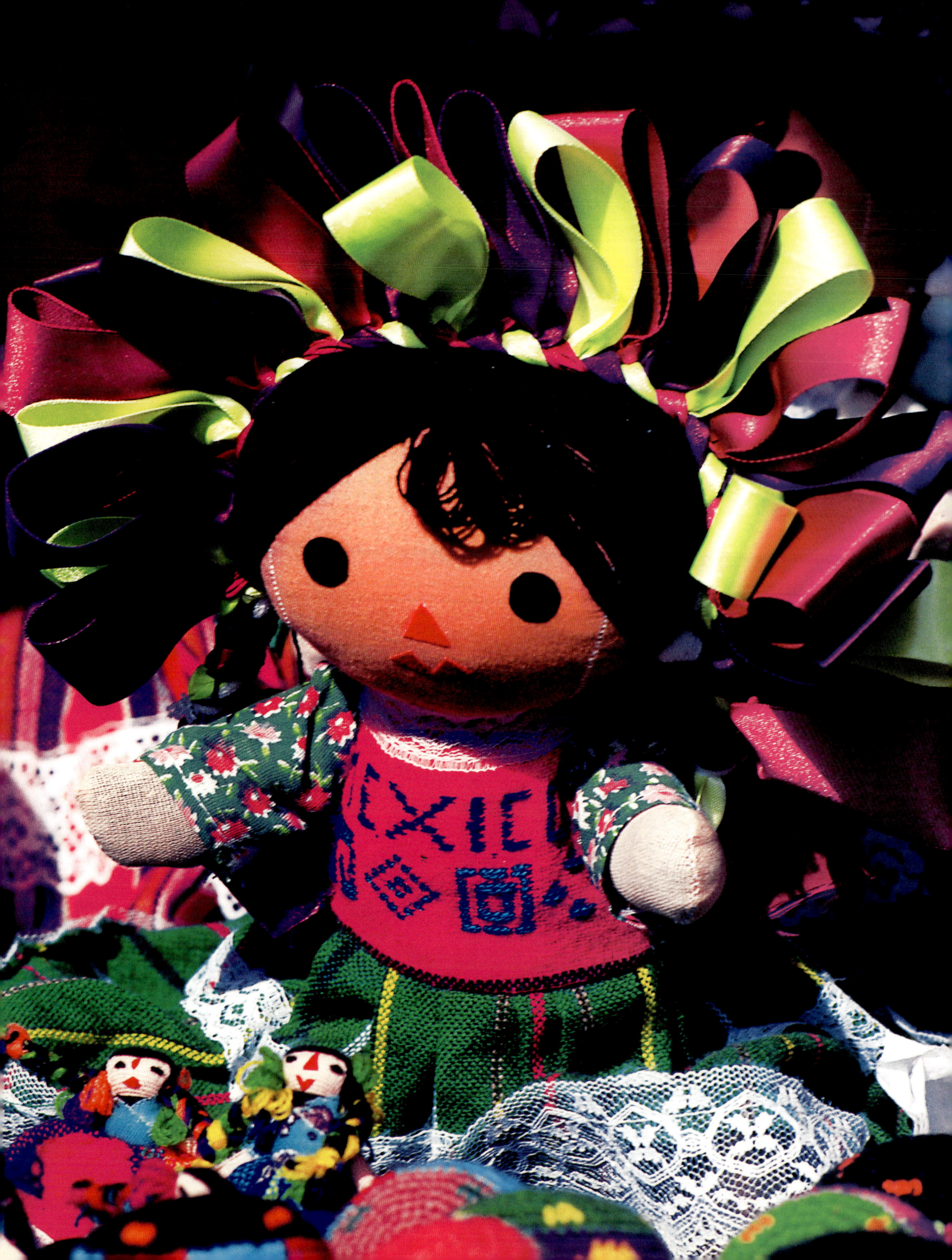

Muñeca de trapo con sus cintas de colores, convertida en obra de arte.

Artesanías

La artesanía es una actividad productiva de objetos hechos a mano con la ayuda de instrumentos muy simples. Lo que se obtiene de ese trabajo son artículos utilitarios o decorativos, algunos tradicionales y otros de reciente invención. Pero, lo que se conoce como artesanía popular es la tradicional, normalmente vinculada a necesidades, festividades o gustos populares y puede ser igualmente utilitaria, ritual o decorativa. Las creaciones artesanales de México son producto de su pasado histórico. Cuando los grupos nómadas se volvieron sedentarios, a raíz del descubrimiento de la agricultura, comenzaron a surgir los artesanos especializados, quienes se dedicaban a fabricar artículos indispensables para la vida de la comunidad. Con el tiempo, y a medida que aumentaba su bienestar económico, la sociedad se volvió más compleja y junto con los enseres de uso diario, comenzaron a elaborarse objetos suntuarios para las complicadas ceremonias y para satisfacer las necesidades de diferentes estatus sociales.

Durante la colonia, el artesano asimiló técnicas y modelos europeos adaptándolos a su particular idiosincrasia. El impacto de una cultura diferente propició el surgimiento de nuevas artesanías y el desarrollo de otras. Cambió la forma de producción y surgieron nuevos patrones de consumo y nacieron otros productos artesanales. La fabricación de muebles o los trabajos de vidrio, son evidentemente creaciones nacidas a partir de la colonia, a la vez que la orfebrería, que ya se trabajaba en la época prehispánica, recibió un fuerte impulso con el auge de la minería. Muchas tradiciones se perdieron durante la colonización, pero muchas otras surgieron y tomaron carta de naturalización y siguen vigentes hoy en día. La artesanía es un género vivo y nunca pierde su sello de autenticidad porque a final de cuentas sigue siendo un arte producido por el hombre y, siempre, hecho a mano. La mayor cantidad de artesanías se produce en el centro de la República Mexicana.

BARRO: Se distinguen diferentes géneros de piezas, las de uso doméstico, ornamentales, para usos rituales, juguetes y miniaturas. Para crearlas, los artesanos utilizan el modelado a mano, el modelado sobre patrones de barro cocido o yeso y el torneado; el torno se usa sólo en unos cuantos lugares. La cocción se realiza ya sea en hornos circulares abiertos por arriba; en hornos bajo tierra, con la boca a ras del suelo, o simplemente sobre el piso, a la intemperie. Las piezas se queman a una temperatura de 600°C a 800°C; las de tipo mayólica, como las de Guanajuato, se someten a una segunda cocción a 1,100°C. Los colores que se aplican generalmente son tierras, anilinas o esmaltes y en algunos casos se añade óxido de cobre, como en Michoacán. La producción es muy variada, tanto en el uso como en el diseño, que en ocasiones es un legado de culturas indígenas muy antiguas y en otras, la mayoría, una influencia europea y oriental. Por todas partes se ven cántaros, cajetes, barriles, juguetes; incluso vajillas completas, tibores, floreros, platones magníficamente terminados. La producción de azulejos, principalmente de Puebla, azul cobalto, multicolores o con diseños especiales, tiene gran demanda. Entre los objetos más apreciados se encuentran macetas, platos, platones, vidriados y decorados al pincel con figuras de peces, aves, venados, escenas regionales o las figuras de reyes magos, vírgenes y pastores para los nacimientos que se hacen en Michoacán, donde igualmente hacen ollas de diferentes tamaños, poncheras o vasijas para agua, así como unas piezas de barro muy fino, llamado cáscara de huevo. México exporta grandes cantidades de loza vidriada de Tonalá, Jalisco, con decoración al pincel, bruñida y de color; árboles de la vida, monocromáticos o muy coloridos, así como cerámica de excelente calidad de los estados de México. Hidalgo es también productor de cerámica de excelente calidad y bello diseño.

FIBRAS: En nuestro país conviven dos tradiciones en el trabajo de la cestería, la prehispánica, que conserva sus formas y sus técnicas en la creación de tapetes, tompeates, petacas y algunas otras piezas, y la española, que se emplea para hacer canastas de asa, sombreros de una sola pieza y muchas otras cosas muy elaboradas. En México, el trabajo artesanal de fibras duras y vegetales se practica desde antes de la aparición de la agricultura puesto que su usaba para la recolección de frutos, la cacería y la pesca. Entre las fibras que se usan están los carrizos, otates, agaves y otras no tan rígidas como el junco y la vara y otras muy flexibles como el pasto y la palma.

Con el tule se hacen petates para mesa o para el piso, fundas para botella y esteras en forma de estrella, caballitos y las famosas mulitas para la fiesta de Corpus, que también se elaboran con la pasta seca del maíz. Con palma se hacen canastas y cestos policromados, flores, y miniaturas policromadas, sonajas con pluma (gallitos) y palmas para la bendición del Domingo de Ramos. Los sombreros se fabrican principalmente en Guanajuato, Jalisco y Michoacán. En muchas ocasiones, la cestería es de uso cotidiano, por lo que su diseño es muy simple, pero también hay productos de uso festivo, ceremonial y suntuario y en estos casos se logran auténticas obras de arte, con decoraciones en zigzag, cuadradas, triangulares, con combinaciones de materiales y de diferentes colores, aplicando colorantes o agregando otros elementos distintos a las fibras. Hay una gran variedad de otros materiales, como el bagazo de caña, la paja de trigo, que llegó de España durante la Conquista, semillas, huesos de frutas, cáscara de nuez, avellana y piñón y cáscara seca de maíz.

METALES: En la región central de México, el uso del oro, del cobre y de la plata ya era frecuente antes de la llegada de los españoles, que se maravillaron con el trabajo de los orfebres. Más tarde, los indígenas aprendieron a forjar el hierro bajo la guía de los conquistadores españoles, primero para la fabricación de clavos, cadenas y anclas para los navíos y luego para hacer instrumentos de labranza y objetos como barandales, puertas, balcones, entre otros. Sólo los españoles podían ejercer el oficio; sin embargo, gracias a la promulgación de una nueva ordenanza, Vasco de Quiroga estableció talleres para los indígenas quienes se convirtieron en verdaderos maestros. Hoy son mundialmente conocidas las piezas de cobre martillado de Santa Clara del Cobre, Michoacán, como cazos, ollas, jarras, centros, candelabros, maceteros. Como también es muy reconocida la cuchillería, de origen hispano, que incluye machetes, espadas, hojas y cuchillos de monte, con dibujos y leyendas grabados con ácido o con cincel, o las espuelas de Amozoc, hechas de acero forjado, cincelado y pavoneado con incrustaciones de plata. Son muy apreciados también los artículos de hojalata como candelabros, marcos, faroles, cajas, vitrinas, entre otras piezas, que se hacen en Guanajuato, Puebla, Jalisco y Morelos, igual que las joyas y los objetos de Pachuca.

LACA: La técnica del laqueado, con que se impermeabilizan y decoran objetos de madera, proviene del México precolombino; consiste en aplicar a la madera una mezcla hecha de diversos materiales, minerales, vegetales y animales, especialmente aceites y tierras de diferentes colores. Las tierras contienen una combinación de minerales, como carbonato natural y magnesio y reciben el nombre de dolomía; el aceite de origen animal proviene de un insecto que se conoce como aje, y los de origen vegetal son la chía y la linaza.

Se manufacturan lacas de excelente calidad y belleza en Michoacán. También son productos de exportación las charolas, platos y platones decorados con finísima ojo de oro, de la misma región.

MADERA: Antes de la llegada de los españoles, se usaban maderas suaves, para hacer recipientes, vasijas, bandejas, cucharas y otros enseres, y maderas duras para hacer esculturas, canoas, dinteles, puertas, instrumentos musicales, pipas e insignias de mando. Durante el virreinato se enriqueció este tipo de trabajo, tanto por la llegada de maderas europeas, el cedro, pino, ciprés y encino, como por las herramientas de hierro y acero especiales para el trabajo de la madera. Los únicos autorizados para trabajar la madera, eran los oficiales españoles, pero el artesano indígena pudo aprender el oficio con la sola observación y cuando tuvo oportunidad de producirla, le incorporó su propia sensibilidad. Para fines del siglo XVI la mayor parte de los muebles civiles y religiosos, se hacían en la Nueva España, no sólo por los artesanos españoles sino ahora también por los indígenas.

~ El Sol, capturado en la simplicidad del barro.
The sun portrayed in the simplicity of clay. ~

En nuestros días, se fabrican más por producto de una moda que por reminiscencia o tradición, muebles de tipo colonial en Ixcateopan, Cuernavaca y la ciudad de México; están hechos de cedro blanco y rojo, nogal y caoba, grabados o labrados con figuras de ángeles, animales y flores. En otro estilo, pero también muy atractivos, se fabrican arcones, cómodas y mesas de madera de sabino con incrustaciones de naranjo. Hasta la fecha se siguen fabricando instrumentos musicales, como guitarras y violines, en Paracho, Michoacán; arpas, requintos y violines en Jalisco y la famosas cajas para rebozos taraceadas e incrustadas en San Luis Potosí.

VIDRIO: Desde su llegada al continente, el vidrio cautivó a la población de la Nueva España, tanto que ya para 1542, se había instalado un taller de vidrio soplado en Puebla, al que siguió otro en la ciudad de México. Al principio, y durante mucho tiempo, se fabricaban únicamente objetos de tipo utilitario como vasos, botellas, botellones, platos, vinateras, de colores verde, azul y blanco cristalino y casi 200 años después se inició la producción de vidrio plano y espejos.

Esa industria se extendió, en épocas posteriores, a México, Texcoco, Guadalajara, Tlaquepaque, Tonalá y Toluca. Pero las técnicas tradicionales son el soplado, el soplado en molde, el azogado, el craquelado, el prensado, el esmerilado o de pepita, el pintado y el estriado. Los colores para pintar el vidrio se obtienen de la arena con que se fabrica y de óxidos de cobalto, de zinc, cromo y selenio, entre otros.

PAPEL Y CARTÓN: Cuando se habla de papel artesanal habrá que referirse a ciertos tipos de papel como el amate, de producción indígena y como el que llegó al continente por la Nao de China, que es el de arroz, utilizado desde entonces para envolver el tabaco y el que hoy conocemos como papel de china. El cartón no apareció sino hacia el siglo XVIII. Hay dos tipos de papel amate, uno hecho de la pulpa de la mora, de color blanquecino y otro de una especie de higuera silvestre, de color oscuro, que se producen casi exclusivamente en una sola región, la comunidad otomí de San Pablito, en la sierra norte de Puebla. La intensidad del color depende de la edad del árbol, mientras más viejo, más oscuro. Los objetos de papel amate originales, tienen una función mágica, el papel blanco se considera como bueno y se utiliza para invocar protección; el oscuro para la magia negra y para provocar daño. Sin embargo, ahora existen obras sólo con intención artística, puramente comerciales. La producción de papel de amate, de San Pablito, Puebla, se envía al Estado de Guerrero para ser pintada a mano. El papel de china, calado o picado, con una técnica donde el dibujo se recorta con sacabocados y mazo, se produce principalmente en Puebla, Jalisco, Michoacán y la ciudad de México y se utiliza con mucha frecuencia para revestir los altares del Día de Muertos o del Viernes de Dolores, para adornar las calles y plazas en las fiestas patrias así como para forrar piñatas. Con el cartón, papel de desperdicio, engrudo y pinturas, los artífices de Guanajuato, Puebla, Estado de México y la ciudad de México siguen haciendo hoy en día judas y calaveras con armazón de carrizo o alambre. Los mundialmente famosos alebrijes, son figuras fantásticas de cartón, profusamente decoradas con pincel. Los trabajos hechos con el también muy conocido papel maché, alcanzan la categoría de obras de arte.

JUGUETES: Existe una inmensa variedad de juguetes tradicionales y muchos materiales para elaborarlos; tan solo en el centro de México se utilizan barro, pasta de cartón, madera, palma, tule, hoja de maíz, algodón, hojalata, calabazo, cuerno, cera, chicle, vidrio, hueso, plumas de ave, hilo, alambre, papel, entre otros muchos que quedan sin mencionarse. La imaginación infantil se mantiene activa, da a los objetos propiedades que no tienen, inventa su personal mitología y transforma las cosas más simples en seres ideales, prodigiosos, sin paralelo en la vida real y la labor del artífice consiste en darle expresión a esa fantasía. En ocasiones, el juguete se adapta a otra peculiaridad, hay juguetes alcancía, juguetes vasija, juguetes con movimiento, como luchadores, cirqueros, peleas de gallos, pájaros voladores, mariposas, rehiletes, articulados con hilos o ingeniosos mecanismos de madera o lámina; hay otros, musicales o que producen sonidos como silbatos, cornetas, tambores, sonajas, matracas. Y por supuesto juguetes con un alto valor estético y gracia decorativa, como las hermosas muñecas de trapo vestidas a la usanza mexicana, con colores muy alegres. Los juguetes que hace el pueblo son para el pueblo mismo, cuya economía aún es muy pobre y no puede pagarlos sino con escasos recursos, por eso son siempre muy baratos. Pero, en ocasiones, el juguete se aparta de su función animadora y se convierte en objeto de culto, quien lo tiene, disfruta siempre de su grata presencia y lo conserva por mucho tiempo como un objeto de gran valor.

Rag doll with colored ribbons, elevated to the status of a work of art.

Handcrafts

Handcrafts, as the name suggests, are based on the art of producing hand-made objects with very simple instruments. The end product is usually practical or decorative items, some of which are traditional while others are recent additions to the craftsman's repertoire. But what is commonly known as popular handcrafts ties in with tradition and is usually linked to needs, festivities or common tastes and can equally perform a practical, ritual or decorative role.

Handcrafts in Mexico today reflect their long history. When the country's nomadic inhabitants began to settle following the discovery of agriculture, craftsmen started specializing in making essential items for community life. As economic prosperity expanded, these societies became more complex and, alongside practical utensils used on a daily basis, craftsmen started making more elegant objects for ceremonial purposes and to satisfy the needs of different social levels.

During the colonial era, craftsmen learned new techniques and models from Europe which they adapted to their own idiosyncrasy. The arrival of a whole new culture gave rise to new handcrafts and the development of existing ones. Production changed, as did trends in consumption, and new handcrafts came into being. The manufacture of furniture and glassware clearly dates back to the colonial era, while goldsmithery, already around during Pre-Hispanic times, enjoyed an unprecedented heyday with the advent of mining. Most of Mexico's handcrafts are made in the central regions.

Many traditions were lost during the conquest, but many others arose as features of the newly-fused culture and are still around today. Handcrafts are a living tradition that will always be totally authentic because they ultimately amount to a human art form that is always handmade.

CLAY: *Different types of items are made from clay: some are for household use, while others are ornamental, ritualistic, toys and miniatures. The methods used to make them include hand modeling, modeling using baked clay or plaster patterns and with the use of the potter's wheel, which is not very common. Baking is performed in circular kilns with an opening on top, in underground kilns open at ground level, and in outdoor kilns on the ground. Products are baked at temperatures of between 1,112 °F and 1,472 °F ; majolica pottery, like the pottery in Guanajuato, is baked a second time at 2,012 °F. The colors used are usually based on earth, aniline, varnish and, in some cases, copper oxide, like in Michoacán. Both the use and design of handcrafts are very varied; sometimes they embody the heritage of very ancient cultures, while on other occasions – in fact the majority – it is the product of European and Oriental influence. Pitchers, casseroles, barrels, toys, even complete crockery sets, vases and magnificently finished serving dishes can be found everywhere. There is also great demand for the cobalt blue, multicolored or specially designed tiles of Puebla, as well as for the flower pots, plates, serving dishes, figures of fish, birds, deer, regional scenes or figures of the Three Wise Men, the Virgin Mary and shepherds for the manger made with glass and decorated with paintwork from Michoacán, which also boasts a range of pots of different sizes, punch bowls, containers for water and objects made from a very fine clay known as eggshell. México exports large volumes of glazed earthenware from Tonalá, Jalisco, with finely painted decorations, burnishing and colors; trees of life, monochrome or colored, as well as splendid ceramics from Estado de México. Hidalgo also produce ceramics of excellent quality and beautiful designs.*

FIBERS: *Our country is home to two wickerwork traditions: the Pre-Hispanic, which has preserved its shapes and methods for making rugs, tompeates, bags and other articles, and the Spanish, used to make baskets with handles, one-piece hats and many highly elaborate items. In Mexico handcrafts made* *from tough vegetable fibers have been around since long before the arrival of agriculture, given that these items were used for collecting fruit, hunting and fishing. The fibers used include reeds, weeping bamboo, agaves and other less rigid species, such as junco or bamboo, and highly flexible ones like grass and palm. Sedge fiber is used to make palm mats for tables or the floor, bottle casings and matting in the shape of stars, horses and the famous mules for the Corpus Christi festival. These are also made with dry corn paste. Palm is used to make polychrome baskets, flowers and miniatures, rattles with feathers (known as gallitos) and palms for the Palm Sunday festival. Hats are made mainly in Guanajuato, Jalisco and Michoacán.*

Baskets are often for day to day use, so their design is very simple. Other products, however, are used for festivals, ceremonies and decoration and can be real works of art with ornaments in the form of a zigzag, squares or triangles, and using combinations of materials or different-colored materials, and adding coloring or other components to the fibers. The range of materials used is extensive and, in addition to the ones mentioned above, includes waste pulp and hay, which were brought over from Spain during the Conquest, seeds, fruit stones, walnut and hazelnut shells, pine seeds and dried corn husks.

METAL ARTICLES: *The use of gold, copper and silver in central Mexico was widespread before the arrival of the Spaniards, who were awestruck by the craftsmanship of the smiths. Later on, indigenous craftsmen learned to forge iron under the supervision of the Spanish Conquistadors, initially to make nails, chains and anchors for their ships but later on to create farming implements and objects such as handrails, doors, balcony railings, etc. Only the Spaniards were allowed to perform such work; but the arrival of a new religious order allowed Vasco de Quiroga to set up workshops for indigenous workers who went on to become true masters.The hammered copperware of Santa Clara del Cobre, Michoacán, such as saucepans, pots, jugs, table centerpieces, candelabras and flowerpots have earned worldwide acclaim. Equally well-known are the Spanish cutlery and blades, including machetes, swords and hunting knives, with patterns and legends engraved using acid or a chisel; or spurs from Amozoc, made from wrought steel, carved and decorated with silver encrustations.*

Another favorite is the range of items made from tin such as candelabras, picture frames, lights, boxes, display cabinets and other objects made in Guanajuato, Puebla, Jalisco and Morelos, along with the jewelry of Pachuca.

LACQUER: *The lacquering process used for waterproofing and decorating wooden items dates back to Pre-Hispanic Mexico and consists of coating wood with a mixture of different mineral, vegetable and animal products, particularly different colored oils and earth. Earth contains many minerals, like natural carbonate and magnesium, referred to as dolomite; animal oil is obtained from an insect called the cochineal, while vegetable oils come from chia and linseed. Lacquers of outstanding quality and beauty are made in Michoacán. The gold-leaf decorated trays, plates and serving dishes from Michoacán are exported.*

WOOD: *Prior to the arrival of the Spaniards, soft woods were used to make containers, pots, trays, spoons and other items, with hard woods being set aside for sculptures, canoes, lintels, doors, musical instruments, pipes and command insignias. During the colonial era, this type of work was enriched by the arrival of different woods from Europe, such as cedar, pine, cypress and oak, and special iron and steel tools for woodwork.*

Only Spanish officers were permitted to work wood, but indigenous craftsmen managed to learn by just watching, and when they got the chance to do this work themselves they added their own touches. By the end of the sixteenth century most of the civil and religious furniture was being manufactured in New Spain by both Spanish and indigenous craftsmen.

Nowadays, the dictates of fashion more than reminiscence or tradition is behind the creating of colonial furniture in Ixcateopan, Cuernavaca and Mexico City. Such items of furniture are crafted from white and red cedar, walnut and mahogany, engraved or carved with figures of angels, animals and flowers.

Other equally attractive styles are used to make trunks, chests of drawers and tables from alligator juniper with orange incrustations. Musical instruments such as guitars and violins are still made to this day in Paracho, Michoacán, while harps, clarinets and violins are produced in Jalisco. San Luis Potosí, on the other hand, is where the famous inlaid and incrusted boxes for shawls are made.

GLASS: *Ever since its arrival to the continent, glass captivated the population of New Spain, and the first glass-blowing workshop was set up in Puebla in 1542, followed by a second one in Mexico City. Initially, and during a long period of time, only practical items were made like drinking glasses, bottles, demijohns, plates and decanters in green and blue hues, but the production of flat glass and mirrors began 200 years later.*

Over the years, this industry spread to Mexico City, Texcoco, Guadalajara, Tlaquepaque, Tonalá and Toluca. The traditional techniques used are glassblowing, mold blowing, silvering, cracking, pressing, polishing, painting and striating. The colors used for painting glass are obtained from the sand it is made with, as well as from cobalt, zinc, chrome, selenium and other oxides.

PAPER AND CARDBOARD: *Handcraft paper covers a whole range of paper such as amate, made by indigenous producers, and the type that reached this continent on board the Nao de China, namely rice paper, which since its arrival has been used as cigarette paper and is currently known in Mexico as "papel de china" (Chinese paper). It was not until the eighteenth century that cardboard first appeared on the scene. There are two types of amate paper, one is made from the pulp of blackberries and is whitish in color, and the other is made from the wild fig tree, of darker tones and produced almost exclusively by the Otomí of San Pablito, in the Sierra Norte mountain range in Puebla. The intensity of the color depends on how old the tree is: the older the tree, the darker the paper. The first items made from amate had magical functions, as white paper is considered benevolent and is used for protection; dark paper, on the other hand, is for the black arts and ill-doing. Today, however, many of the items made using paper are purely decorative or commercial. Papel de china can be perforated or punched and is made using a method whereby the pattern is clipped with a punch and mallet. It is produced mainly in Puebla, Jalisco, Michoacán and Mexico City and is often used to decorate altars on the Day of the Dead or the last day of Lent, as well as to adorn streets and squares during the Independence Day celebrations and for wrapping piñatas.*

To this day the craftsmen of Guanajuato, Puebla, Estado de México and Mexico City use cardboard, scrap paper, paste and paints to make figures of Judas and skulls with reed or wire frames. The world famous alebrijes, are figures from the realms of fantasy made of cardboard and painted in very bright colors. Some of the creations made using papier maché attain the status of true works of art.

TOYS: *There is a vast range of traditional toys and a whole array of materials to make them with. In central Mexico alone, such materials include clay, cardboard paste, wood, palm, reeds, corn leaves, cotton, tin, pumpkin, horn, wax, chewing gum, glass, bone, bird feathers, thread, wire, paper, as well as numerous others. The imaginative prowess of childhood is kept razor-sharp to give objects properties they do not have, creating a whole personal mythology and transforming the simplest things into the embodiment of perfection, unparalleled in the real world. Such is the task of the craftsman.*

Sometimes the toy can acquire a whole new identity: there are toys for keeping money in, toys for drinking from, toys with movement, such as wrestlers, circus acts, cock-fighting, birds in flight, butterflies and windmills made with thread or ingenious wooden or sheet-based devices; there are also musical toys or toys that make sounds like whistles, coronets, drums and rattles. Last but by no means least, there is the decorative value and sheer beauty of rag dolls wearing brightly colored Mexican costume. The toys people make are for people to enjoy, even if they are poor and can barely manage to pay for them, which is why they are always very cheap. But sometimes toys soar above their role as a means of entertainment and become an object of worship, gracing its owner with its valuable presence and keeping him or her company for years on end.

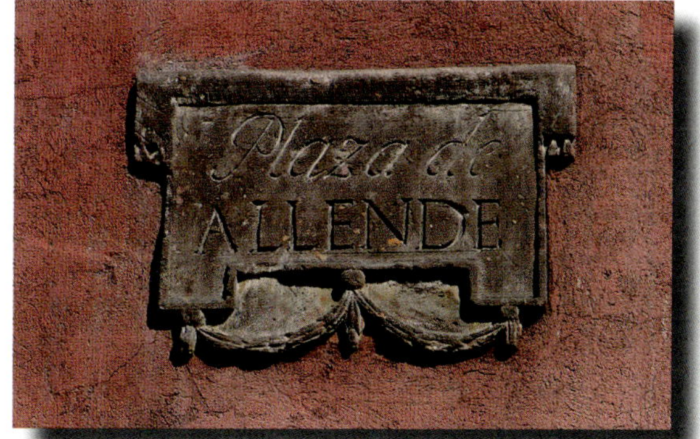

Letrero de calle hecho de piedra labrada, a tono con la arquitectura del lugar.
Street sign sculpted from stone, in keeping with the local architectural style.

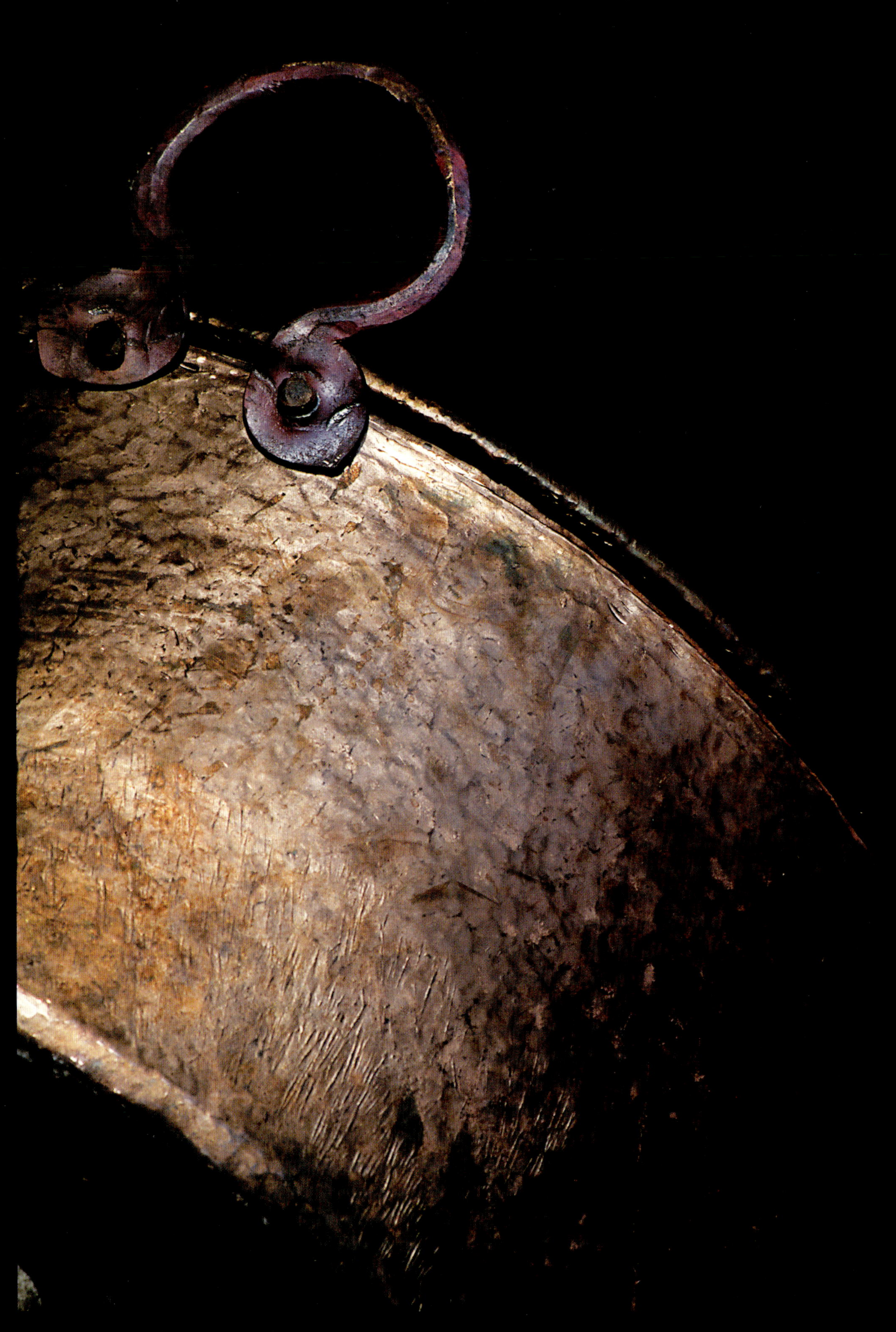

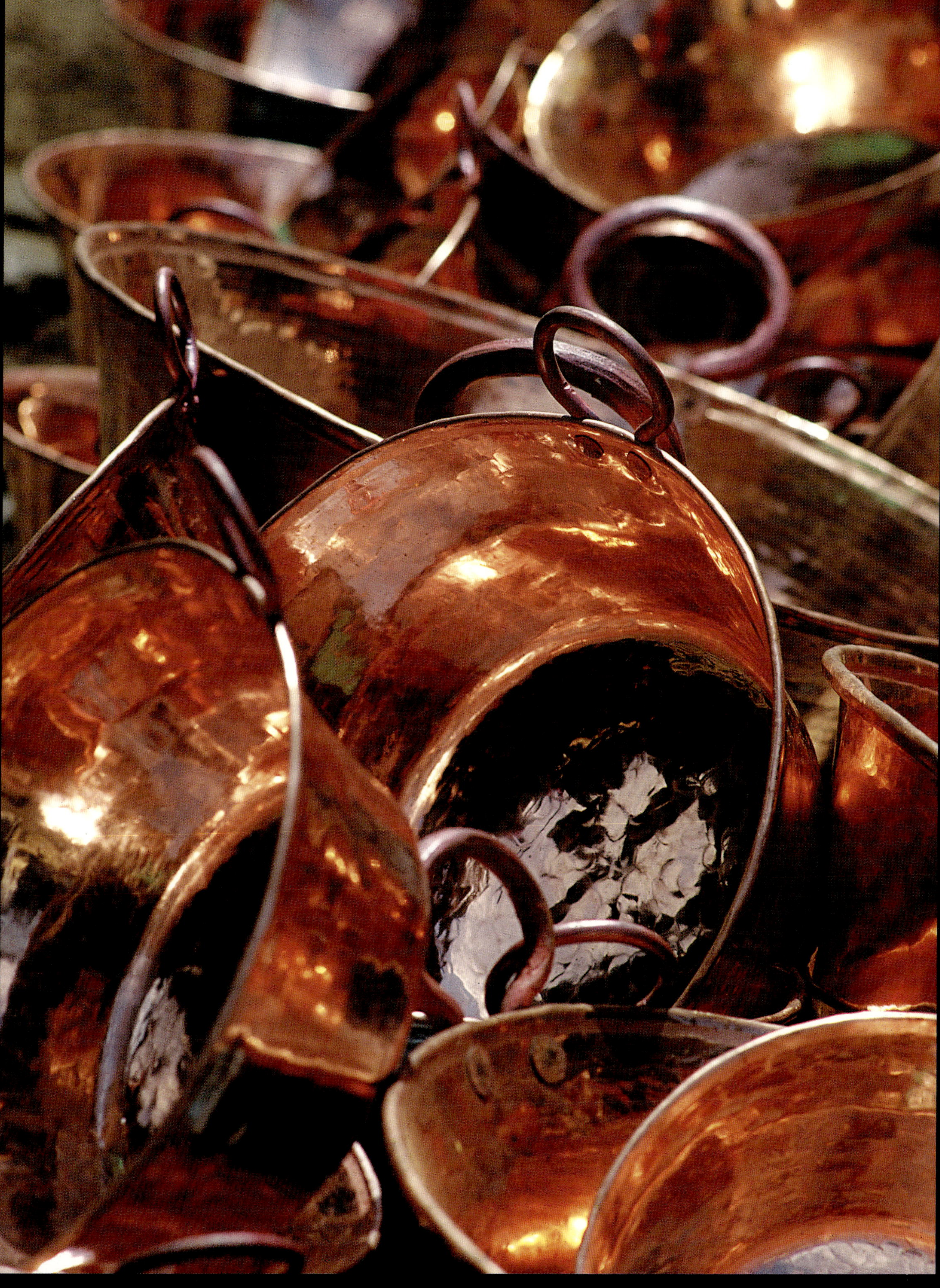

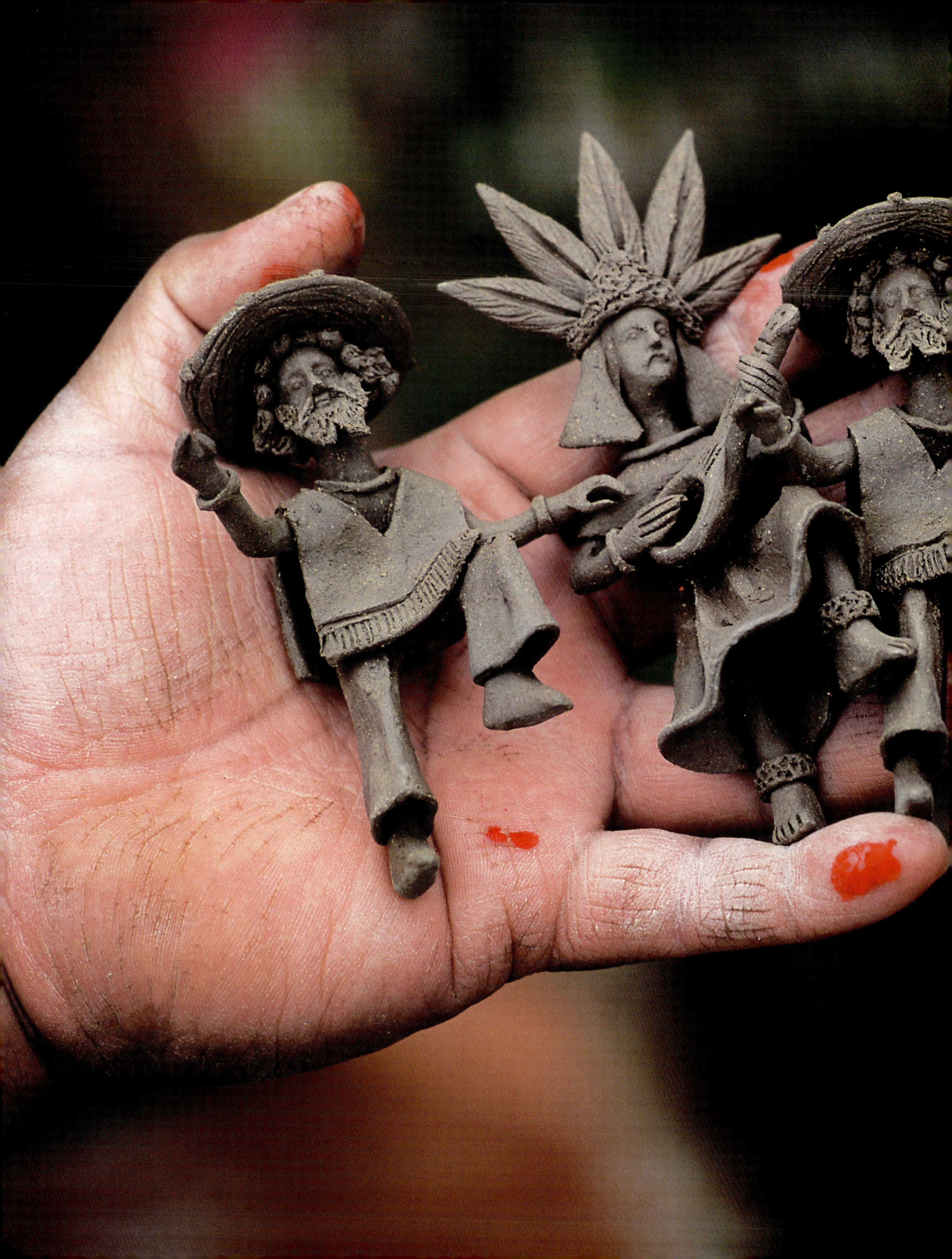

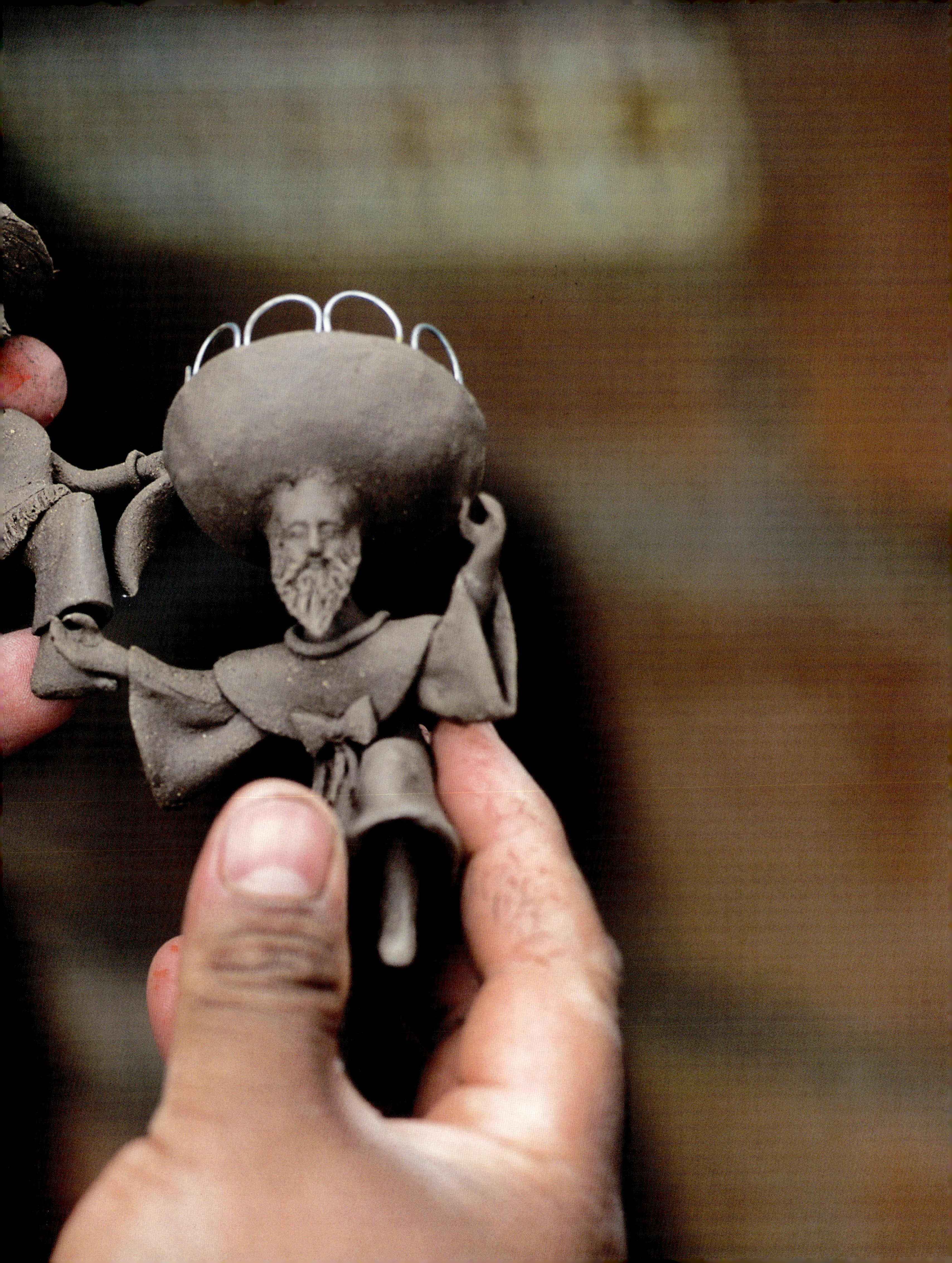

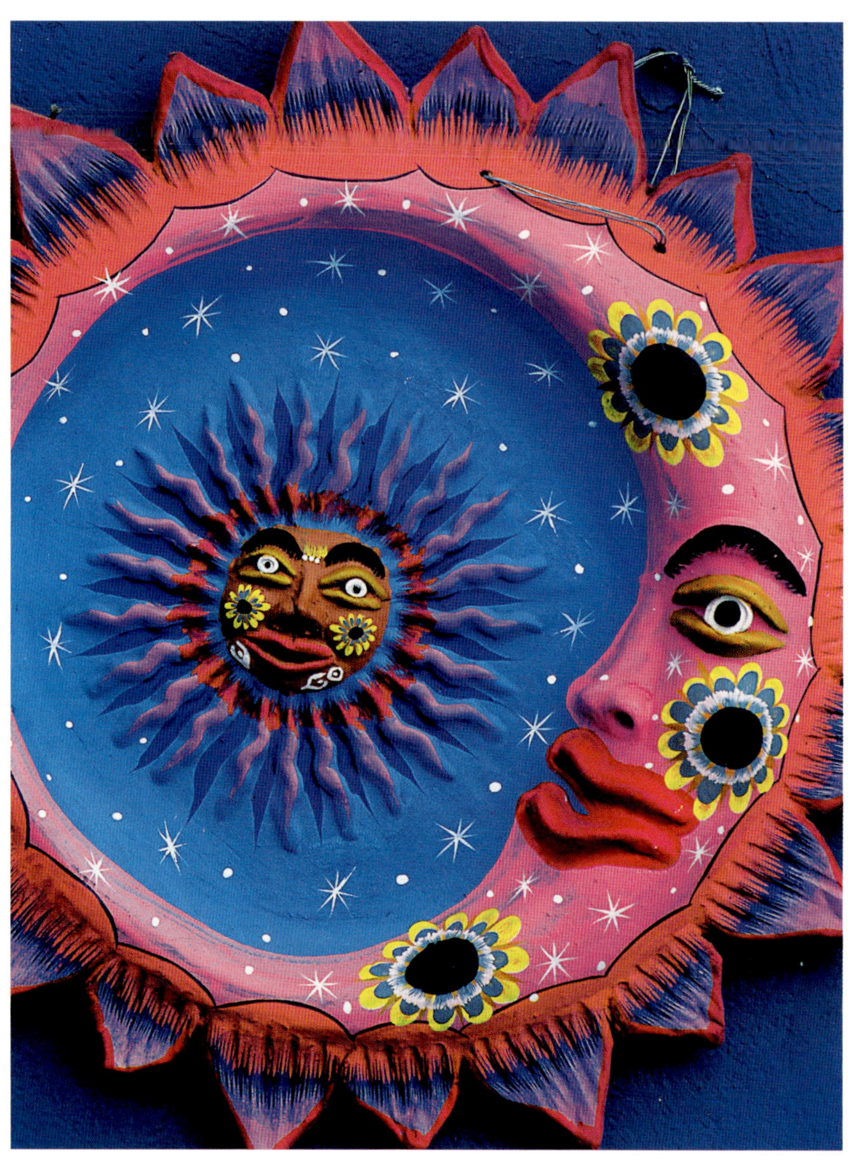

En una figura de barro y con mucha imaginación, las manos del artesano transforman el sol, la luna y las estrellas en un paraíso de colores.

~

With a figure of clay and a rich imagination, the craftsman's hands transform the sun, the moon and the stars into a paradise of color.

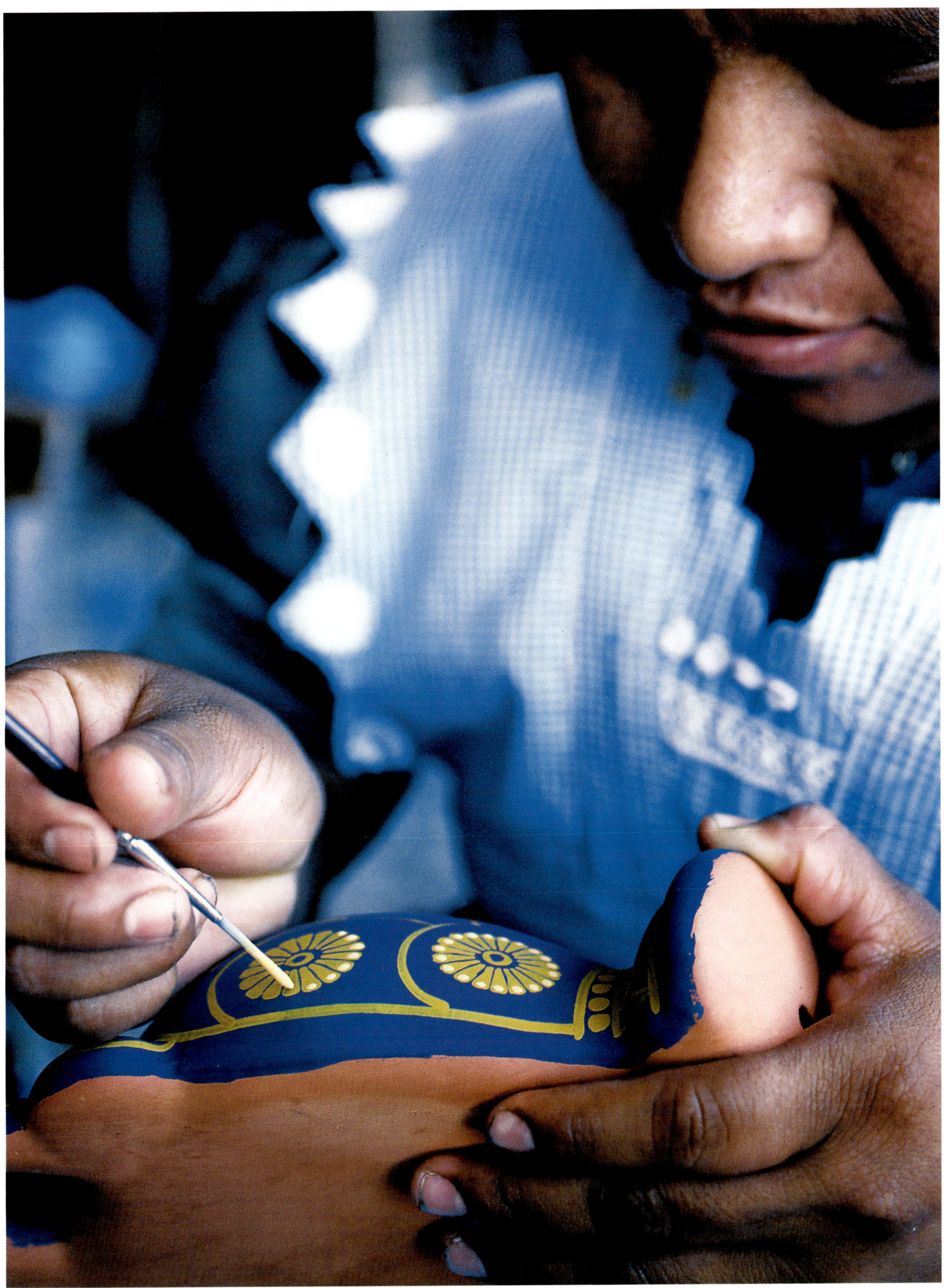

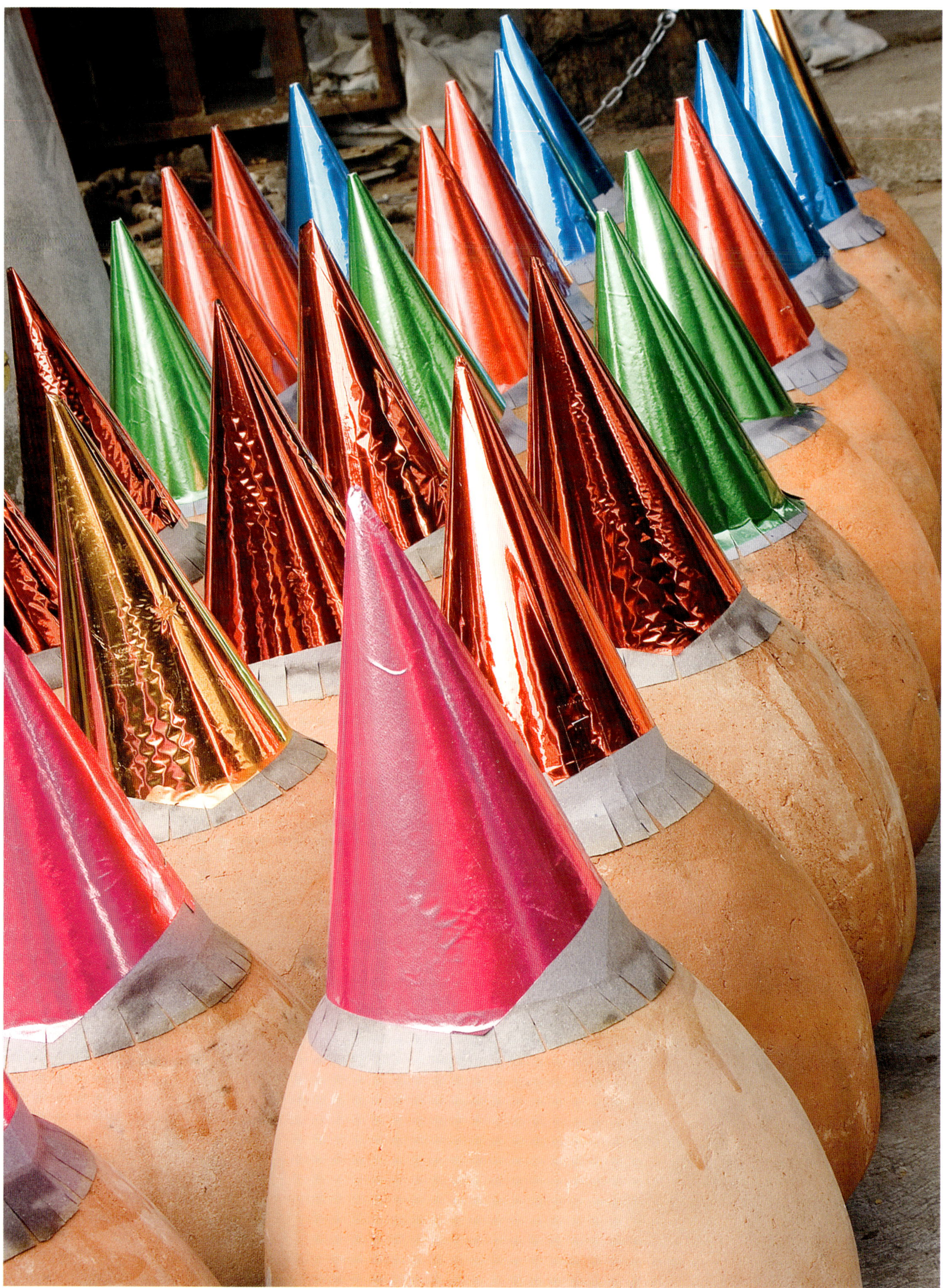

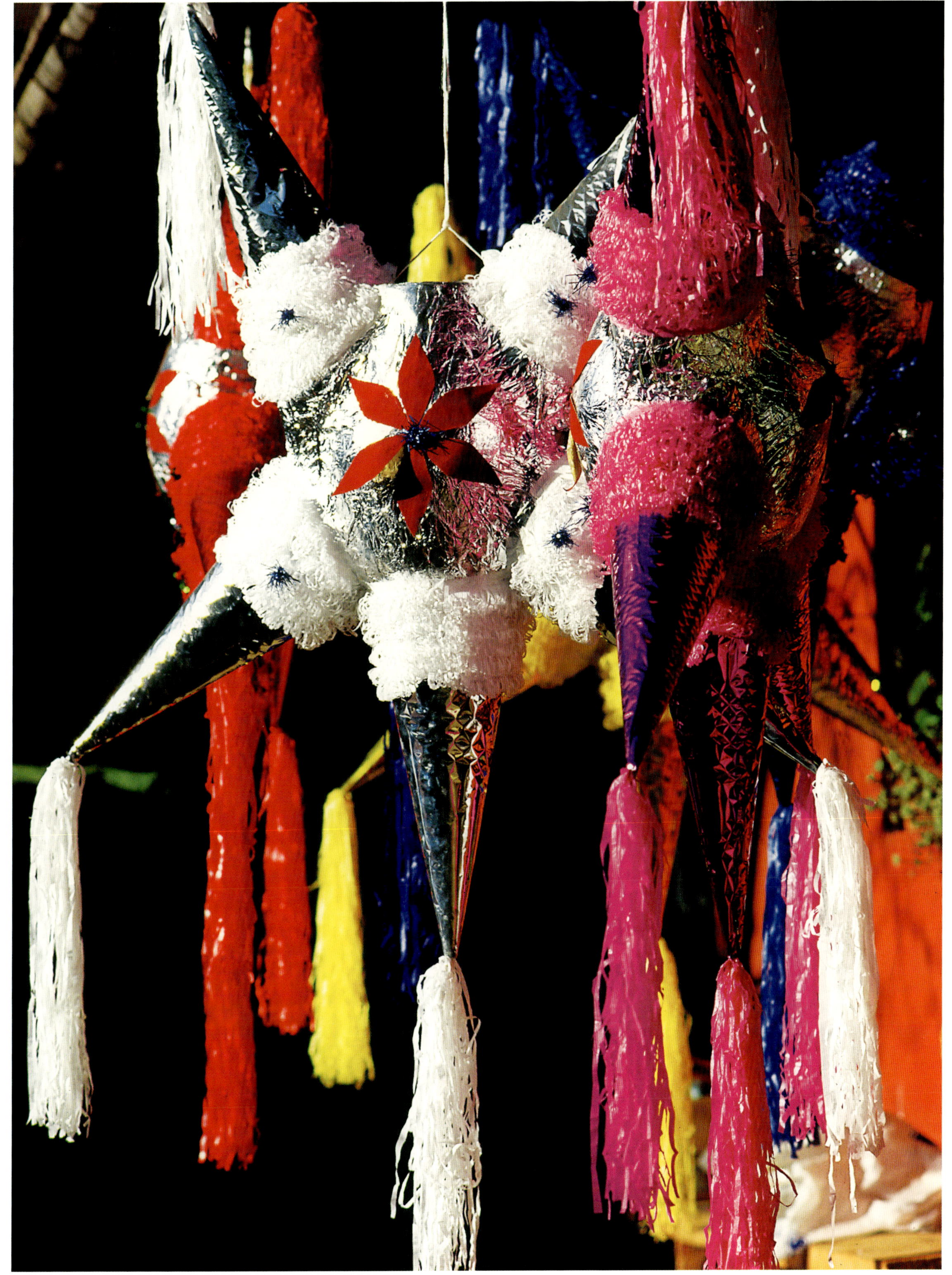

~ Belleza efímera de la piñata que alegra la posada mexicana. / *The short-lived splendor of the piñata brightening up Christmas celebrations in Mexico.* ~

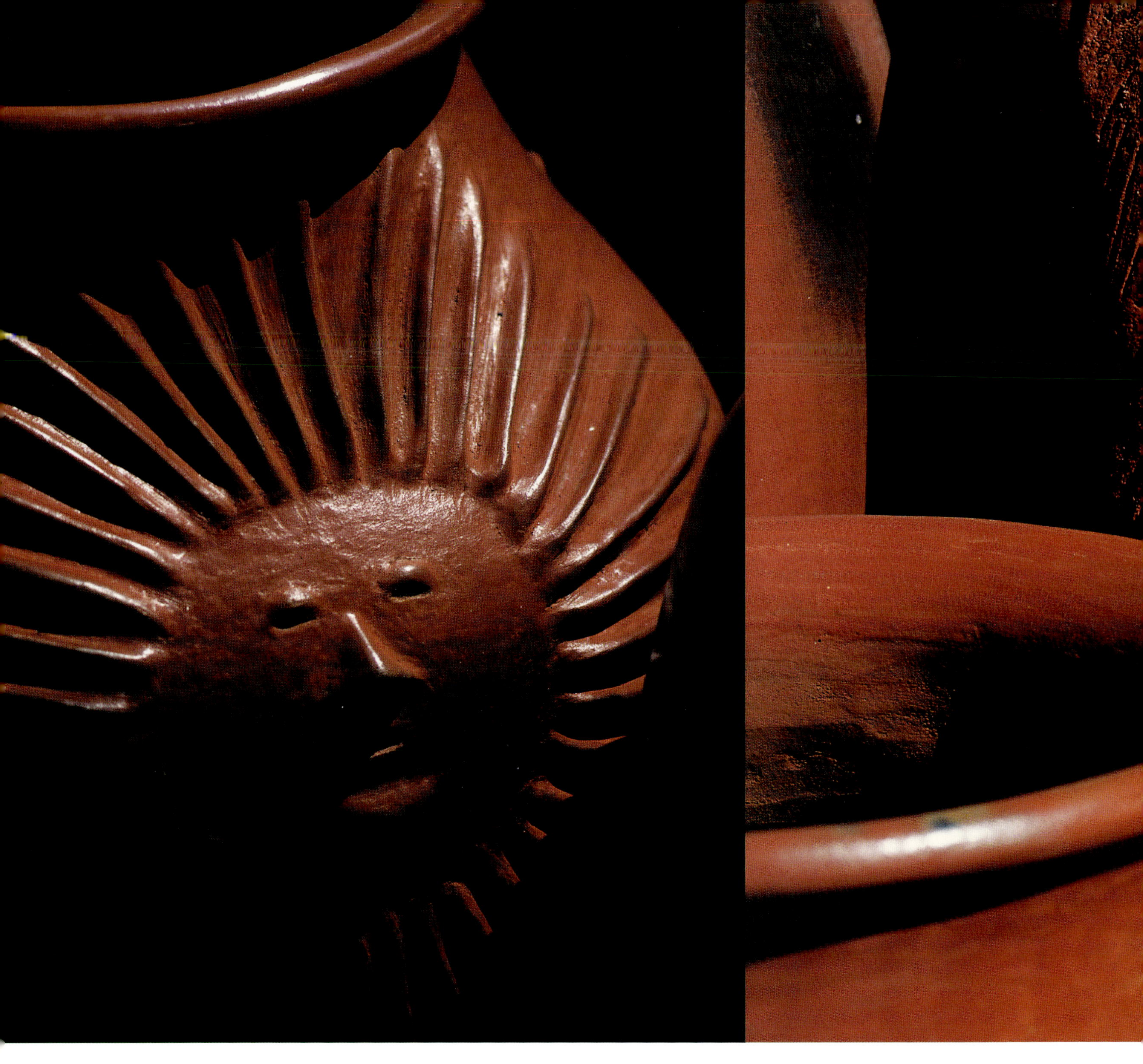

Hermosas ollas michoacanas, que en su redonda figura, guardan por largo tiempo la estimulante frescura del agua y el reconfortante calor de los ponches y el café.

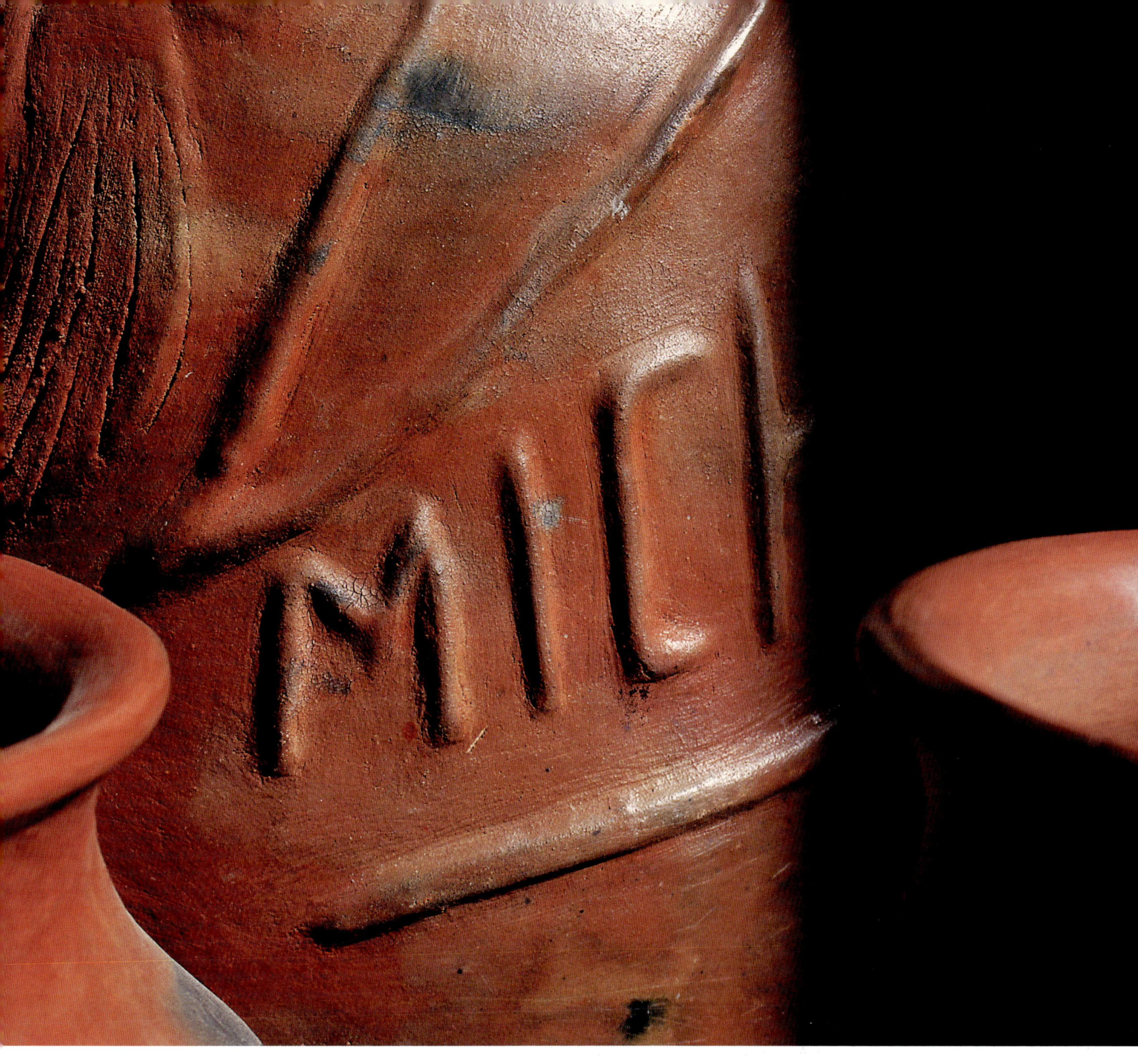

Beautiful pots from Michoacán, whose rounded form keeps for a long time the revitalizing freshness of water and the welcome warmth of "ponches" and coffee.

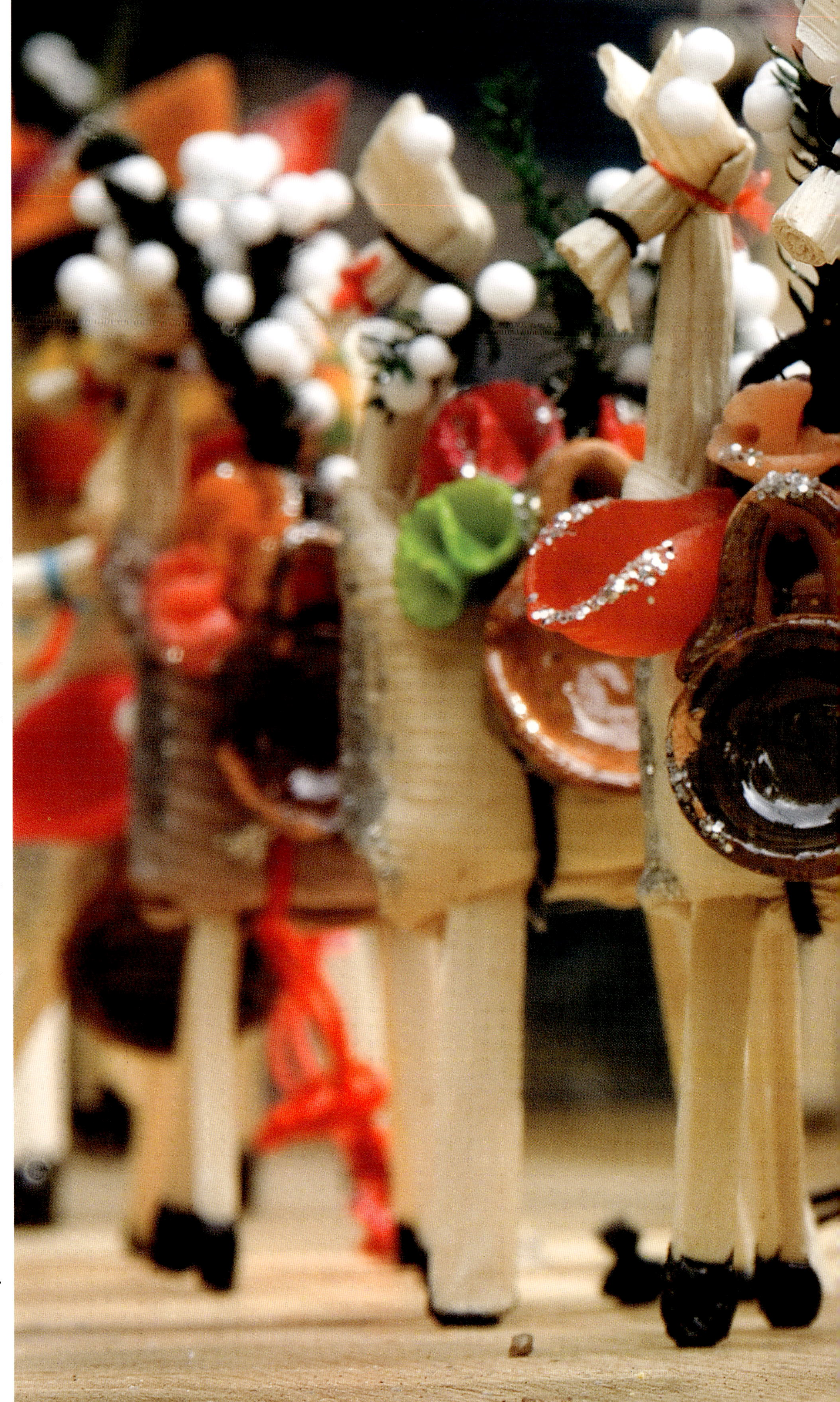

~ Hoja de maíz convertida en la tradicional "mulita" del Jueves de Corpus. / *The traditional mule of Maundy Thursday made from corn leaf.* ~

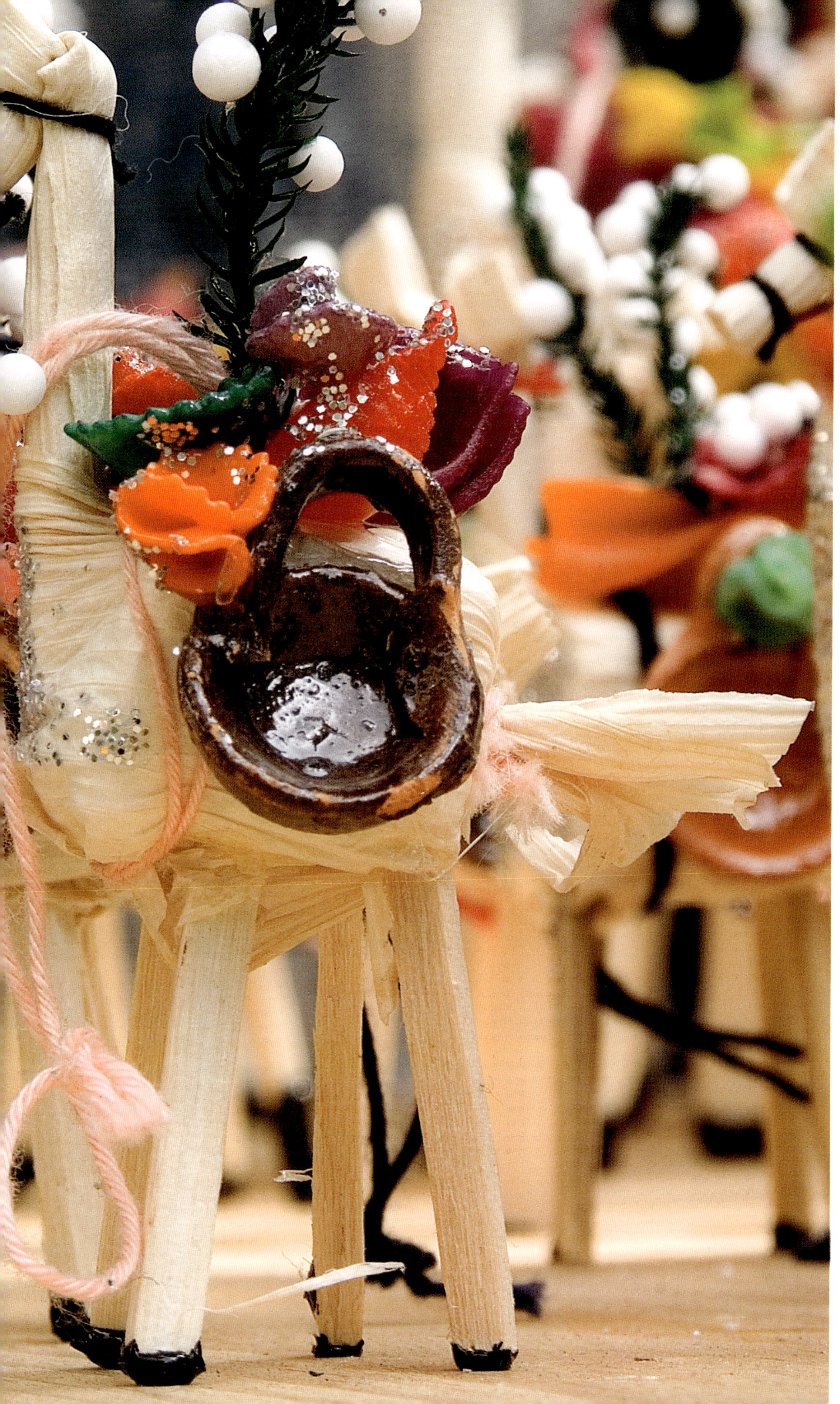

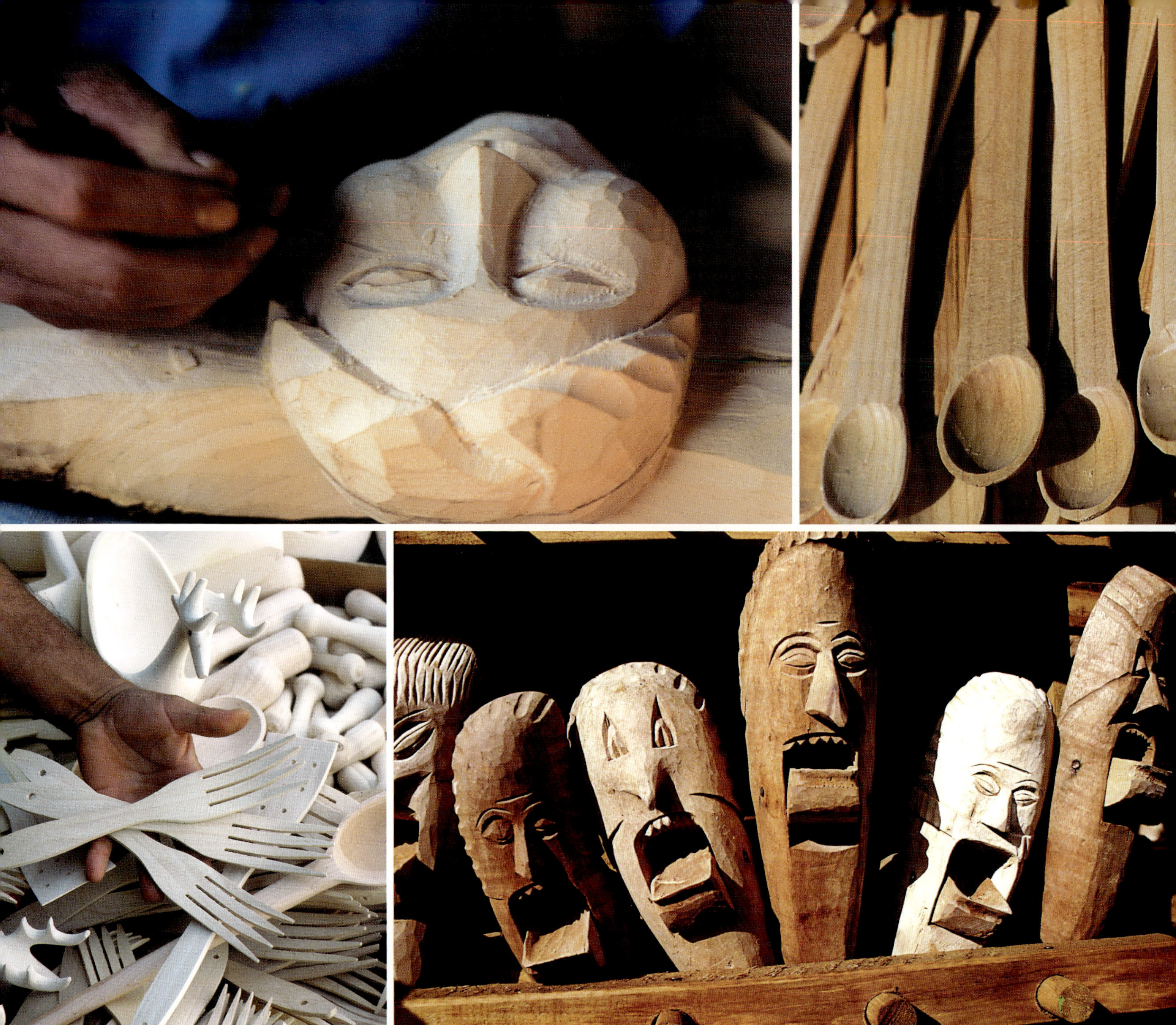

La belleza natural de la madera, con el delicado trabajo de filigrana, comparte su alegría cotidiana con la rica mesa de la cocina mexicana.

~

The natural splendor of wood, with its delicate filigree work shares its everyday joy with the rich table of Mexican cuisine.

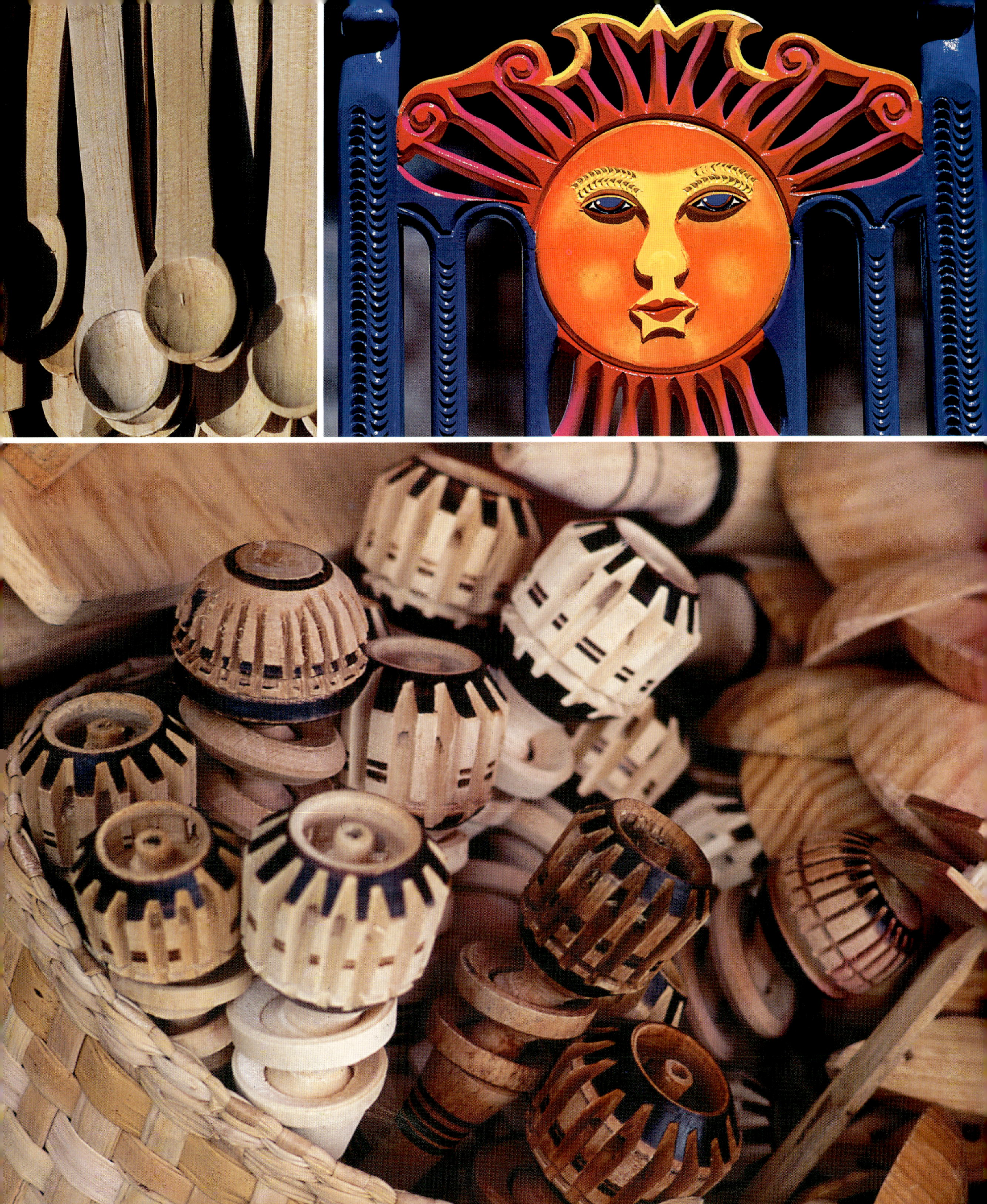

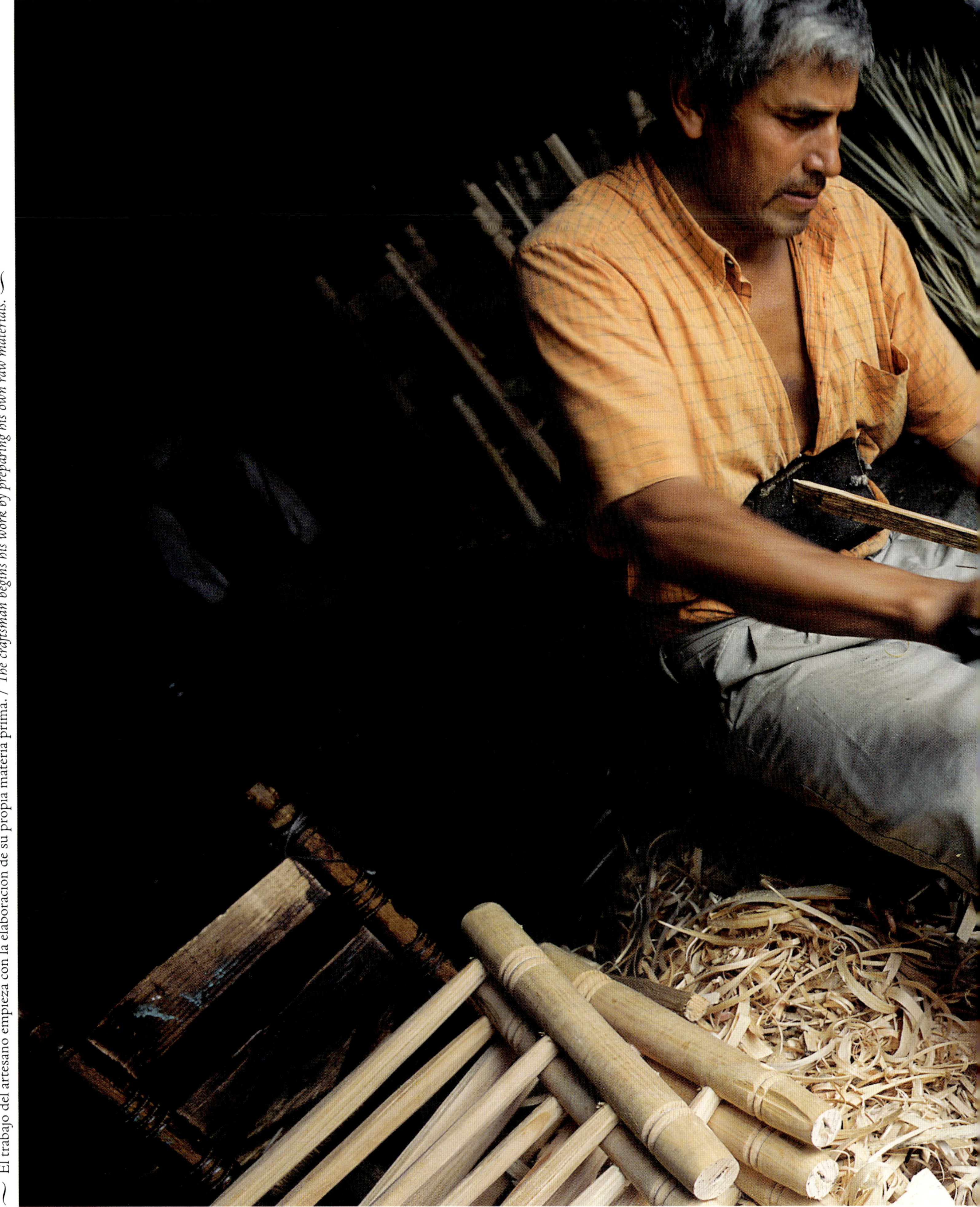

El trabajo del artesano empieza con la elaboración de su propia materia prima. / *The craftsman begins his work by preparing his own raw materials.*

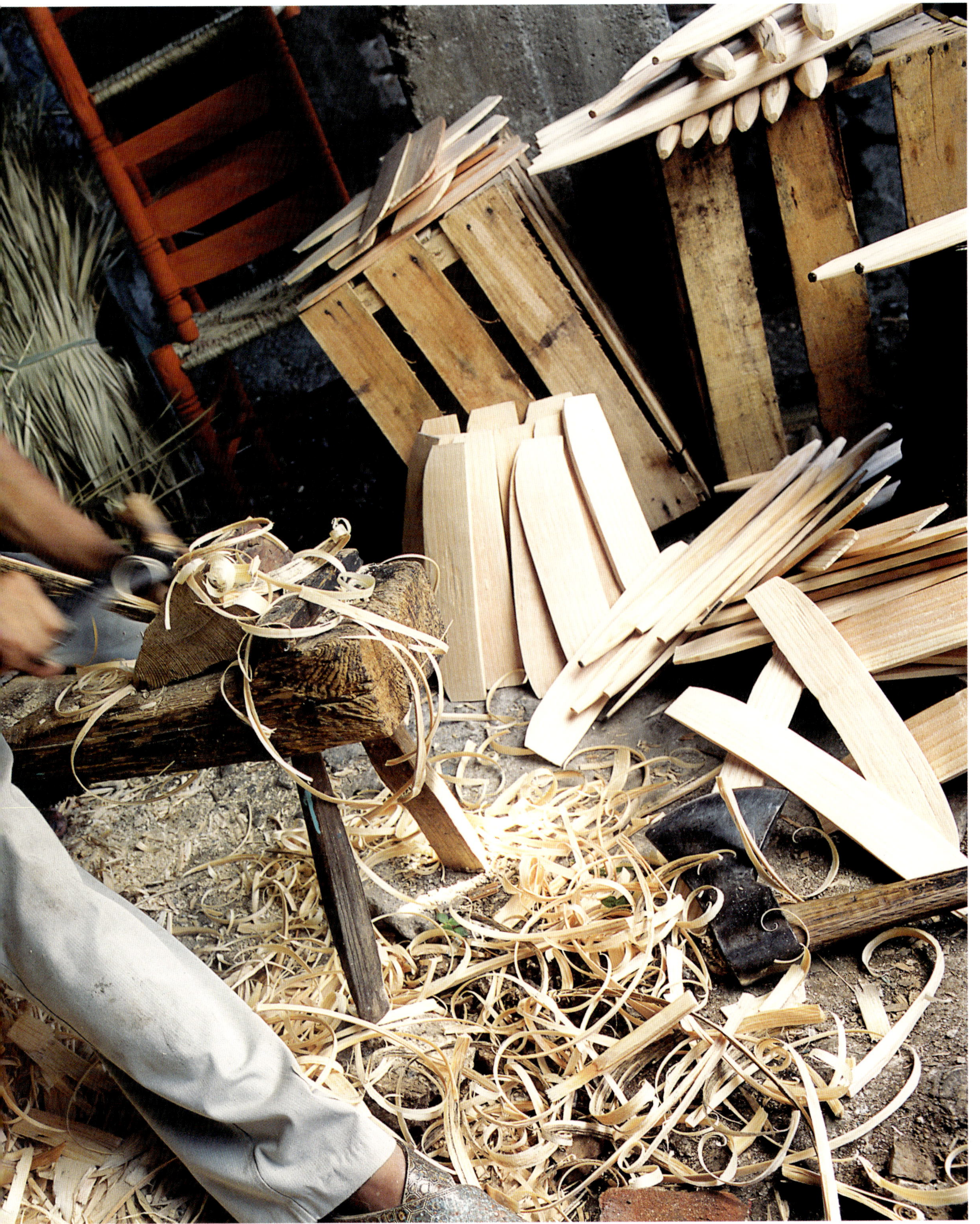

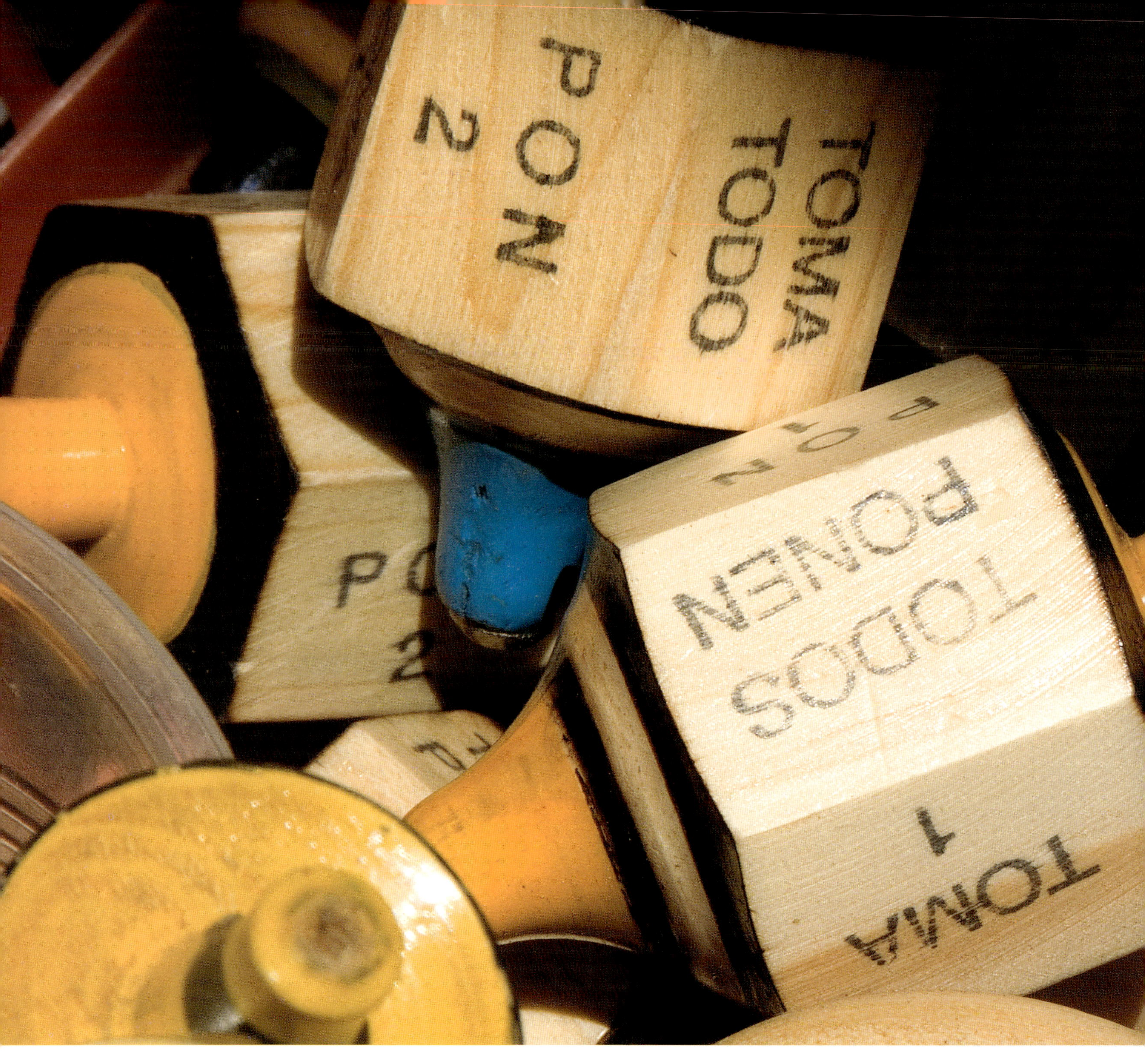

En los objetos más sencillos, el artesano vierte su capacidad de aprisionar formas y colores y su don de transformar los sueños en belleza.

~

It is into the simplest objects that the craftsman pours his skills to capture shapes and colors and his gift for transforming dreams into beauty.

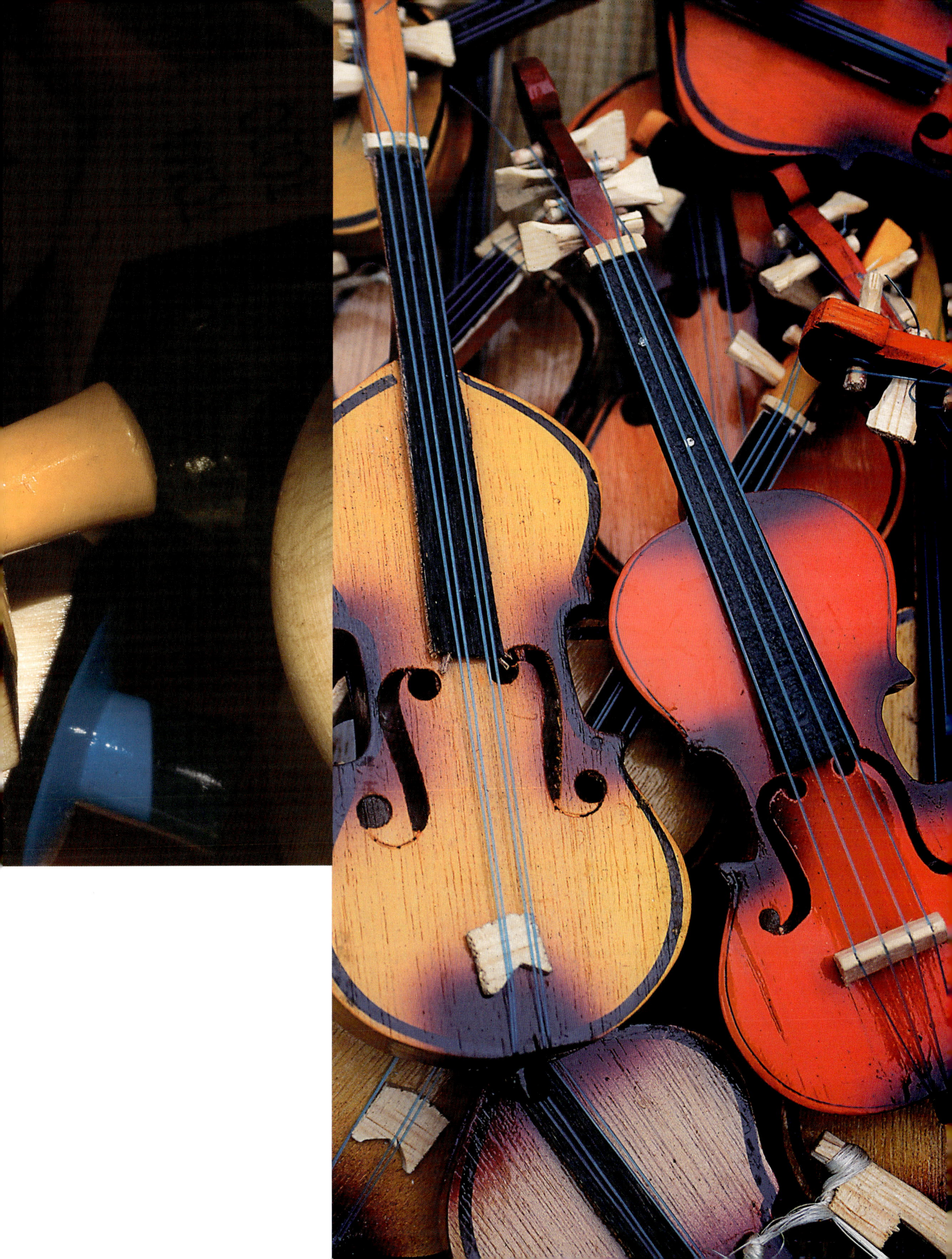

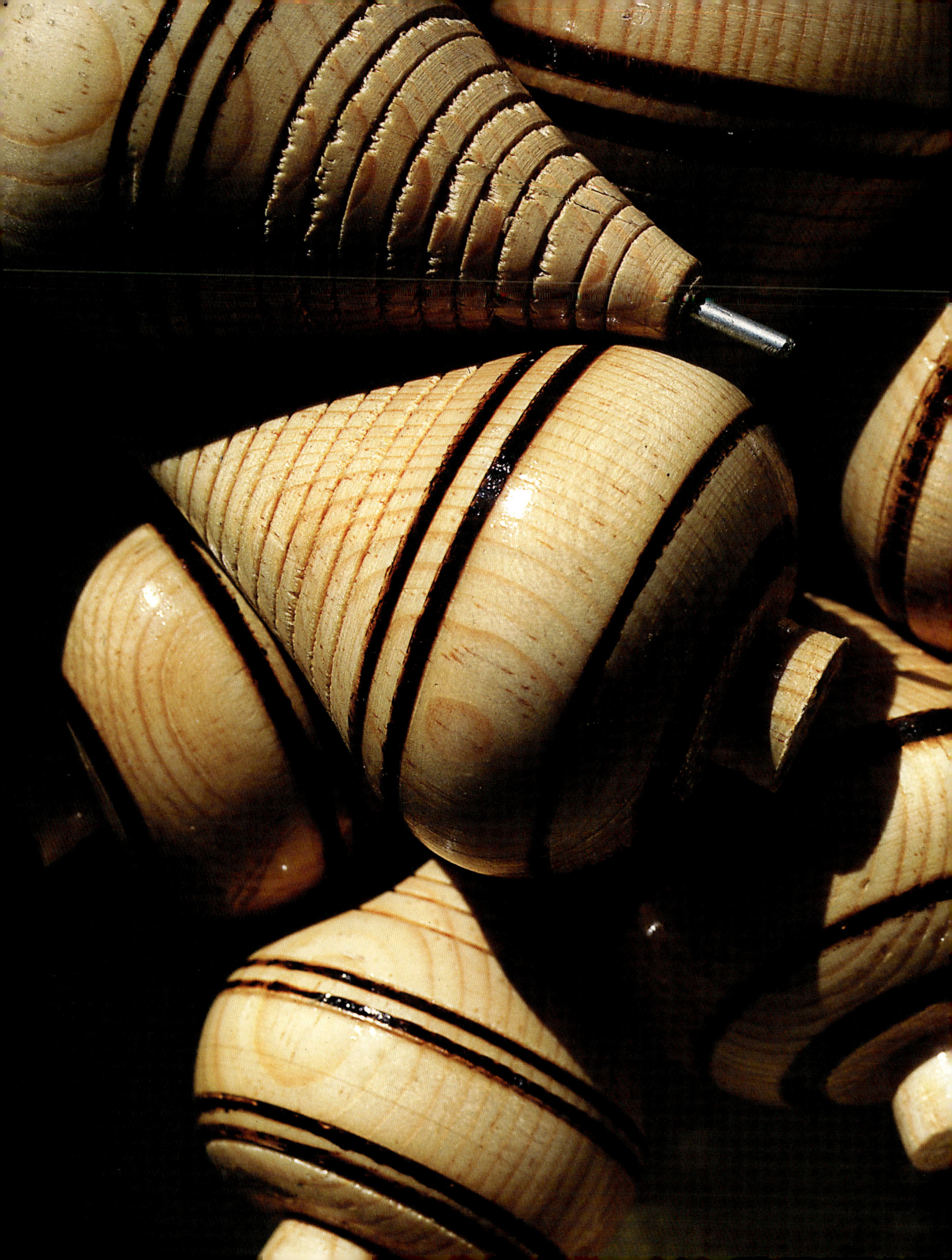

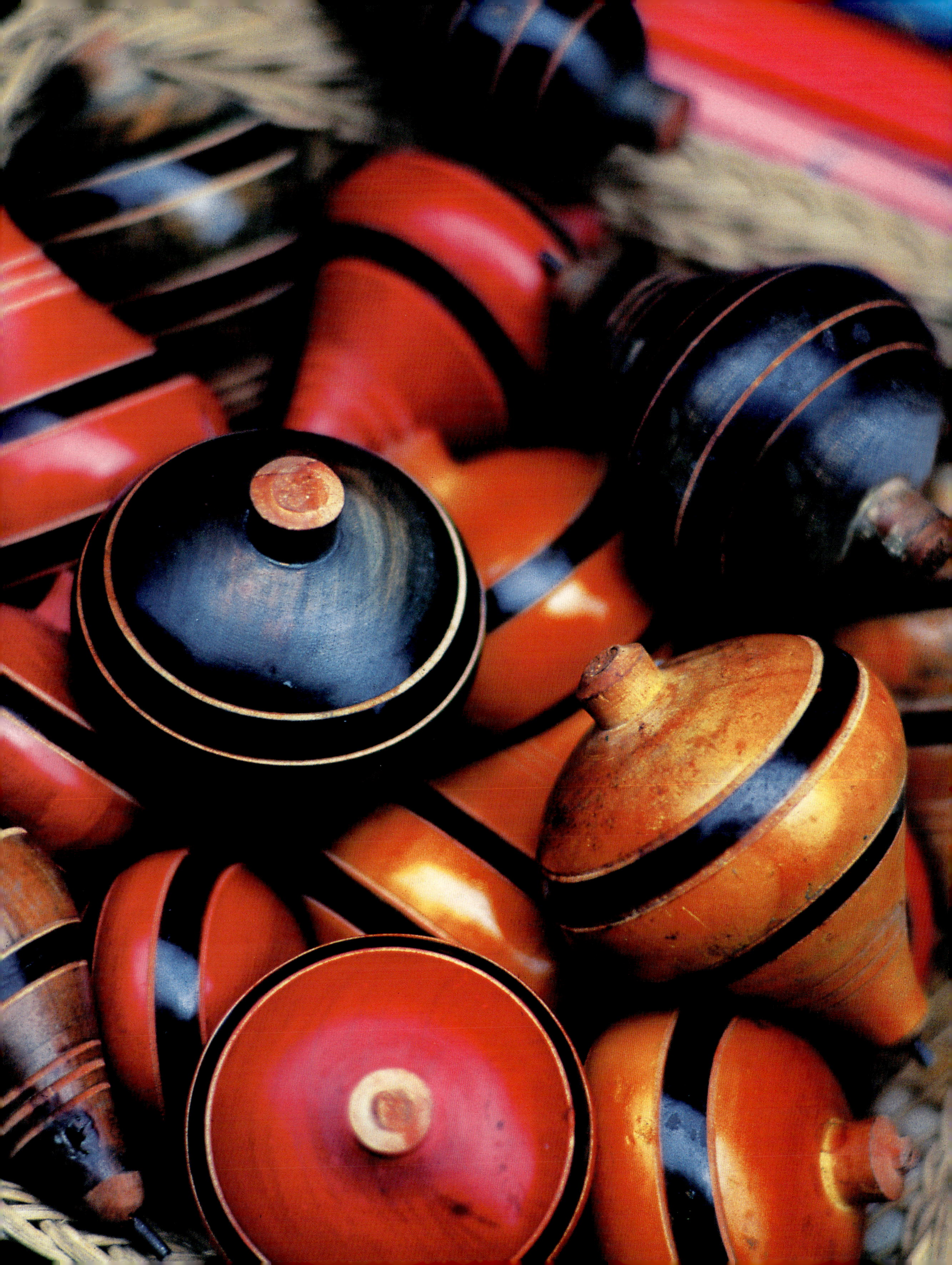

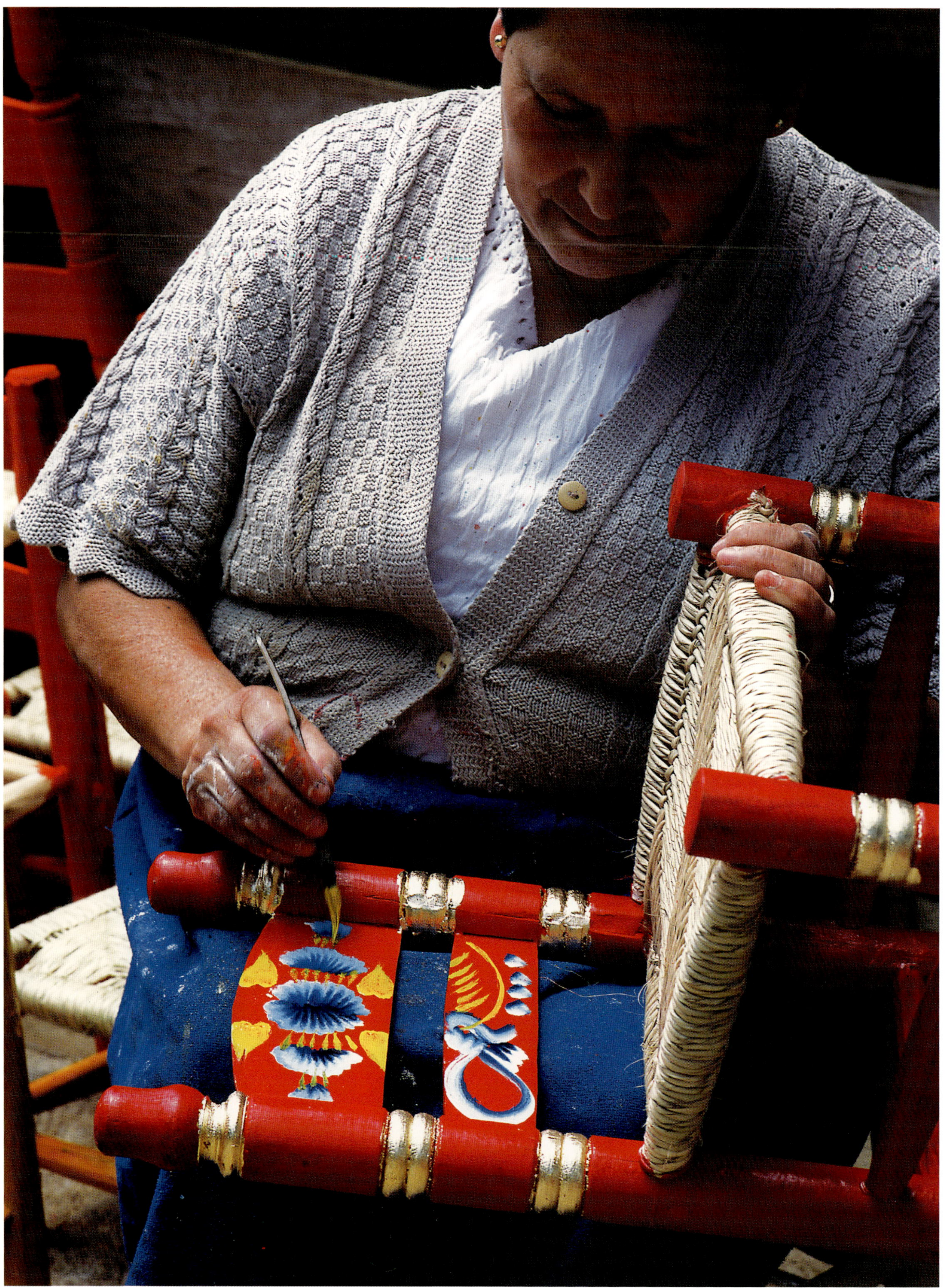

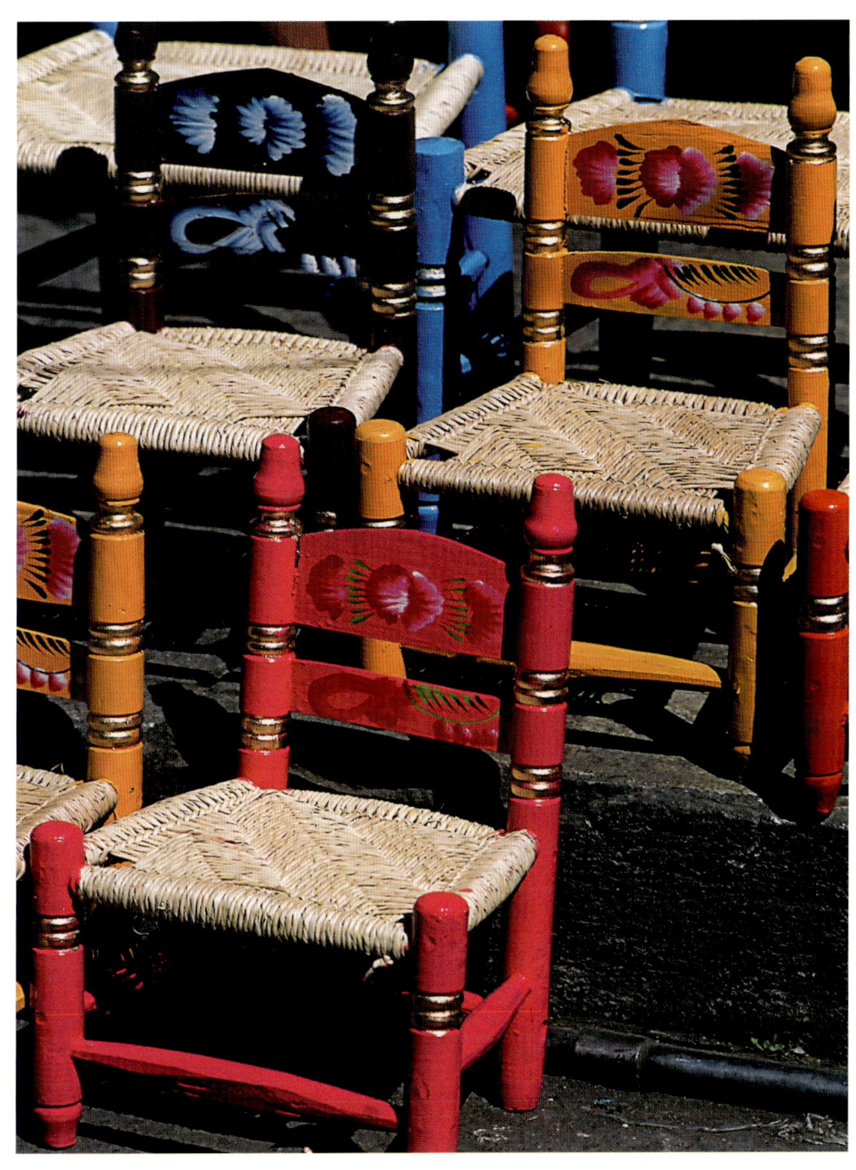

Pequeñas sillas para niños, vistosas y alegres, decoradas con pincel.

~

Vibrant and joyful chairs for children with painted decorations.

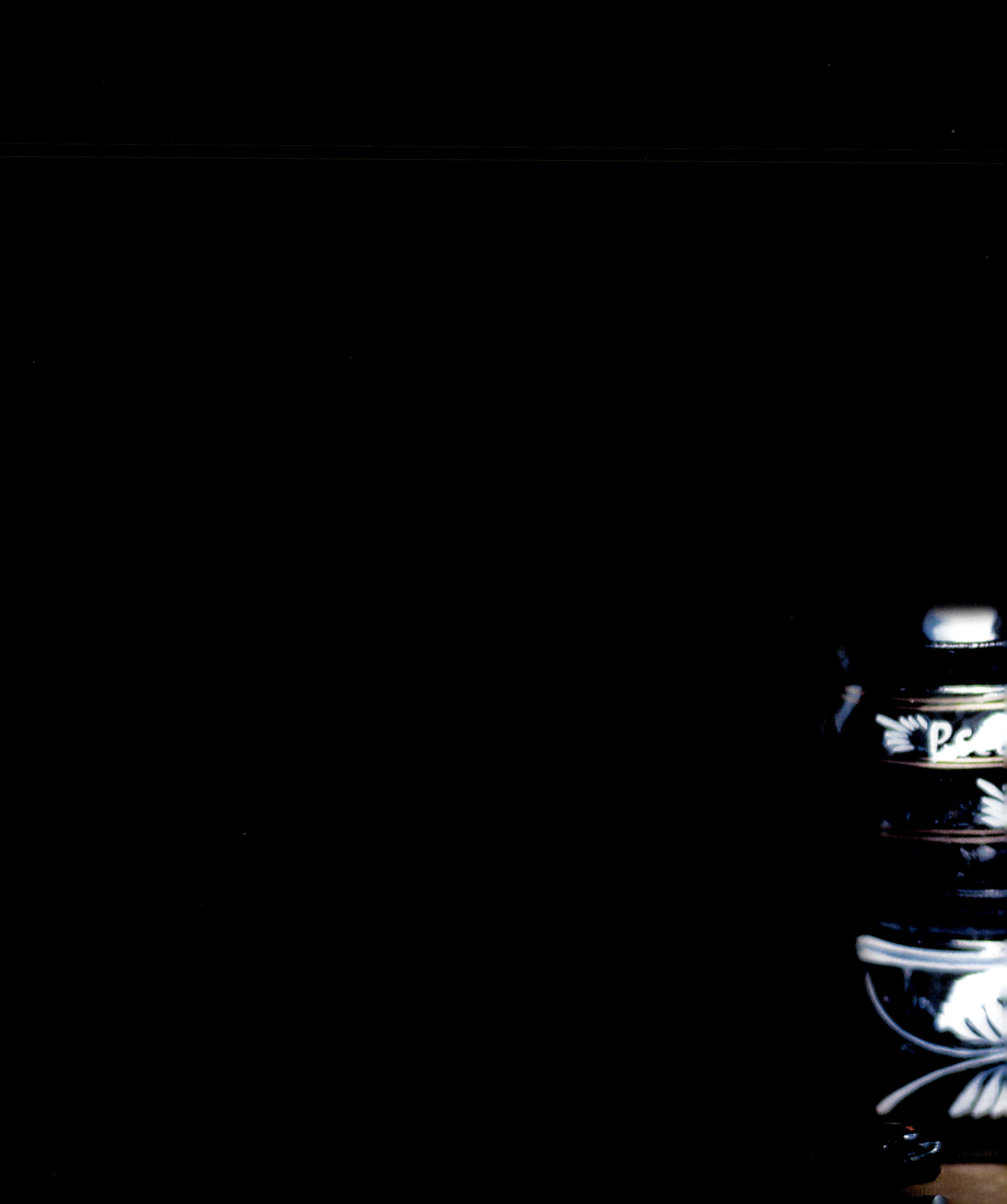

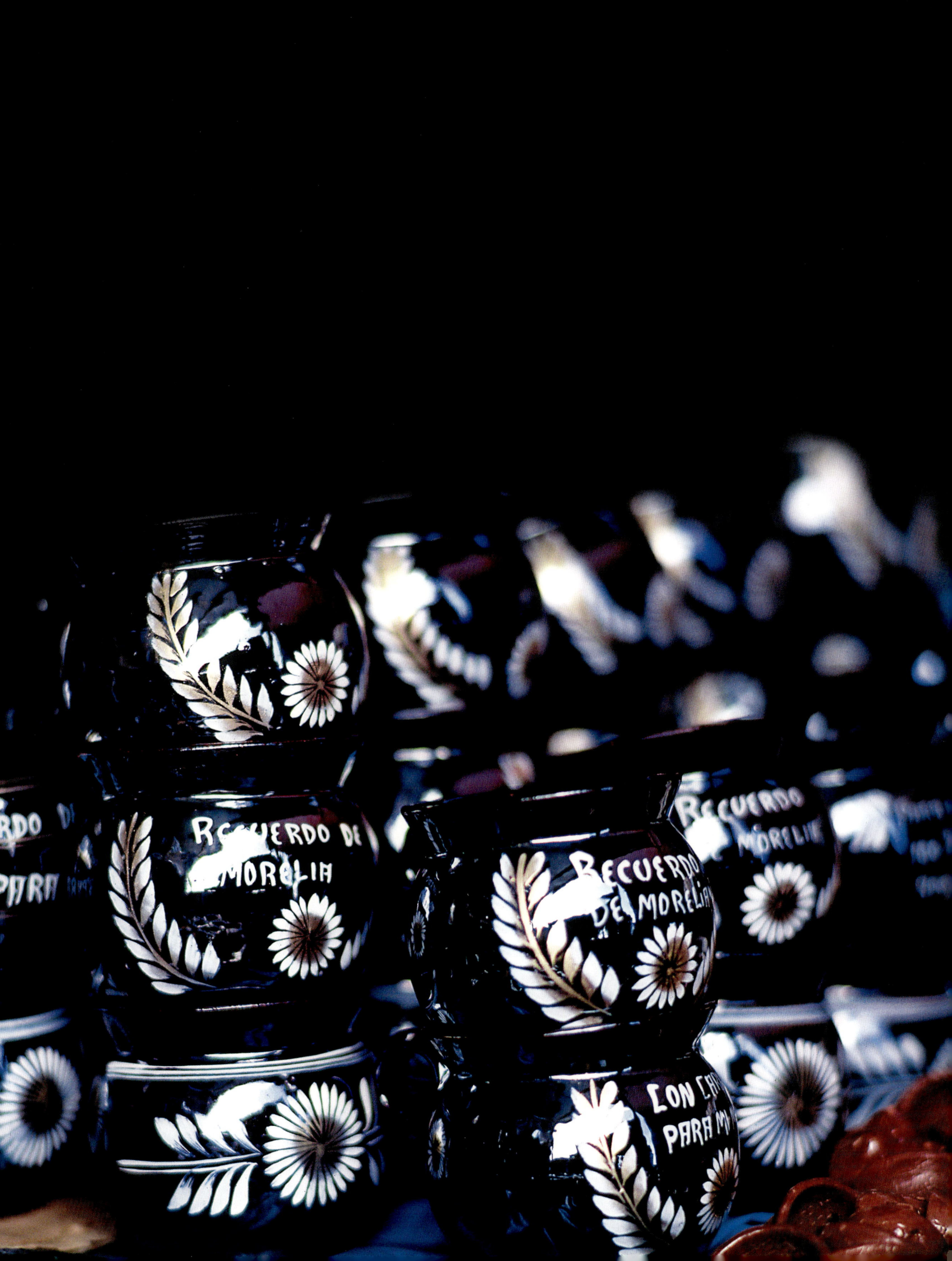
RECUERDO DE
MORELIA
RECUERDO
DE MORELIA

Toques decorativos de líneas suaves en un diseño artesanal moderno. / *The decorative presence of gentle lines on a modern artistic design.*

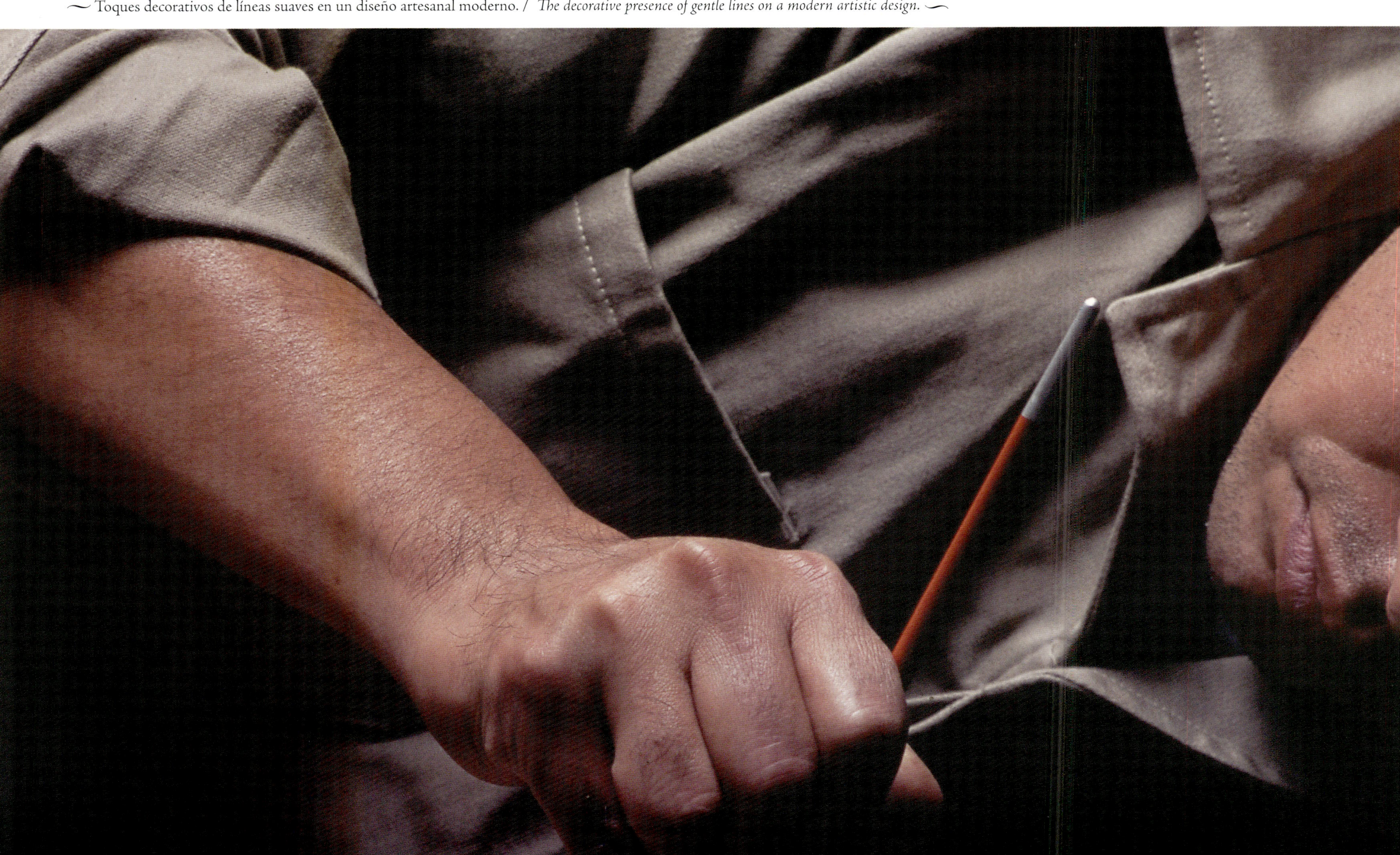

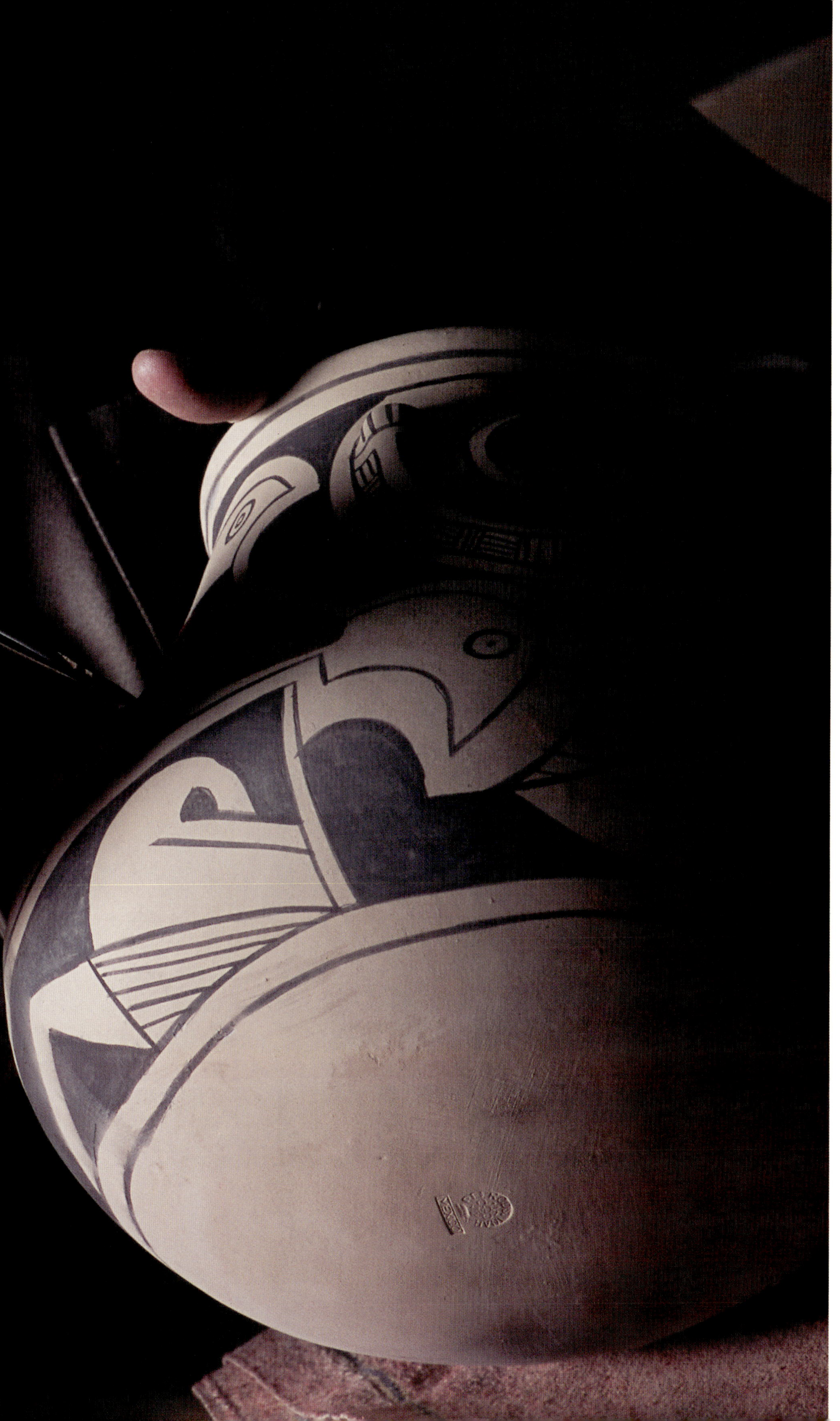

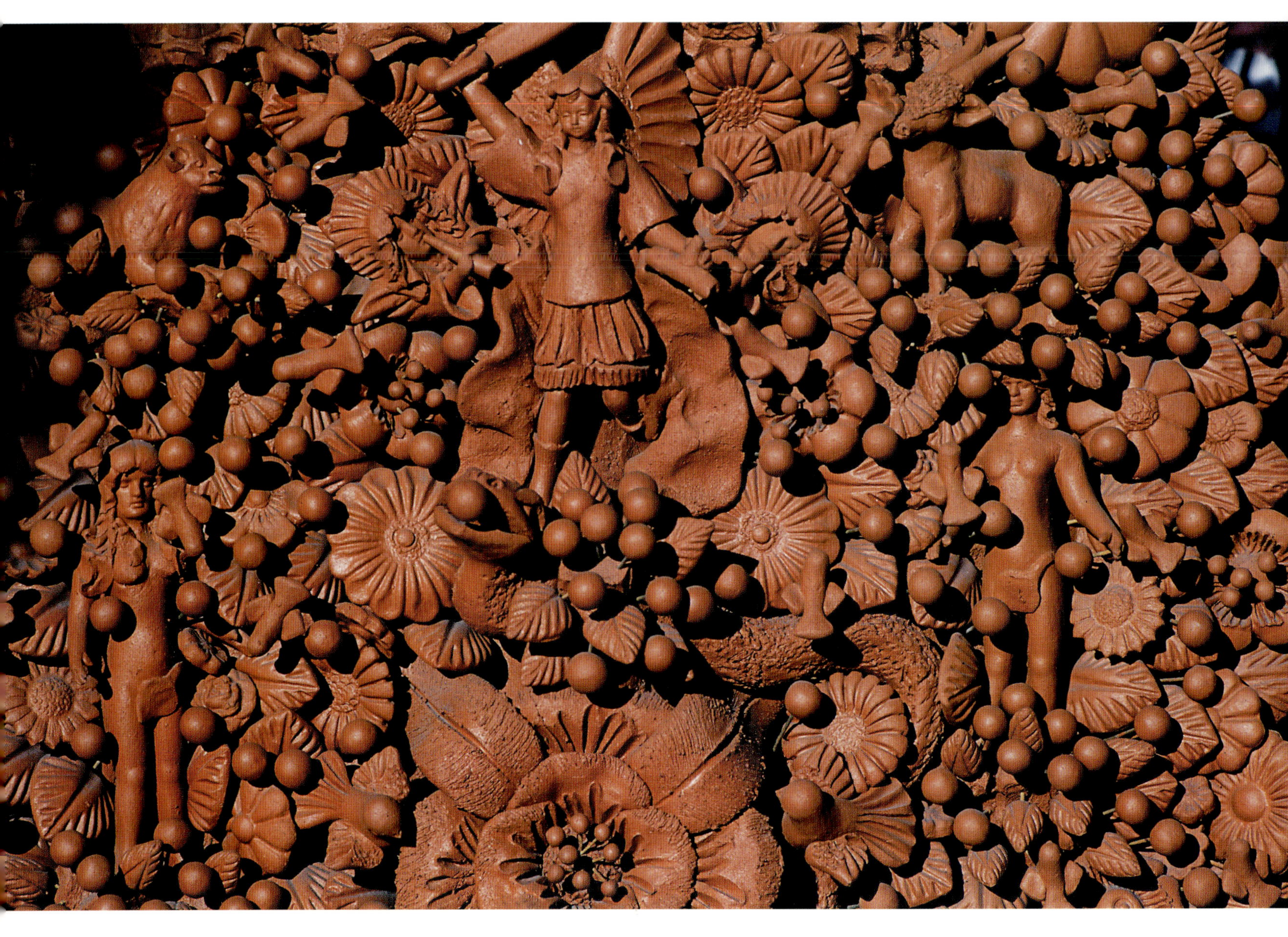

Del árbol de la vida, se destaca además del significado religioso, la manera de crear belleza y el amor por el color y la forma, de los hombres y mujeres mexicanos.

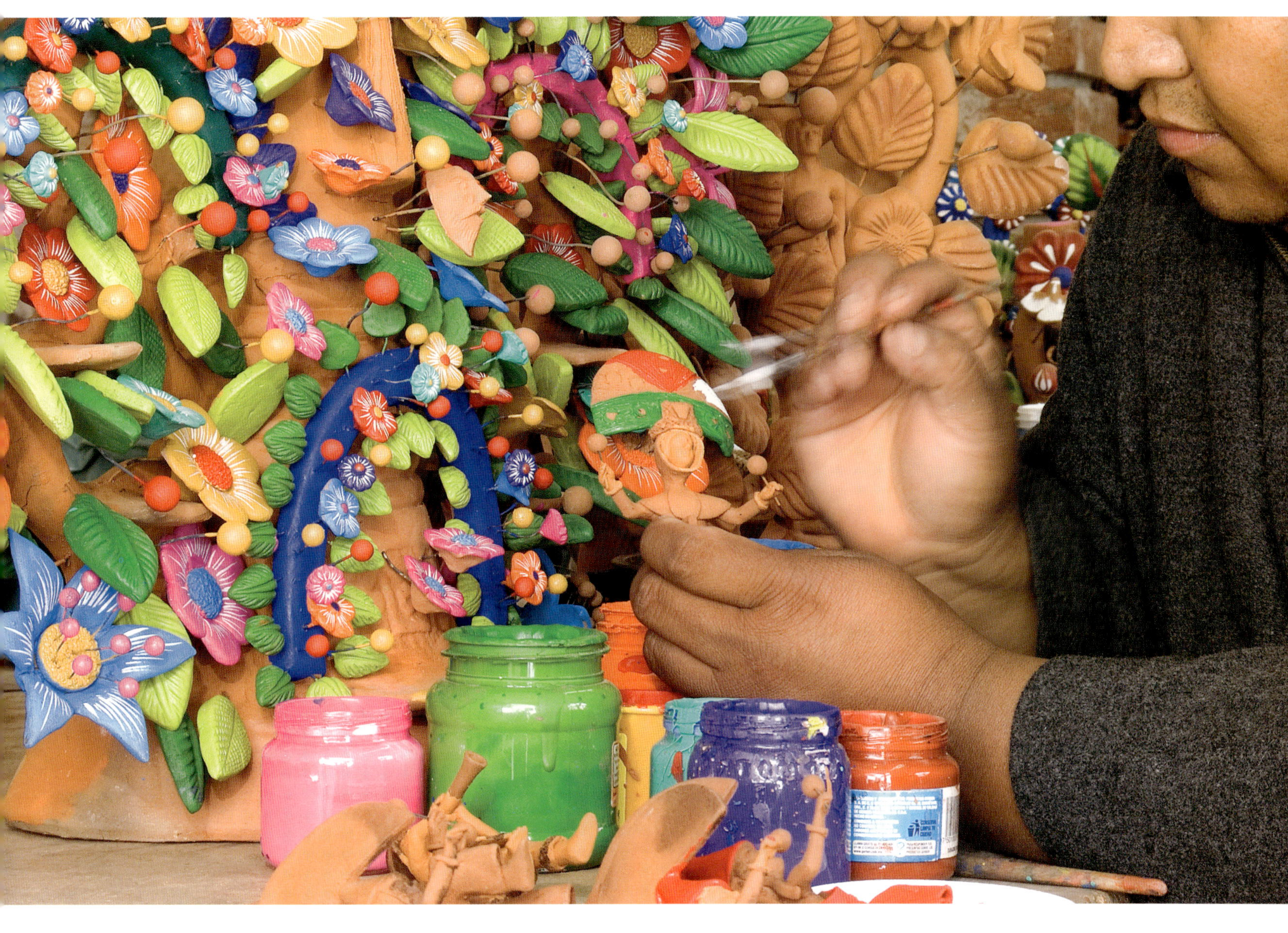

The tree of life displays, apart from its religious significance, how beauty is created along with love with color and form, by the men and women of Mexico.

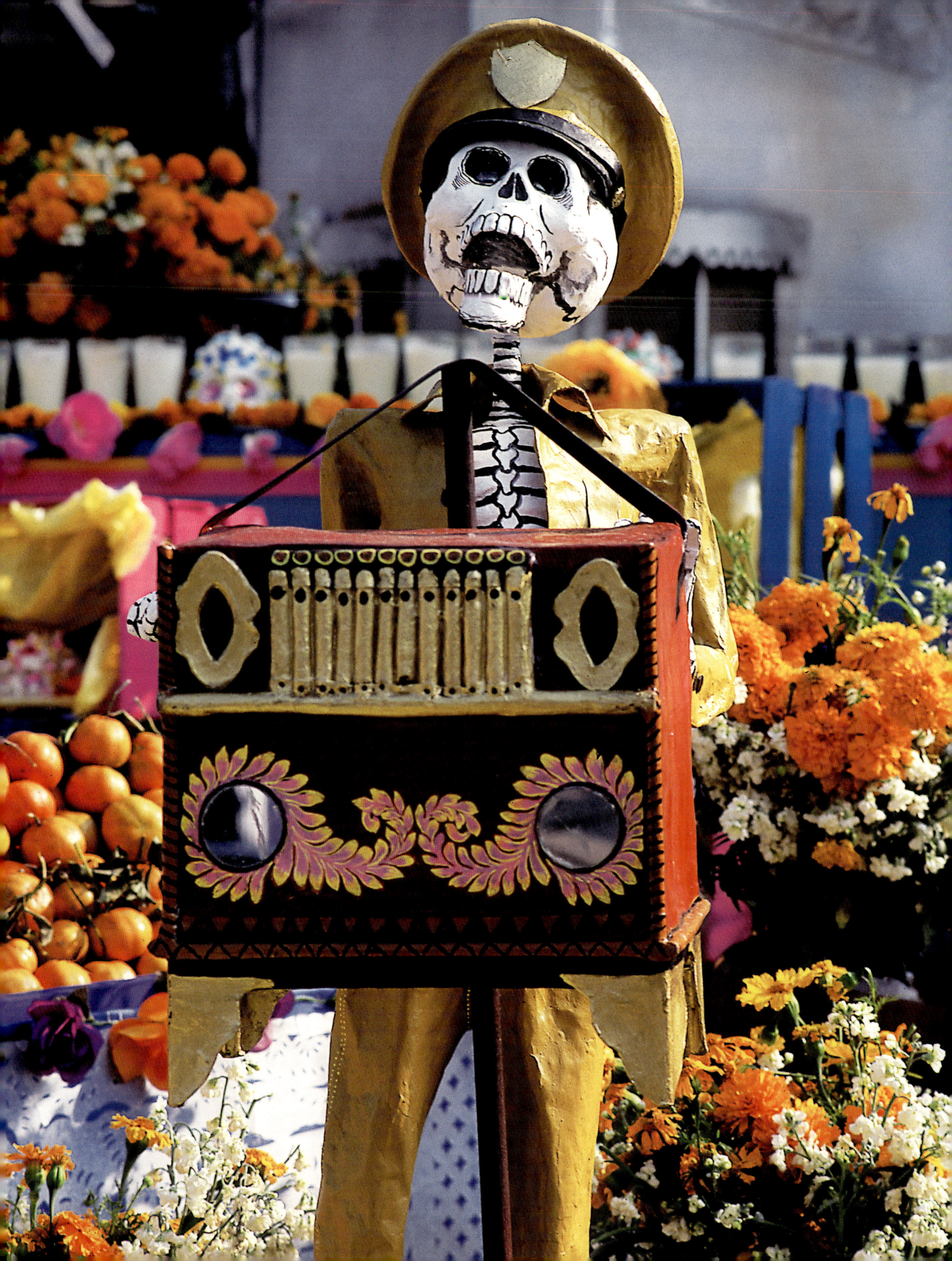

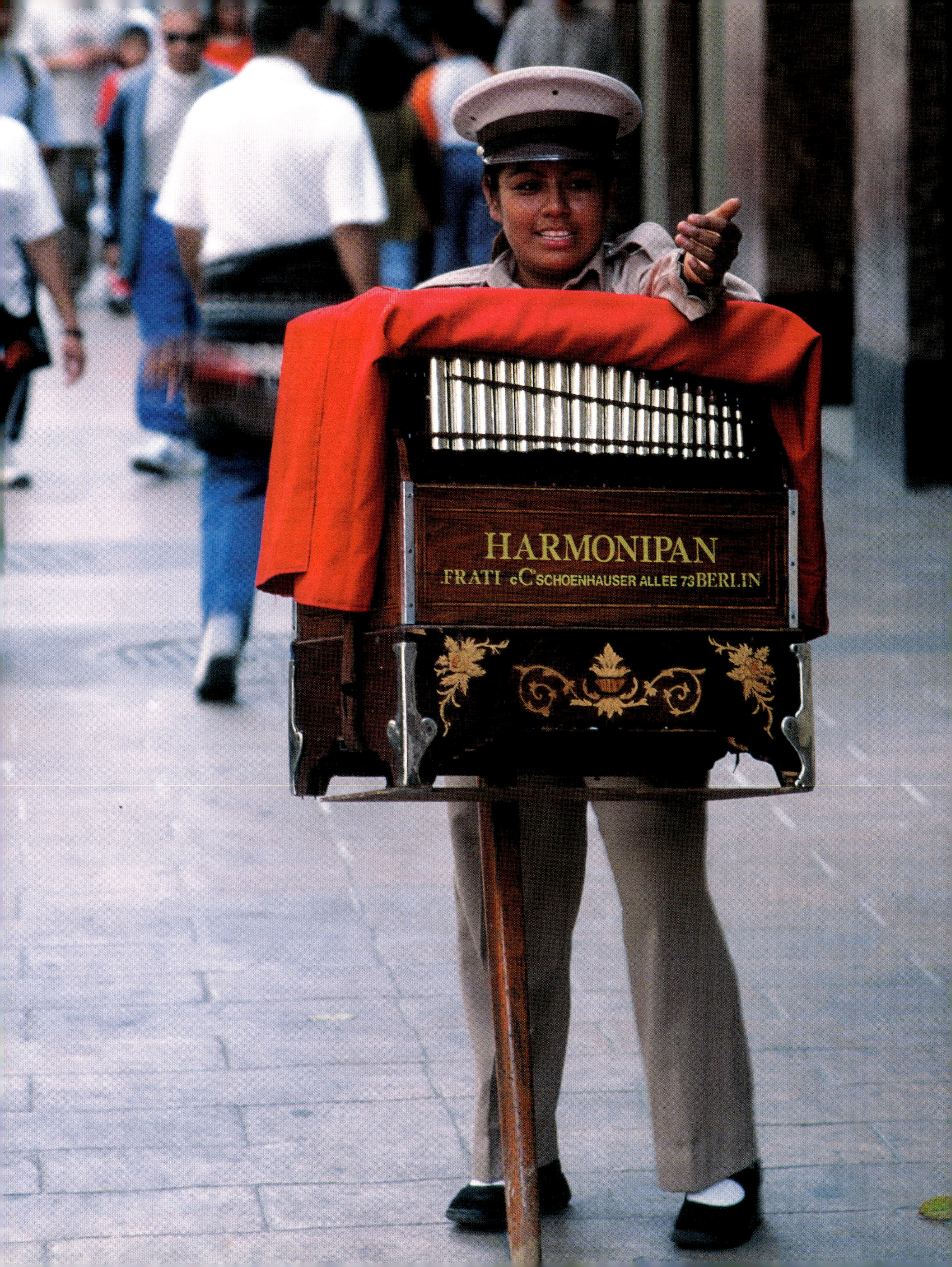
HARMONIPAN
FRATI cC SCHOENHAUSER ALLEE 73 BERLIN

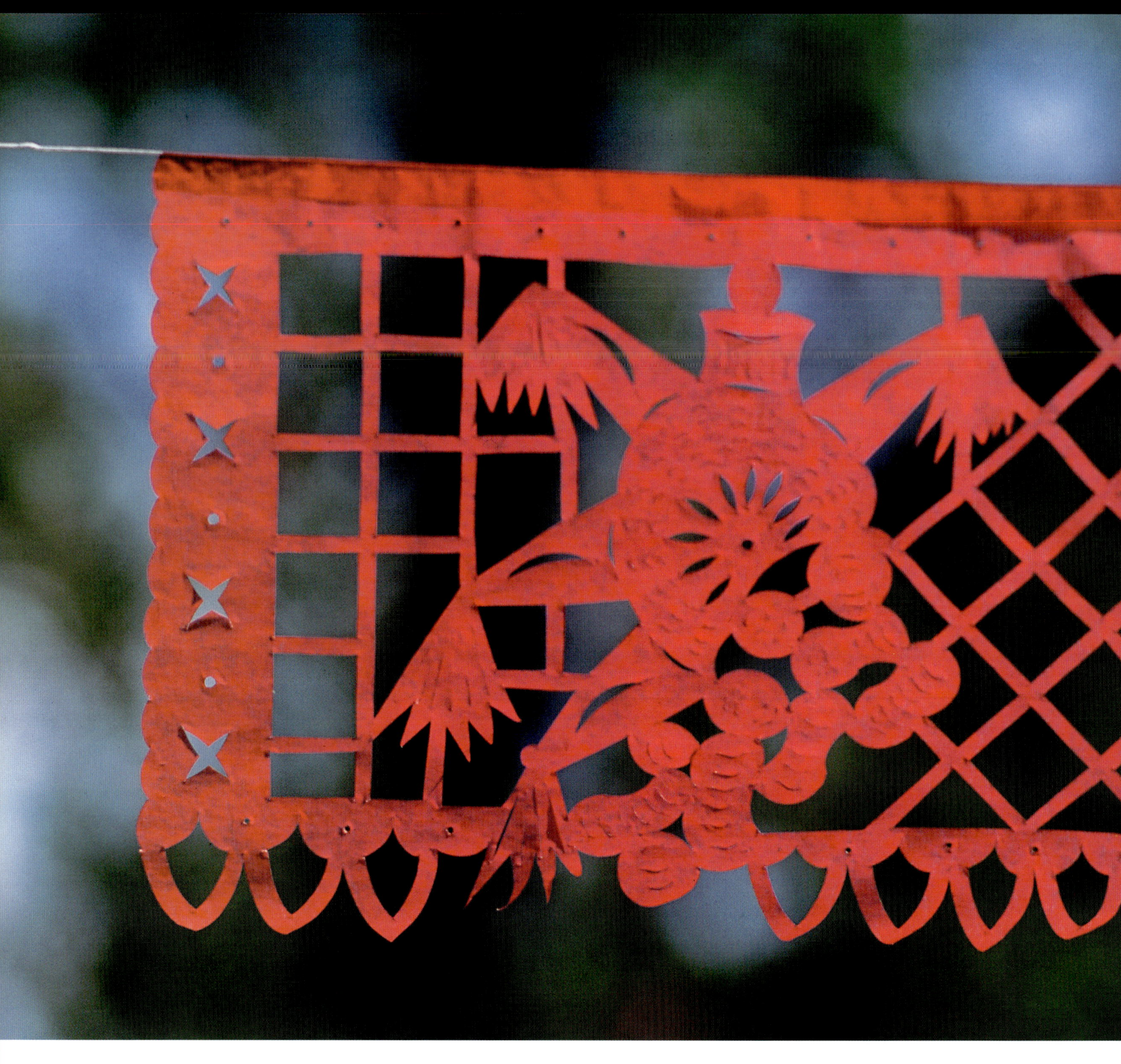

Con figuras recortadas y con mucho colorido, el papel picado alegra, con su cálida presencia, el altar de los difuntos o las fiestas nacionales.

~

With cut-out shapes and plentiful colors, the warm presence of decorative paper brightens up the altar of the departed or national festivals.

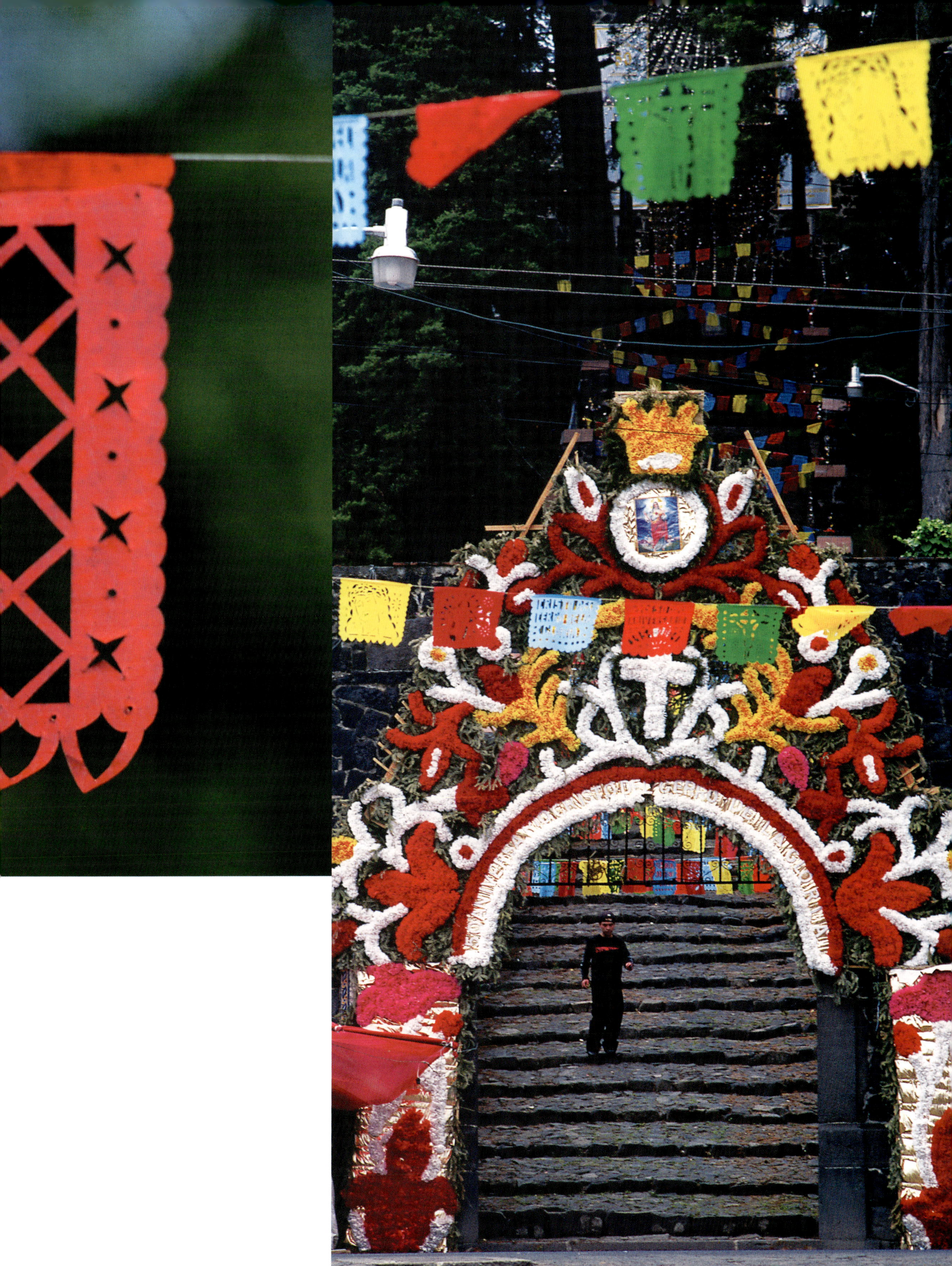

~ Figura de palma tejida para la ceremonia del Domingo de Ramos. / *A woven palm figure for the Palm Sunday ceremony.* ~

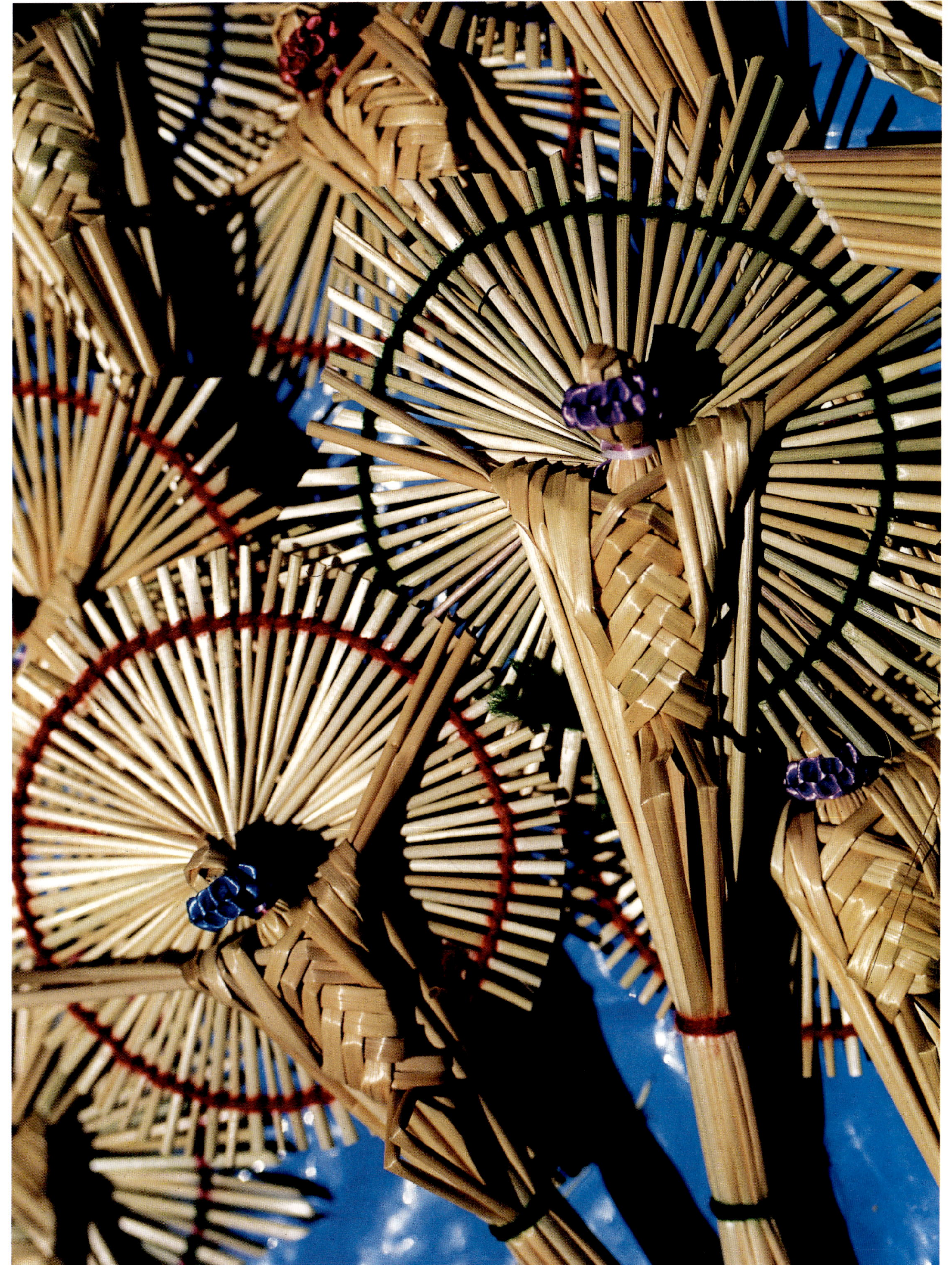

~ Cristo Crucificado, con resplandor, hecho de palma tejida teñida con anilina. / *Christ on the cross, made with woven palm and dyed with aniline.* ~

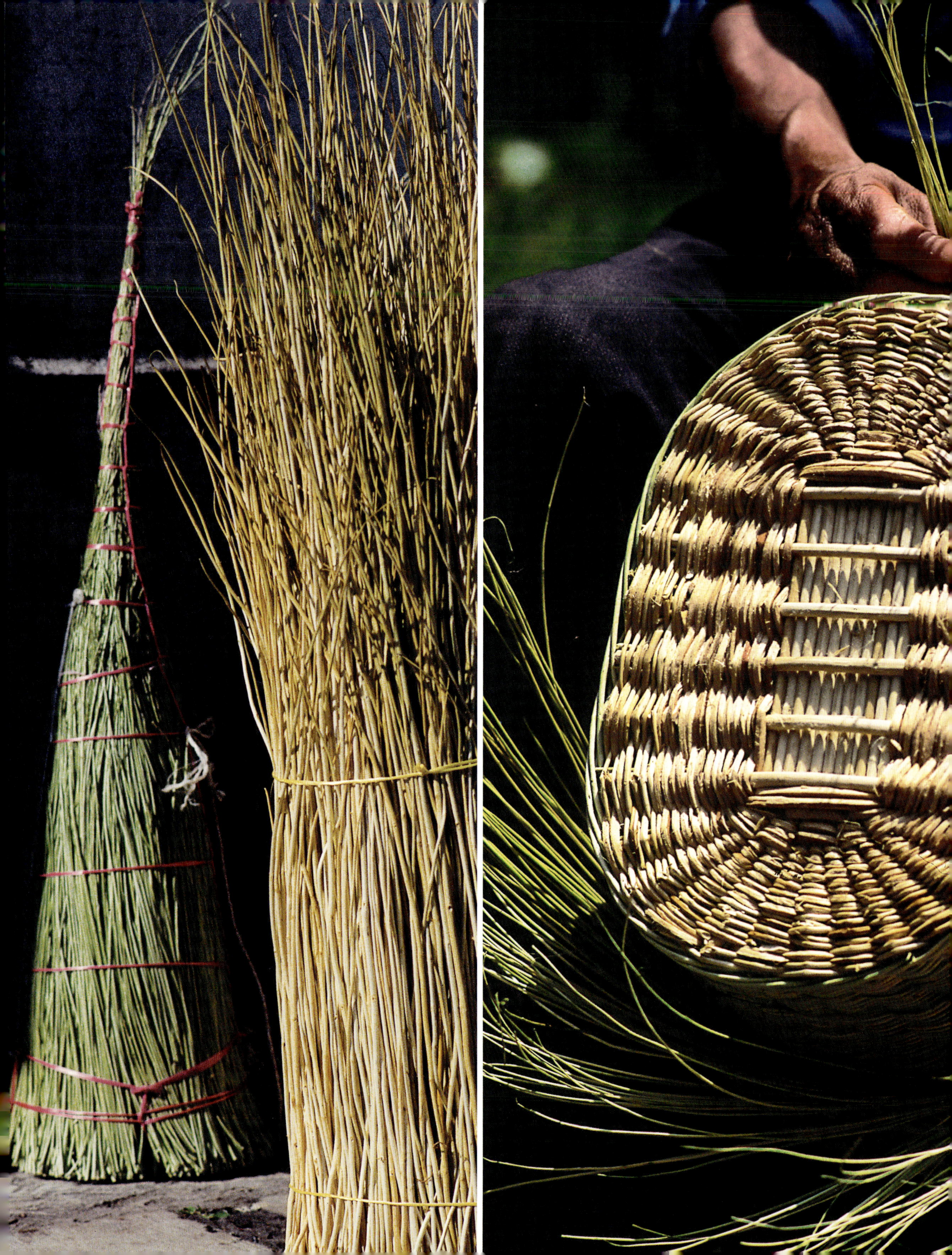

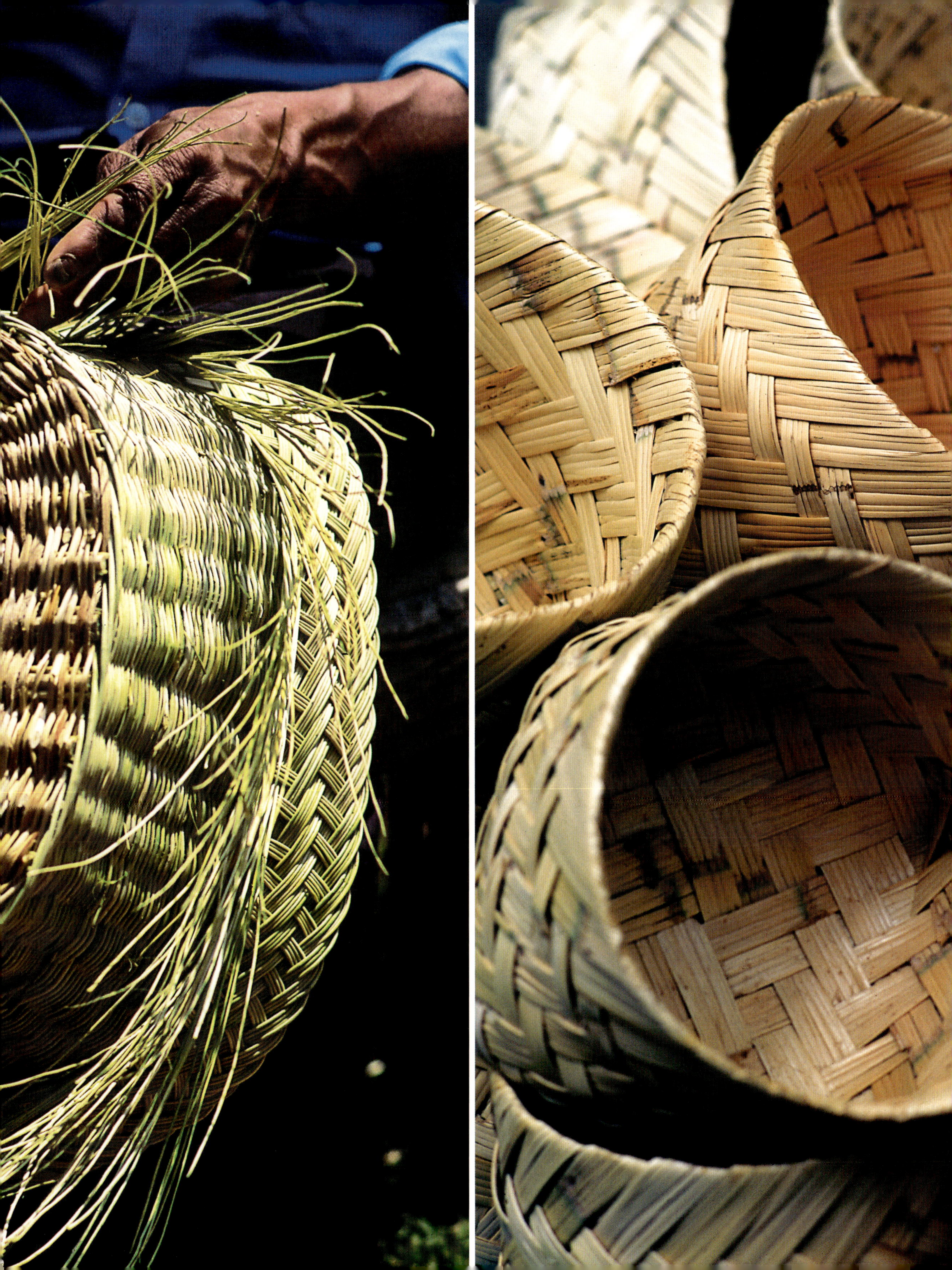

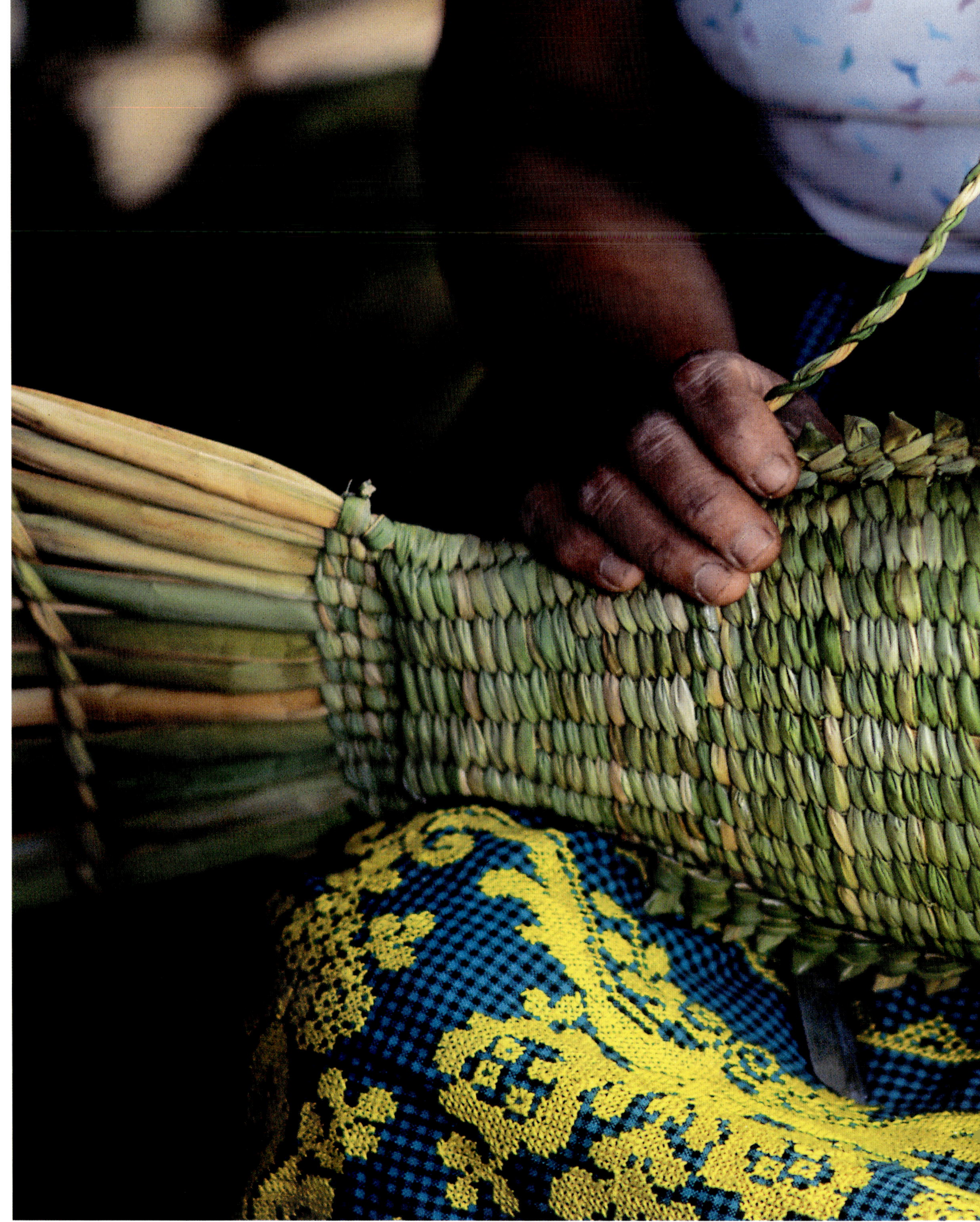

~ Bolsa de chuspata con un diseño de pescado. / *Bag made of "chuspata" with a fish design.* ~

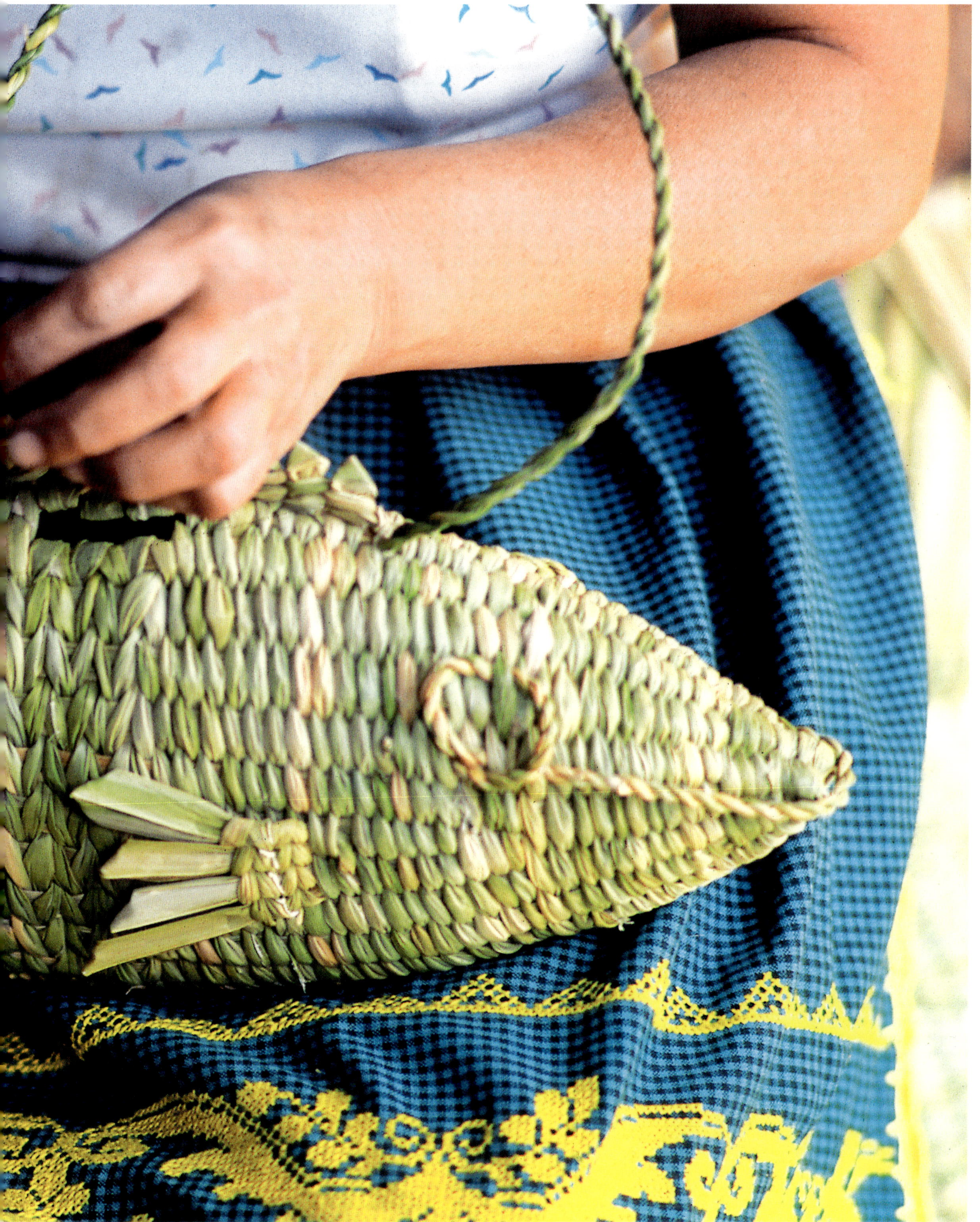

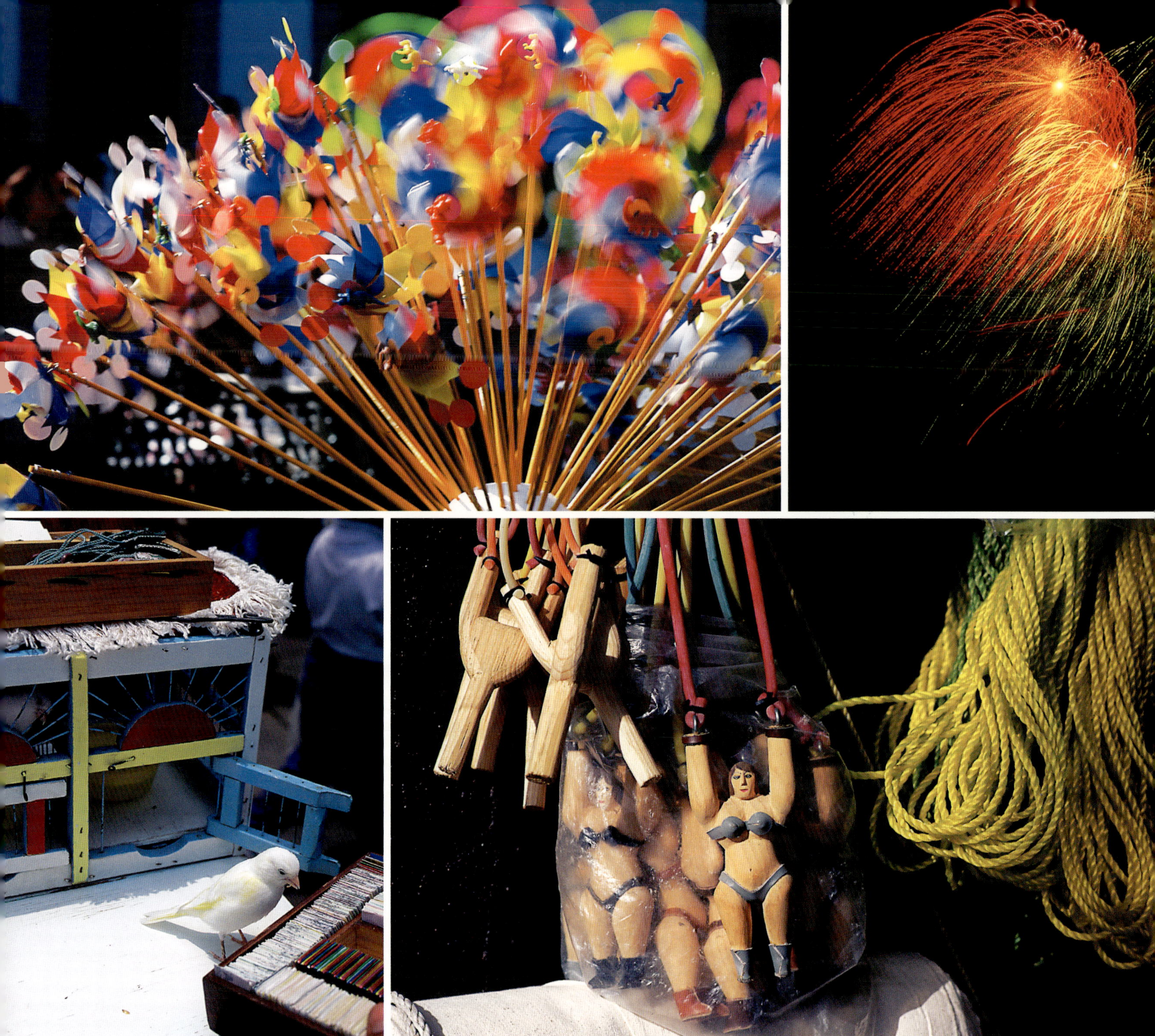

El tema de las fiestas parece el fondo y pretexto para hacer lucir la pasión por el color y la textura.

~

The theme of fiestas would appear to be the reason and excuse for bringing to life our passion for color and texture.

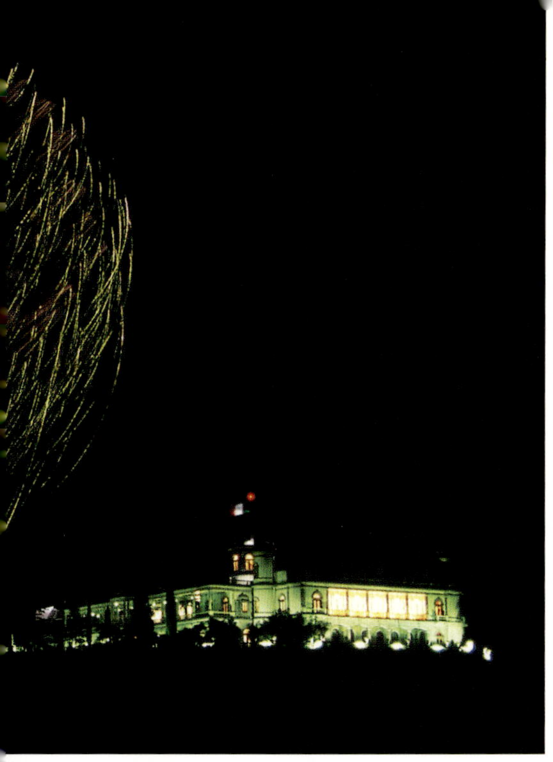

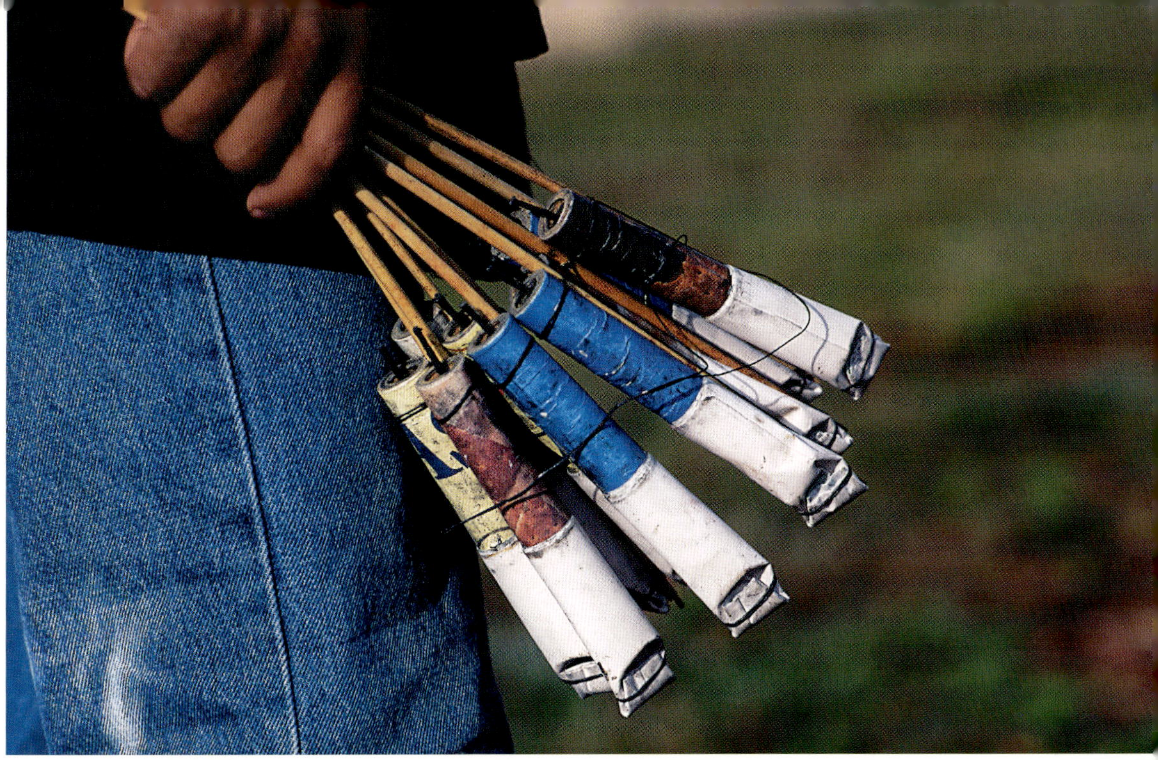

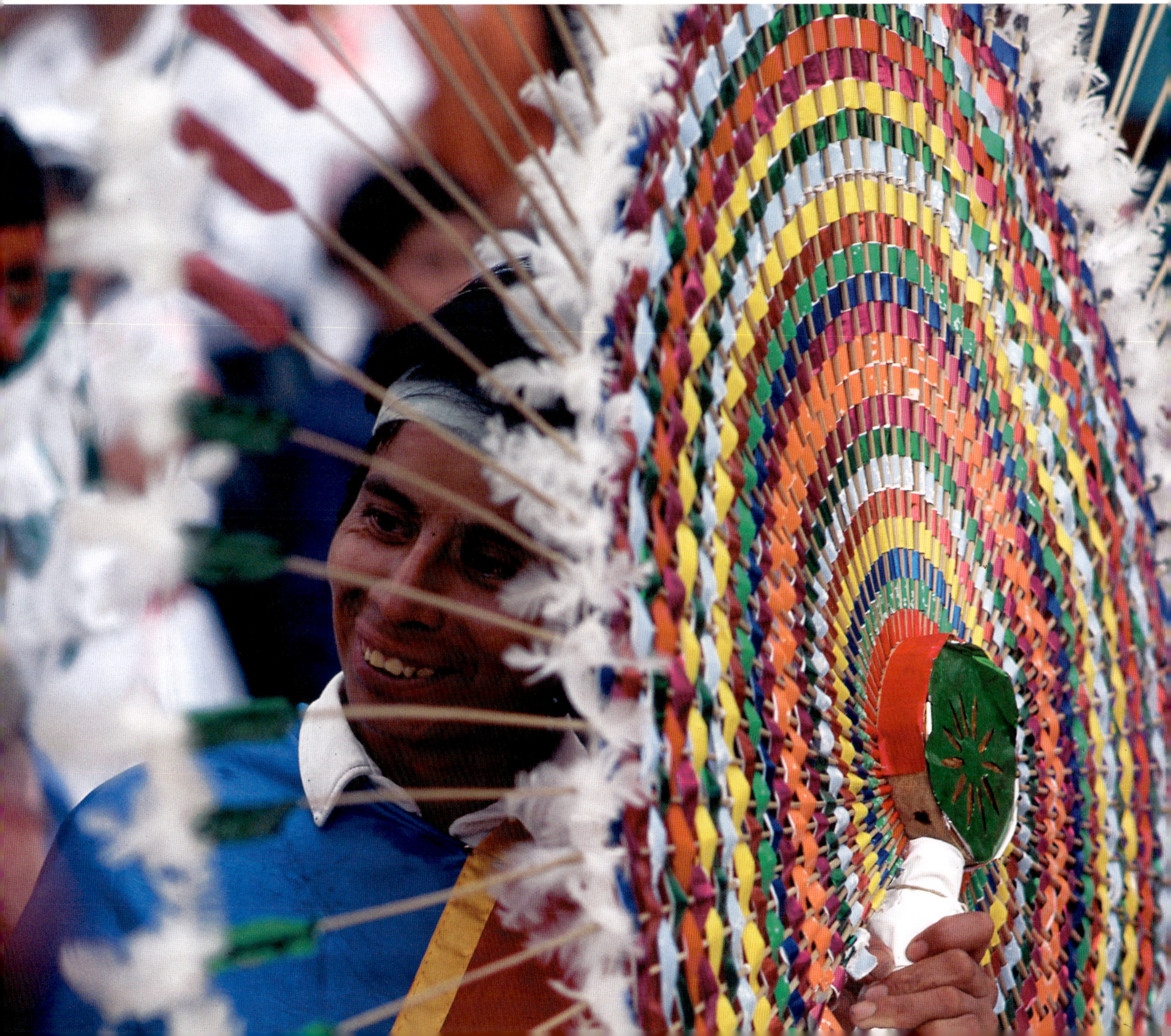

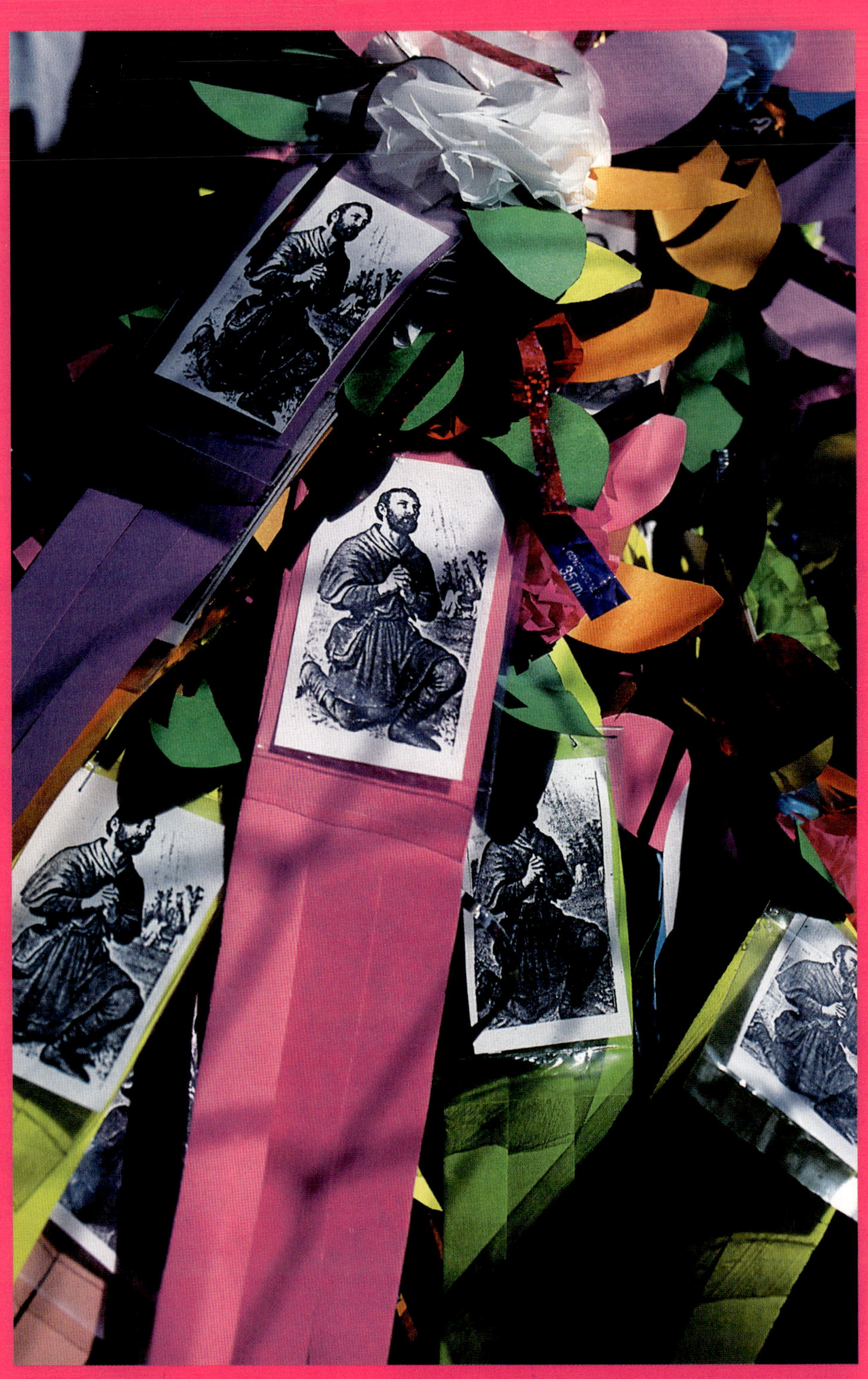

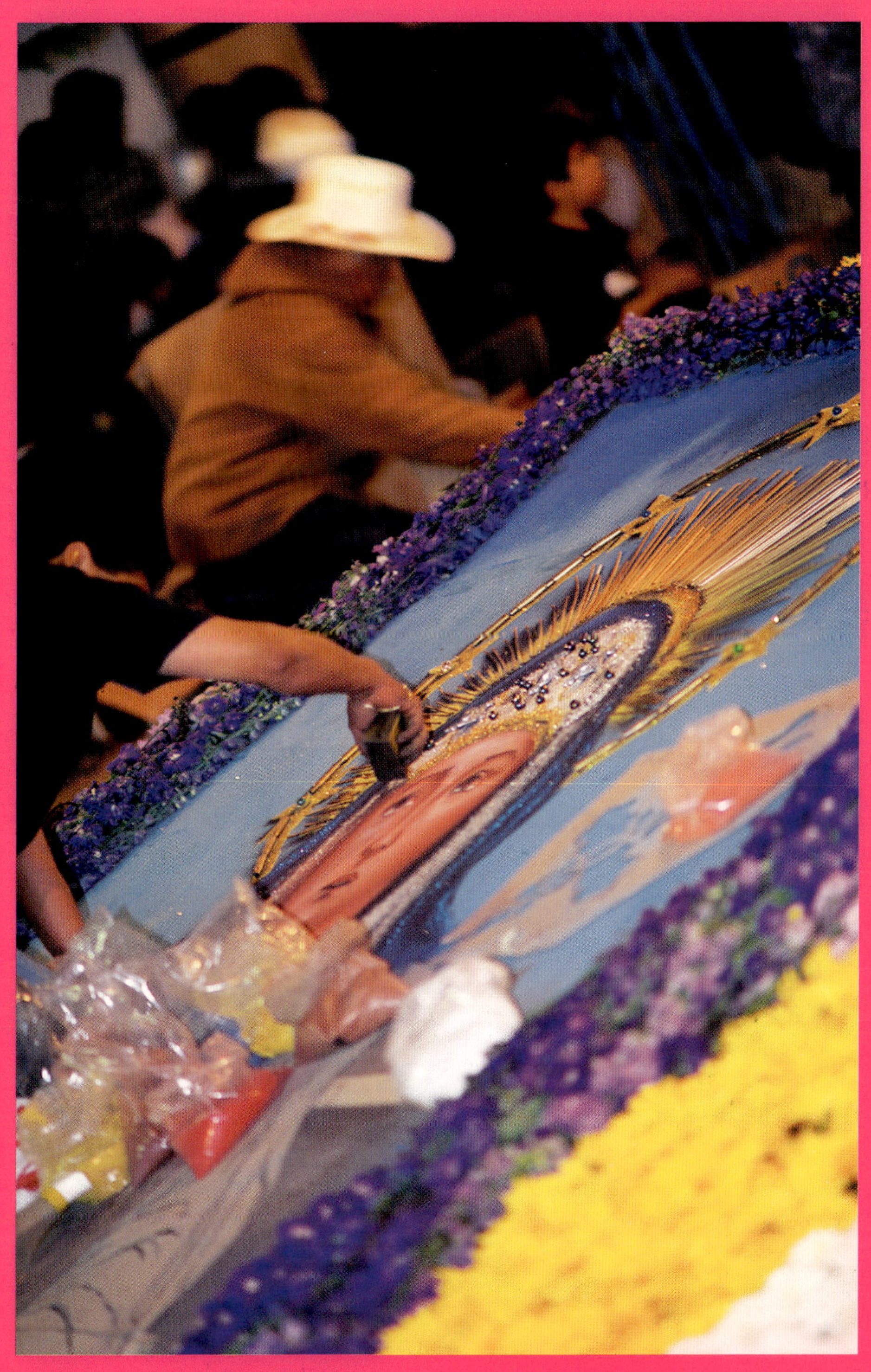

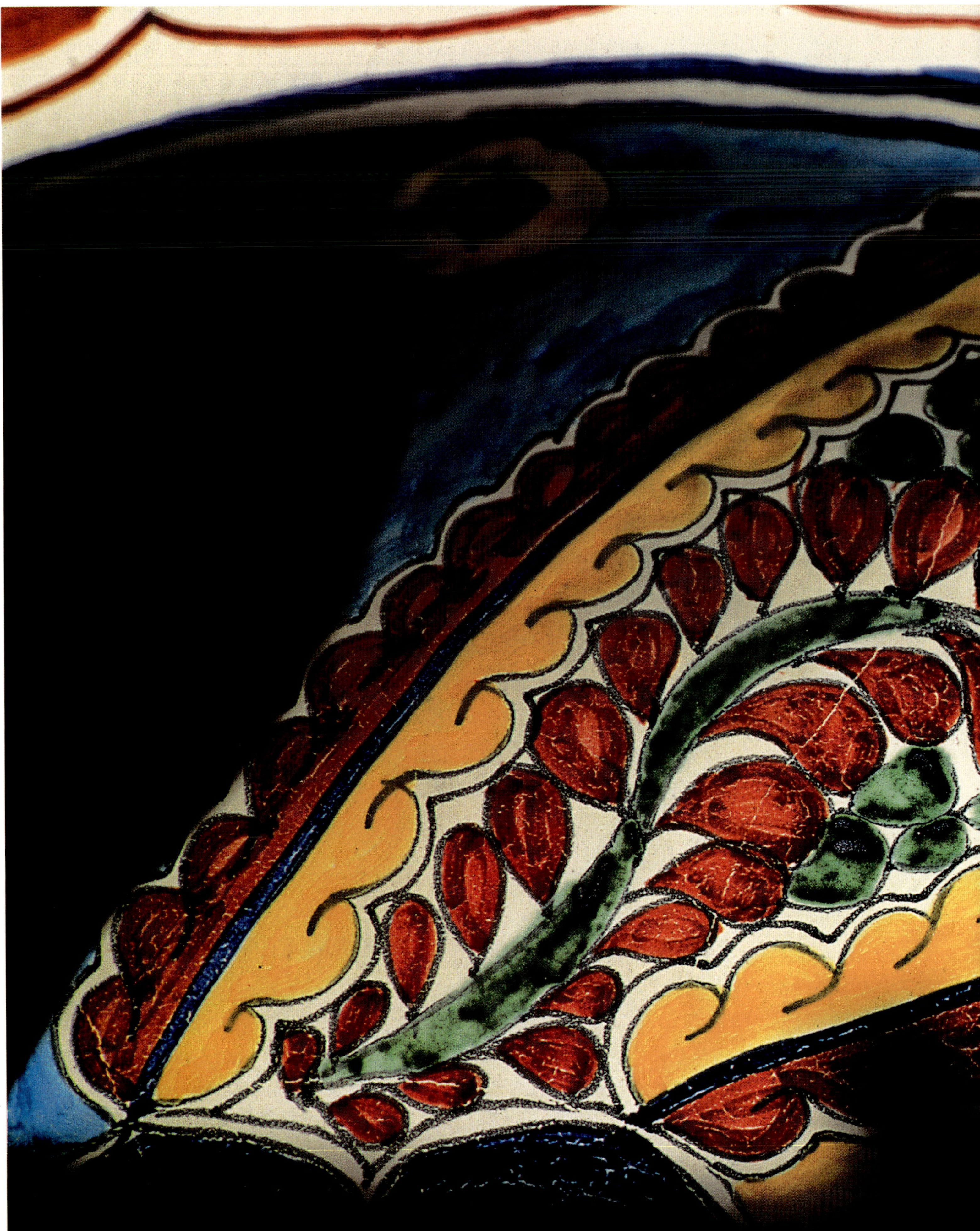

~ Cerámica de Talavera decorada con pincel fino. / *Talavera ceramics decorated with fine brushstrokes.* ~

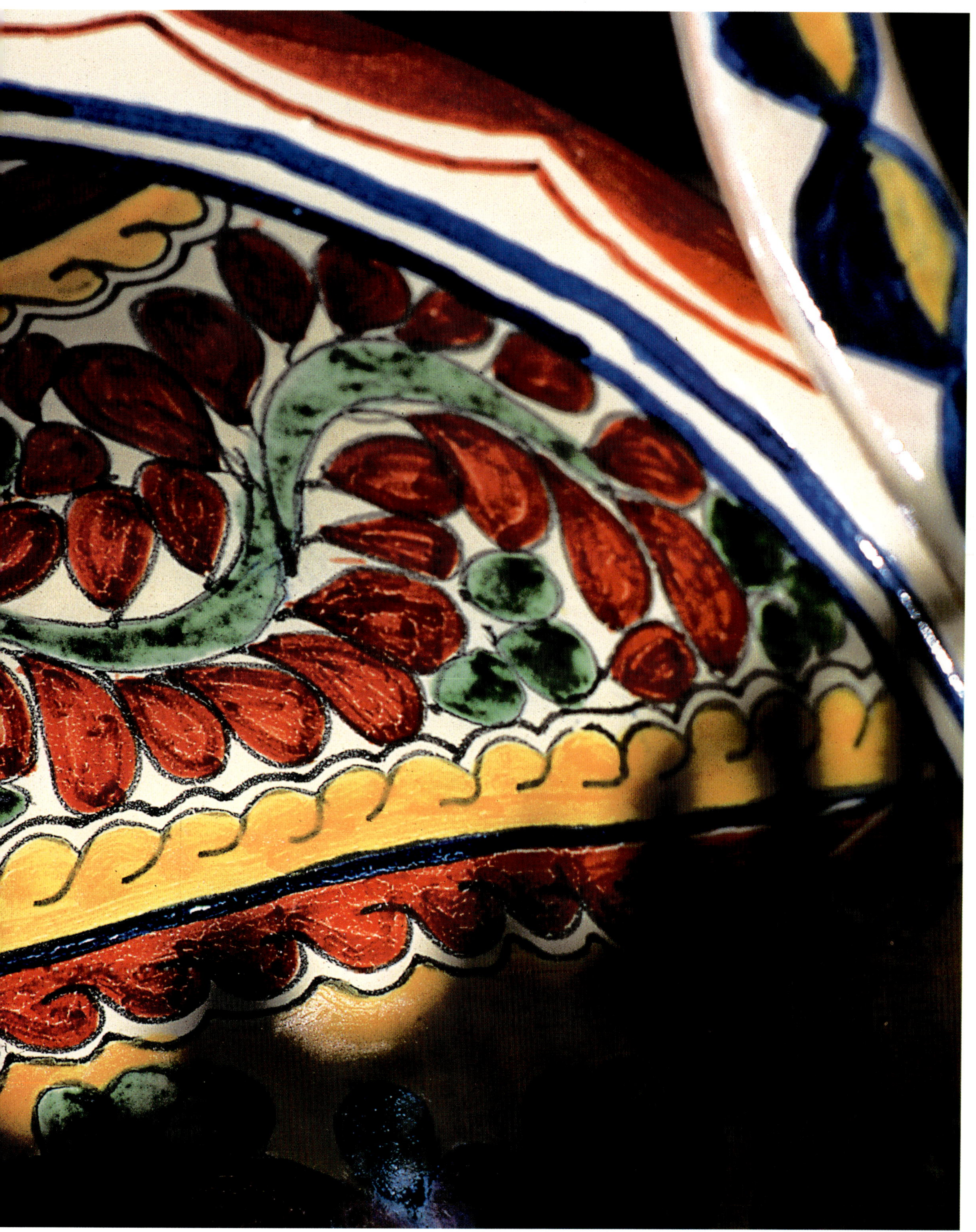

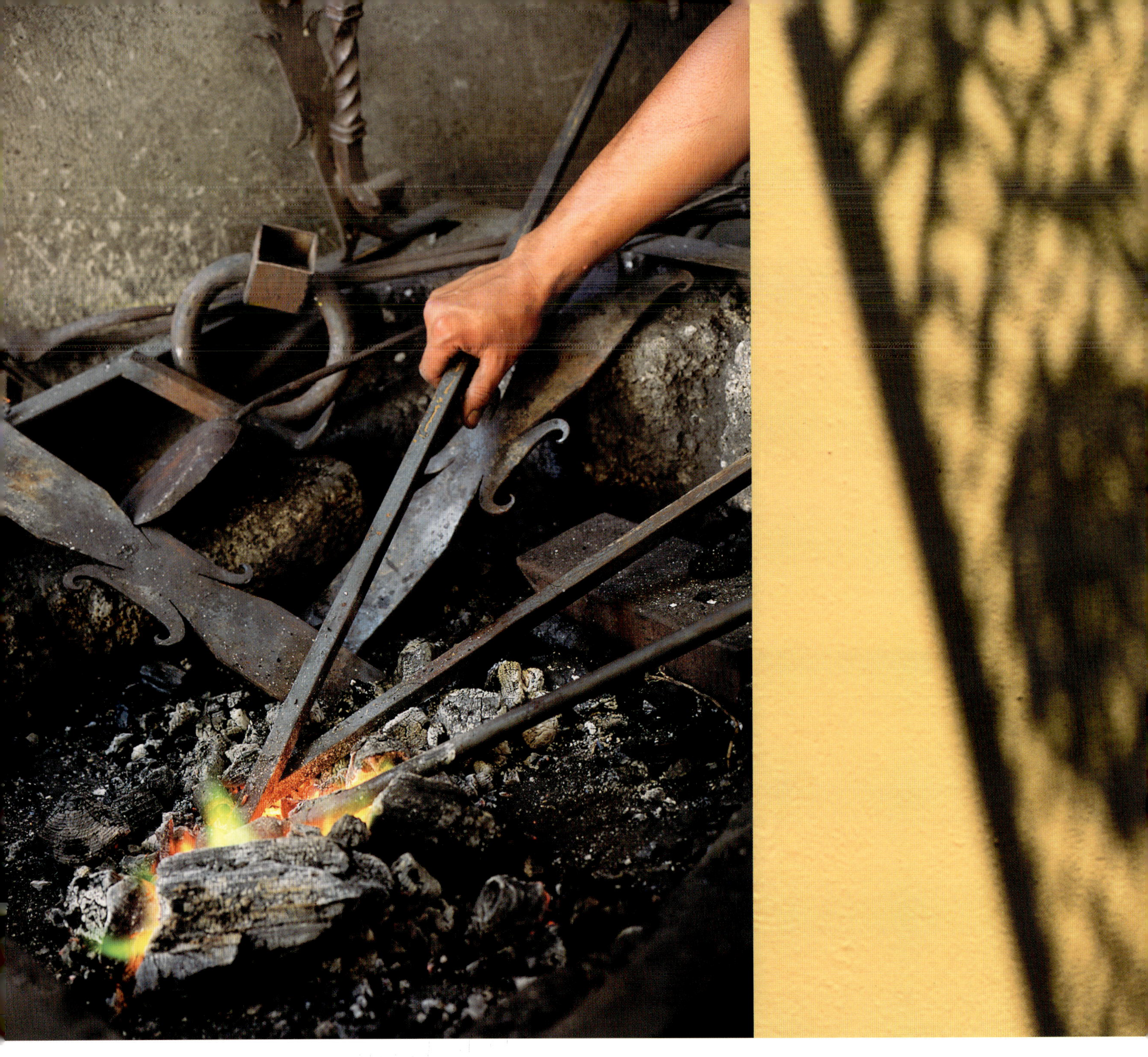

Bajo las sombras del papel picado, la filigrana del hierro forjado y el delicado bordado de la cerámica, caminan del brazo los enamorados.

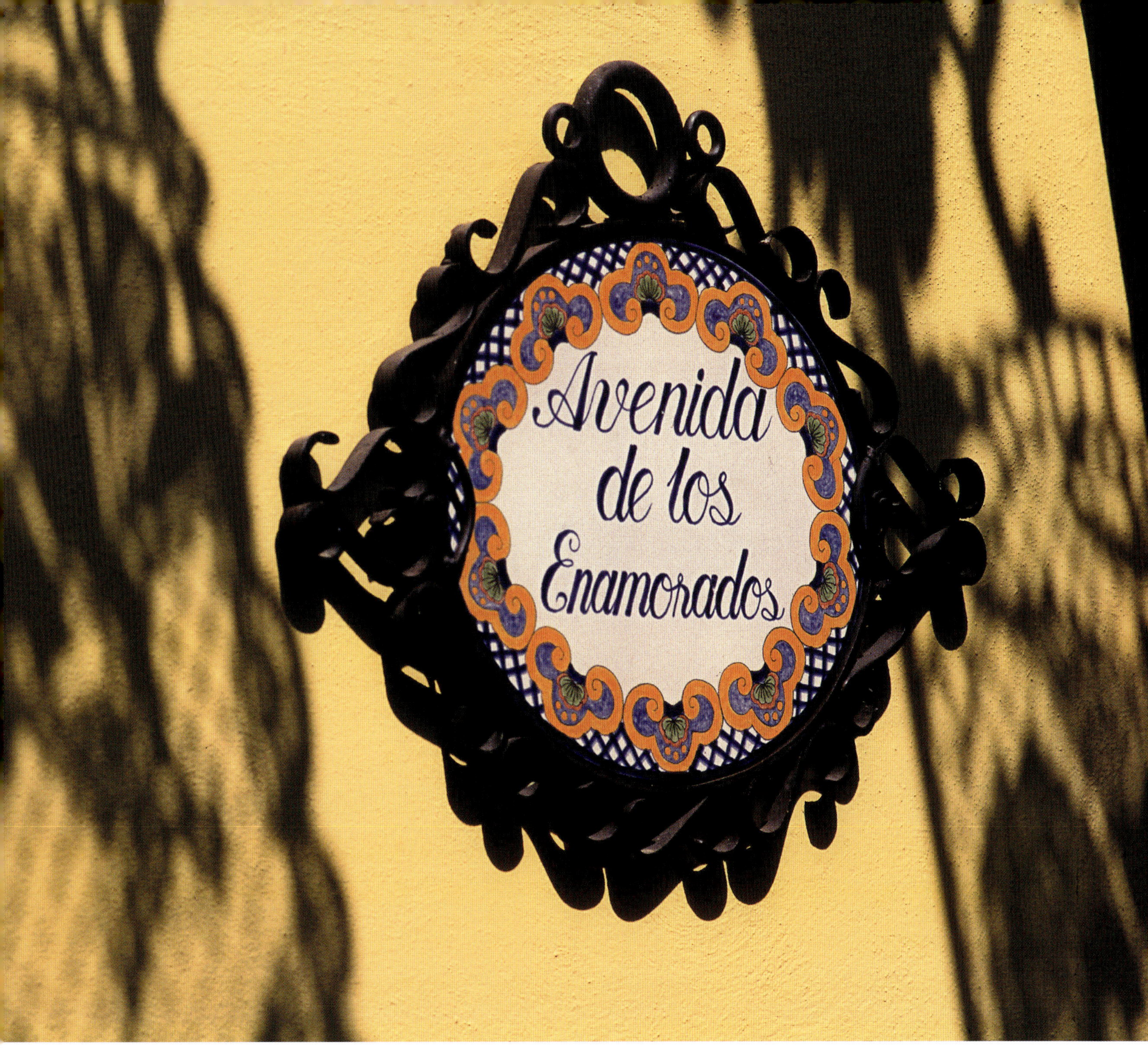

Under the shadow of decorative paper, the delicate wrought ironwork and the delicate patterns on ceramics, stroll arm in arm with lovers.

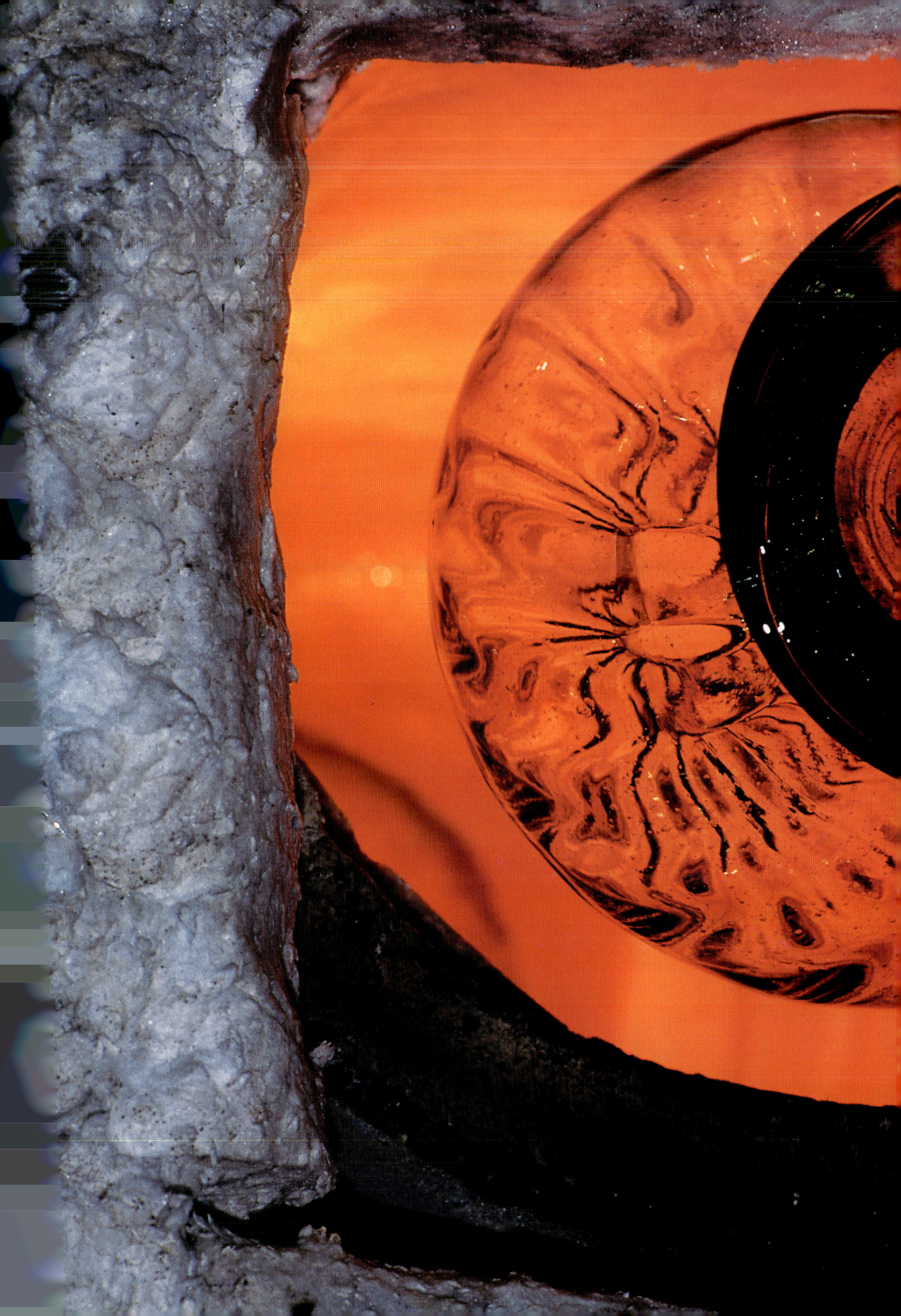

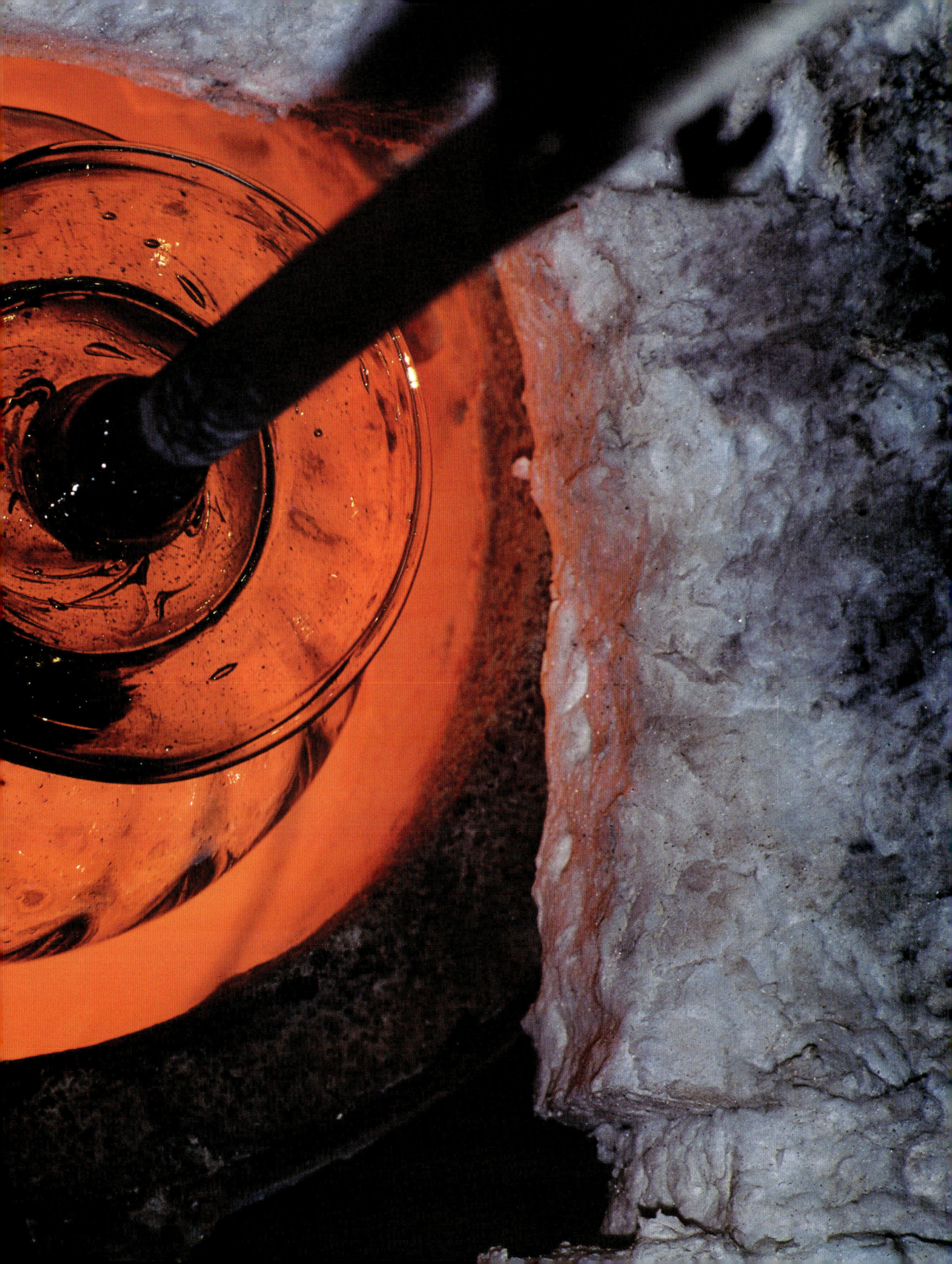

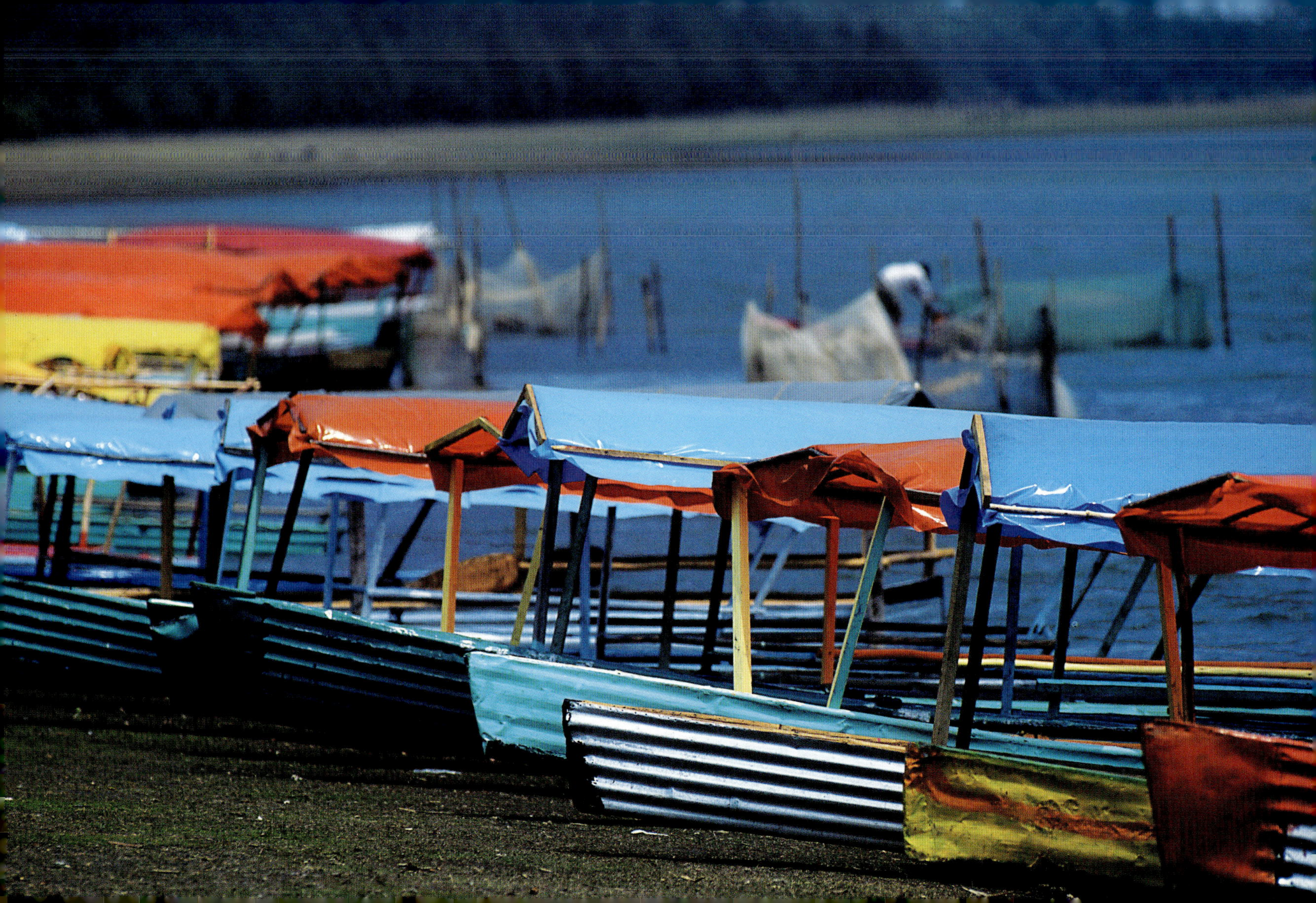

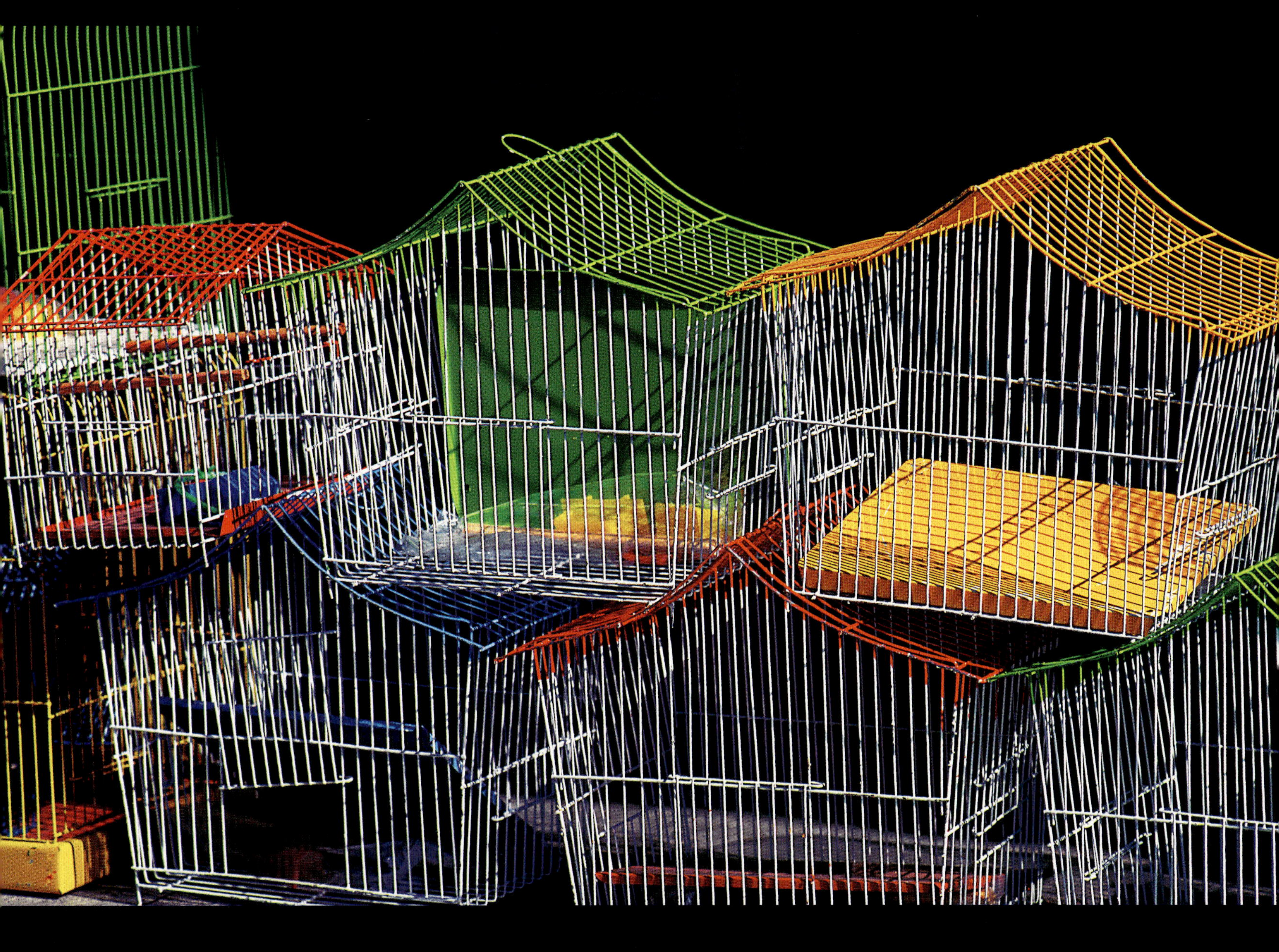

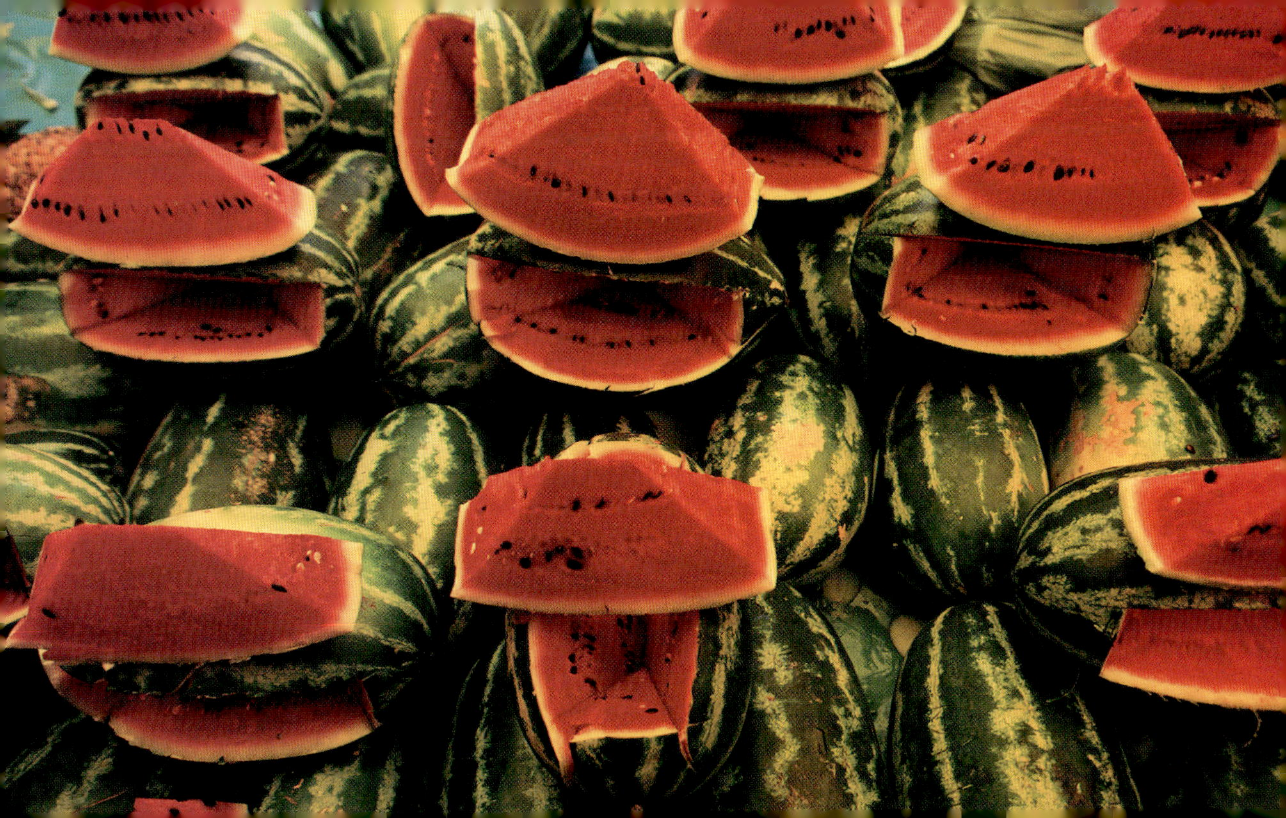

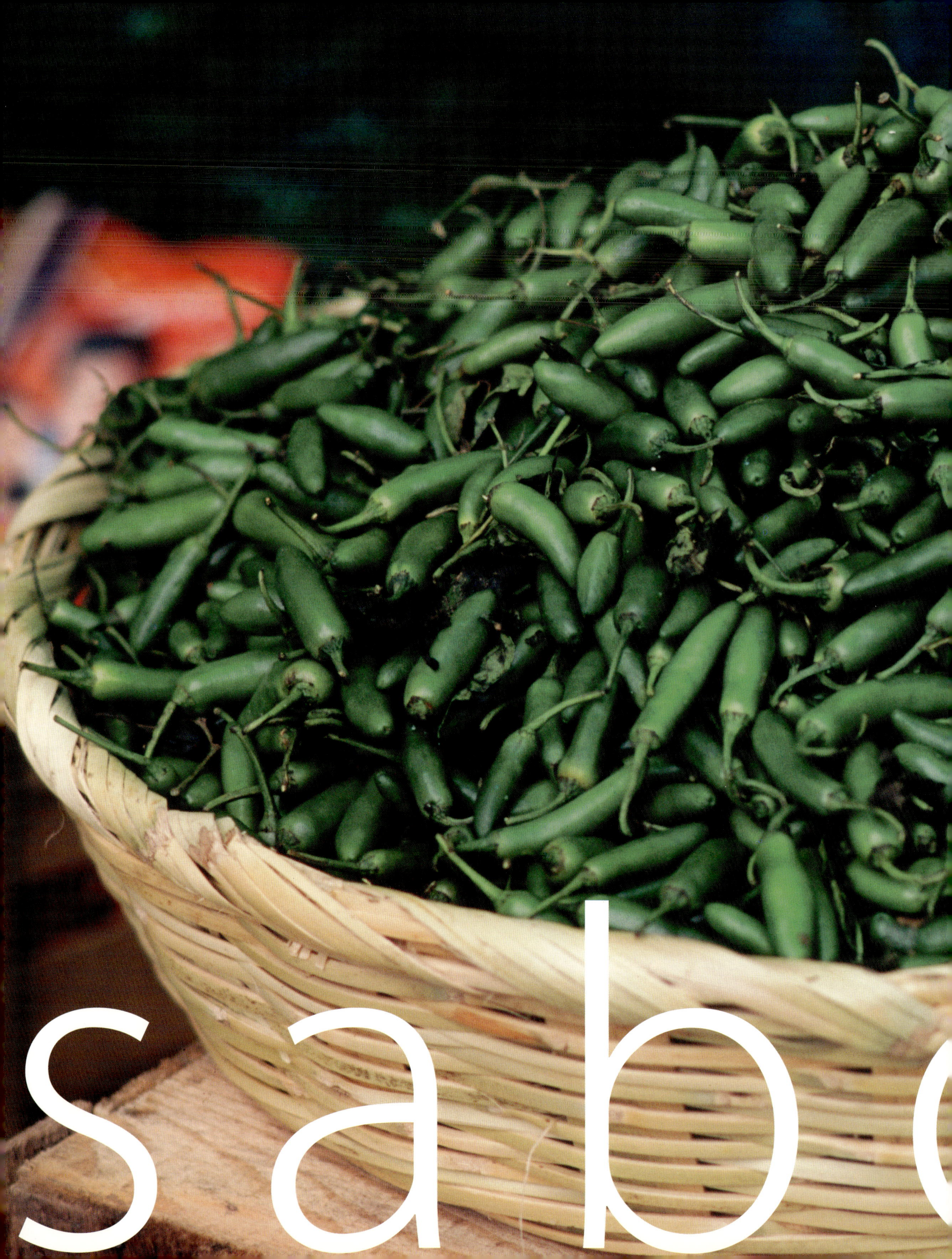
s a b

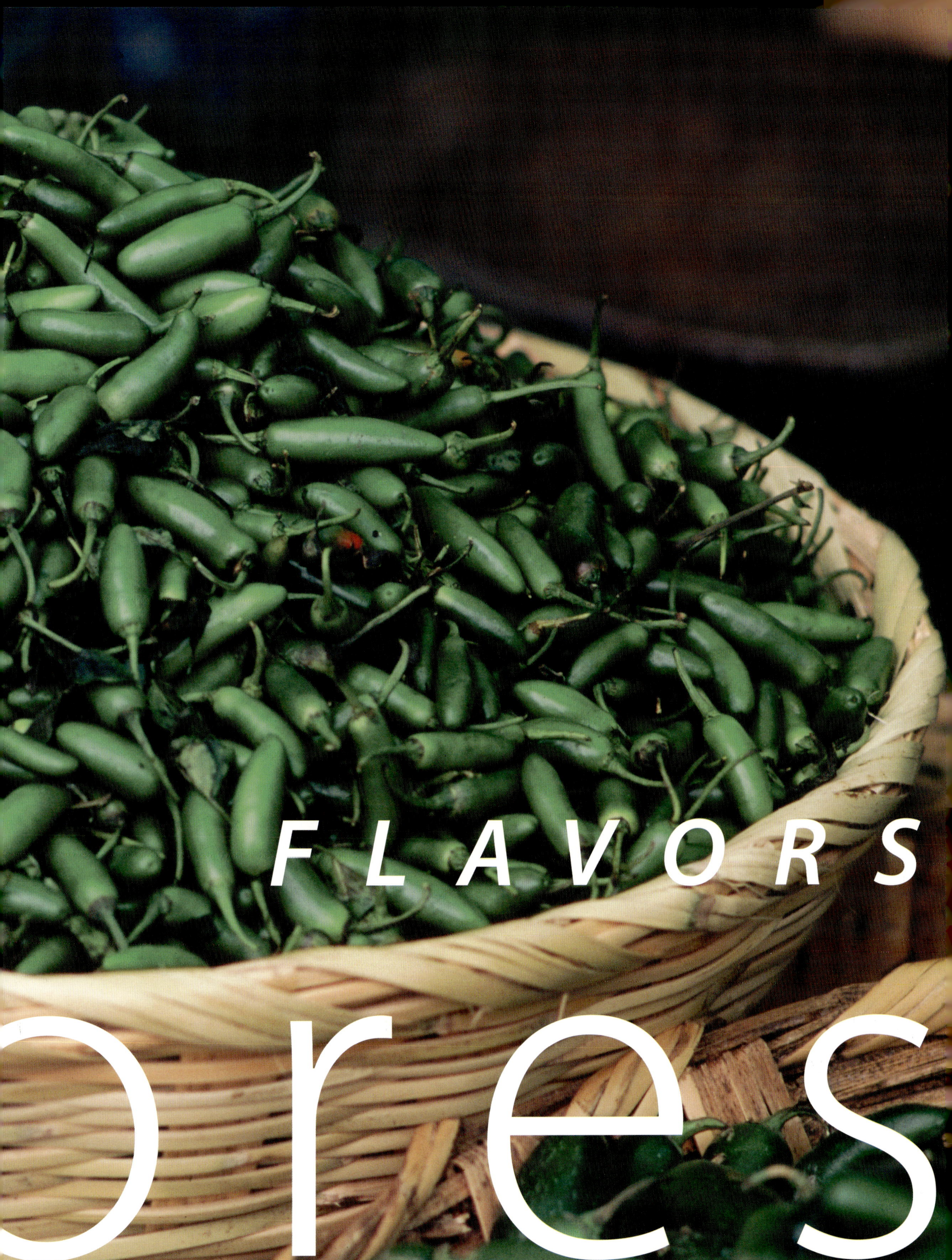
FLAVORS
ores

En la tortilla el maíz se sublima, y encuentra su máxima expresión, como condimento, plato, utensilio y complemento, un artículo indispensable en la cocina nacional.

Dulce y Salado

A partir del momento en que ciertos grupos étnicos decidieron asentarse en un solo sitio, empezaron a surgir las técnicas de cultivo, domesticación y pesca, que son los elementos esenciales para la aparición de una auténtica tradición alimenticia. Muchos de esos grupos, nómadas y seminómadas, provenían de regiones diferentes a la que hoy identificamos como el centro de México, lo cual explica la presencia de los diferentes hábitos culinarios.

El intenso desarrollo cultural que alcanzó el imperio azteca, propició la conformación de una cultura gastronómica que generalizó el uso de ingredientes, técnicas y platillos de toda la región. A los valores de esta cocina autóctona, se sumaron los de la española, que se basaba principalmente en una tradición mediterránea complementada por la importante aportación de ocho siglos de ocupación árabe.

Del encuentro de estas costumbres, se deriva el linaje de la actual cocina mexicana. Por eso a nadie debe sorprender que nuestra cocina figure entre las diez mejores del mundo, por la variedad y fuerza de sus ingredientes, por la diversidad de sus sabores, por su sazón, por lo deslumbrante de sus colores y por el amplio registro de sus recetas, que van de la más elemental sencillez, como el guacamole, a la más delirante combinación de ingredientes, como los chiles en nogada o el rey de nuestros platillos, el mole.

México entrega al mundo un legado de palabras de origen náhuatl, como chocolate, cacao, tomate, aguacate, frijol, maíz, chile, además de muchas otras que se inscriben en los recetarios de los chefs más prestigiosos y toma de fuera aquello que mejor se adapta a su gusto y a su idiosincrasia, como el arroz, el ajo, la cebolla, las carnes y los embutidos, abriendo al mundo su tradición preparando nuevos platillos como el mole de pistache, las crepas de huitlacoche y los chiles en salsa roquefort.

MERCADOS: Los mercados públicos son una institución que ha existido y existe en todo el mundo y México no es la excepción. La tradición del mercado se remonta a épocas muy antiguas, como los de Tenochtitlan y Tlatelolco en el México prehispánico; el Parián y El Volador durante el virreinato, y hasta los mercados de nuestros días en cada rincón del territorio mexicano. Hoy, las enormes naves que albergan los mercados públicos, conservan el cálido aroma y el intenso colorido de las frutas y las verduras frescas y el bullicio típico de los vendedores que, a voz en cuello, pretenden acaparar una clientela ávida del mejor precio por el mejor producto. Además de los negocios establecidos en los cajones del mercado, no falta el atractivo de las gelatinas multicolores en vasos de vidrio o en las típicas

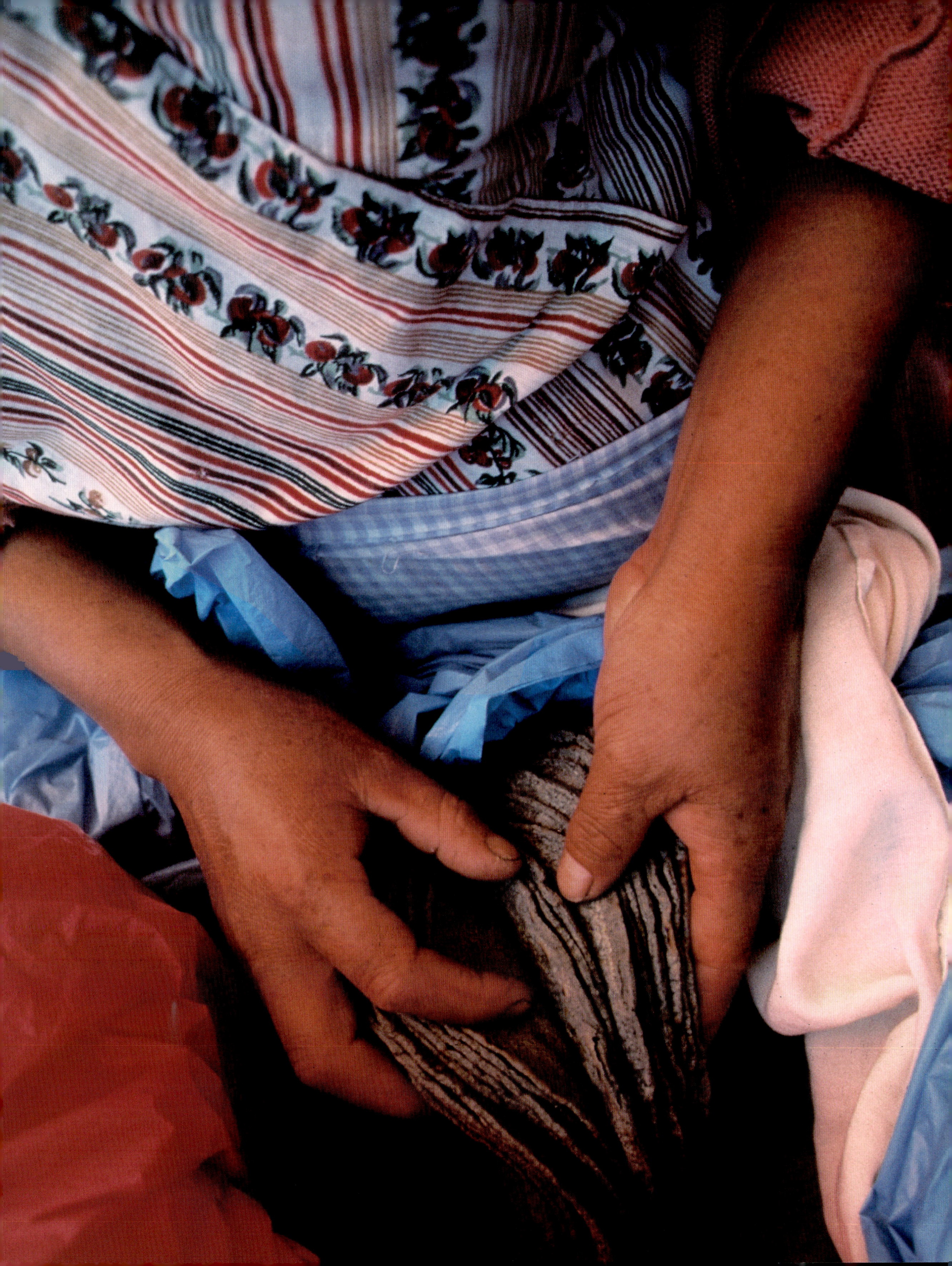

vitrinas de cristal; las palanquetas de nuez y piloncillo, los helados, los botes de tamales, los puestos de garnachas, memelas y quesadillas. Espectáculo aparte en todo mercado, lo constituyen las artísticas hileras de nopales, de frutas y verduras, de dulces de todo tipo, el polvo para los moles y sobre todo los aromáticos granos y semillas expuestos para la venta a granel en barriles, toneles o costales de yute.

HIERBAS Y ESPECIAS: La importancia de las especias es enorme, fueron motivo de luchas violentas por parte del hombre de la Edad Media que buscaba productos que con su olor, sabor y color, sirvieran de estimulantes del paladar. Cristóbal Colón, creyendo llegar por nuevos caminos a las Indias orientales, en busca de especias, llegó a nuestras tierras. Pimienta, clavo, comino, azafrán, anís, entre otras, son muy apreciadas por sus cualidades aromáticas y de sabor. En los mercados no faltan los herbolarios anunciando sus ramitos para la cocina, como epazote, hinojo, romero, tomillo, hierbabuena, o para la curación de enfermedades como la flor de azahar, la hoja de higuera, la ruda, la manzanilla, la yerba de golondrina, pata de león, espinilla, damiana y otras hierbas a las que la sabiduría popular, e incluso la ciencia, les atribuye cualidades curativas.

FRUTAS Y VERDURAS: A la llegada de los españoles, la cocina mexicana abundaba ya una diversidad de ingredientes y platillos, de sabores, colores y texturas. Aves, pescados y mariscos de ambos litorales, de ríos y de lagos complementados con sazonadores como epazote, chaya, hoja santa y achiote; frutas como piña, cacao, cocotero, guanábana, mamey, papaya y muchas otras que se utilizaban para elaborar bebidas refrescantes que acompañaban los alimentos. También se usaban vegetales como elotes, huazontles, hongos, calabazas, entre muchos otros, que se consumen todos los días. El chile es un ingrediente indispensable, hay de variadas formas, tamaños, colores y sabores. Cada uno tiene aplicaciones definidas, unos se comen solos, acompañando a otros manjares, otros sirven para hacer salsas y otros más como guarniciones o para rellenar. Muchos de ellos se consumen en conserva, en escabeche o en vinagre. El aguacate es también un gran acompañante de la mesa mexicana, tanto el fruto por sí mismo, como la pulpa molida de la que se obtiene el famoso guacamole, especie de mantequilla vegetal que forma parte de muchas ensaladas y sirve como complemento a muchos platillos. El jitomate se conoce en todo el mundo, aunque su aceptación fue lenta por la mala reputación que tienen las solanáceas, de cuya especie hay varias perjudiciales para la salud. Los monjes españoles lo incorporaron en sus recetas y hoy es el producto agrícola que más se consume en el mundo.

~ Calaveritas de dulce para la mesa de los fieles difuntos.
Candy skulls for the table of the departed. ~

EL PULQUE: El maguey se produce con facilidad en terrenos secos y áridos para otros cultivos. La planta, en el quinto año de su vida, produce un líquido muy dulce, conocido como aguamiel, que después de fermentado adquiere el color blanquecino de la leche, es viscoso y se conoce como pulque. La palabra pulque no es de origen mexicano ni español, está tomada de la lengua araucana, hablada por los aborígenes de Chile, pero los conquistadores, en sus comunicados a España, y aún entre los cronistas y religiosos que iban de un lugar a otro, encontraron cómodo usarla para referirse a las bebidas embriagantes.

De las pencas del maguey, succionando por el extremo de un calabazo vacío, largo y estrecho, llamado acocote, los tlachiqueros recogen un líquido muy dulce llamado aguamiel.

LAS BEBIDAS: El tepache es una de las más conocidas, hecha con jugo y cáscara de piña, azúcar de piloncillo y clavo de especia. Antiguamente se preparaba con pulque e incluso con maíz, hoy se vende sólo en establecimientos especializados.

En los mercados y fondas se pueden encontrar todavía enormes garrafas de vidrio con agua de chía, de limón, de piña, de tamarindo, de horchata o de jamaica. La tradición dicta que estas bebidas se exhiban sobre una mesa de madera, adornada con papel picado y con los frascos colocados sobre un colchón de fresca alfalfa; se toman directamente de vasos de vidrio, sin pajilla.

TORTILLAS: El maíz, considerado como la planta sagrada y la base de la alimentación de los pueblos del continente, encuentra su máxima expresión, pero no la única, en la tortilla. Para hacerla, los granos de la mazorca se remojan y cuecen en agua con un poco de cal; se muelen en un metate hasta que alcanzan la consistencia de una pasta, se toman trozos del tamaño de una pelota pequeña y se aplanan entre las manos hasta formar unas piezas redondas de poco espesor que se ponen sobre un comal, volteándolas de un lado y otro hasta que estén bien cocidas. De tortillas consideradas como alimento fundamental, surgen enchiladas, tacos, tlacoyos, sopes, chilaquiles, chalupas, garnachas, quesadillas, tostadas, gorditas, picadas, memelas, peneques. El tamaño y el color varían según la región donde se producen y el tipo de maíz que se emplea.

LOS PANES: El pan es un producto de origen egipcio y un inseparable compañero de la alimentación. Se conocieron a través de los españoles, junto con el trigo, del que se obtienen en México buenas cosechas, lo que ha permitido el florecimiento de una gran industria panificadora. La pieza más conocida, que acompaña a la comida del medio día, es de origen francés y se llama bolillo; pero también hay teleras, base de las famosas tortas, flautas y rehiletes. Al principio se elaboraba exclusivamente en piezas redondas o en barras, pero con el tiempo los panaderos fueron creando figuras más pequeñas que, por sus formas, se conocen como tornillos, cuernos o cañones. Las de creación mexicana se conocen como pambazos, cemitas, ojos de pancha, entre otros. Se conocen más de quinientas piezas diferentes y están hechas de harina, azúcar, leche, huevos y manteca, con algunos otros complementos. Todavía vemos a los vendedores de pan con sus enormes canastos redondos en la cabeza, a pie o en bicicleta, que recorren las calles y mercados ofreciendo conchas, cuernos, hojaldras, chilindrinas, gendarmes, rejas, roscas de canela, condes, alamares, etc.

DULCES TÍPICOS: En el México prehispánico no se conocía el azúcar derivado de la caña, pero sí conocían mieles como la de abeja, la de tuna, la de mezquites y la que extraían de algunos órganos, que utilizaban para endulzar sus bebidas y para elaborar dulces, como la alegría, hecho a base de semilla de amaranto y miel. De la ocupación árabe y de la cultura de los pueblos de origen hebreo, los españoles aprendieron numerosas recetas de dulces y golosinas que trajeron a la Nueva Espana por conducto de sus mujeres y de las numerosas congregaciones de monjas que se asentaron en nuestro territorio, con todo y su ingrediente indispensable, el azúcar de caña. El mexicano asimiló el legado y dio rienda suelta a su fantasía ideando nuevas creaciones para las fiestas populares, civiles y religiosas y para las conmemoraciones familiares. Numerosas piezas de dulces, muchas originales de determinada región, aún vigentes en el gusto de niños y adultos que consumen las cajetas de Celaya, las palanquetas de Pachuca, los chongos y los ates de Morelia, los arrayanes y tamarindos de Guadalajara, los camotes y jamoncillos de Puebla y las charamuscas de Guanajuato, además de las cocadas, capirotadas, merengues, muéganos y alfajores de la ciudad de México.

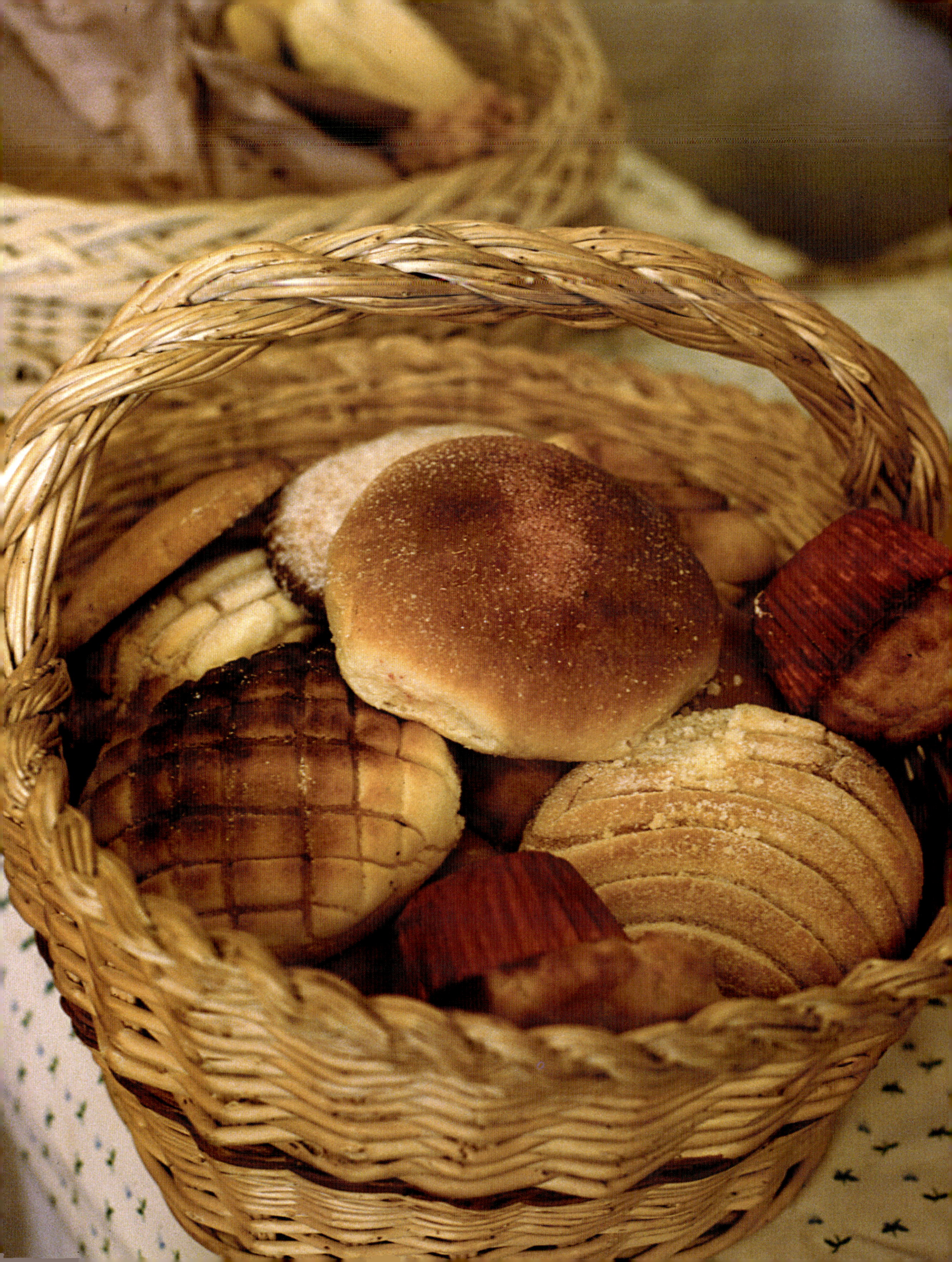

The tortilla sublimates corn, and gives it its maximum expression, as a condiment, dish, utensil and complement, an essential ingredient of national cuisine.

Sweet & Savory

The settling of certain ethnic groups in a single place brought about the emergence of farming, domestication and fishing skills and, as a result, the dawn of a true nutritional culture. Many of these originally nomadic and semi-nomadic groups came from different parts of what we now know as central Mexico, which explains the presence of different culinary trends. The marked cultural development of the Aztec empire gave rise to a gastronomic wealth based on the widespread use of ingredients, methods and dishes from all over the region. These local options were, in turn, enriched by cuisine from Spain, based essentially on Mediterranean traditions and the contributions afforded by eight centuries of Moorish occupation.

It was the fusion of these cultures that eventually led to the creation of contemporary Mexican gastronomy; and it comes as no surprise that this cuisine ranks among the top ten in the world, given the variety and richness of its ingredients, the diversity of its flavors, its seasoning, its appealing colors and the broad spectrum of its recipes, ranging from the simple and straightforward, such as guacamole, to the most exquisite blend of ingredients, such as chiles en nogada or the king of Mexican cuisine, "mole".

Mexico has also provided the world with some of its linguistic heritage from the Nahuatl tongue of the Aztecs, including words such as chocolate, cacao, tomato, avocado, "frijol" (bean) , maize, chili, along with many more that feature in the recipes of some of the most prestigious chefs. This is complemented by imports adapted to local tastes and idiosyncrasies, such as rice, garlic, onion, meat and cold cuts, which join forces with local traditions to tempt the world with new dishes like pistachio mole, huitlacoche crepes and peppers in Roquefort sauce.

MARKETS: *Public markets are and have always been around the world over, and Mexico is no exception. The tradition of markets here has a very long history, dating back to the days of Tenochtitlan and Tlatelolco in Pre-Hispanic Mexico, as well as Parián and El Volador during the colonial era.*

Today markets can be found in just about every corner of the country. The huge buildings that house them are filled with the welcoming fragrances and bright colors of fresh fruit and vegetables and the customary hubbub of sellers seeking to entice a clientele keen to find the best products at the best prices.

In addition to the businesses established on the market stalls, there is also the appeal of multicolored jellies in glass jars or displayed in shop windows; palanquetas made from walnut and piloncillo, ice cream, jars with tamales, stalls offering tacos, memelas and quesadillas. But the art of showmanship in markets is taken to new heights with artistic arrangements of prickly pear, fruit and vegetables, an endless array of candies, powder for moles and, above all, the aromatic grains and seeds displayed for sale by the barrel, cask or sack.

HERBS AND SPICES: *The importance of spices cannot be stressed enough. Their fragrance, flavor and color were the cause of violent conflicts during the Middle Ages. Christopher Columbus' belief that he could find new routes to the spice-rich lands of the East Indies eventually brought him to our shores. Pepper, cloves, cumin, saffron, anis, and other spices are held in great esteem for their aromas and flavors.*

In the markets, herbal stalls display their wares for the kitchen, such as Mexican tea leaf, fennel, rosemary, thyme and spearmint, or for curing illness, such as flor de azahar, fig leaf, rue, chamomile, matted broomspurge, pata de león, espinilla, damiana and other herbs that traditional wisdom and, in some cases, science has found to possess curative qualities.

FRUIT AND VEGETABLES: *By the time the Spaniards arrived, Mexican cuisine boasted a splendid diversity of ingredients, dishes, flavors, colors and textures. Poultry, fish and shellfish from both coasts, rivers and lakes complemented with seasoning like Mexican tea leaf, chaya, hoja santa and achiote; fruits such as pineapple, cacao, coconut, soursop, mammee apples, papaya and many others were used to prepare refreshing drinks for accompanying meals. There were also vegetables like corn, huazontles, mushrooms, zucchini and many others that were eaten on a daily basis.*

Hot peppers are a vital ingredient available in many shapes, sizes, colors and flavors. Each variety has its own specific use: some can be eaten on their own or accompanying other delights, others are used for making sauces, while others are ideal for relishes or fillings. Many of them now come in cans, marinade or vinegar. Avocado is also a welcome presence at the Mexican table, because of both the fruit itself and the pulp, which is used to make the famous guacamole, a kind of vegetable butter that features in many salads and complements numerous dishes. The tomato is known the world over, although acceptance was slow because of the bad reputation of the solanaceous family, which includes several species that are harmful to human health. Spanish monks included it in their recipes and it has now become the most commonly consumed agricultural product in the world.

PULQUE: *Maguey thrives on land that is too dry and arid for other crops. In its fifth year of life, this plant produces a very sweet liquid known as aguamiel, which takes on a milky color and thickens with fermentation to produce the drink known as pulque.*

The word pulque is neither Mexican nor Spanish in origin. In fact, it comes from the Araucana language, spoken by the Indians of Chile, but the conquistadors, in their letters to Spain, along with the historians and clergy who traveled from one place to another, found it convenient to use it to refer to intoxicating beverages. The tlachiqueros used a long, narrow and empty gourd known as an acocote to collect aguamiel from the maguey.

DRINKS: *Tepache, one of the country's most well-known drinks, is made from pineapple juice and rind, piloncillo sugar and cloves. In ancient times it was made with pulque and even corn. Today you will only find it in specialist establishments.*

What you can find to this day in markets, however, is huge glass carafes selling drinks made from chia seed, lemon, pineapple, tamarind, horchata (orgeat) or hibiscus. By tradition, these drinks must be displayed on a wooden table decorated with ornamental paper, while jars should sit in a bed of fresh alfalfa; they are then drunk without any intermediate implements such as straws.

TORTILLAS: *Corn is regarded as a sacred plant and the dietary basis of the continent's peoples. Its main embodiment – albeit not the only one - takes the guise of the tortilla. It is made by, first of all, separating the grains from the cob, soaking and boiling them in water with a little lime (mineral); they are then ground on stone slab called a metate until a paste is obtained. Amounts the size of small balls are then taken and flattened between the palms to make them round and fairly flat before being put on a flat pan known as a comal. Here they are turned over constantly until they are cooked. The same tortillas that are considered the basic dietary component also give rise to enchiladas, tacos, tlacoyos, sopes, chilaquiles, chalupas, garnachas, quesadillas, tostadas, gorditas, picadas, memelas and peneques. Their size and color vary, depending on the region and the type of corn used to make them.*

BREAD: *Bread originally came from Egypt and is an indispensable presence at meals today. They were first encountered through the Spaniards, along with wheat, which is successfully cultivated in Mexico and has given rise to a prosperous bread industry. The most well-known bread product – a vital component at lunchtime- is French in origin and is called the bolillo (roll); but there are also oval loafs called teleras, which provide the basis for the famous torta, flauta and rehilete. Spanish bread is made from a more compact type of pastry with a larger amount of butter. Bread was originally round in shape, never in loaves, but with time bakers began making smaller products that, because of their shapes, became known as tornillos (screws), cuernos (horns) or cañones (cannons). The ones made in Mexico are called pambazos, cemitas, ojos de pancha, among other things. More than five hundred different products are known, made from flour, sugar, milk, eggs and butter, along with some other complementary ingredients. To this day you can see street sellers with huge round baskets on their heads, walking along or riding on their bicycle through the streets and markets parading their conchas, cuernos, hojaldras, chilindrinas, gendarmes, rejas, roscas de canela, condes, alamares, etc.*

TYPICAL SWEETS: *Cane sugar was unknown in Pre-Hispanic Mexico, but the people of the time were well acquainted with honey, the sweet juice of prickly pear and mesquites, along with the sweet products extracted from certain organs and used to sweeten drinks and make sweets, such as the alegría, made from amaranth seed and honey. The Moorish occupation and the widespread presence of Jews in Spain allowed the Spaniards to learn how to make a great many sweets and candies that they later brought to the New Spain through women and the numerous congregations of nuns that settled in our territory, along with the essential ingredient of cane sugar. The Mexican people absorbed this heritage and let their imaginations loose to devise new creations for popular, civil and religious celebrations and for family get-togethers. Today there are a great many sweet products, many from specific regions, that both children and adults enjoy, such as toffee from Celaya, palanquetas from Pachuca, chongos and ates from Morelia, arrayanes and tamarind from Guadalajara, sweet potato and jamoncillos from Puebla and charamuscas from Guanajuato, along with cocadas, capirotadas, meringue, muéganos and alfajores from Mexico City.*

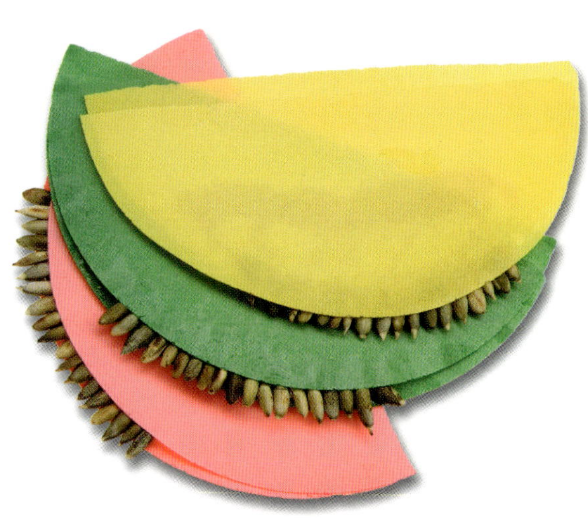

Pepitorias, el sabor de los colores.

Fricassee, with the flavor of colors.

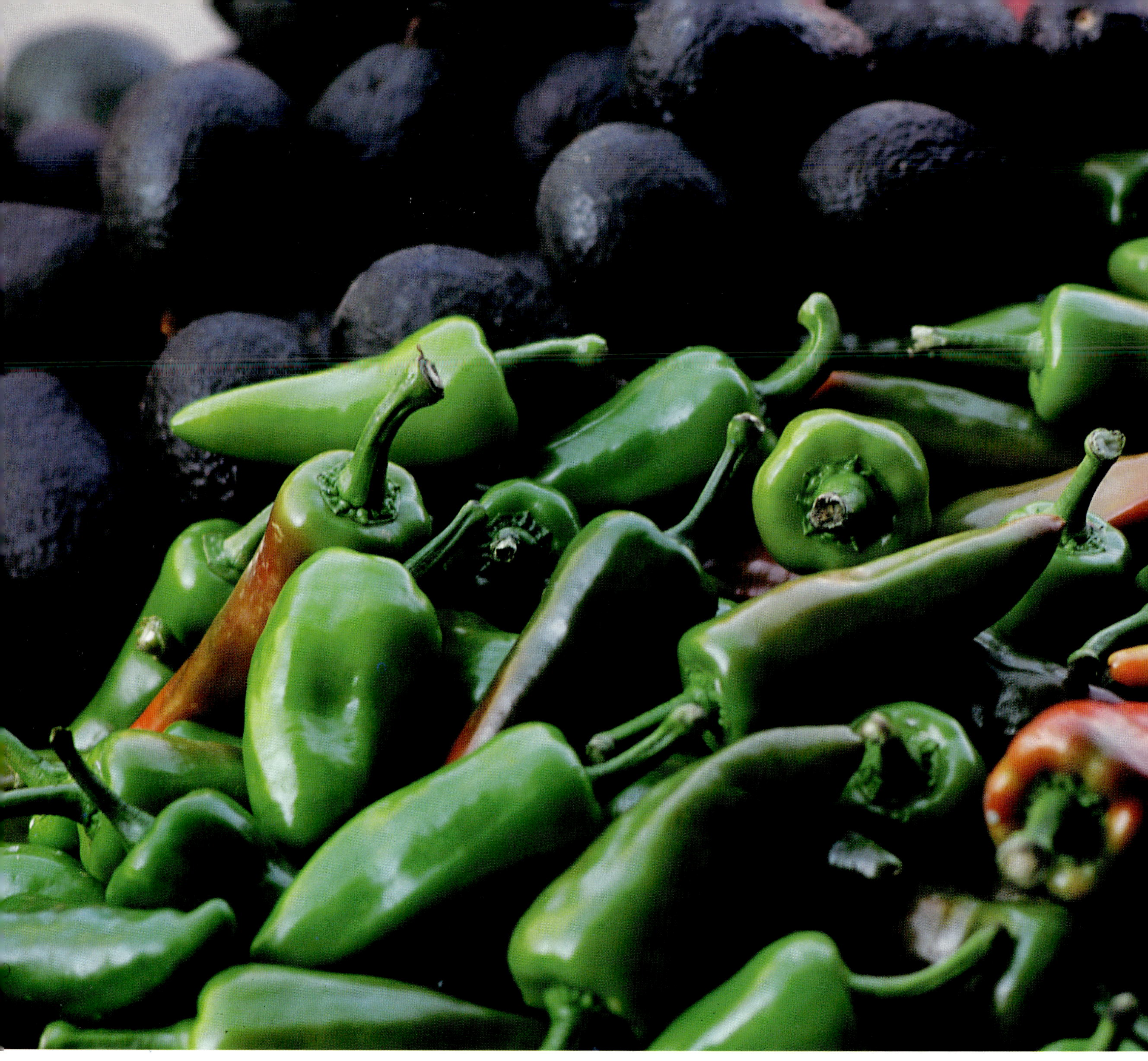

La cocina popular mexicana es una fiesta para los sentidos por la enorme variedad de sus colores, la abundancia de aromas seductores y numerosos guisos de sabores exquisitos.

~

Traditional Mexican cuisine is a feast for the senses because of the huge range of colors, the plethora of alluring fragrances and numerous dishes with exquisite flavors.

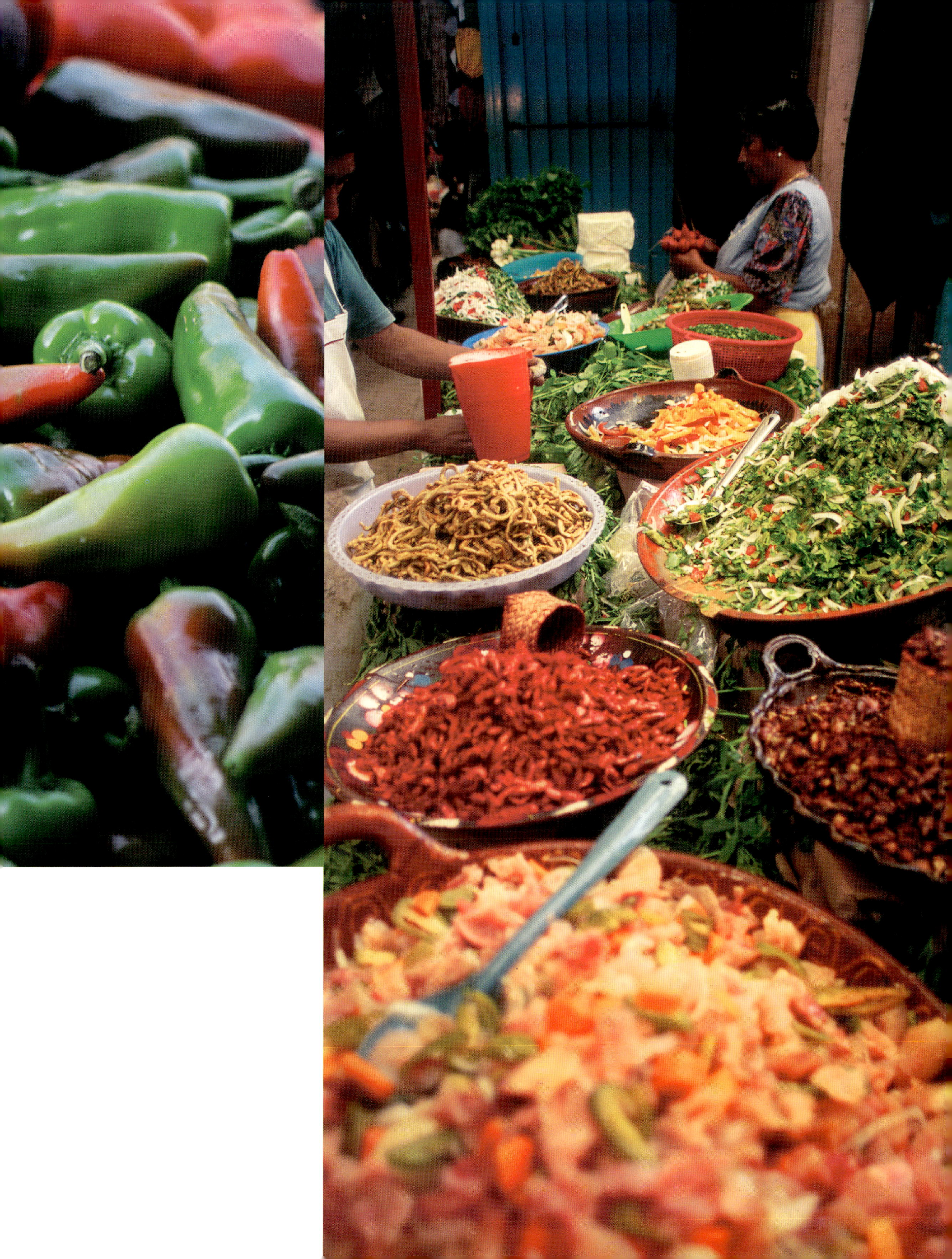

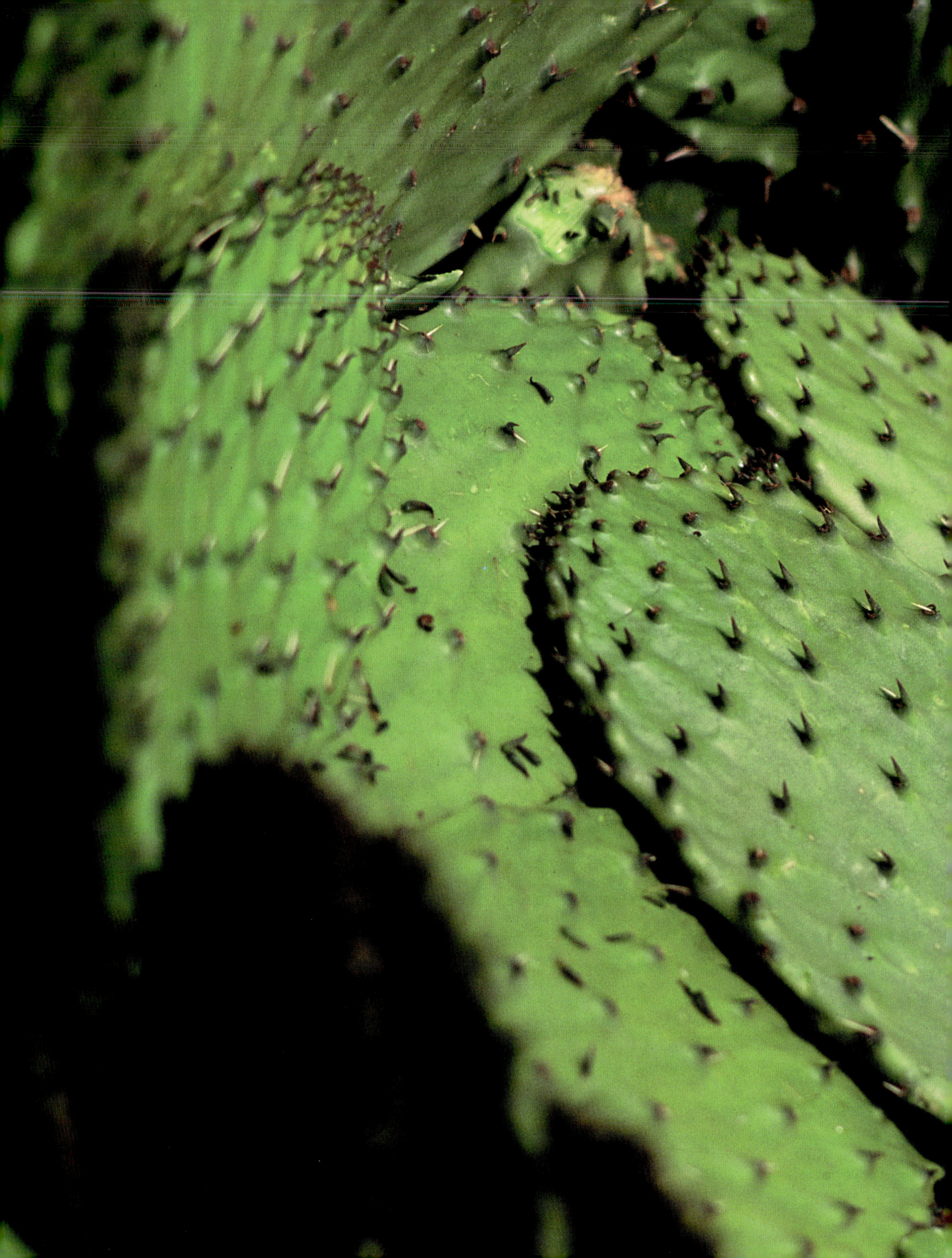

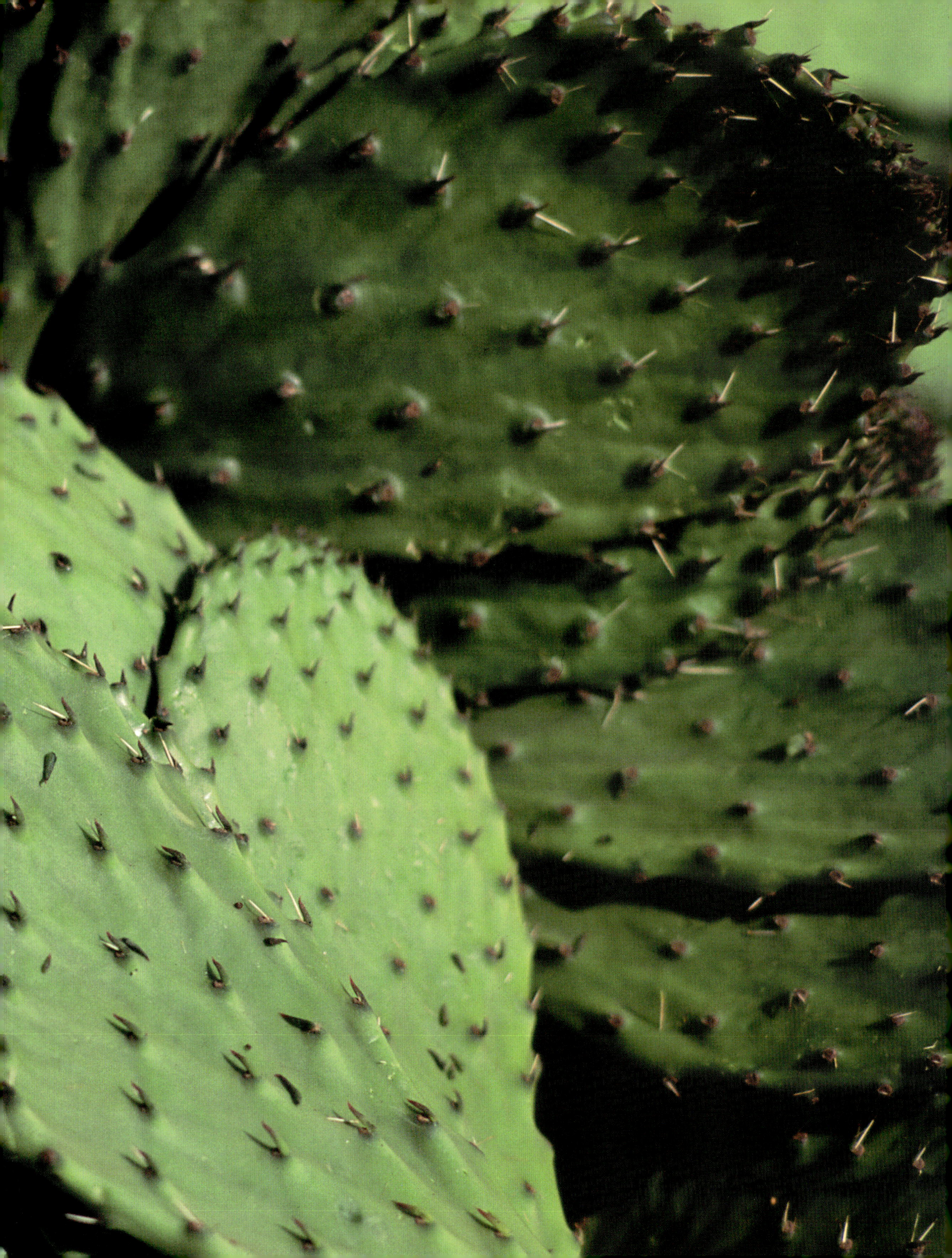

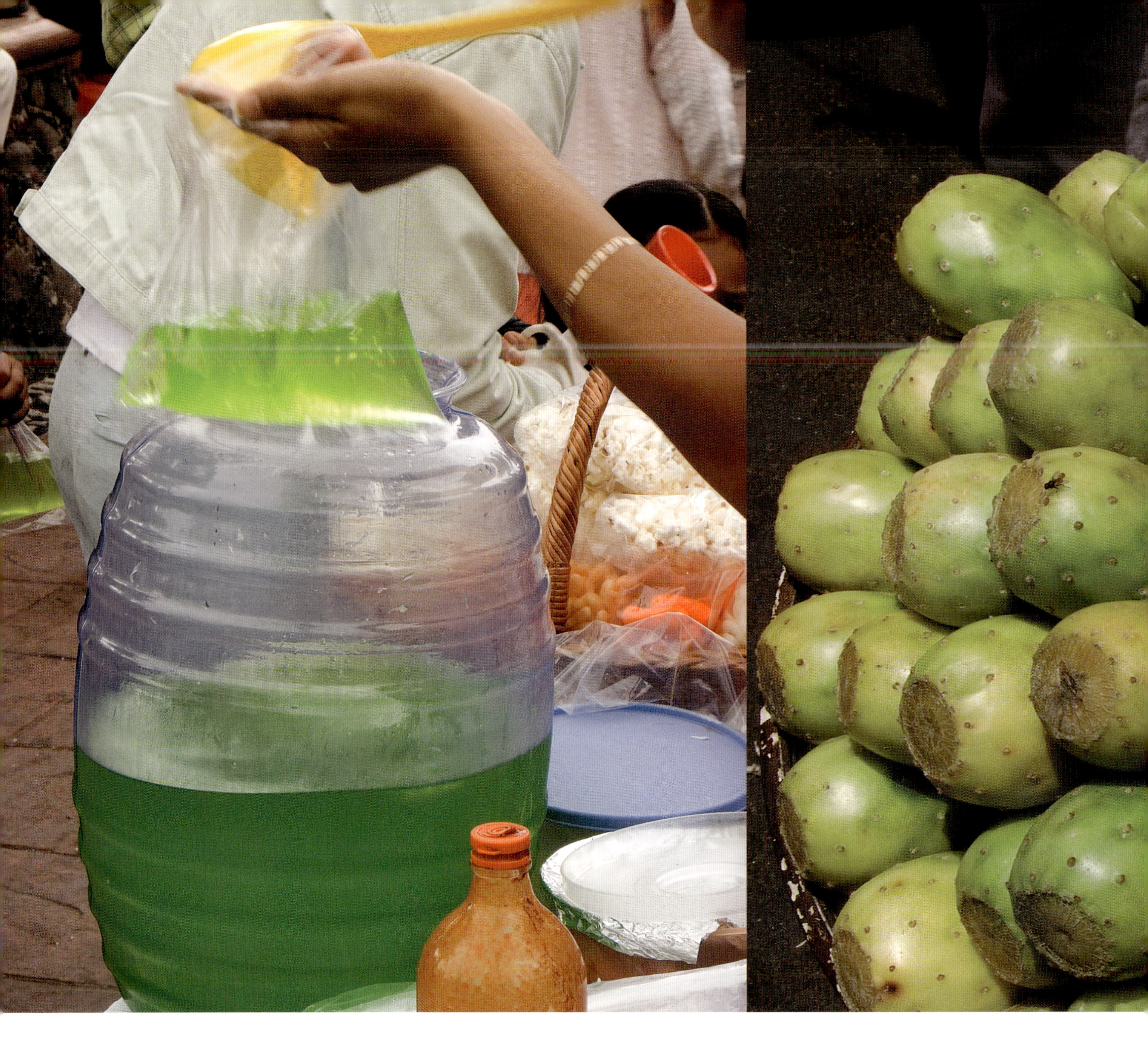

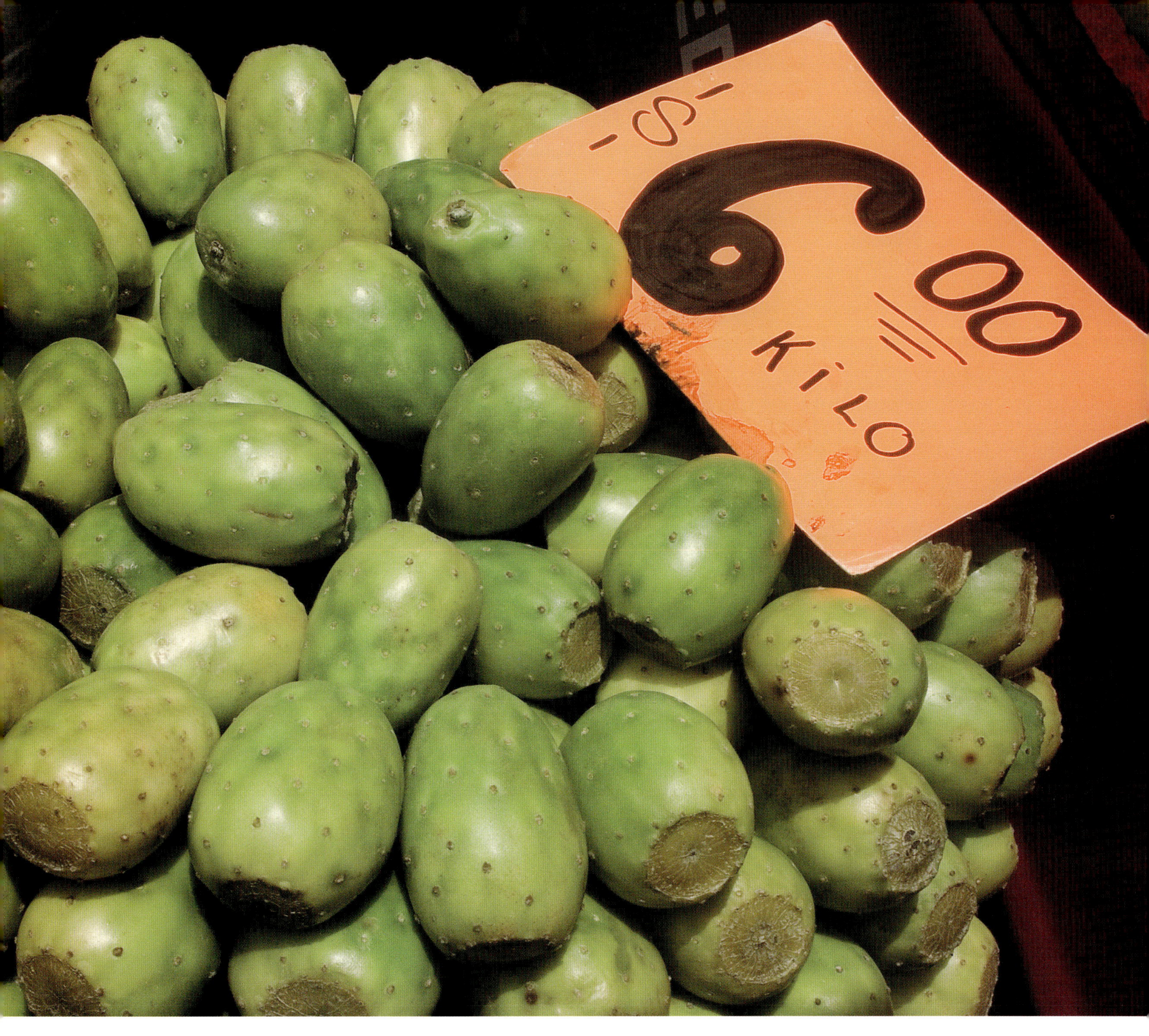

La tuna, dulce, jugosa y refrescante, fruta silvestre del nopal maduro, detrás de su piel saturada de espinas guarda para el sediento su delicado sabor.

~

Prickly pear, the sweet, juicy and refreshing wild fruit of the mature cactus, behind its thorn-covered skin it keeps its delicious flavor for the thirsty.

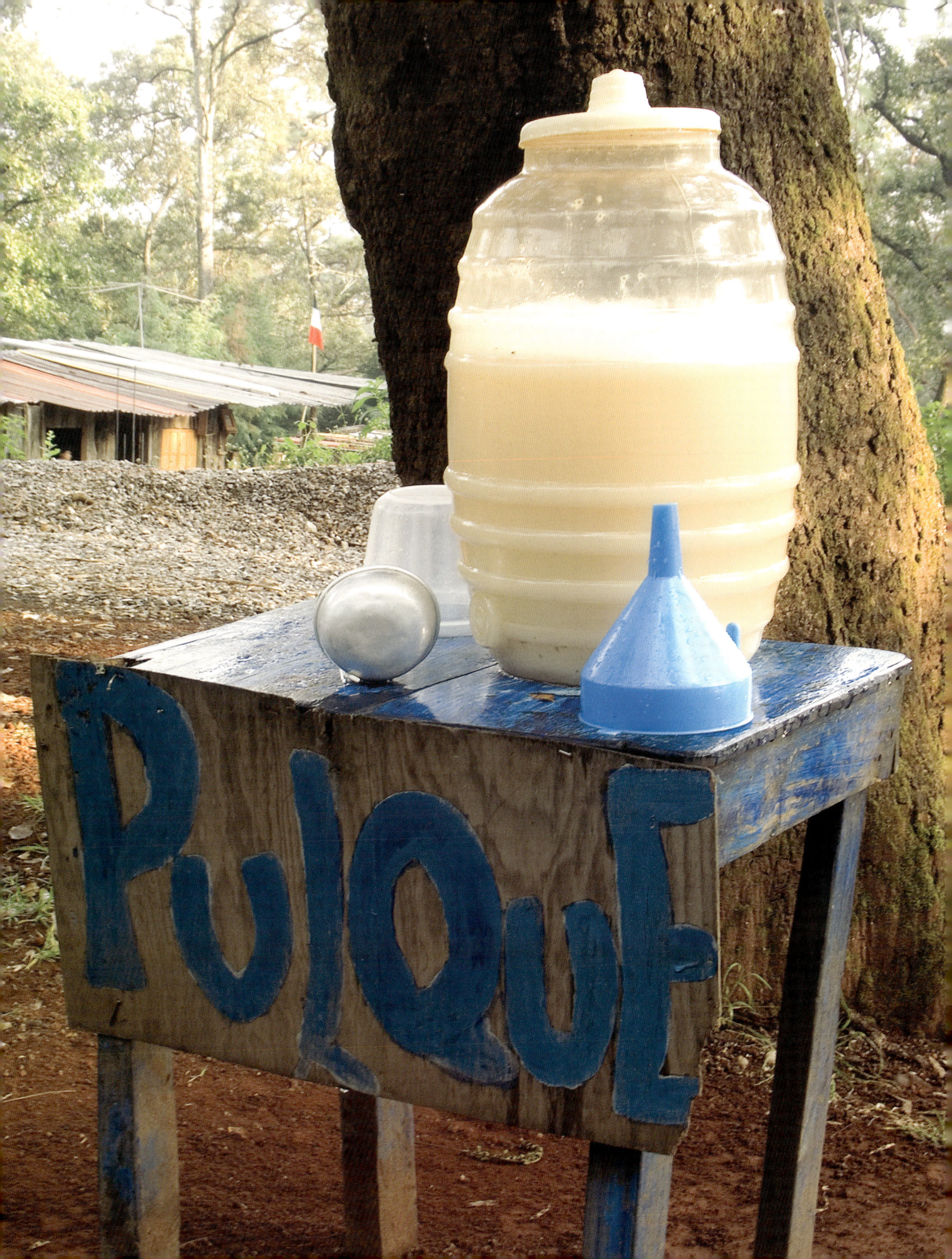
PULQUE

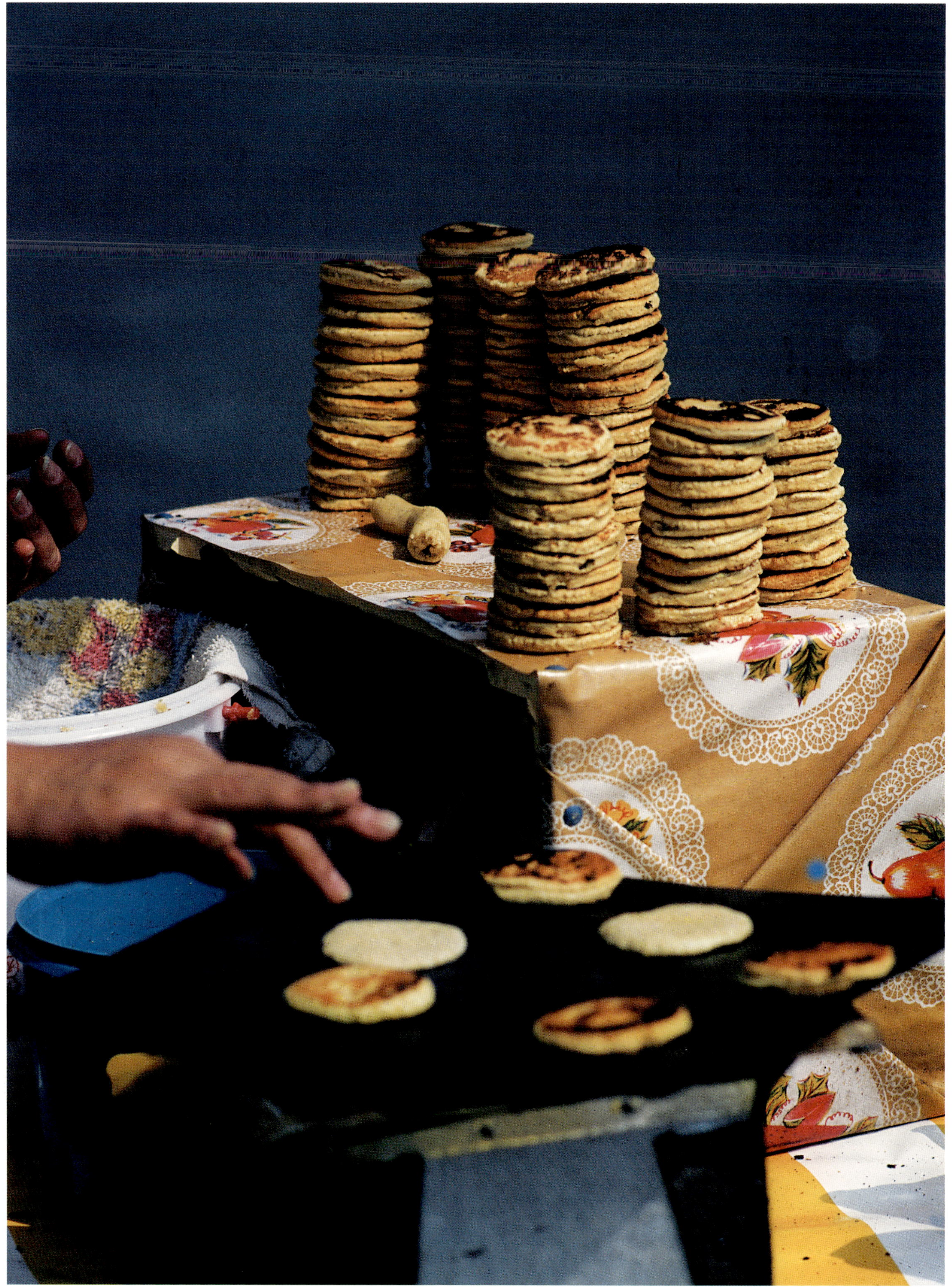

~ Las gorditas de nata los domingos a la salida de la iglesia. / *"Gorditas de nata" on Sundays after church.* ~

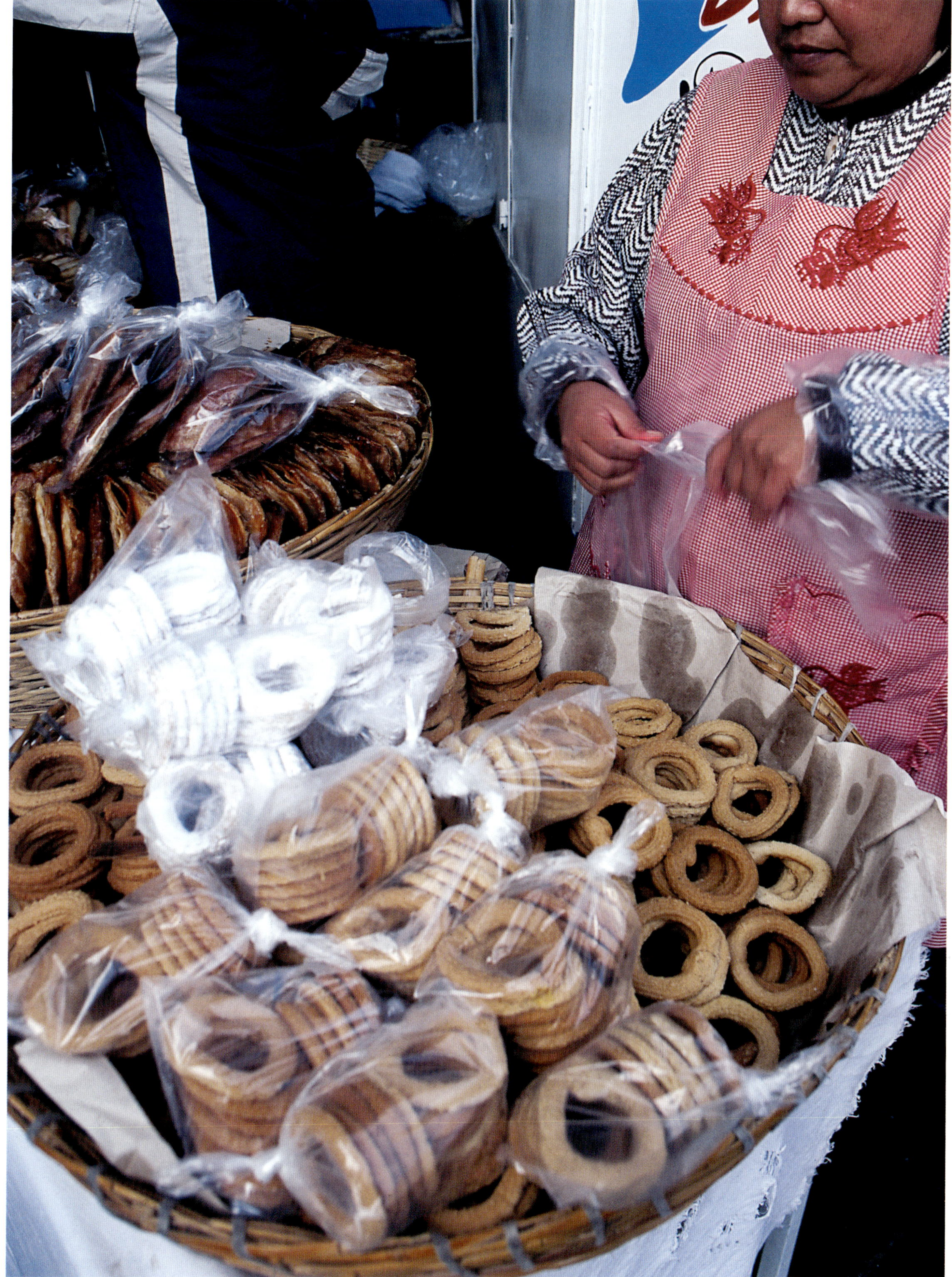

~ Pan y galletas de la cocina familiar, hechas a mano y de venta en el mercado popular. / *Handmade buns and biscuits from the family kitchen on sale in a local market.* ~

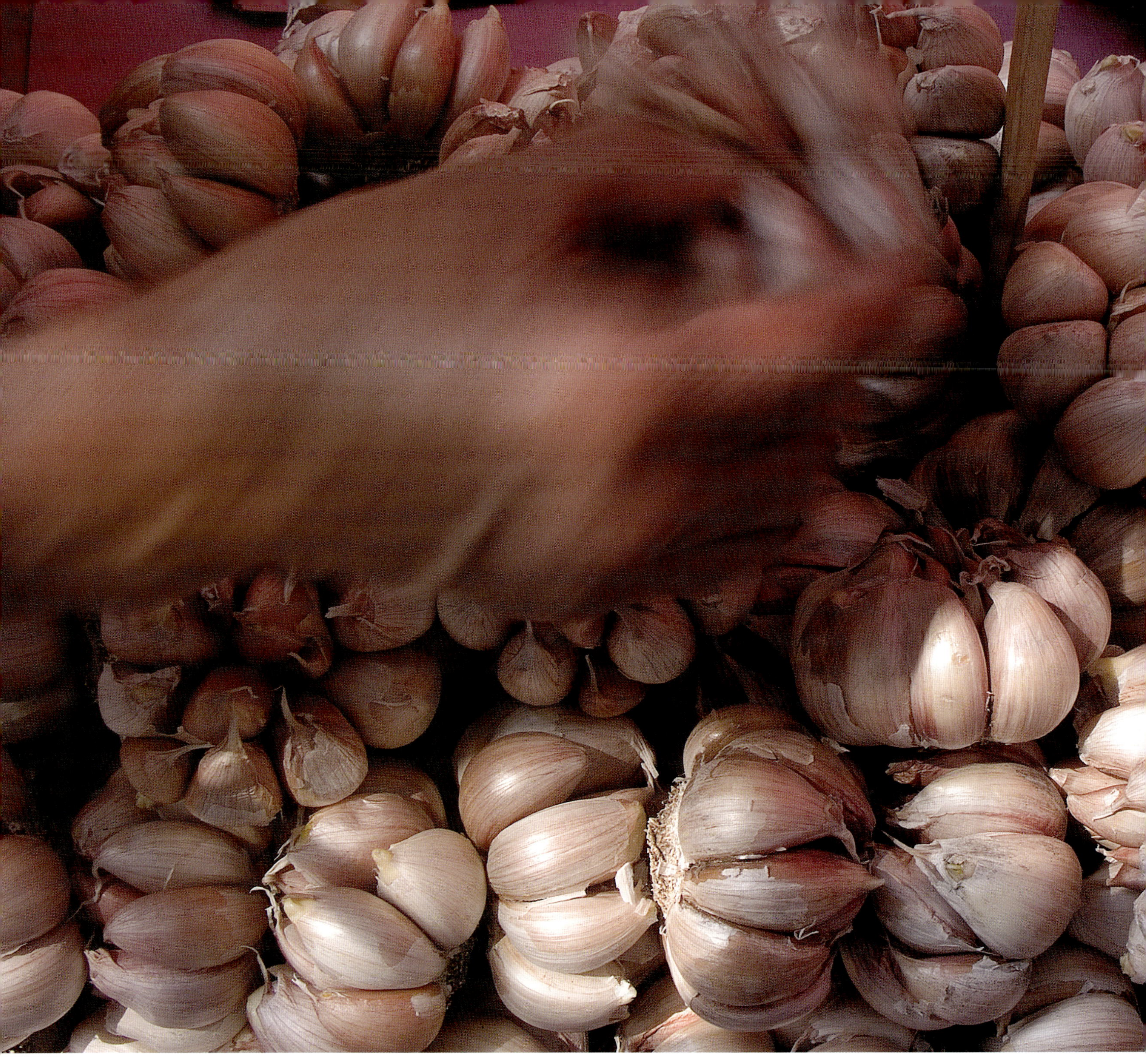

El ajo, oriundo del sur de Europa, además de ser fuente de salud es ingrediente indispensable en la cocina y agente protector contra espíritus, malas influencias y agresiones peligrosas.

~

Garlic, originally from southern Europe, is a source of health and a vital ingredient in the kitchen and a protector against spirits, evil influences and malignant acts.

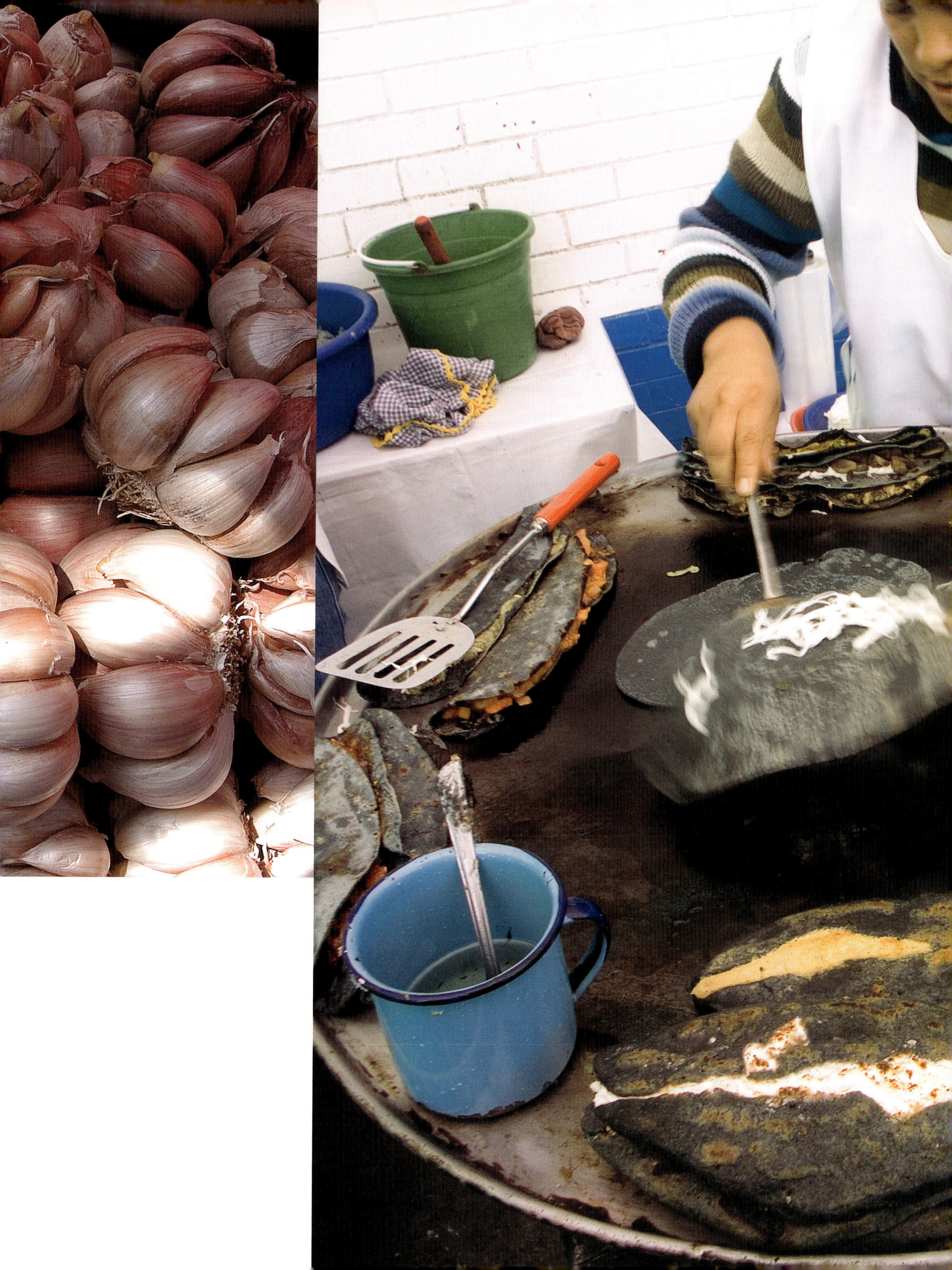

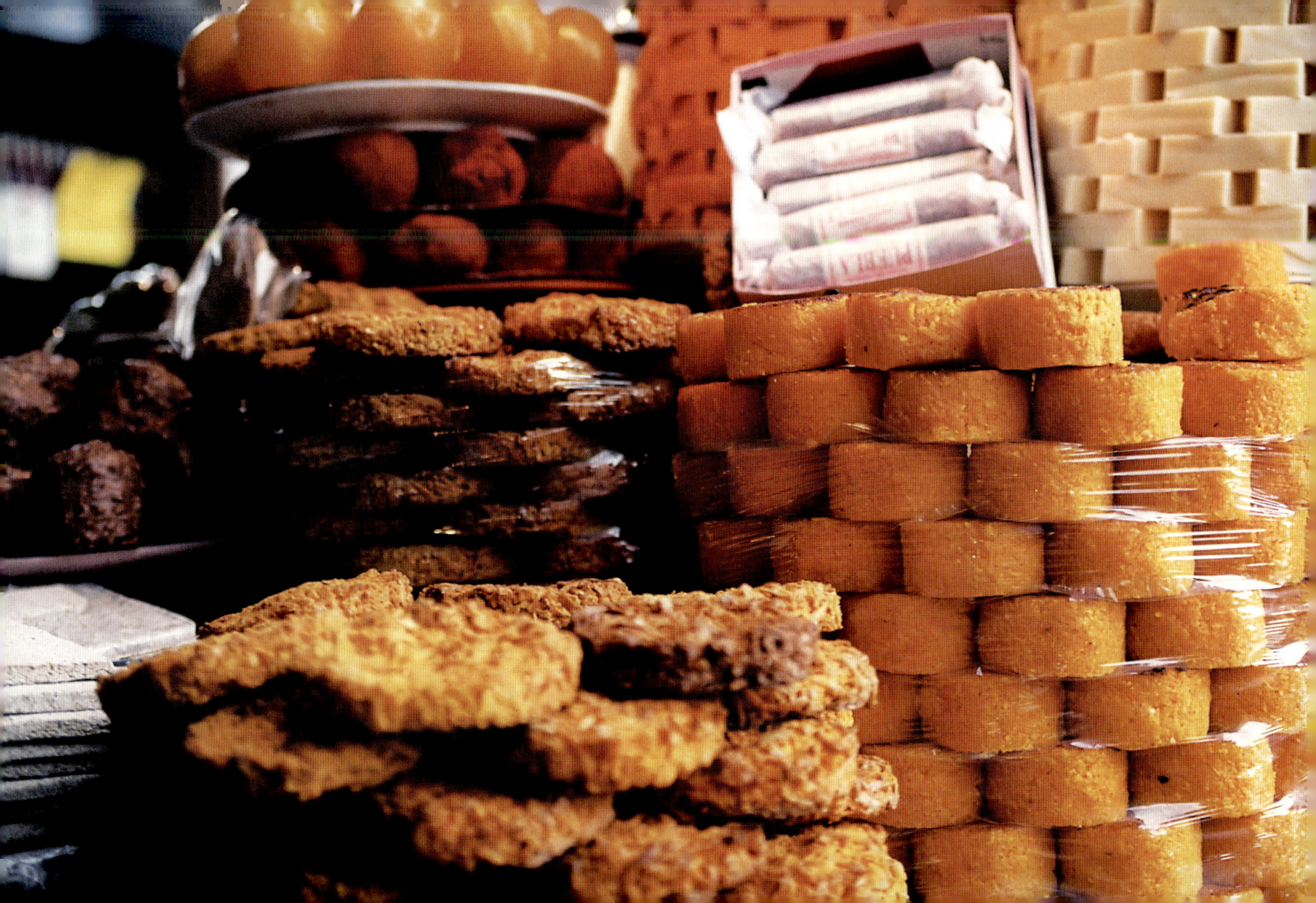

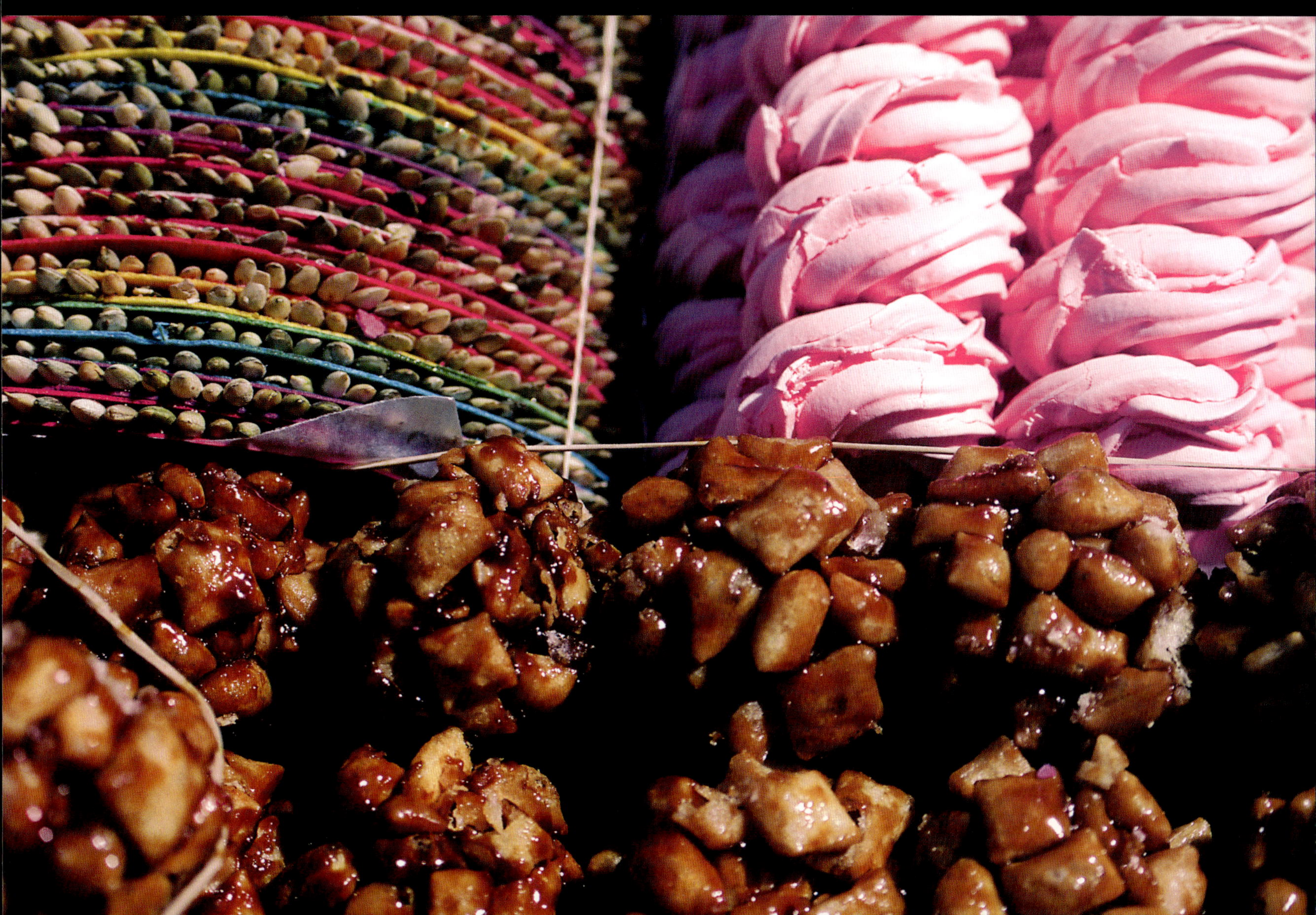

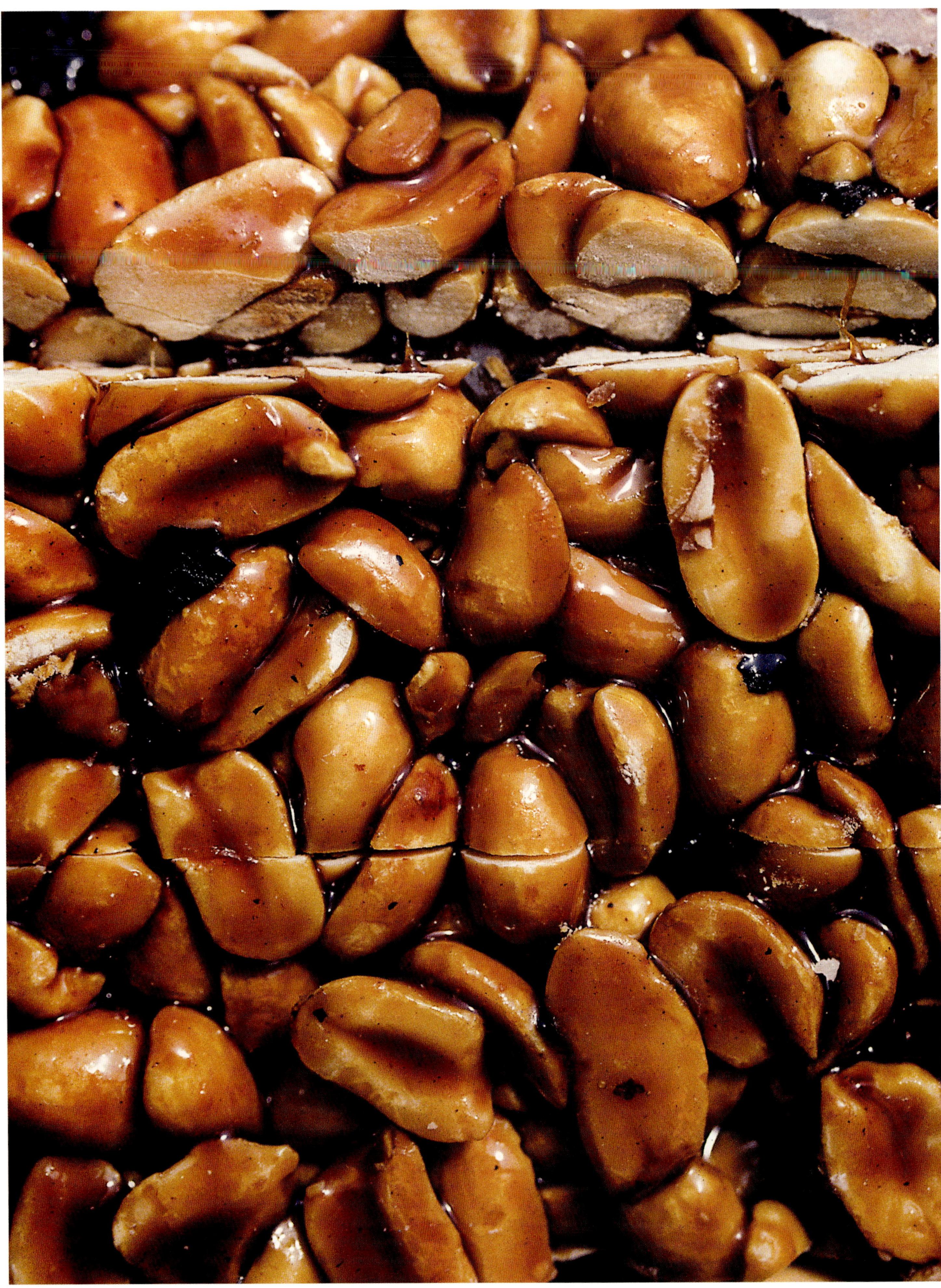

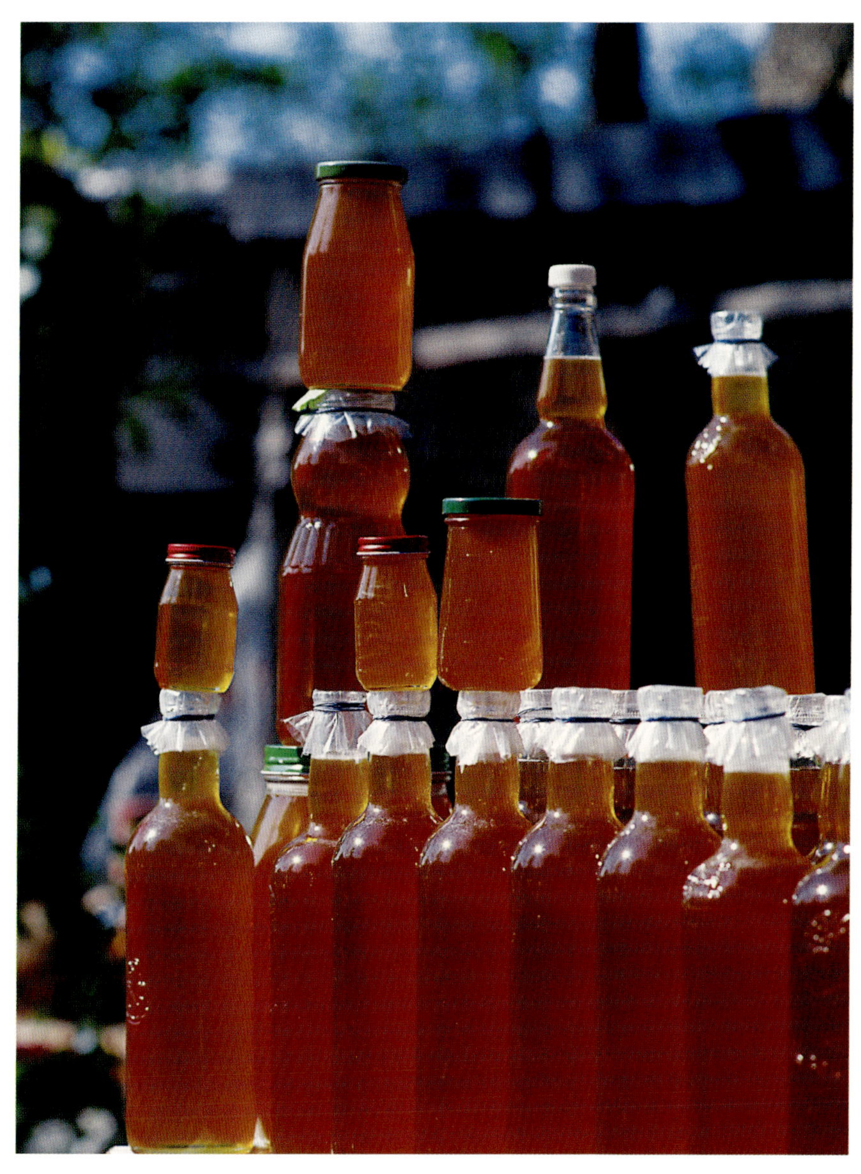

La miel es símbolo de dulzura, alimento espiritual de los santos y los sabios; por su color amarillo oro, la miel significa el amor divino y la inspiración sagrada.

~

Honey is the symbol of sweetness, the spiritual food of the saintly and wise, whose golden color means divine love and sacred inspiration.

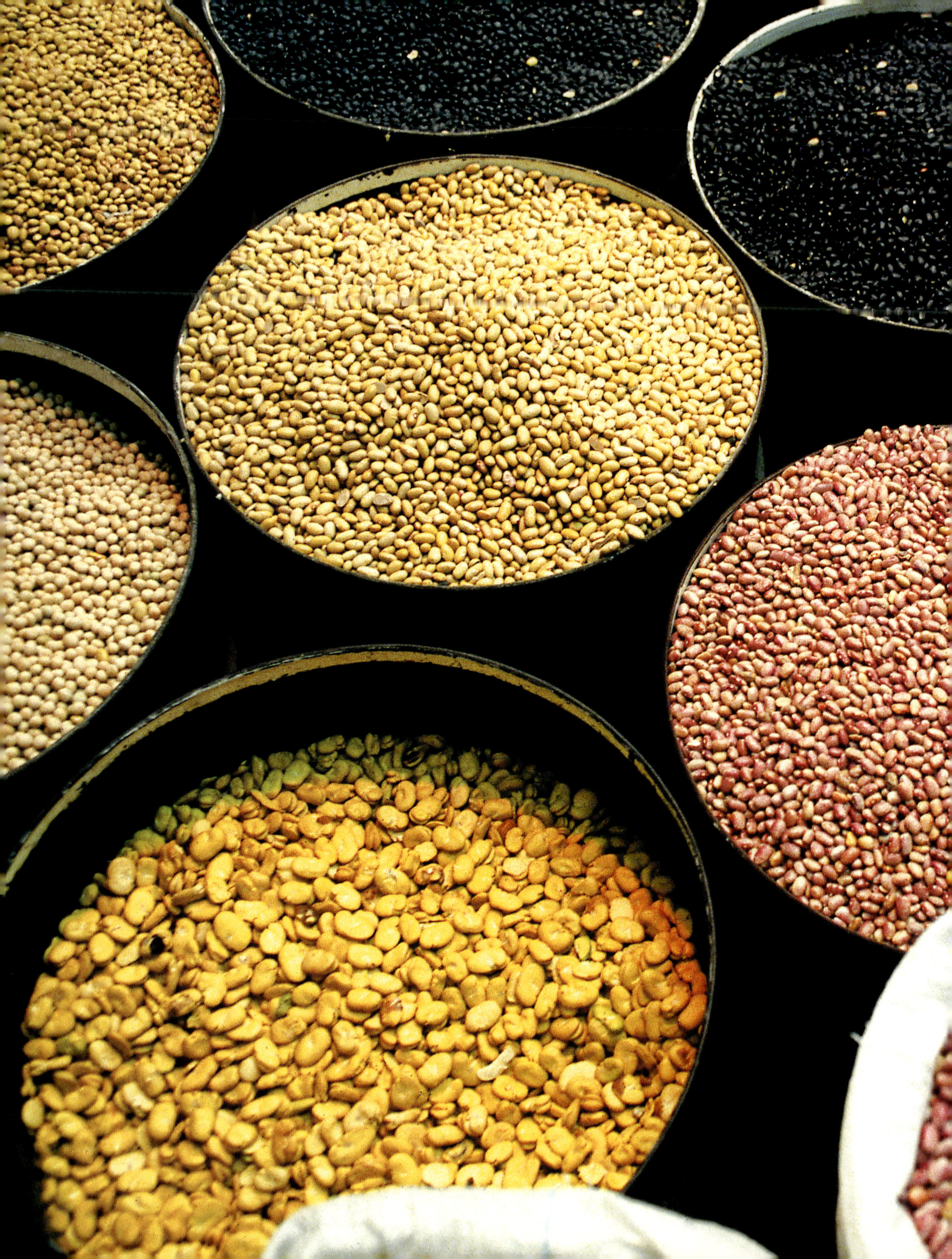

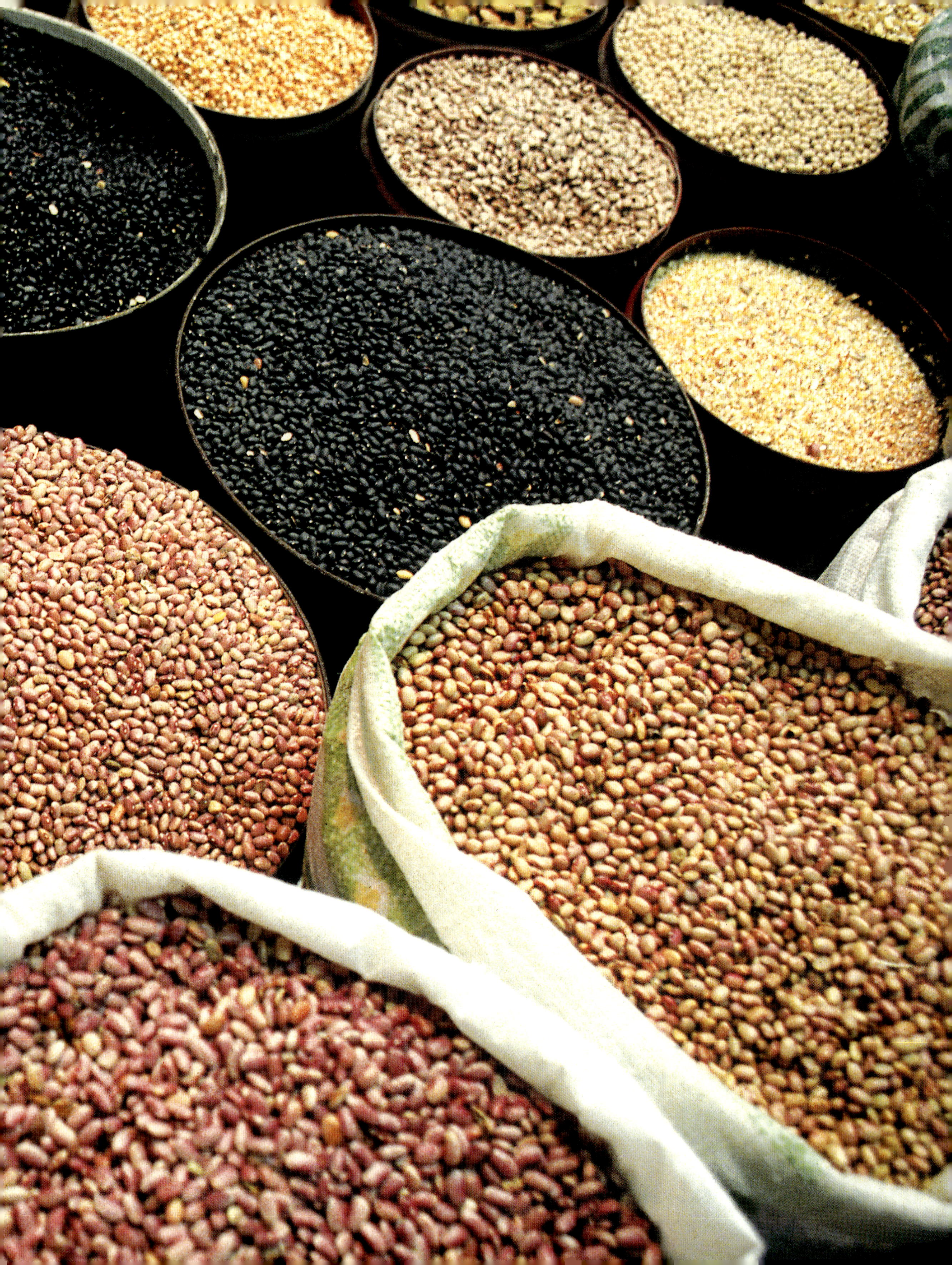

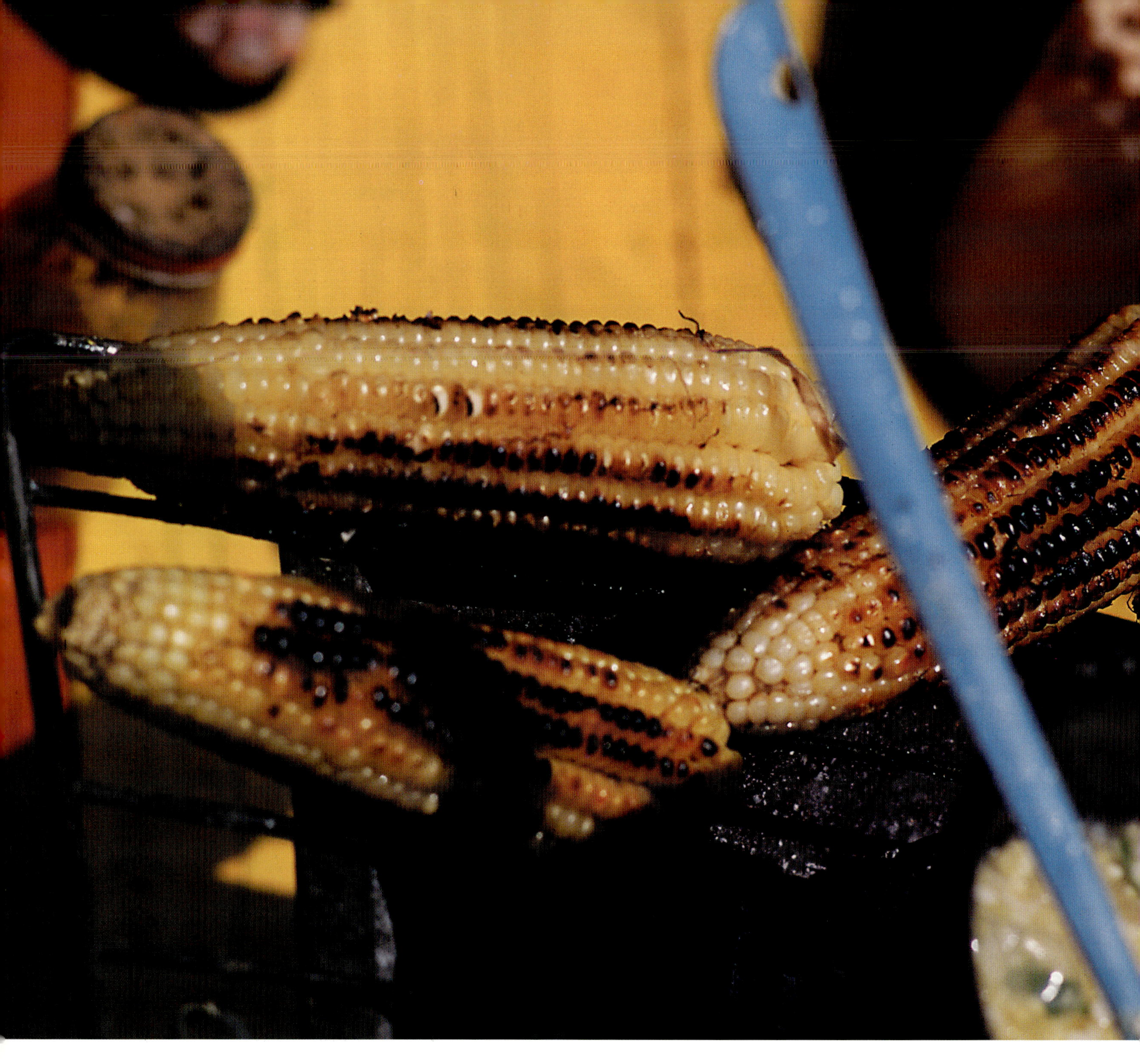

El maíz es alimento sagrado y sus presentaciones son diversas, como elote en forma tradicional, asado en el comal o desgranado en forma de esquites, su sabor es excepcional.

~

Corn is a sacred food with numerous presentations, such as the traditional cob, cooked on the "comal", or with the grains removed, its flavor is exceptional.

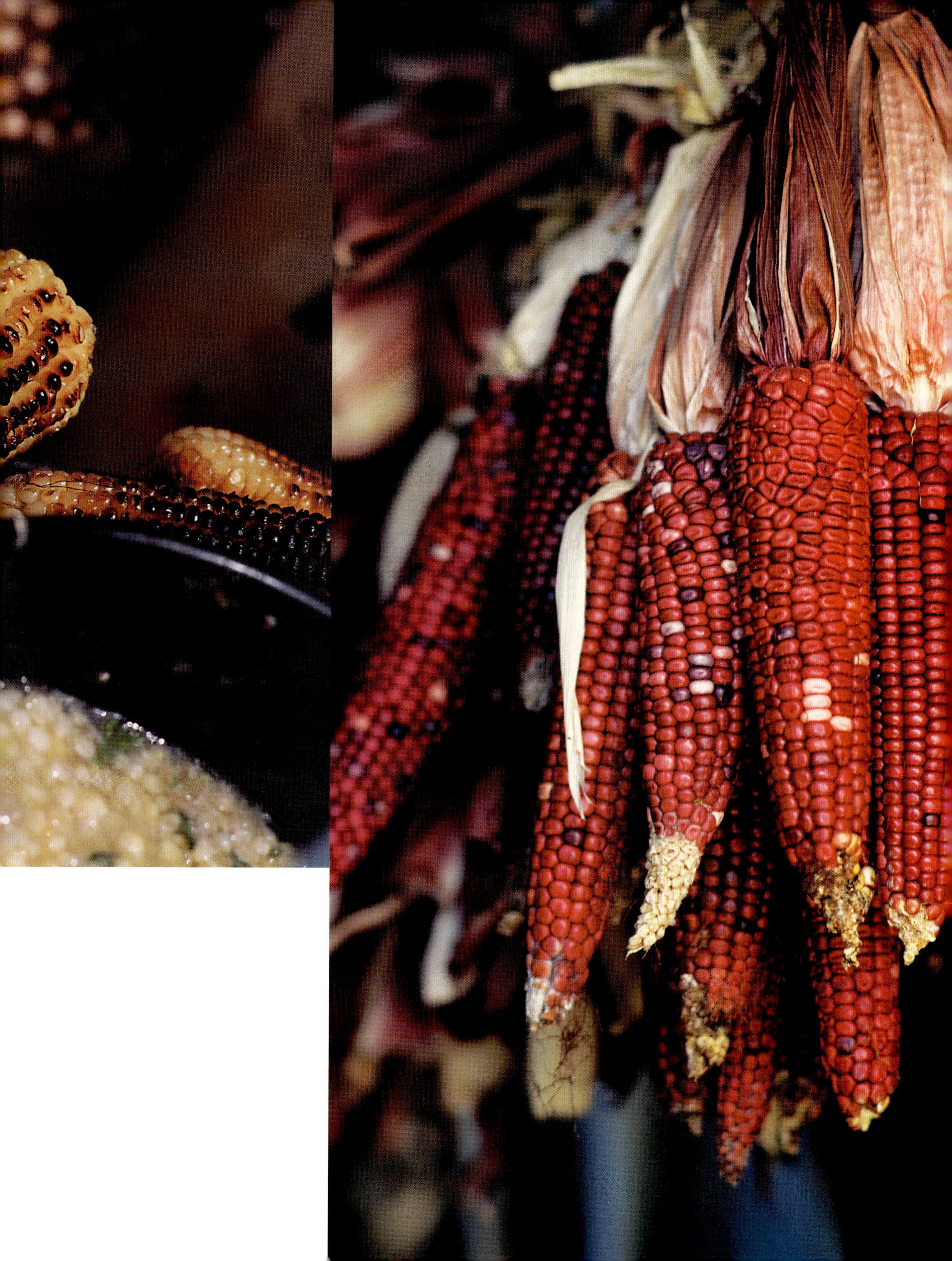

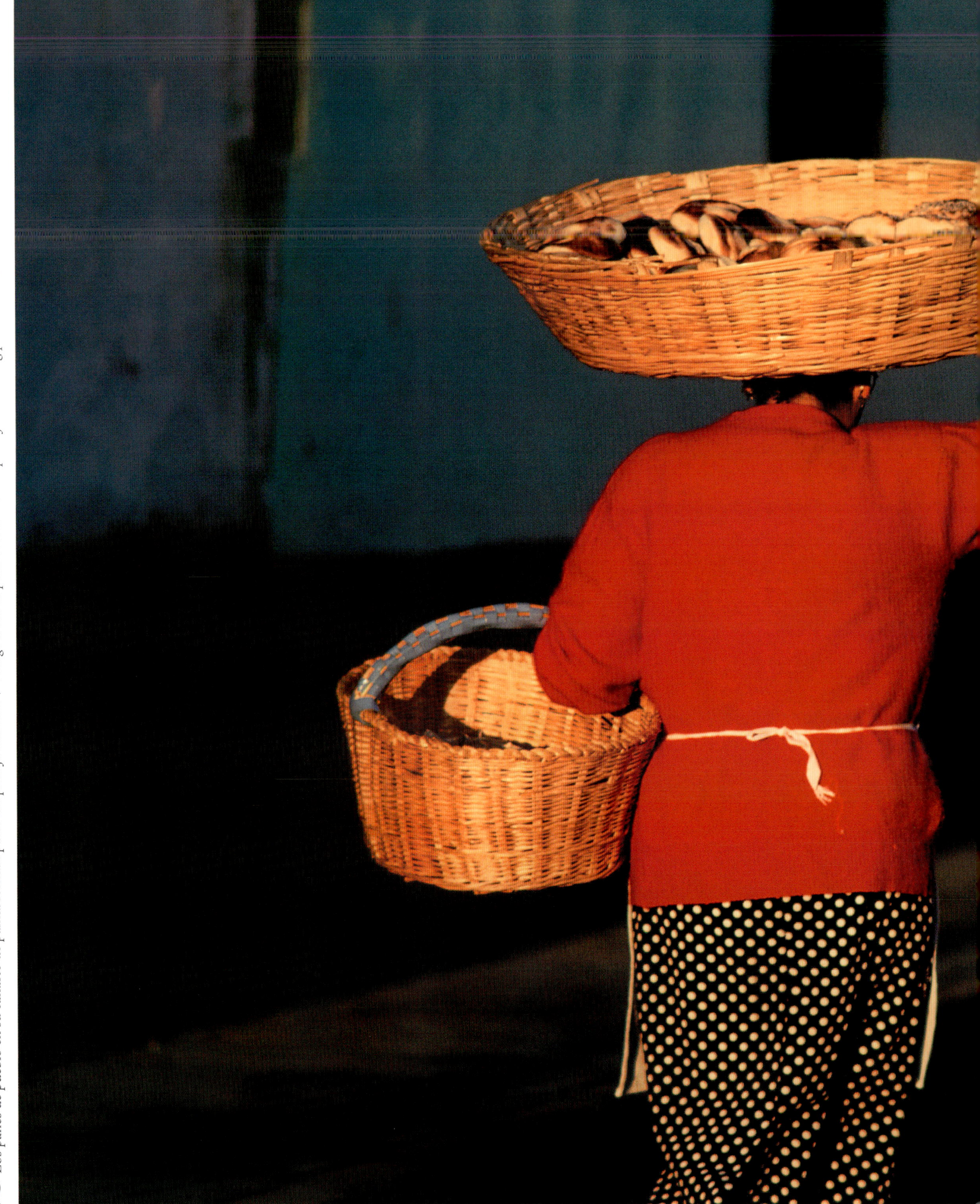

~ Los panes de pueblo en su canasto de palma forman parte del paisaje matinal. / *Village bread in palm breadbaskets is part of the morning panorama.* ~

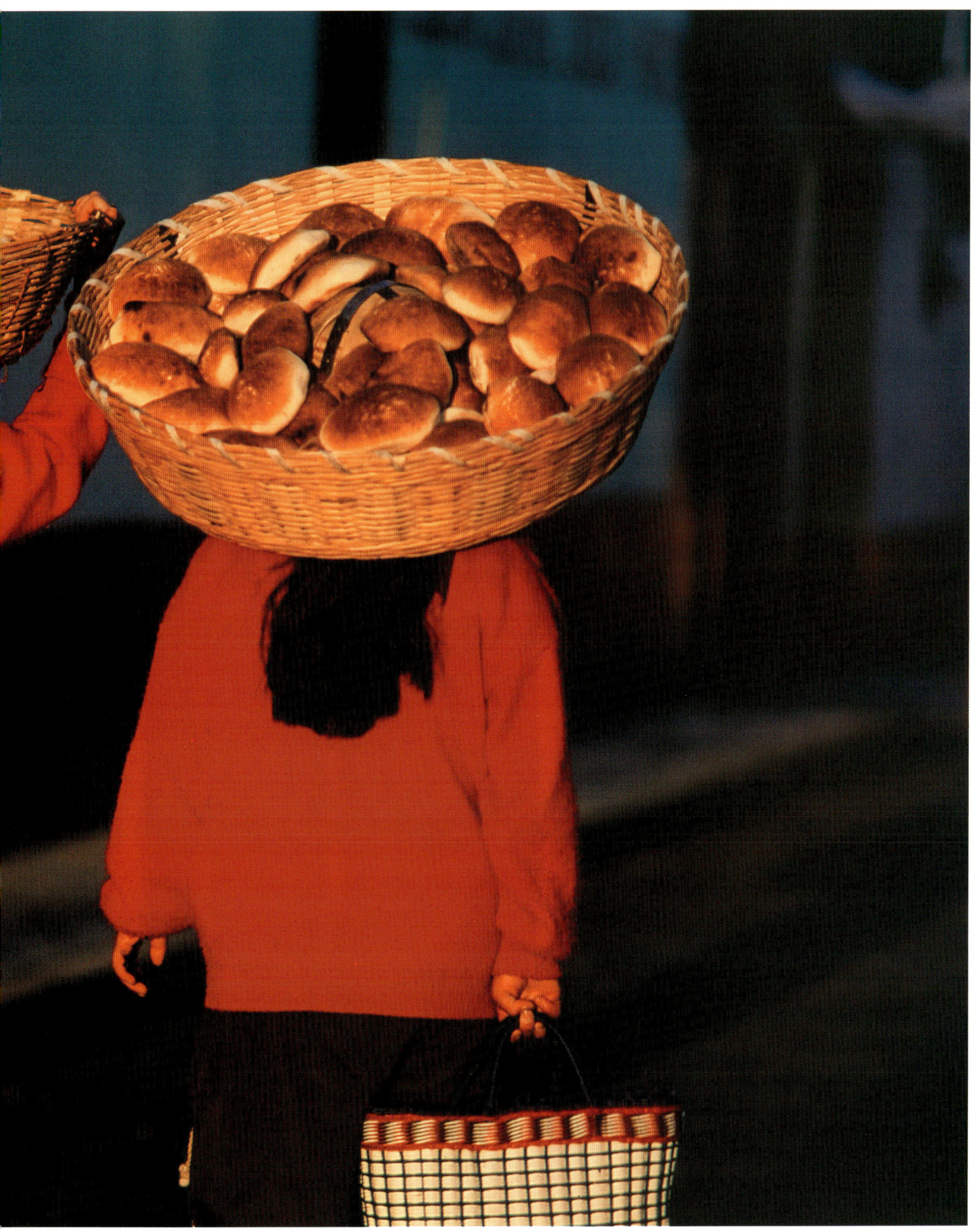

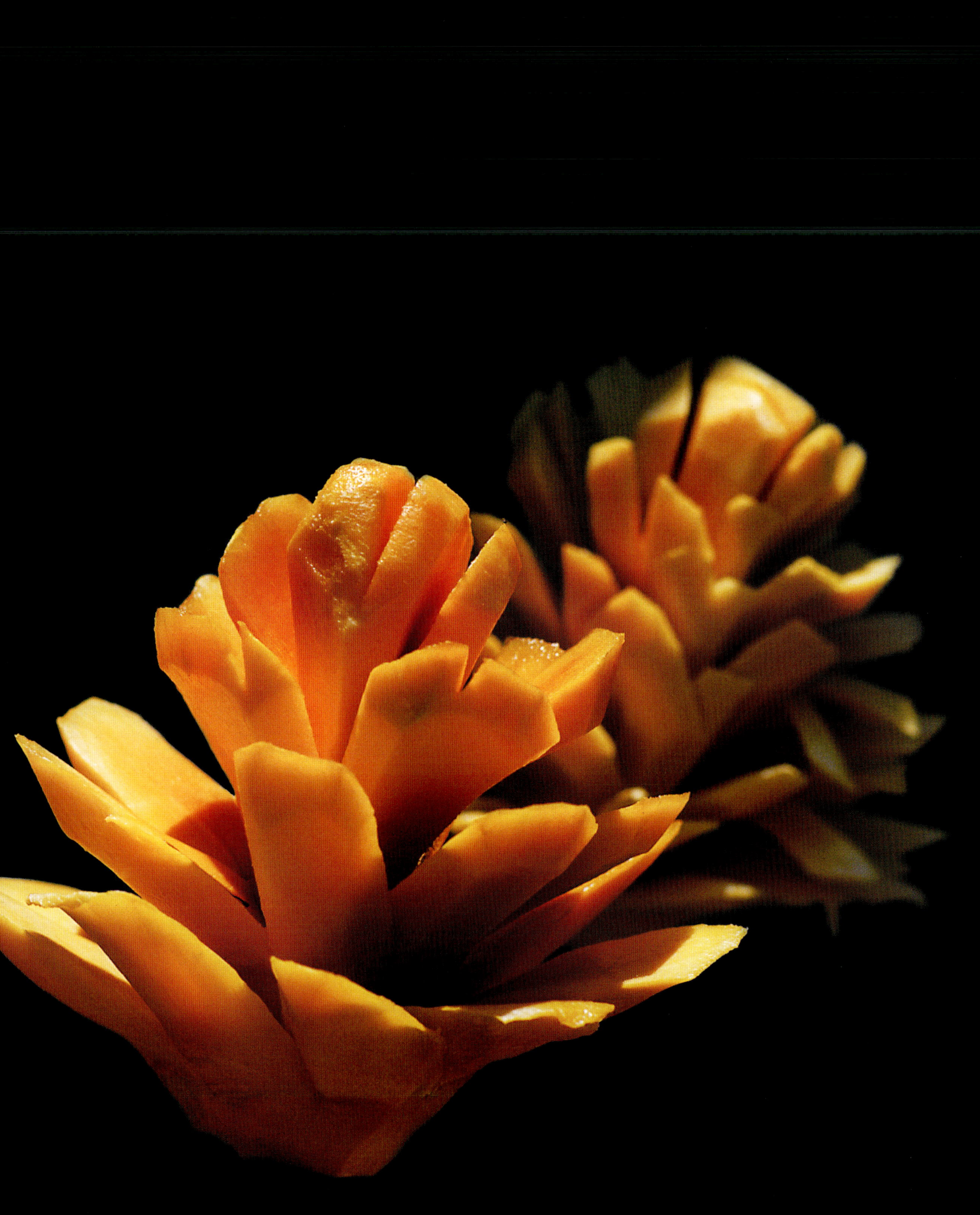

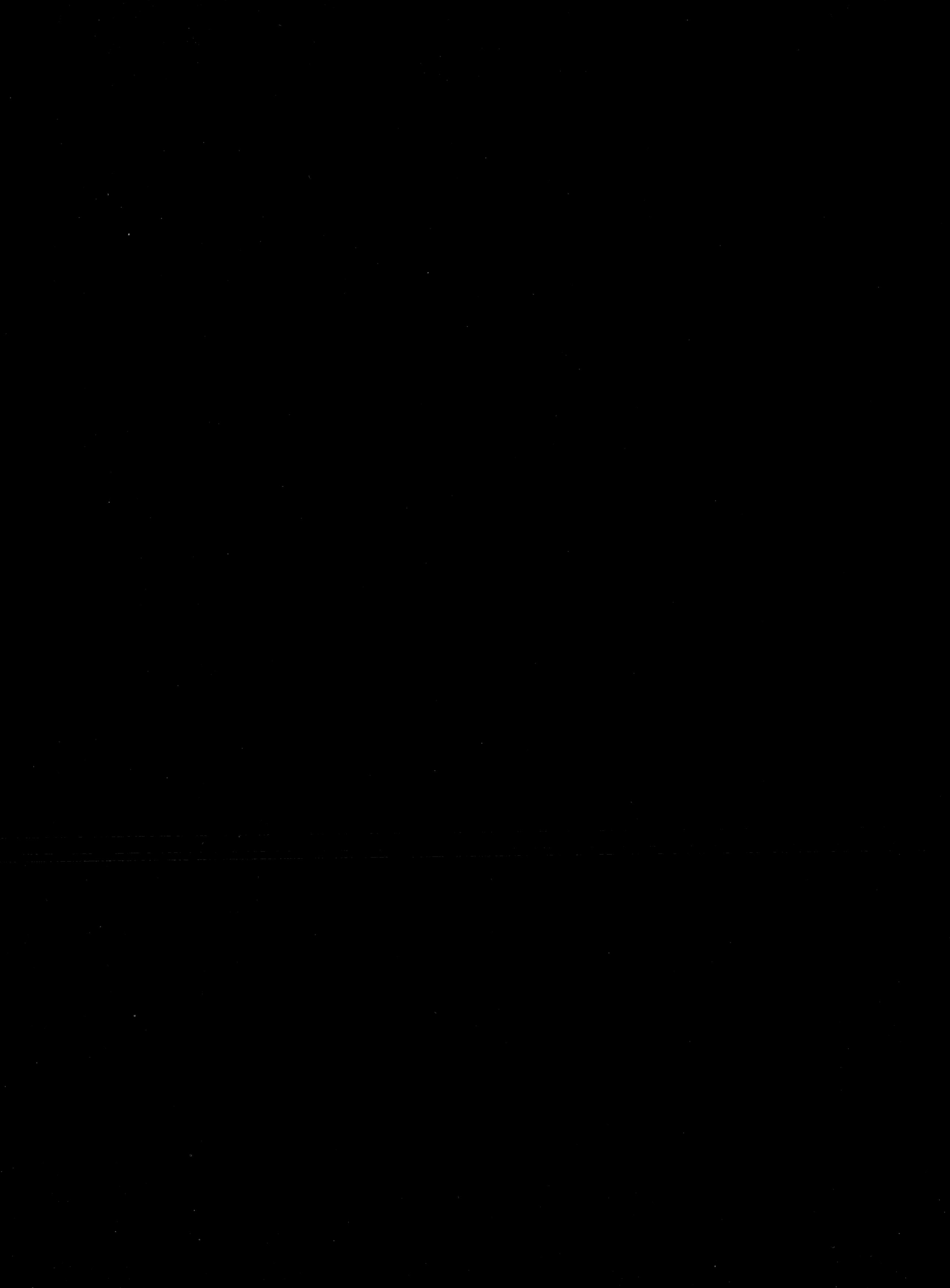

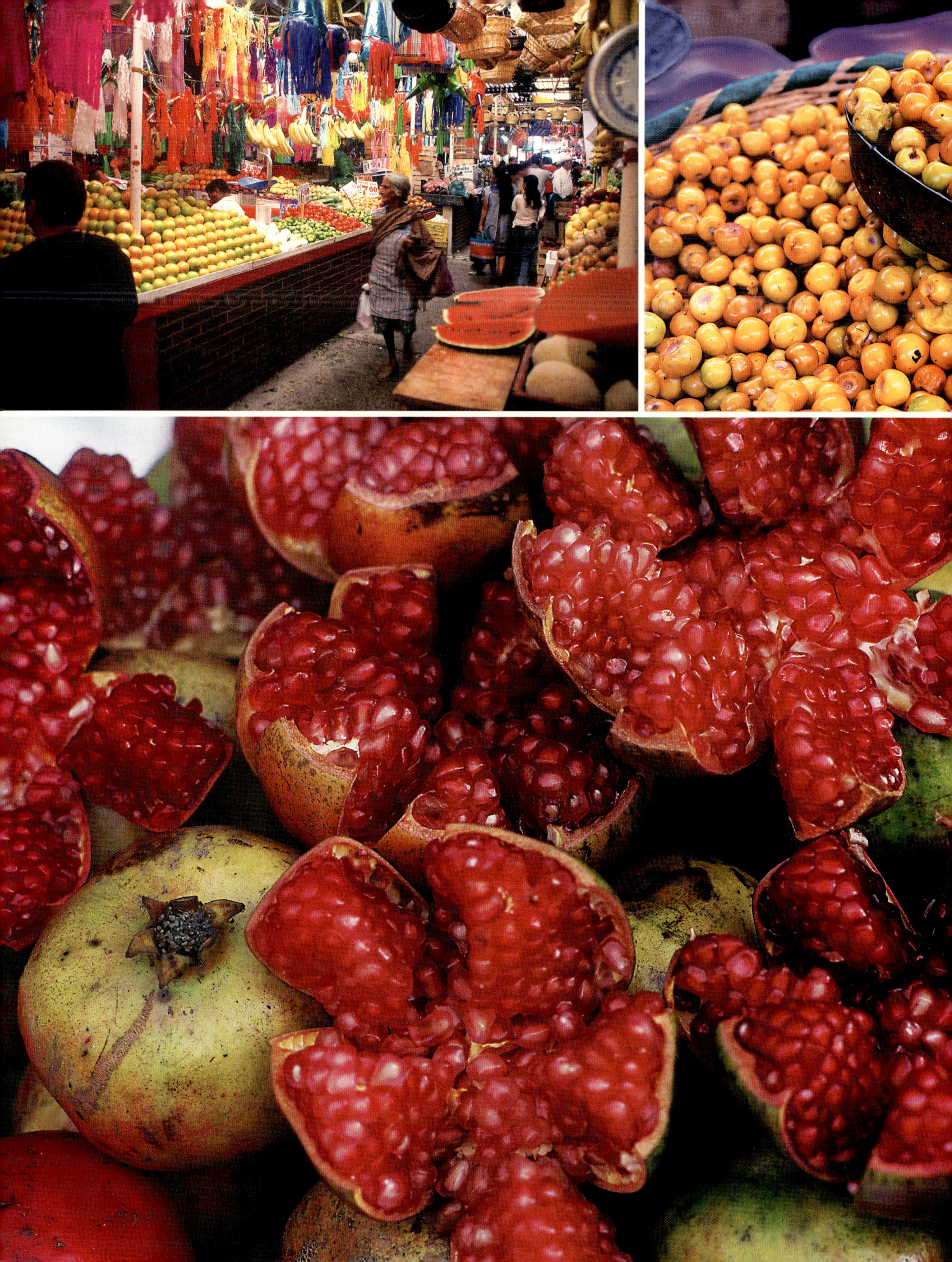

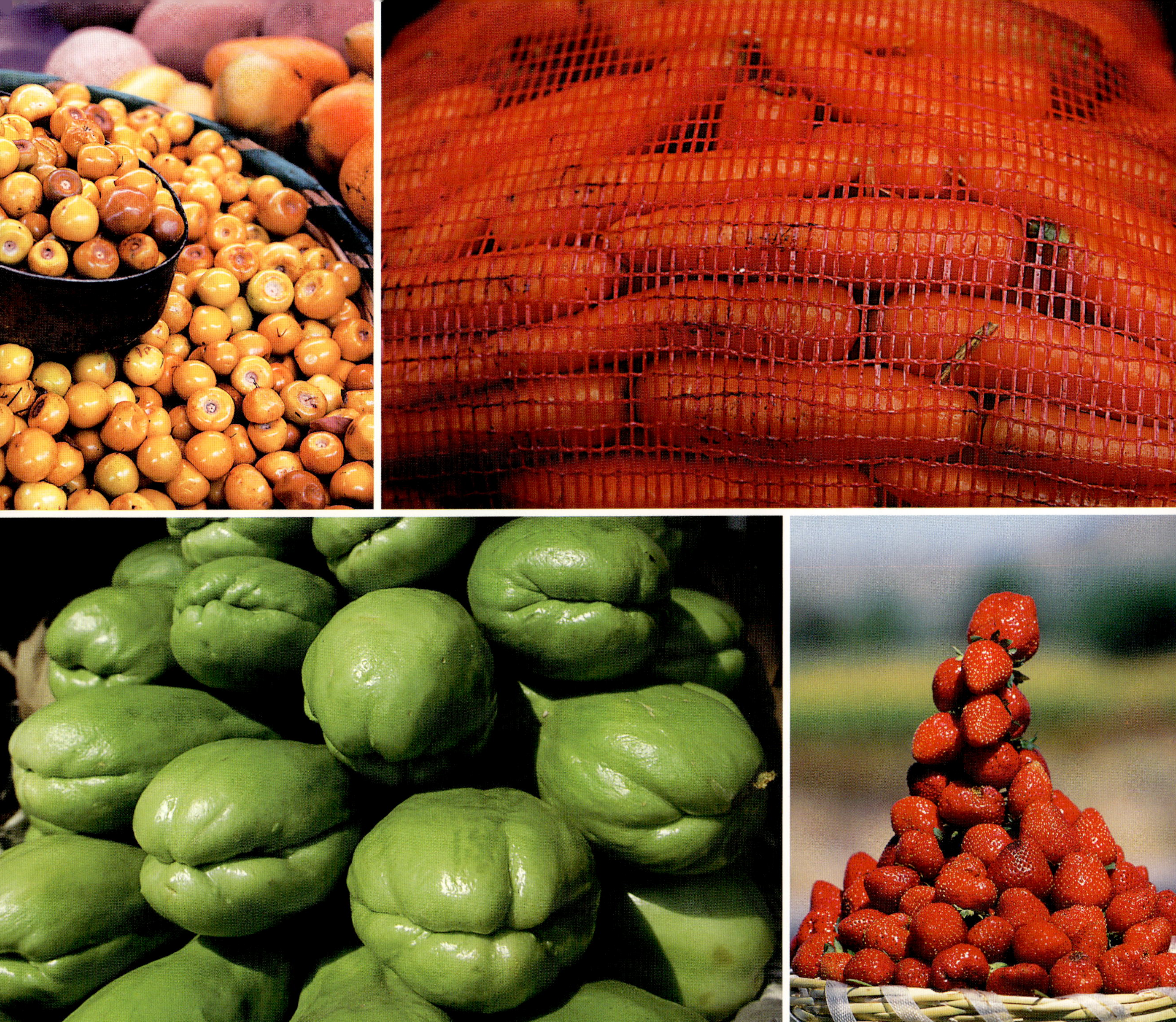

La granada vecina del invierno, coronada por reina del verano,
símbolo del amor y su gobierno.

~

The grenadine of winter, next door crowned summer queen,
symbol of love and government.

-Bernardo de Balbuena

~ Una deliciosa fiesta de sabor para nuestros sentidos. / *A delicious feast of flavors for our senses.* ~

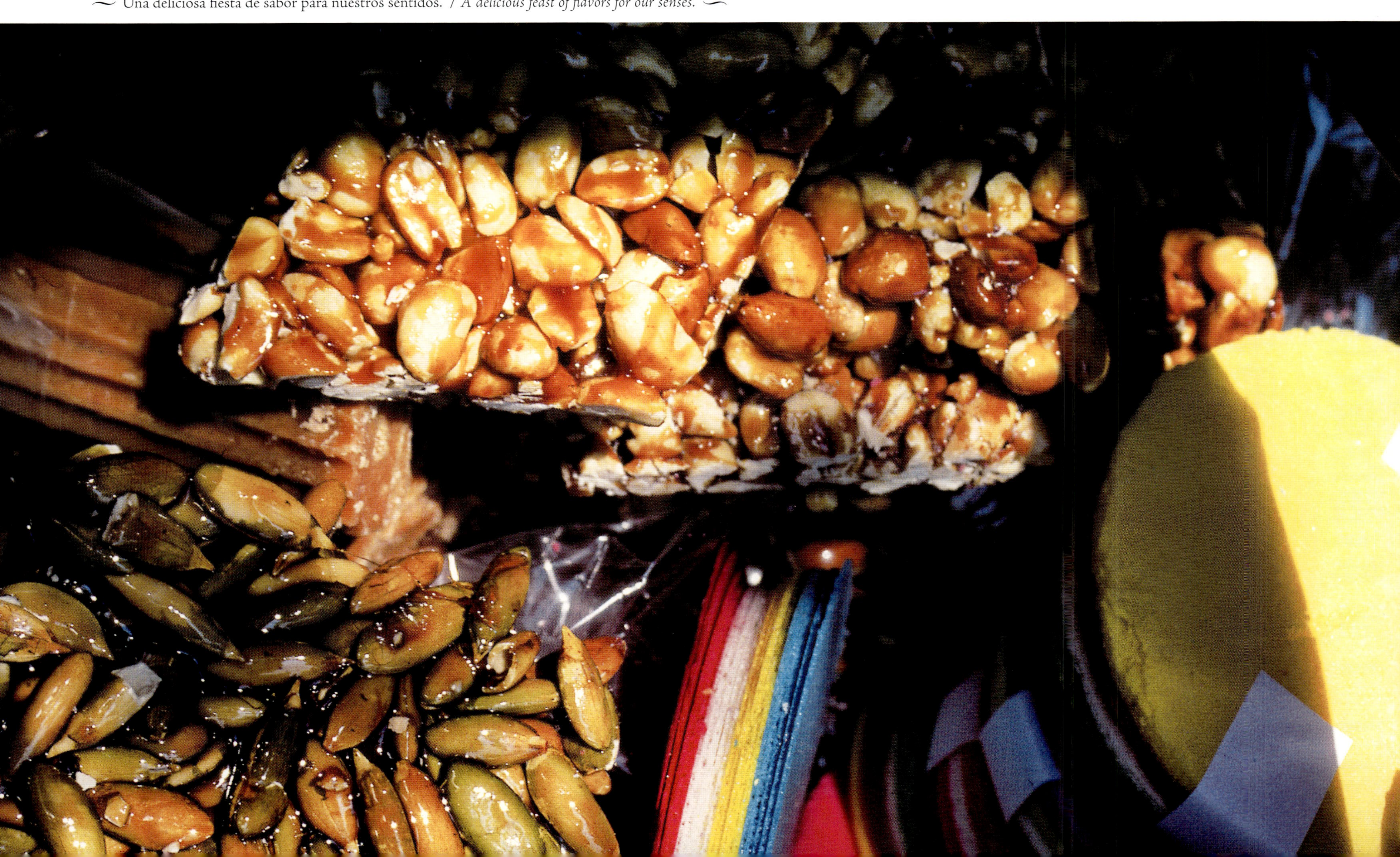

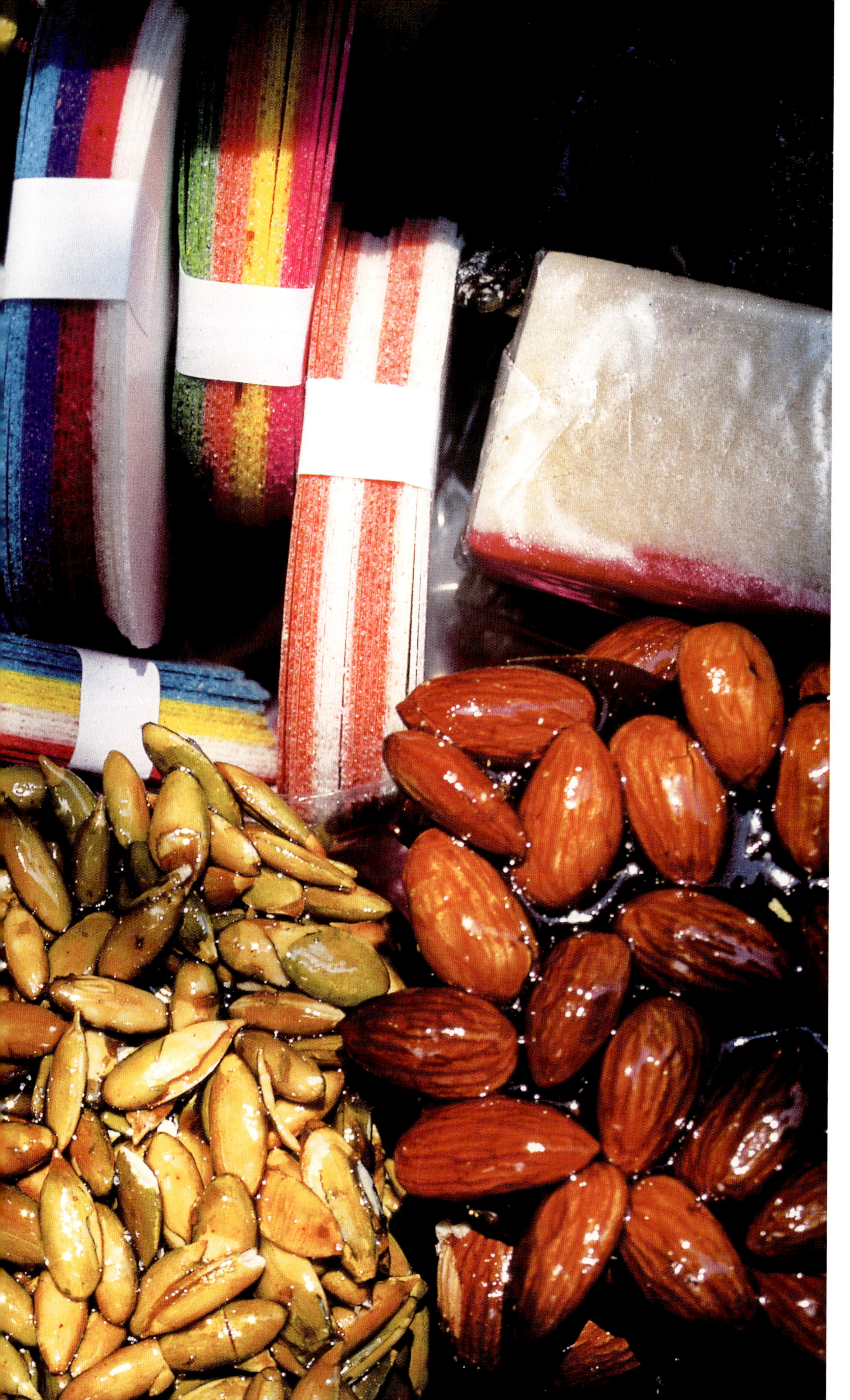

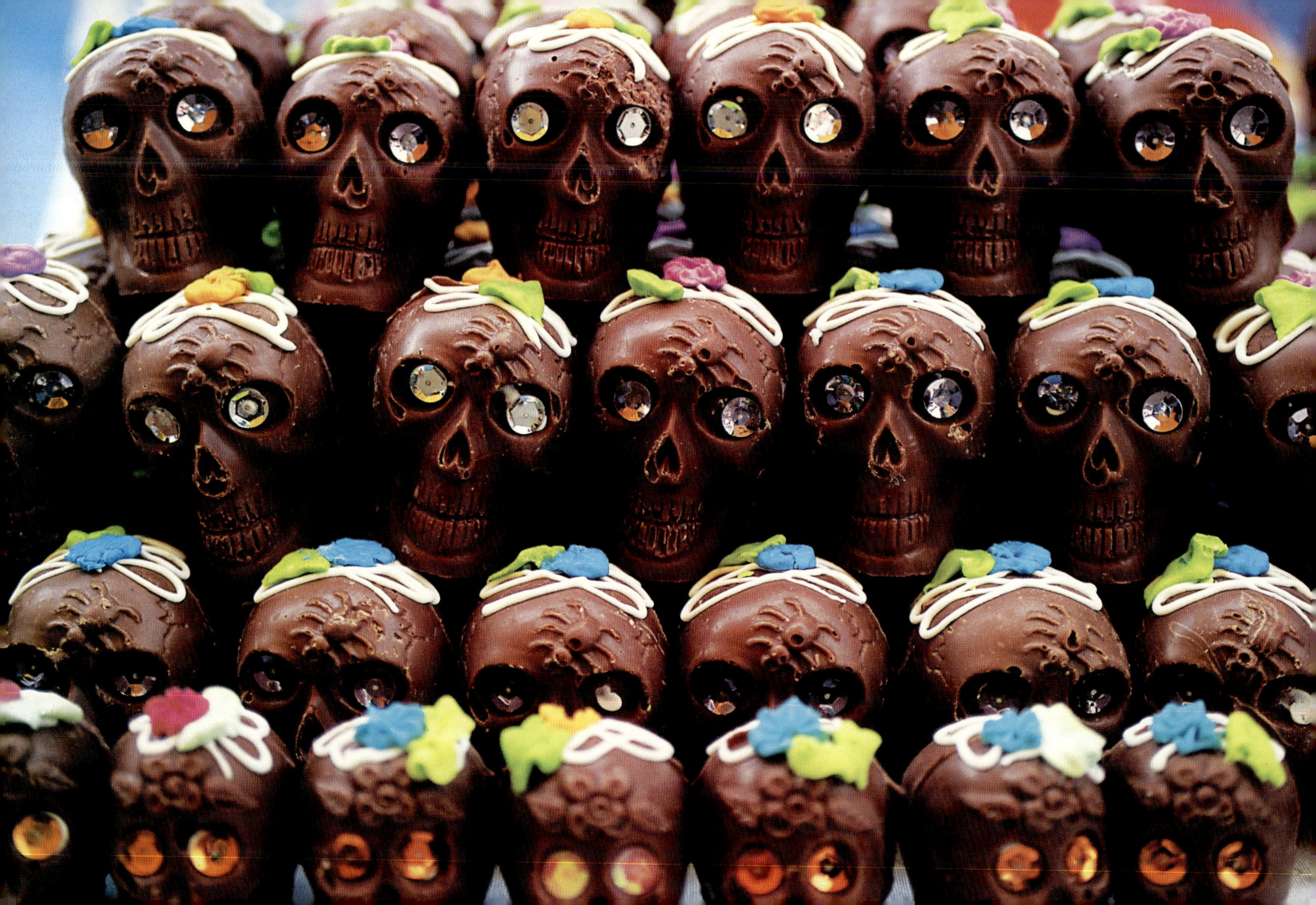

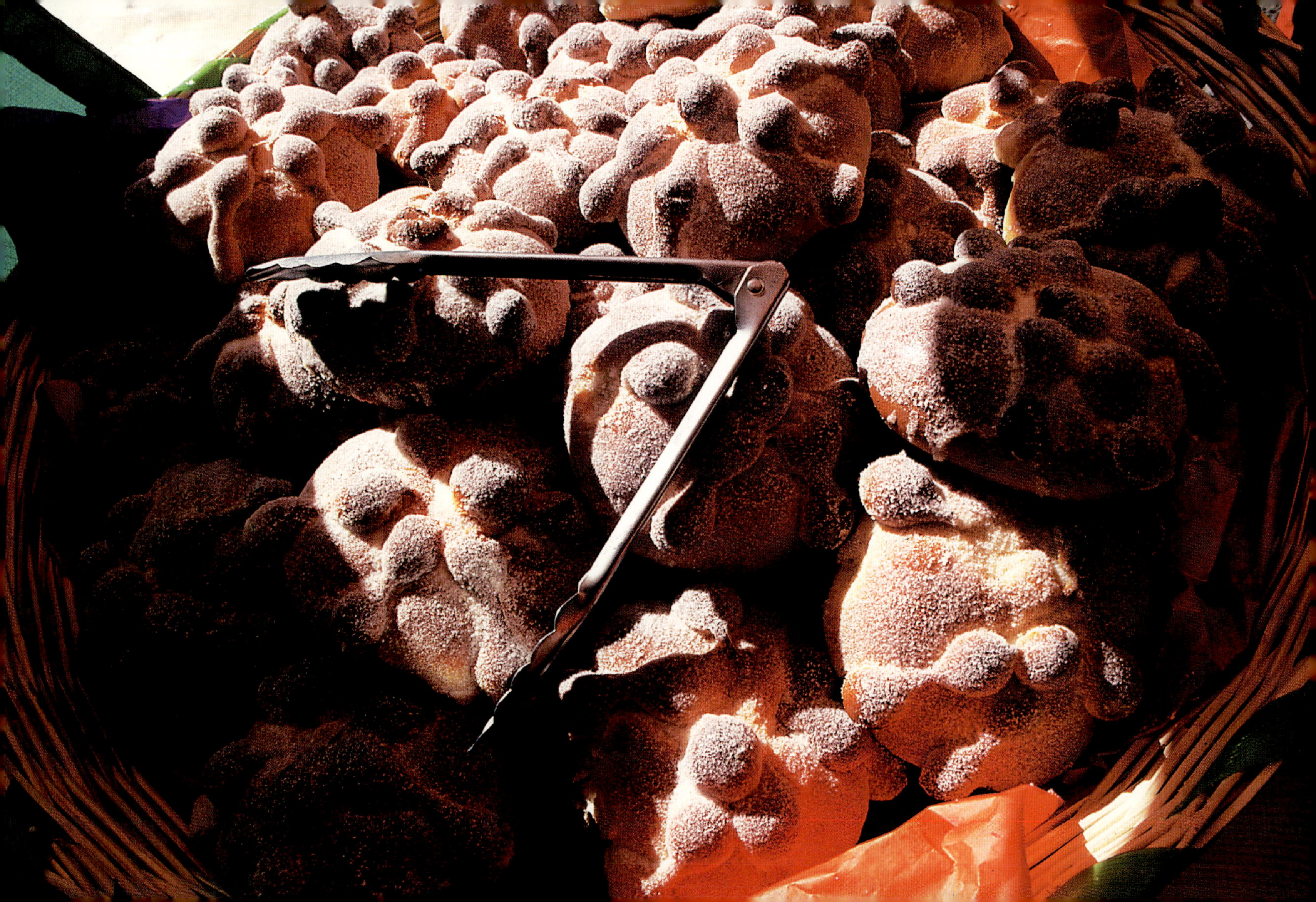

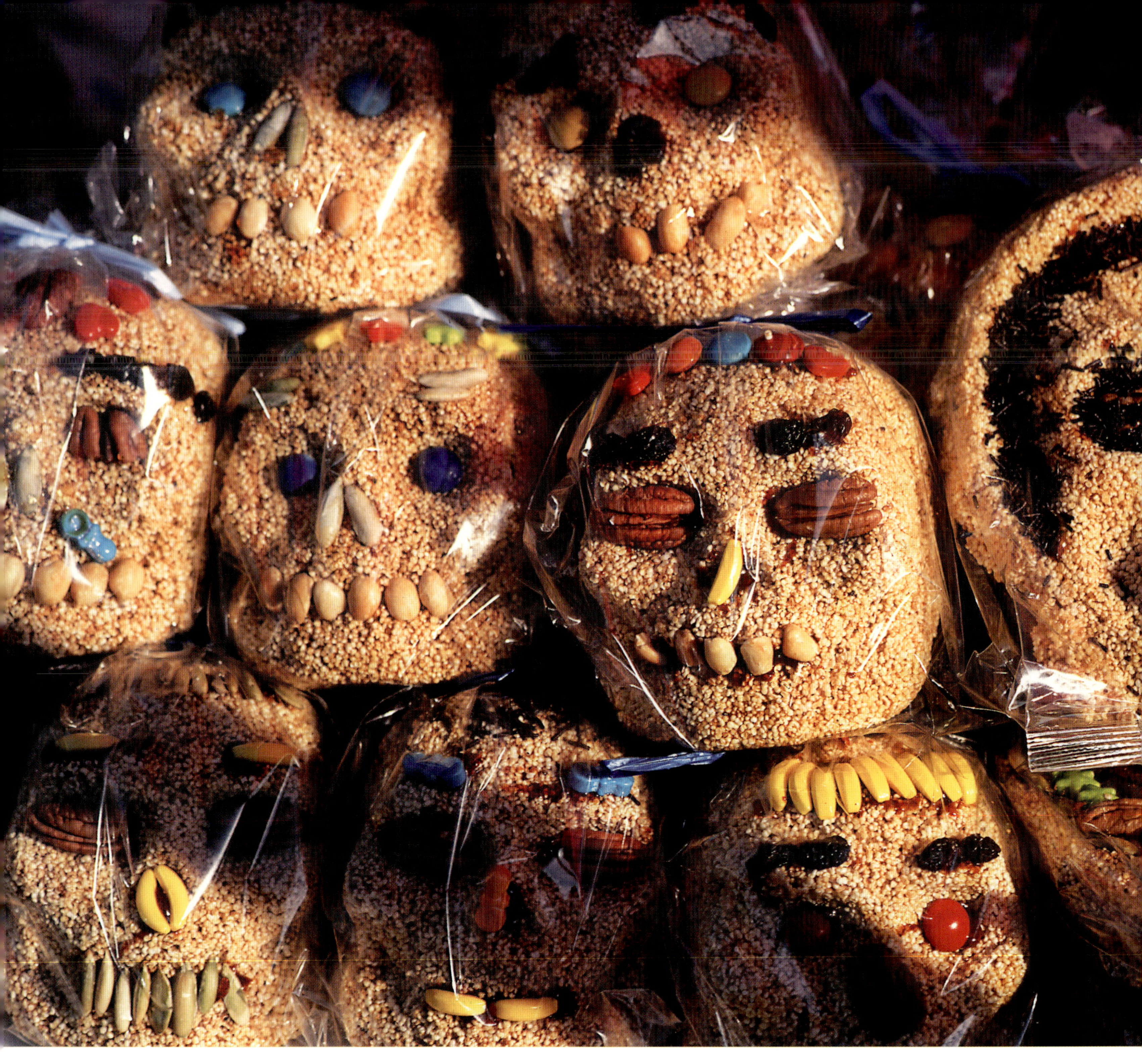

En el ritual del culto a los antepasados, los dulces y los panes de la ofrenda, mezclan con buen humor las imágenes populares de los mitos paganos con los símbolos del cristianismo, en un sentido poético y artístico.

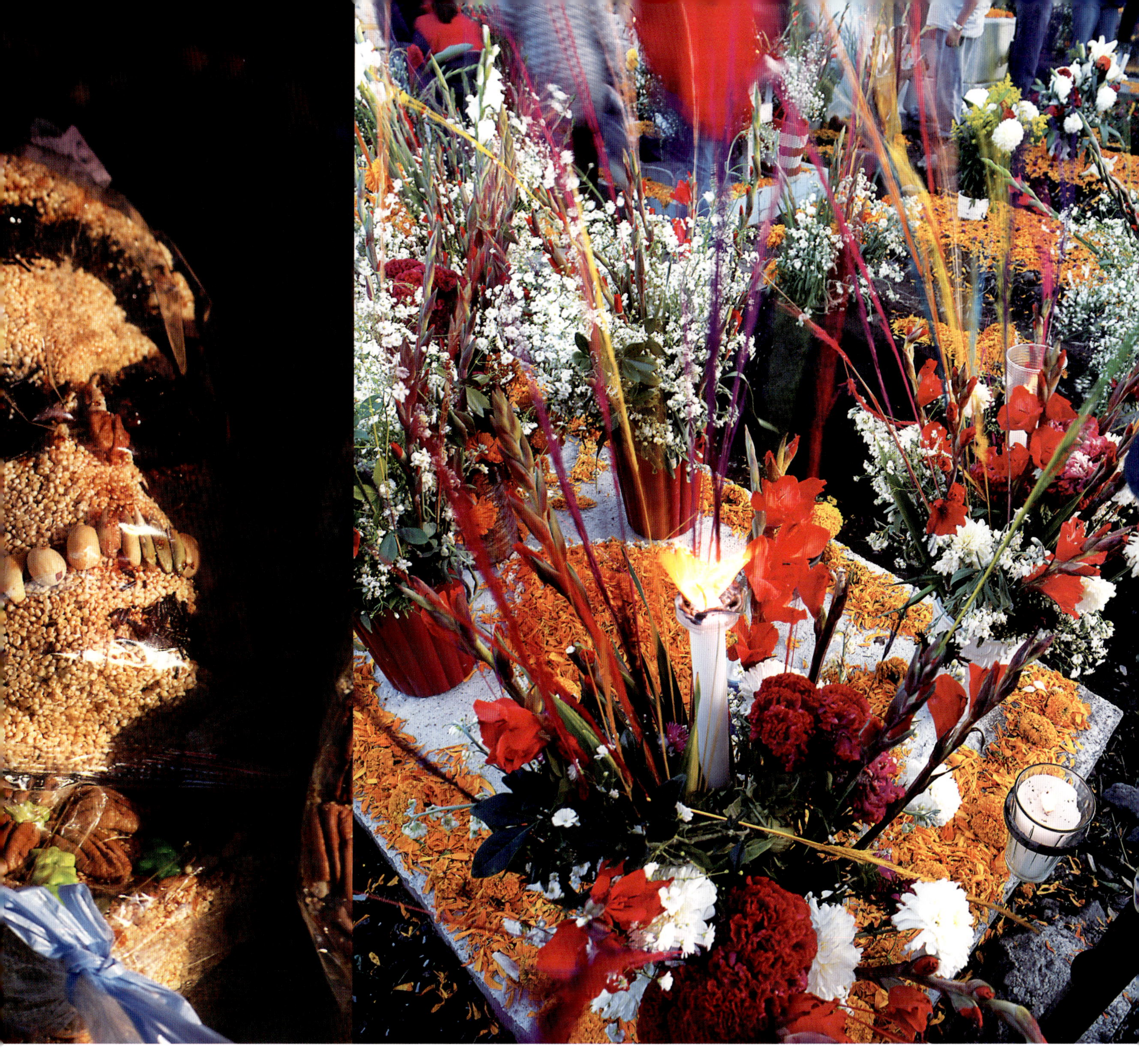

In the ritual of worship of our forefathers, the cakes and buns of the offering, combine popular images of pagan myths and Christian symbols with good humor and a poetic and artistic flourish.

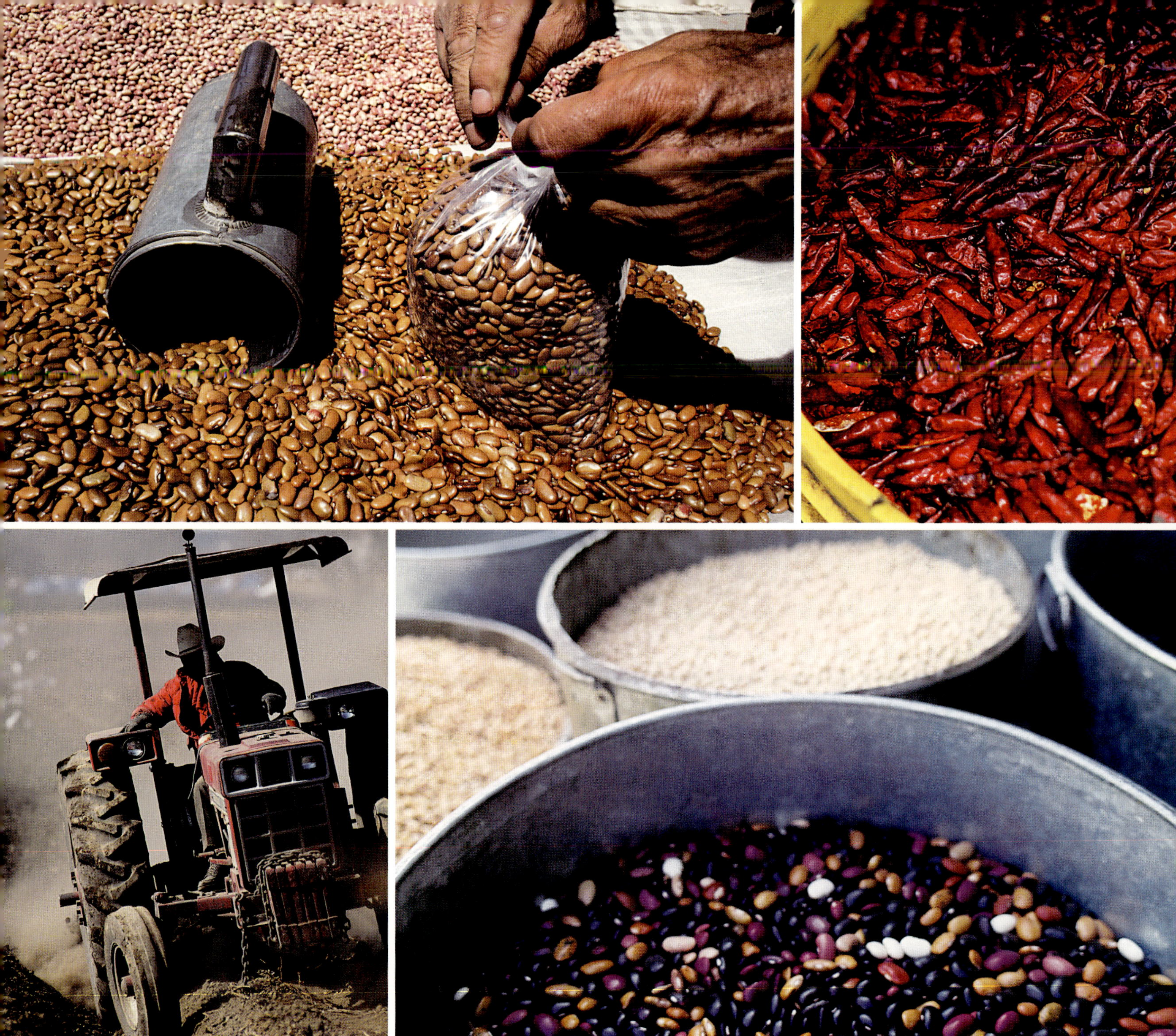

La comida mexicana es de las mejores del mundo, por la fuerza de sus ingredientes, la diversidad de sabores y la magia de su sazón.

~

Mexican cuisine ranks among the best in the world, for the richness of its ingredients, the diversity of flavors and its magical seasoning.

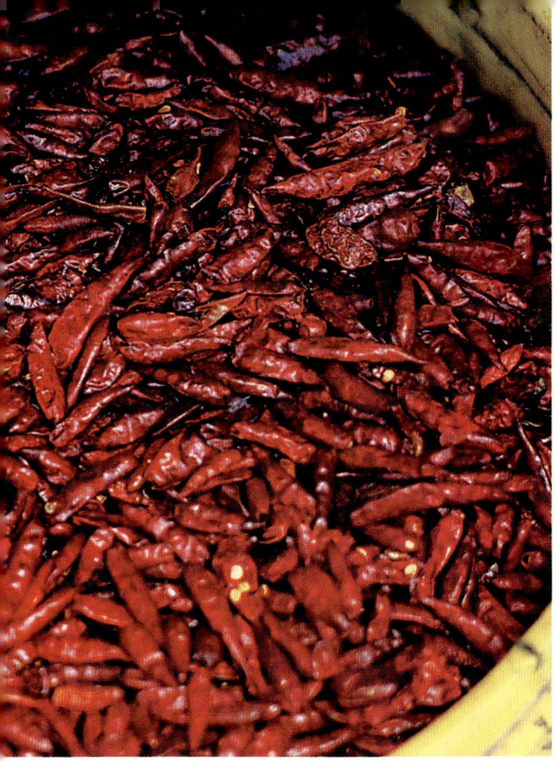

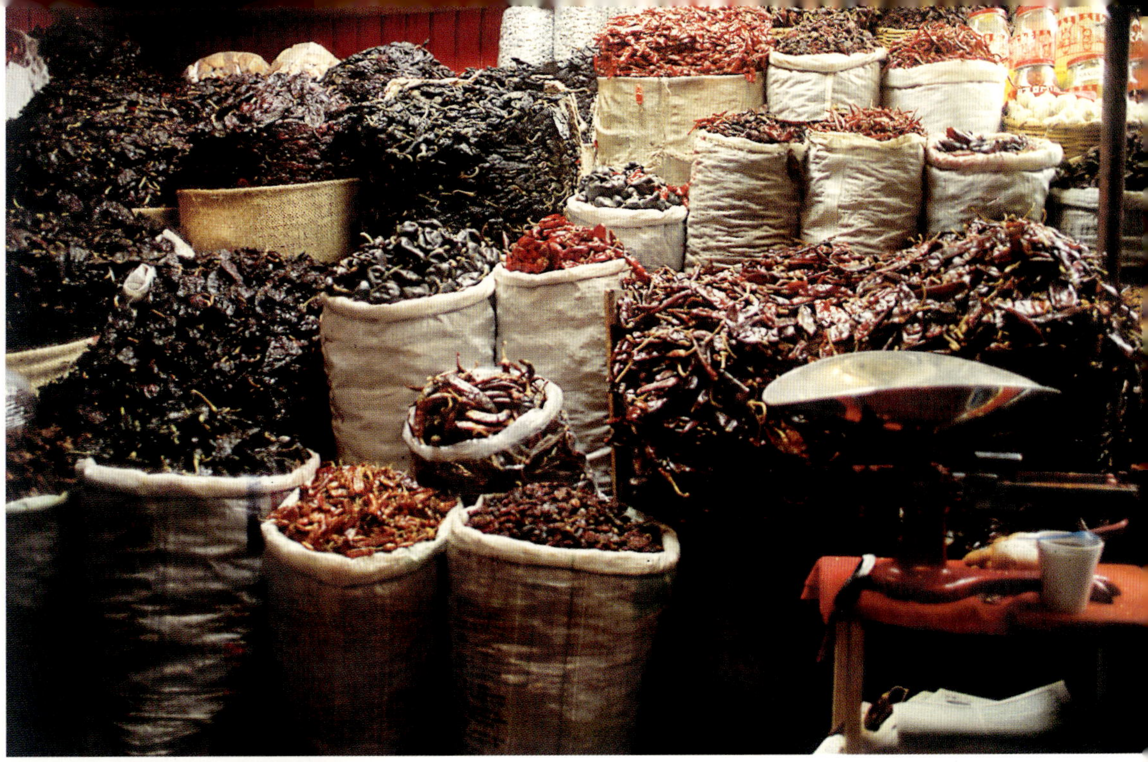

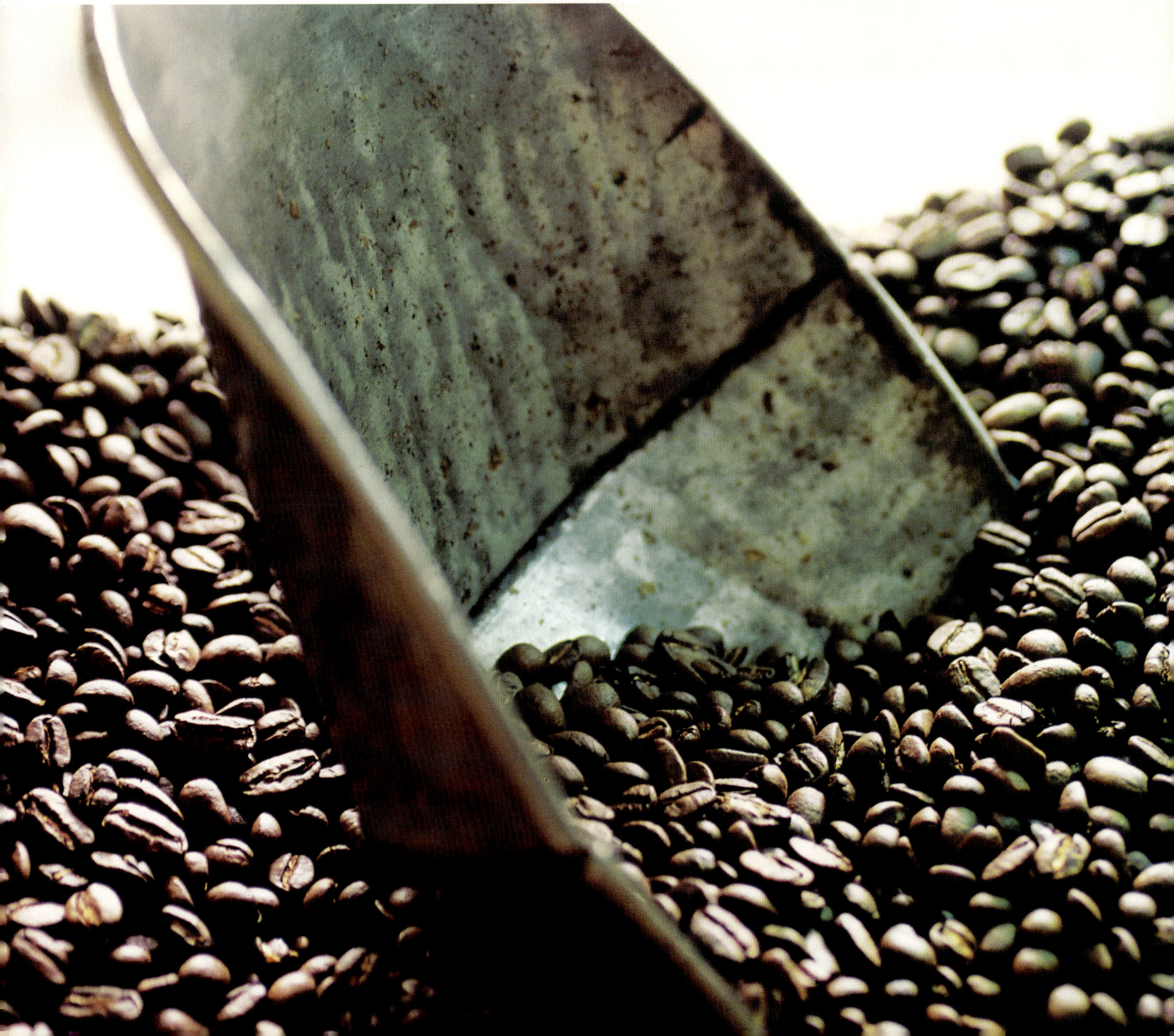

~ Herbolaria mexicana, el laboratorio de la medicina popular. / *Mexican herbalist, the laboratory of people's medicine.* ~

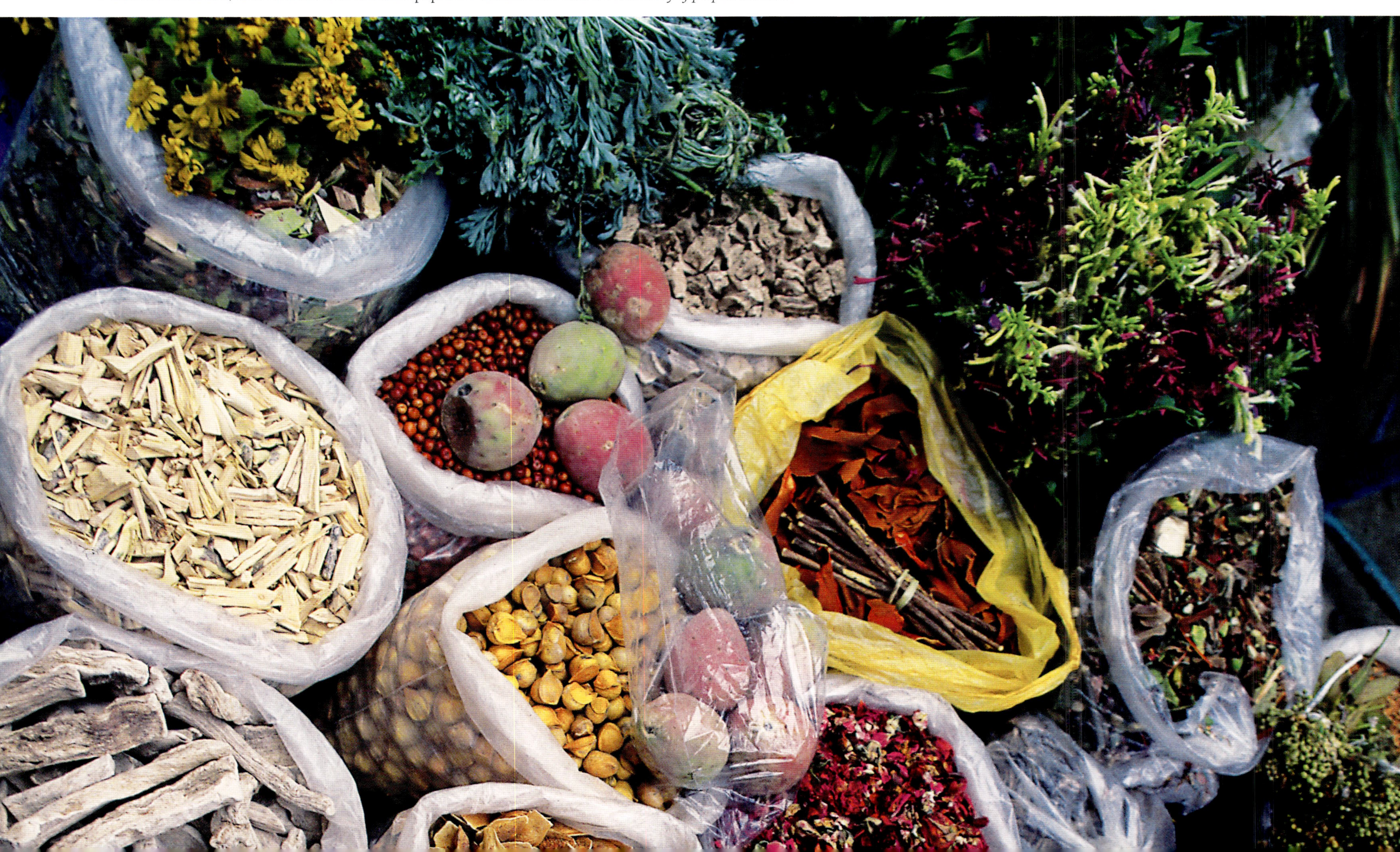

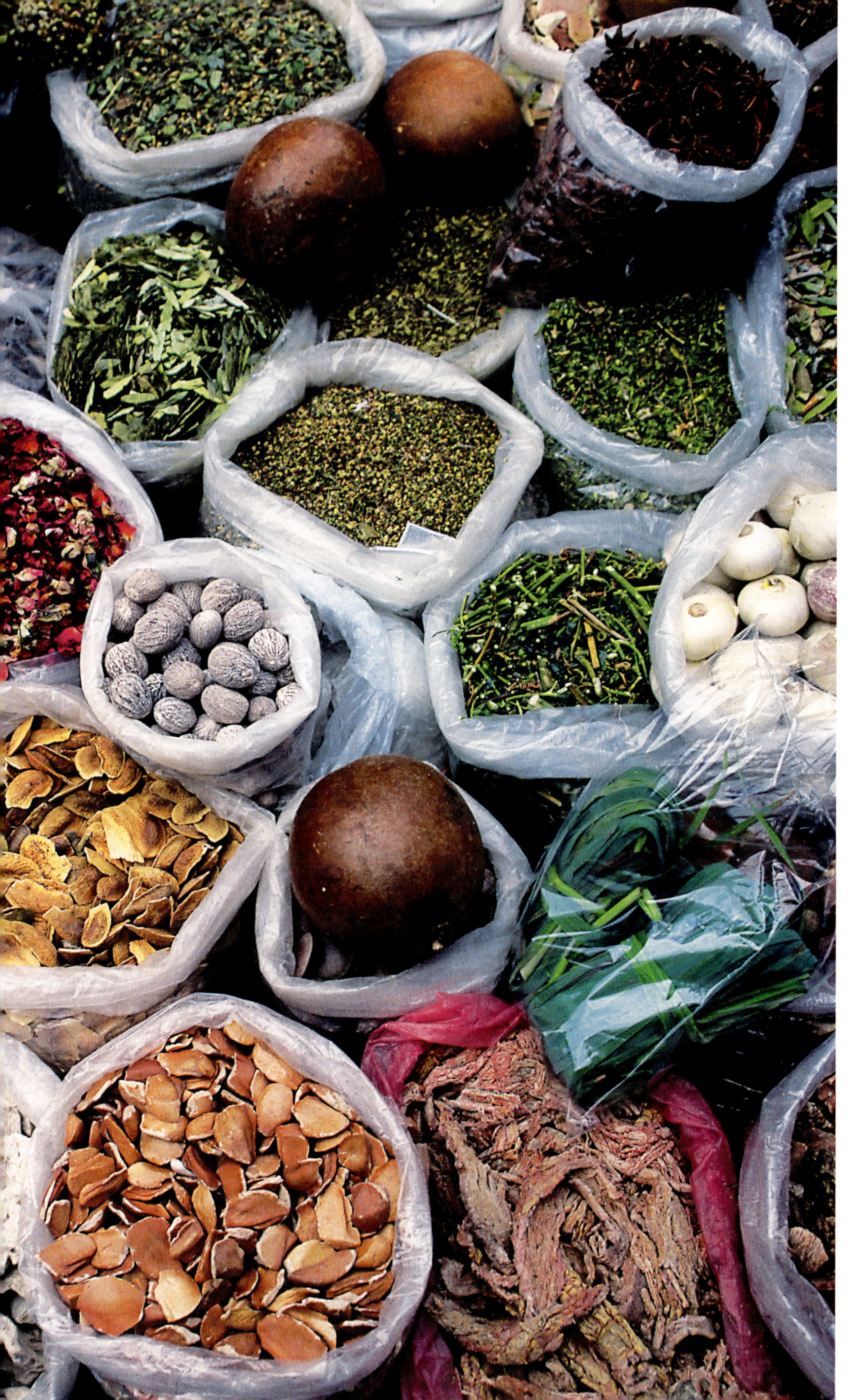

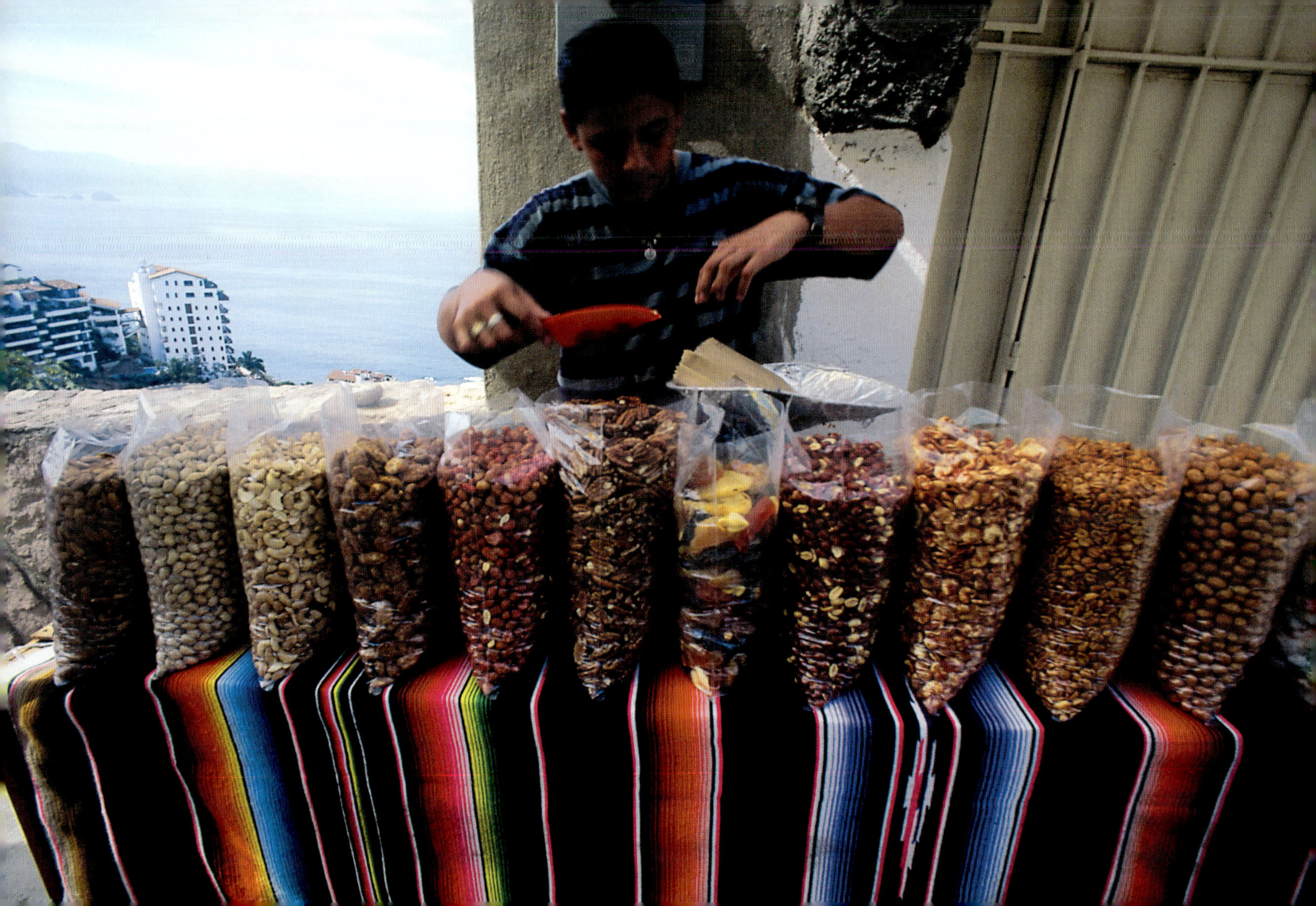

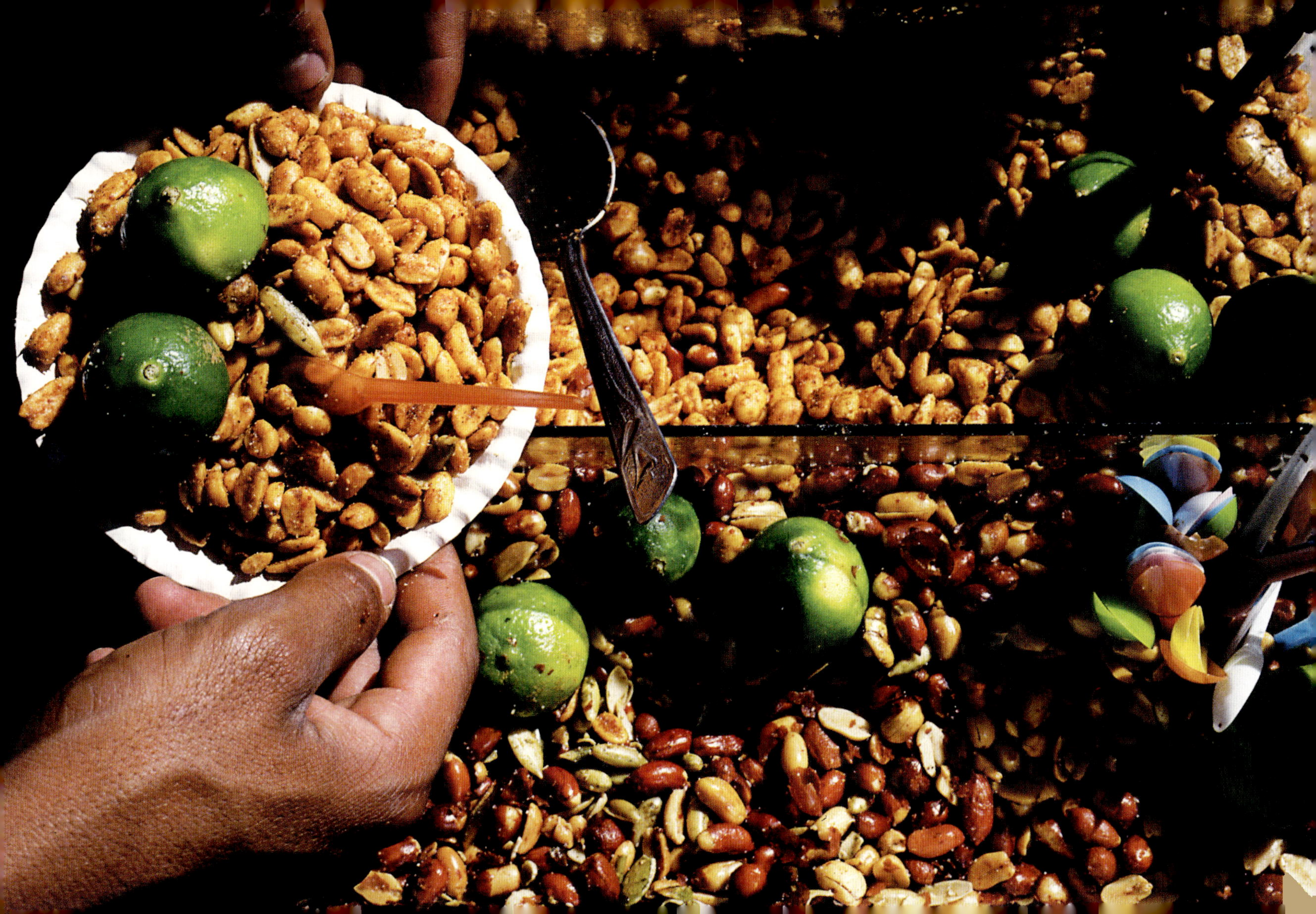

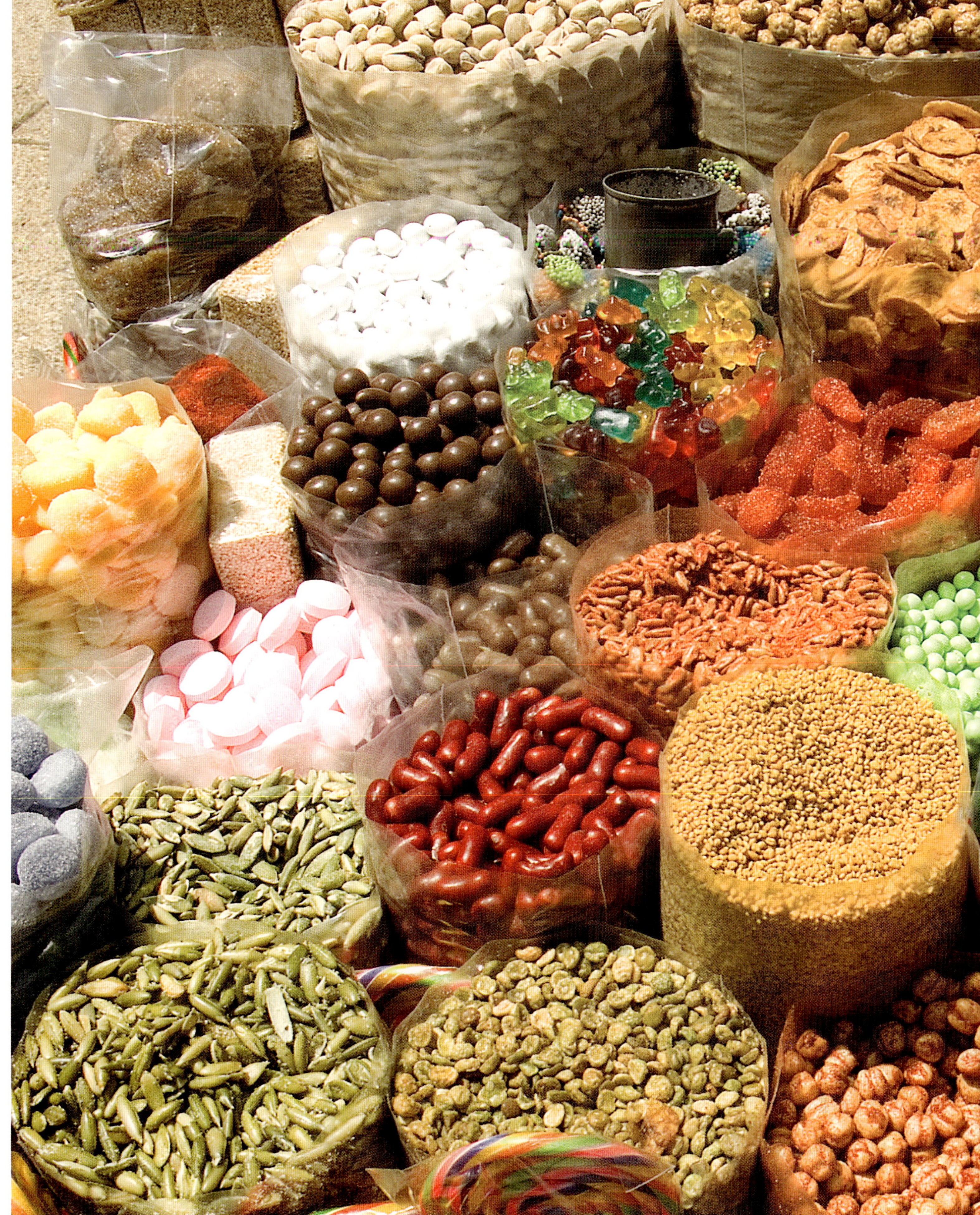

Inagotable variedad de dulces a granel, un paraíso de sabor. / *An endless variety of sweet products, a paradise of flavor.*

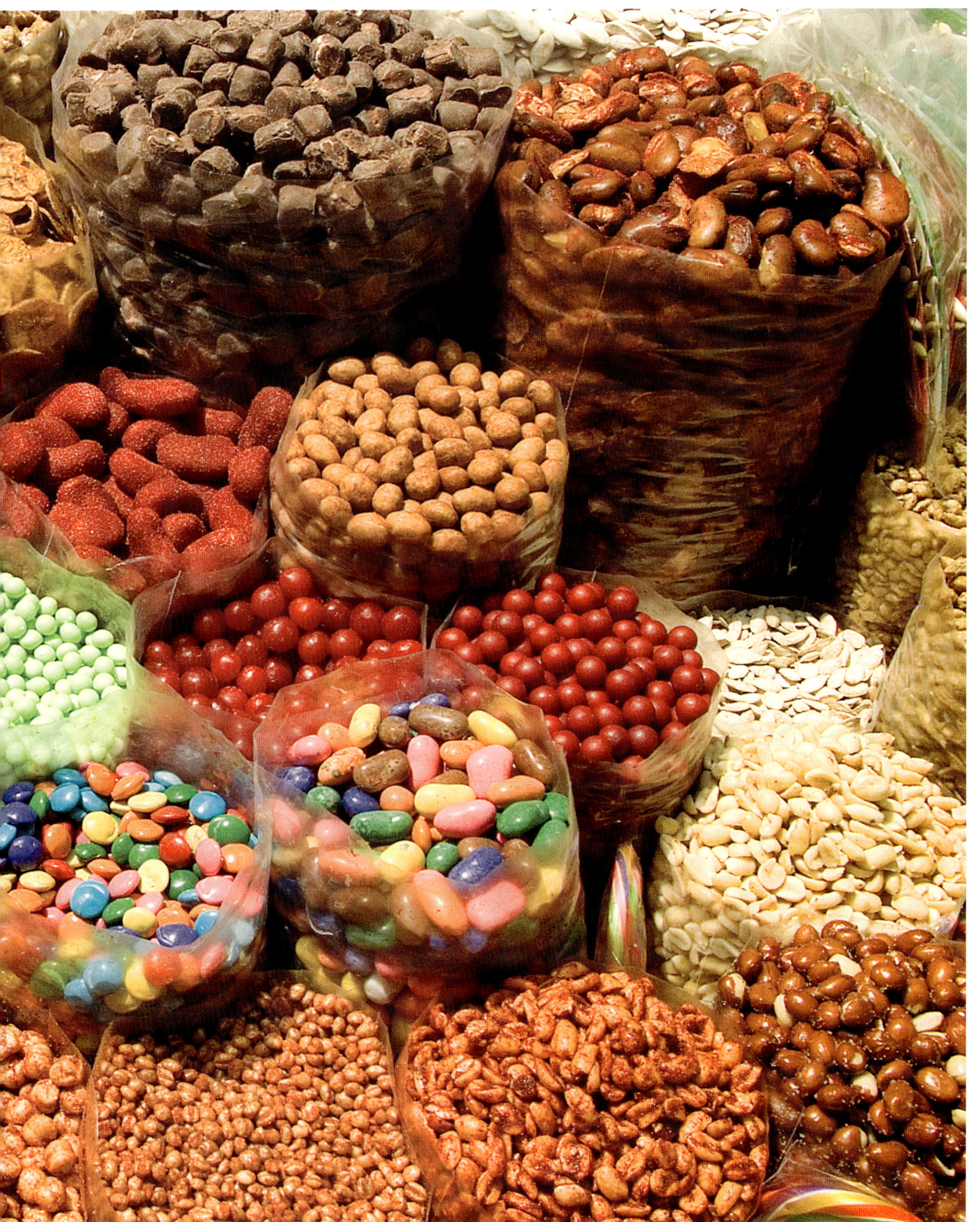

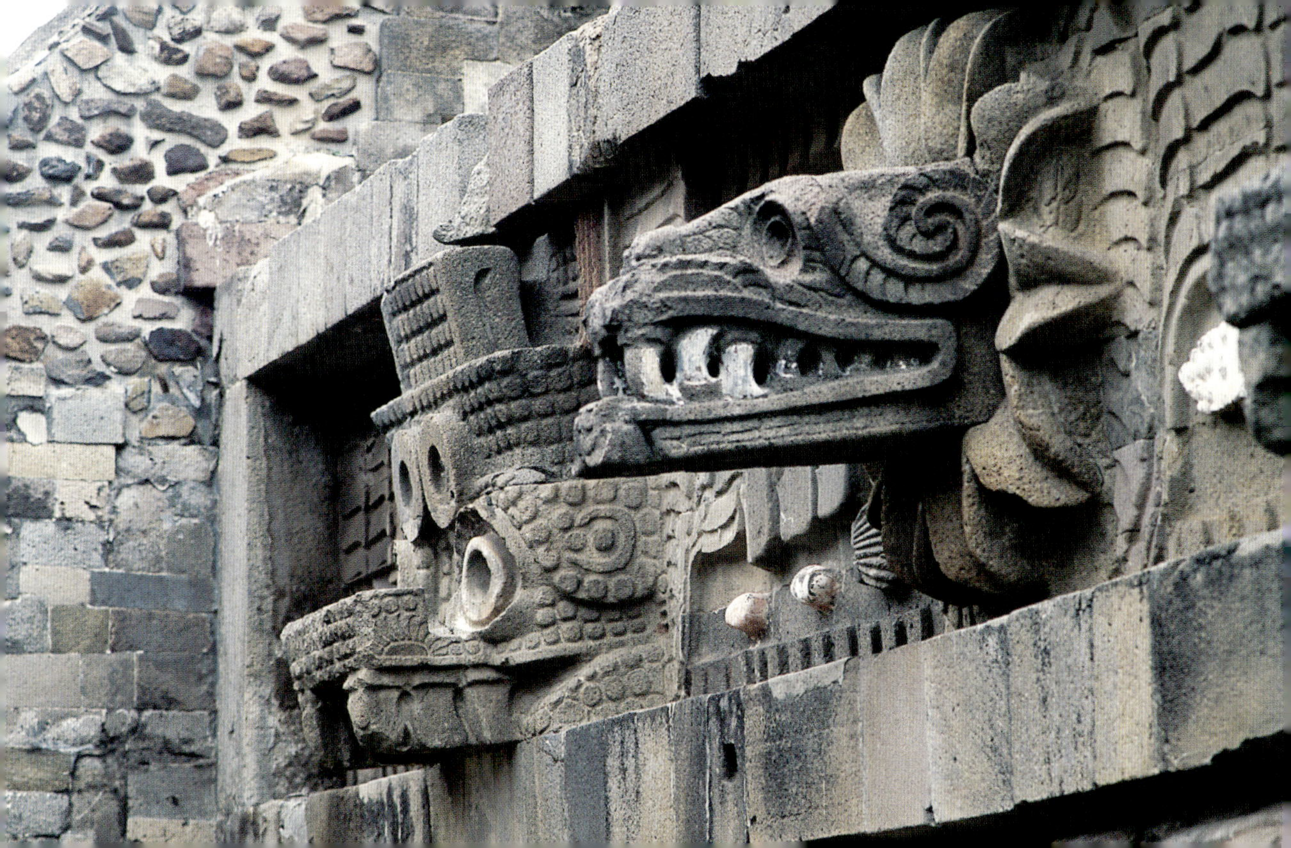

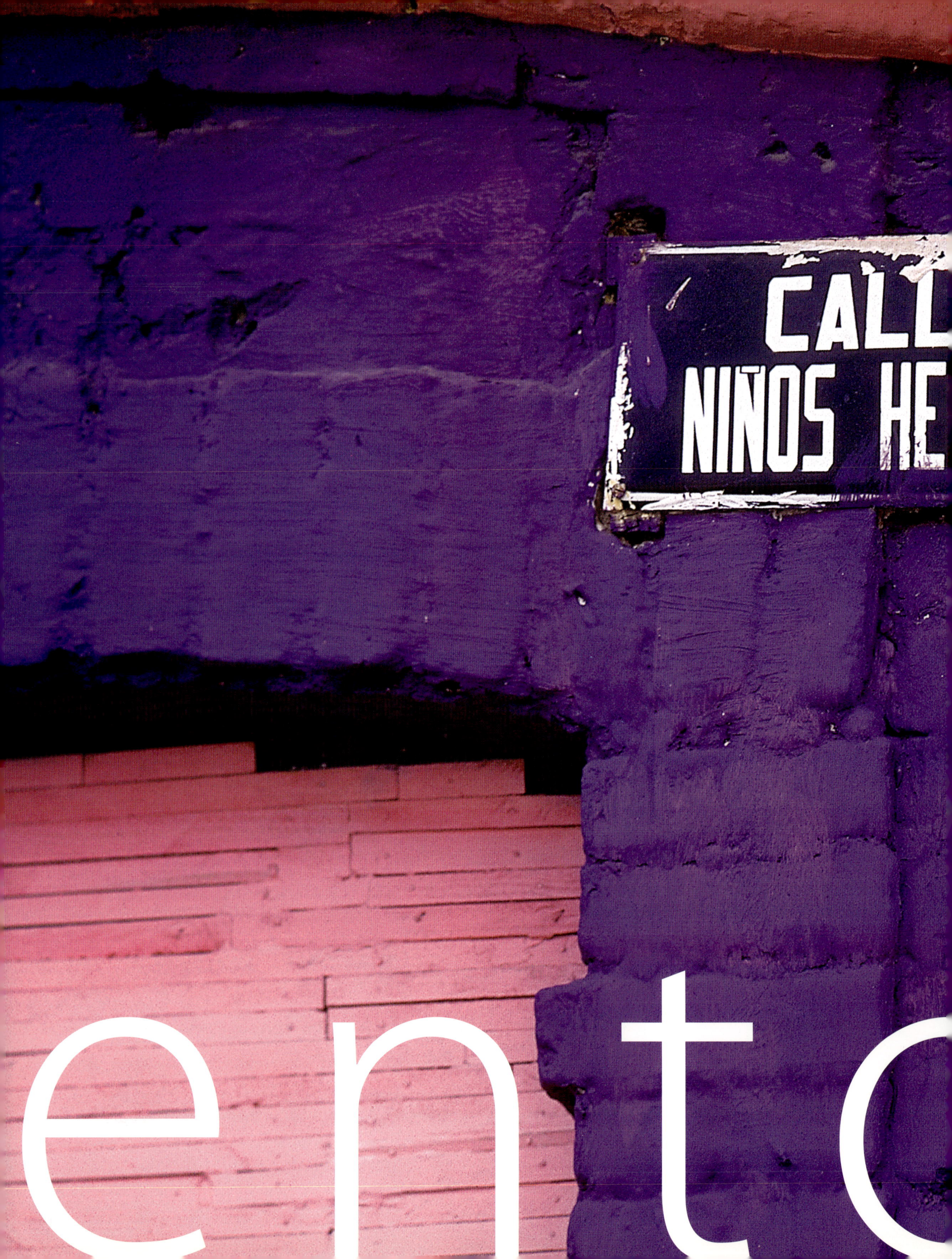
CALL
NIÑOS HE
ent

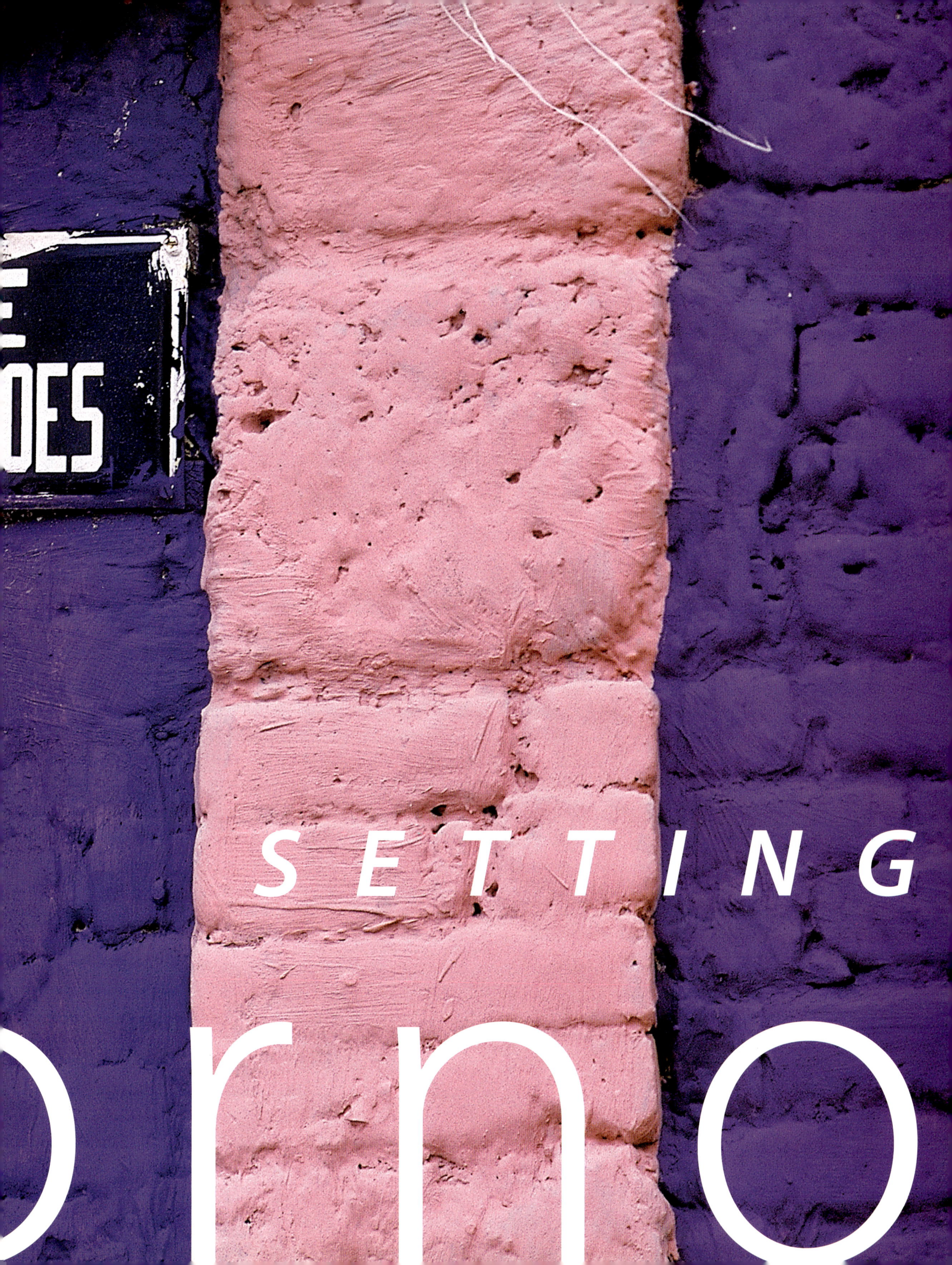

SETTING

orno

El Zócalo metropolitano, sede del gran Teocalli y de la gran Catedral, es hoy el máximo símbolo de todo lo mexicano.

Destellos de Arquitectura

La arquitectura es la expresión más depurada del quehacer humano, se incorpora a la geografía y permanece en el tiempo; es un testimonio tangible de las transformaciones que vive la sociedad, reflejo de su idiosincrasia y de su cultura, materialización de sus creencias y libro abierto de su historia. En años anteriores a la conquista, Teotihuacan, Tula, Xochicalco eran ciudades importantes con grandes centros ceremoniales abiertos, una arquitectura religiosa a base de pirámides escalonadas mediante el sistema de tablero sobre talud y coronadas por plataformas con un templo. Alrededor había ciudades con amplias calzadas y espaciosas plazas. Ciudades aparentemente rústicas, pero con un trazo determinado astronómicamente.

En la arquitectura del primer siglo después de la conquista, se ve poco la huella aborigen; sin embargo, al construir los templos cristianos, los escultores indígenas labraban las piedras introduciendo, junto a la decoración de la hagiografía cristiana, los símbolos de su primitiva religión. El Sol y la Luna, asoman su rostro en las fachadas católicas. La vieja religión siguió viviendo amalgamada con la del conquistador. Incluso, la antigua tradición, mucho tiempo abandonada en Europa, de construir los templos con una orientación que seguía el curso del sol, cobró nueva vigencia en las construcciones de la Nueva España. El gusto del pueblo se fundió con el europeo. El barroco dio al indígena una manera de expresar su espíritu. Luego el barroco desapareció, pero no murió, quedó arraigado en el alma y se expresa en el colorido vigoroso y brillante, en la exhuberancia de las flores y las frutas y en el espontáneo candor de las imágenes. Muchos retablos del siglo XIX son totalmente representativos del arte indígena del setecientos.

La arquitectura y el arte escultórico de nuestros días, son el resultado de aquella amalgama. Las formas cambian pero el espíritu permanece. Así lo reflejan los estilos y las tendencias posteriores al barroco.

PUERTAS Y VENTANAS: Gran parte de la vida diaria en las comunidades indígenas se desarrollaba al aire libre, razón por la que la arquitectura apenas cuenta con ventanas y la mayoría de los edificios se iluminaba con la luz que entraba a través de la puerta. Hoy la vida se desarrolla a puerta cerrada, eso no significa que los habitantes de las ciudades renuncien al sol, a la luz natural o al

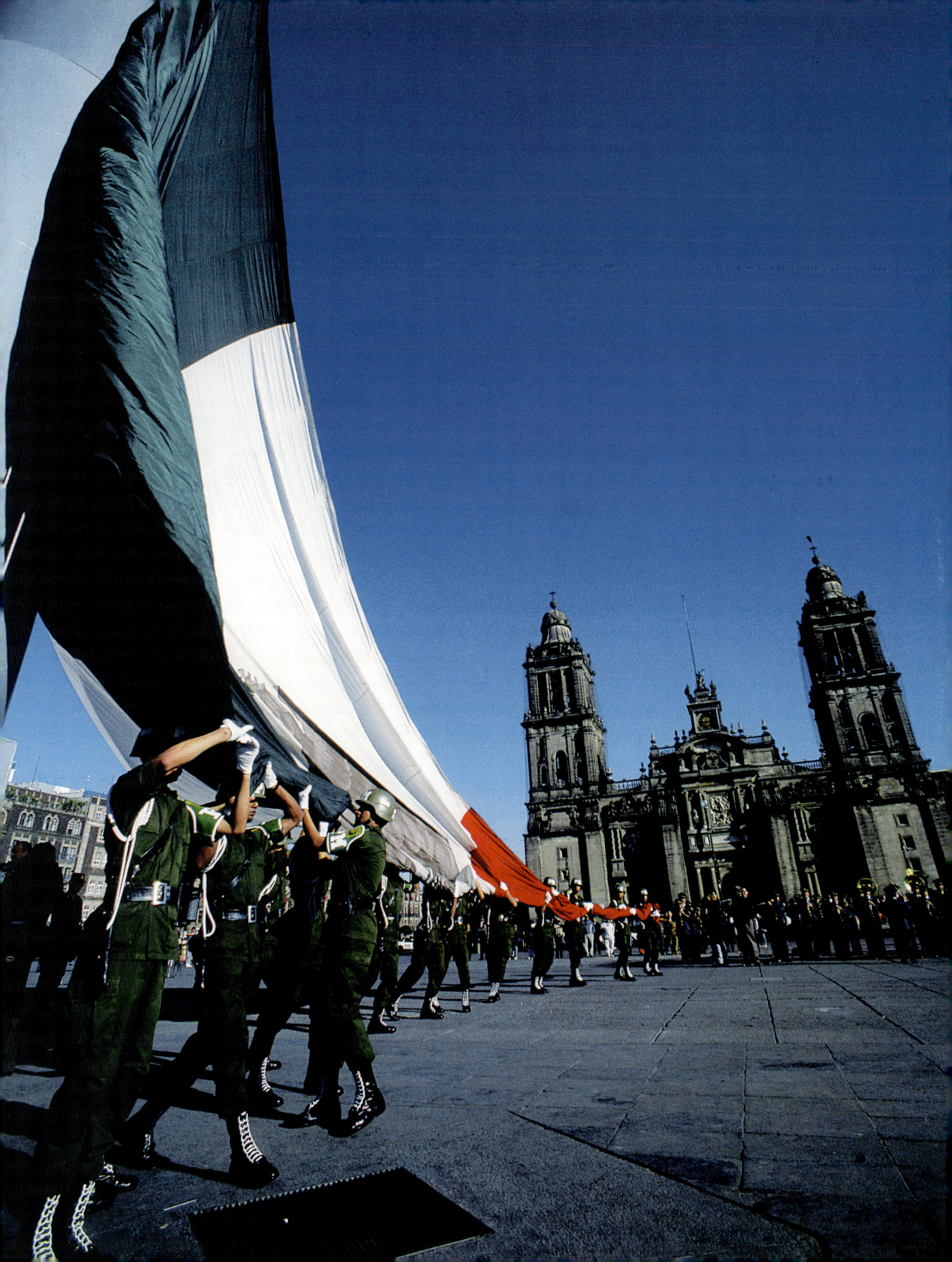

ajetreo citadino y ponen ventanas en sus casas, en sus edificios, en sus centros de trabajo; no cualquier ventana, debe ser una que se adapte al entorno, que respete el estilo arquitectónico y que refleje la personalidad de sus habitantes. Las puertas y ventanas son, al mismo tiempo, el resguardo de la intimidad y el punto de contacto con el exterior, pero son también rasgos distintivos de un estilo arquitectónico. Antes del siglo XVIII, las construcciones aún conservaban cierto aire de temor y desconfianza; gruesos y elevados muros, vanos escasos y en ocasiones algunos torreones de esquina como reminiscencias defensivas. A mediados del XVIII tuvo lugar una mayor profusión de ventanas y balcones, con gran amplitud como para gozar de la vida exterior y sobre todo con hermosos labrados en la madera, en la piedra y en la herrería.

PLAZAS, PATIOS INTERNOS Y PORTALES: Las ciudades mexicanas, dotadas desde siempre con calles rectas y amplias plazas rectangulares, no tuvieron que modificar su trazo para adaptarse a las exigencias del urbanista español; su forma era la requerida por la imagen barroca y las plazas existentes siguieron siendo plazas. Aún en nuestros días, las plazas son esenciales para la vida pública de las ciudades. Su influencia trascendió a las ciudades europeas para crear lo que se conoce como plazas renacentistas.

Mientras el recinto ceremonial tenía los edificios principales de la ciudad al centro de su espacio abierto, la plaza medieval europea tenía los edificios formando su perímetro. Se dieron casos intermedios en México, como las catedrales de Puebla y Morelia, que no se alinean al perímetro, sino que invaden el espacio libre. Hay otros espacios igualmente importantes, que son los llamados portales; es decir, pórticos que ocupan la parte baja de la crujía de fachada y que, por esa razón, forman parte del edificio, pero también de la vía pública, constituyendo espacios de convivencia entre los vecinos. Los portales suelen encontrarse en los costados de las plazas. Con la misma intención, la distribución interior de los edificios erigidos durante la colonia, se resuelve casi invariablemente alrededor de un patio central, rectangular o cuadrado, que lleva en uno o más de sus lados, corredores cubiertos y abiertos que dan acceso libre a las habitaciones, las que, a su vez, se comunican o no entre ellas, según convenga a su uso particular.

ESCULTURAS: En el siglo XVI había en las ciudades de México y Puebla numerosos artistas relacionados con la escultura, eran canteros, entalladores y ensambladores. Hacían portadas y retablos para iglesias y conventos, pero también trabajaban para particulares. Antes de la conquista, los indígenas ya eran escultores y no tuvieron que aprender este arte de los españoles. Ejemplos de este arte se encuentran en la región central del país, como lo demuestra el famoso Cristo de Mexicaltzingo, pilas bautismales como la de Zinacantepec y capillas posas con relieves como las de Huejotzingo. La tradición escultórica está muy arraigada en nuestro país, su vigencia es permanente.

Suelen ser elementos distintivos de las ciudades, como el Monumento a la Independencia en la ciudad de México, o la estatua del Pípila en Guanajuato, entre otros muchos ejemplos.

TALLADO EN PIEDRA: La fabricación de objetos suntuarios y edificios dedicados al culto y al gobierno, propició el desarrollo de artefactos para pulir, como cinceles y taladros y otros artículos de albañilería como aplanadores de estuco, plomadas y otros objetos. El tallado de la cantera se practica en Guanajuato, Cuernavaca, Querétaro y la ciudad de México, donde se labran fuentes, capiteles, balcones, barandales, todo tipo de estatuas, pies de mesa, cabezas de caballos, adornos para jardín y bancas.

Hoy las ciudades y pueblos mexicanos son generosos, comparten su espacio con manifestaciones vivas de todas sus etapas históricas y junto con las muestras más exquisitas de su legado prehispánico, exhiben con orgullo el artesonado de sus palacios, de sus templos y torres que compiten en magnificencia y esplendor con las estatuas, monumentos o esculturas que conmemoran acontecimientos de su historia, y todo en el marco de su moderno urbanismo y sus más recientes expresiones arquitectónicas.

CATEDRALES, IGLESIAS Y LA BASÍLICA: Los estilos predominantes en la arquitectura que floreció en México durante el primer siglo después de la conquista, eran el gótico tardío, el plateresco, el mudéjar y el herreriano. Muchos de los templos y conventos levantados por las órdenes mendicantes, franciscanos, dominicos y agustinos, fueron concebidos con imponentes formas que semejaban fortalezas. Sin embargo, algunas obras, como las que se pueden ver en Xochimilco, Yuriria o Calpan, dejan ver reminiscencias del estilo aborigen, sobre todo en la decoración, con su terror al vacío, su colorido exuberante y sus floridas columnas salomónicas. Las entradas muy ornamentadas, características del barroco, se aproximan mucho al gusto de los pueblos indígenas.

La Catedral Metropolitana de la ciudad de México, resume todos los estilos arquitectónicos de la época virreinal, desde el gótico flamígero del techo de la sacristía hasta el neoclásico con que Manuel Tolsá concluyó la obra. La de Morelia es barroca; la de Guadalajara es de estilo gótico renacentista. La nueva Basílica de Guadalupe, de diseño moderno y vigoroso, de planta circular, a lo lejos recuerda la forma de un penacho ceremonial indígena; en su interior, sobre el presbiterio, un conjunto de lámparas recuerda la nube del Antiguo Testamento que señalaba la presencia del Señor ante su pueblo.

México es quizá el país con el mayor número de cúpulas; sin embargo, no todas se ajustan al patrón europeo, en el que predomina la línea curva, la mayoría son de formas ochavadas, por muchas razones, entre ellas las puramente expresivas, pero también la necesidad de mostrar una forma americana de entender el barroco, huir del círculo y su continua movilidad, y optar por la línea recta, que divide el espacio en facetas.

Escultura de piedra en el centro de Puebla.
Stone sculpture in the center of Puebla.

The metropolitan "zócalo", seat of the great Teocalli and the grand Cathedral, is the main symbol today of the very essence of Mexico.

The brilliance of arquitecture

Architecture is the purest expression of human creativity. It claims its place both in space and time; it is a first-hand witness of the transformations undergone by society, as well as a reflection of its idiosyncrasy and culture, a manifestation of its beliefs and an open book on its history.

Prior to the arrival of the Spaniards, Teotihuacan, Tula and Xochicalco were important cities with major open ceremonial centers and religious architecture based on stepped pyramids built using the board-on-slope method topped by platforms containing a temple. They were surrounded by an urban landscape of broad avenues and spacious squares. These cities were apparently simple, but their blueprint was the consecuence of astronomical interpretations.

During the first hundred years after the Spanish conquest, the indigenous stamp on local architecture began to fade. At the same time, the indigenous sculptors who took part in the building of Christian churches inserted the symbols of their old religion alongside Christian motifs and decoration - for instance, the sun and moon are present on the façade of catholic churches – and the old religion survived by camouflaging itself in the new religion. Even the ancient tradition, long lost in Europe, of building temples physically oriented to follow the motion of the sun across the sky took on a new lease of life in the architecture of New Spain. Tastes were increasingly influenced by European preferences. The baroque style, for example, afforded indigenous workers an opportunity to express their essence. When the baroque style vanished from architectural blueprints, it remained intact in the memory manifesting itself in the vibrant colors and exuberance of flowers and fruit, and the spontaneous candor of religious imagery. Many nineteenth century altarpieces fully represent seventh century indigenous art.Contemporary architecture and sculpture are the outcome of this fusion. Forms change but the essence remains. This is revealed by the styles and trends that followed baroque.

DOORS AND WINDOWS: *A large part of everyday life in indigenous communities took place outdoors, which is why their architecture had only a limited need for windows, and most buildings were illuminated by daylight coming in through the doorway. Today, life happens behind closed doors. This does not mean that city dwellers have totally turned their backs on the sun or daylight or street life, as instead they have put windows in their homes, buildings and places of work. But not just any window will do. They must fit in with the surroundings, be in keeping with the architectural style of the building in question and reflect the personality of the inhabitants. Furthermore, doors and windows are also the guardians of intimacy and the point of contact with the outside world, as well as distinguishing features of an architectural style. Up until the eighteenth century, architecture had clung on to a certain sense of fear and insecurity: walls were thick and high, openings were few and far between and corners were occupied by fortified towers as a defensive reflex. The mid-eighteenth century, however, witnessed a profusion of windows and balconies, affording enough space to enjoy life outdoors, expressed through beautiful carvings on wood, stone and ironworks.*

SQUARES, PATIOS AND ARCHWAYS: *Mexican cities, which had always been built with straight streets and spacious rectangular town squares, did not need to undergo any major changes to adapt to the principles of Spanish town planning. Shapes complied with the requirements of the baroque style, and town squares continued to be town squares.*

Even today, these squares play a vital role in the public life of towns and cities. Their influence transcended that of cities in Europe to create what are known as renaissance squares. While the ceremonial area contained the city's main building in the center of its open space, the town squares of medieval Europe were flanked on all sides by buildings. A happy medium was struck in Mexico, in the case of cathedrals like the ones in Puebla and Morelia, which were not aligned to the square's perimeter but simply took up an area of free space instead. Other spaces of equal importance are the archways, consisting of a series of porticos that extends along the lower portion of the façade's corridor, thereby forming part of the building itself but, at the same time, they are also part of the public thoroughfare. They provide spaces for residents to socialize in and are often located on the perimeter of town squares. In collusion with the scheme on the outside, the distribution of colonial buildings on the inside is arranged, almost without exception, around a rectangular or square central patio, flanked by one or more covered but open corridors that lead to the rooms. These rooms, in turn, may or may not be linked, depending on their intended purpose.

SCULPTURE: *Sixteenth century Mexico City and Puebla were graced by the presence of a great many artisans working in sculpture-related crafts, such as stonemasons, engravers and assemblers. They created façades and altarpieces for churches and convents, as well as performing private work. The indigenous communities already had sculptors prior to the Spanish conquest and did not need to learn this craft from the invaders. Examples of this art form are numerous in central Mexico and include the famous Christ of Mexicaltzingo, christening fonts like the one in Zinacantepec and chapels with relieves like those of Huejotzingo. The tradition of sculpture is very deep-rooted and ever-present in our country. Furthermore, sculptures are usually a city's distinguishing features, like the Monument of Independence in Mexico City or the Pípila statue in Guanajuato, to mention but a few examples.*

STONE CARVINGS: *The creation of splendid articles and buildings for worship or government gave rise to the emergence of implements for polishing, such as chisels and drills, as well as other craftsman's tools like stucco rollers, plumb bobs and other objects. Stone carvings are ubiquitous in Guanajuato, Cuernavaca, Querétaro and Mexico City, where fountains, capitals, balconies, banisters and all types of statues, table bases, horse heads, garden ornaments and benches can be found. The cities and villages of Mexico today share their spaces with living displays of each moment in their history. This act of generosity includes some of finest examples of the Pre-Hispanic legacy, the coffered ceilings of their palaces, churches and towers, whose magnificence and splendor are matched by the statues, monuments and sculptures that commemorate historical events. All of this wealth from the past is currently set in a modern urban setting with the very latest architectural expressions.*

CATHEDRALS, CHURCHES AND THE BASILICA: *The main architectural styles that thrived in the first century following the Spanish conquest were late gothic, plateresque, mudejar and herreriano. Many of the churches and convents built by the mendicant, Franciscan, Dominican and Augustine orders consisted of imposing structures similar to forts. Some religious buildings, however, like the ones in Xochimilco, Yuriria or Calpan, provide clear glimpses of Pre-Hispanic styles, especially in the decoration, with their rejection of empty spaces, exuberant coloring and wreathed columns. The highly ornate entrances are typical of the baroque style and, at the same time, in keeping with indigenous preferences. The Metropolitan Cathedral of Mexico City has amassed all the different architectural styles of the colonial era, from the blazing gothic ceiling of the sacristy to the neoclassic flourish with which Manuel Tolsá concluded the building. The cathedral of Morelia is baroque, while the one in Guadalajara was crafted in the renaissance gothic style. The new Basilica of Guadalupe, with a modern and vibrant design and circular outline, looks from afar like a plume headdress used in indigenous ceremonies; once inside, the presbytery is topped by lamps recreating the cloud from the Old Testament that heralded the presence of the Lord unto his people. Mexico probably has more domes than any other country in the world, but not all of them are European in design. Most of the curved-outline domes are eight-sided, for a whole number of reasons, including sheer expression, but also because of the need to highlight an American interpretation of the baroque style, move away from the circle and its unbroken continuity, and embrace straight lines that divide space into defined portions.*

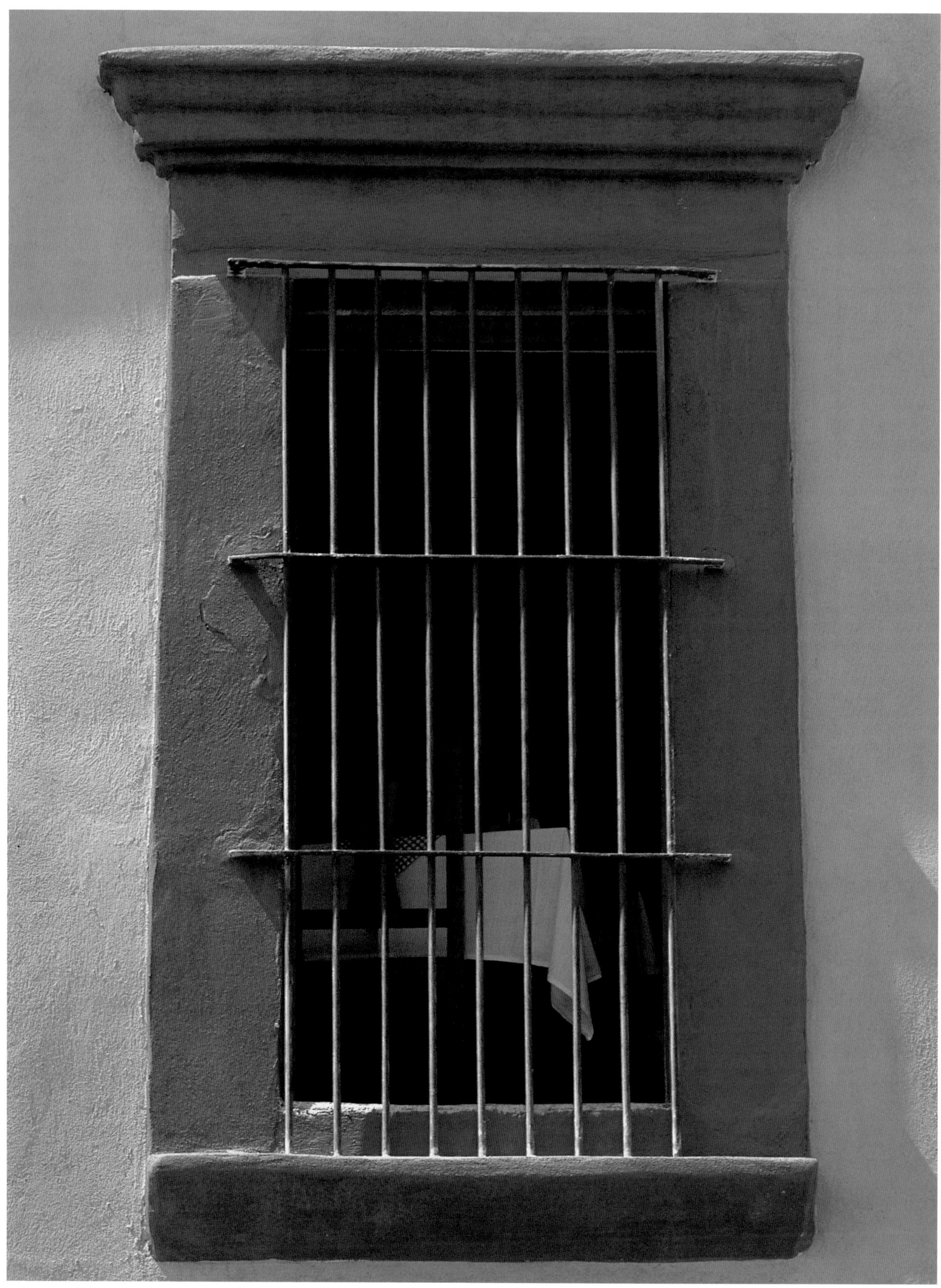

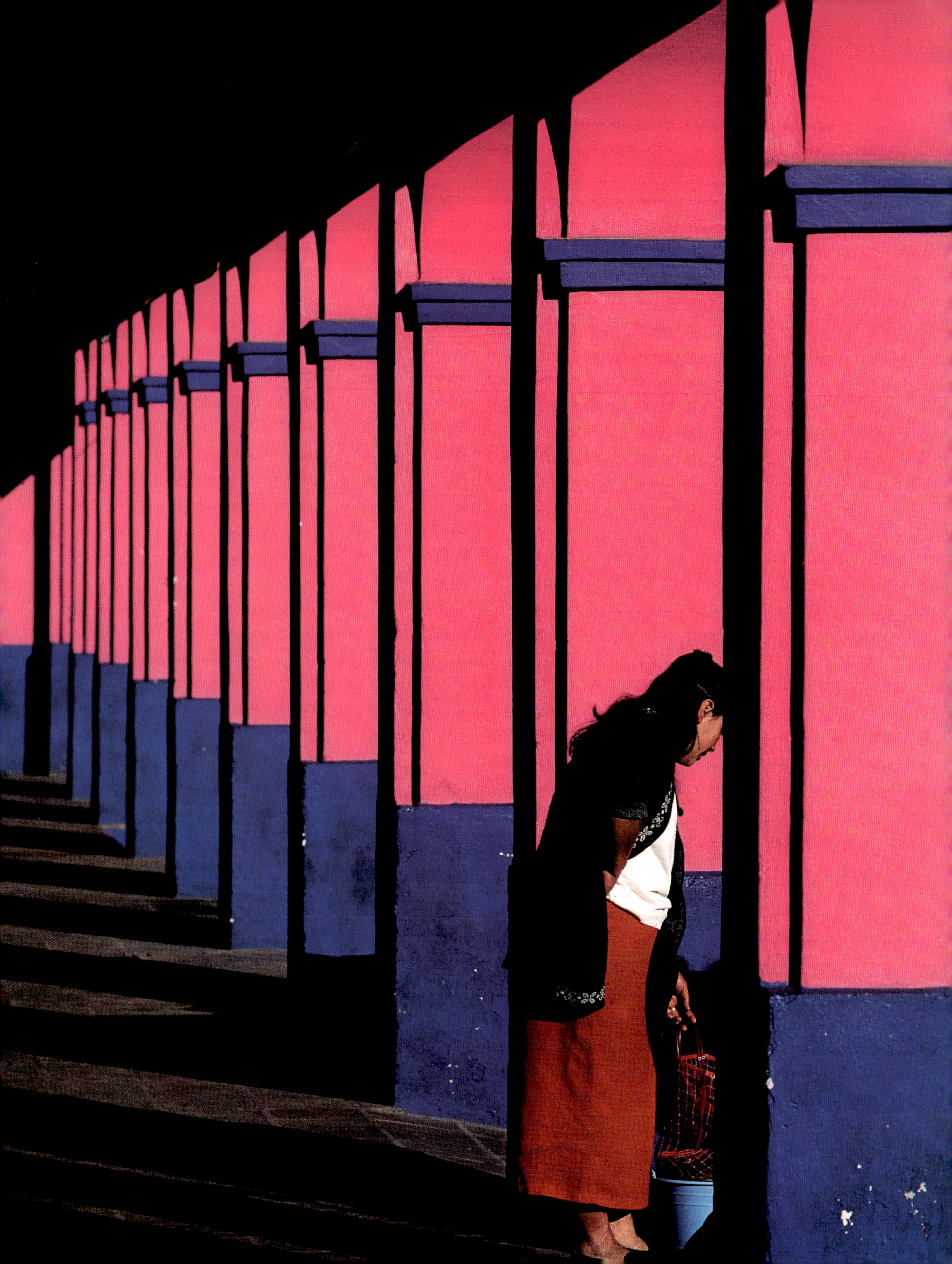

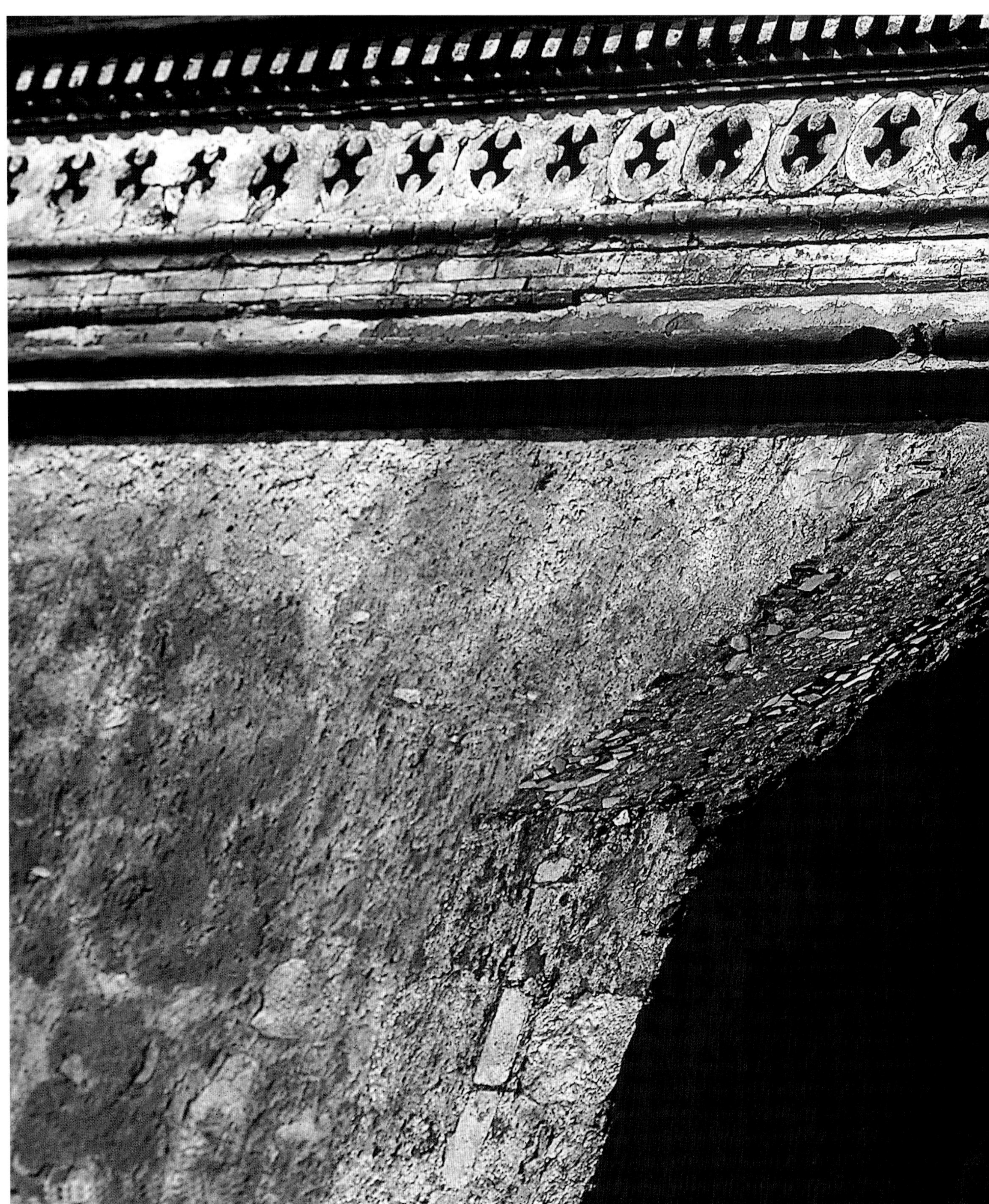

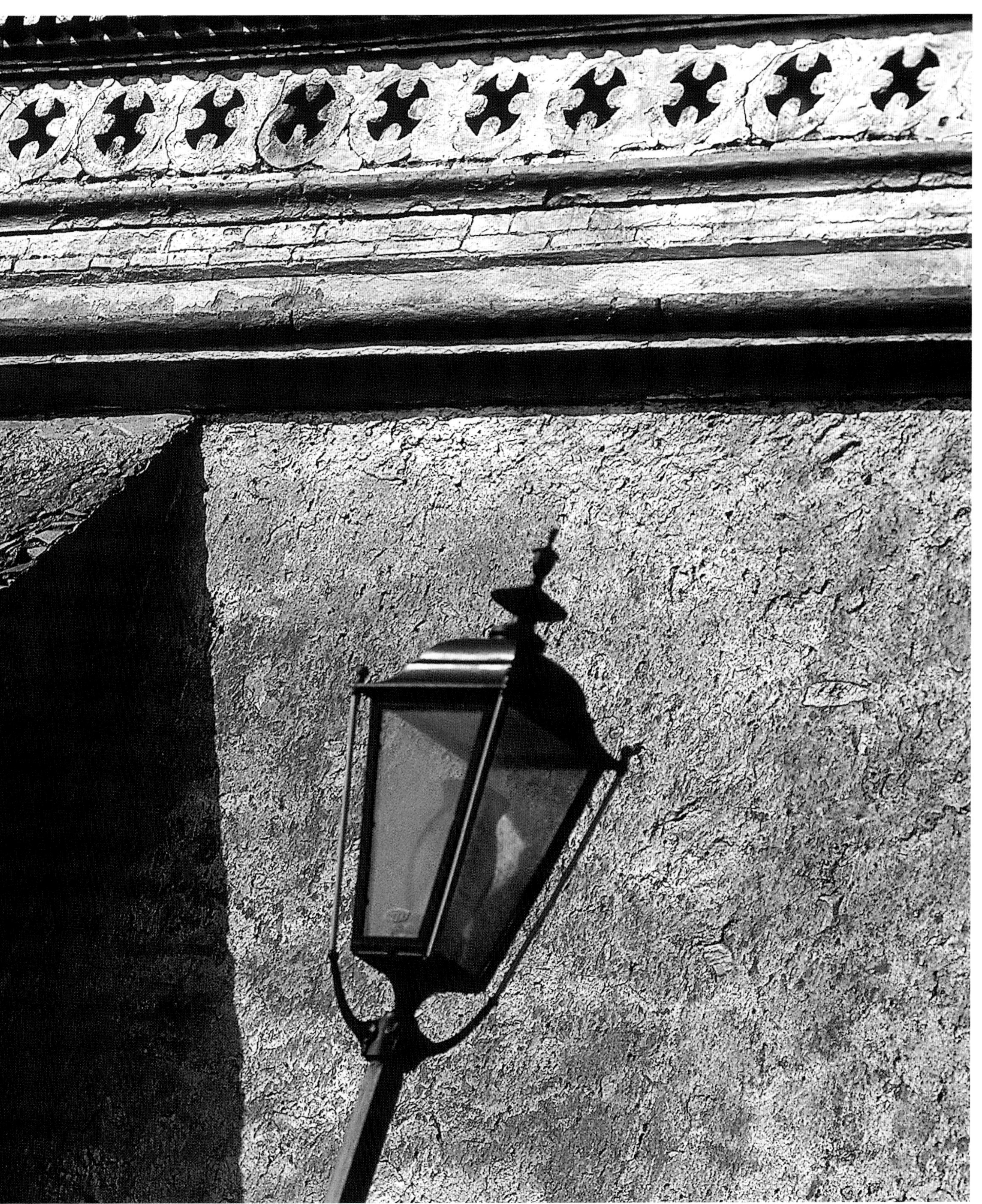

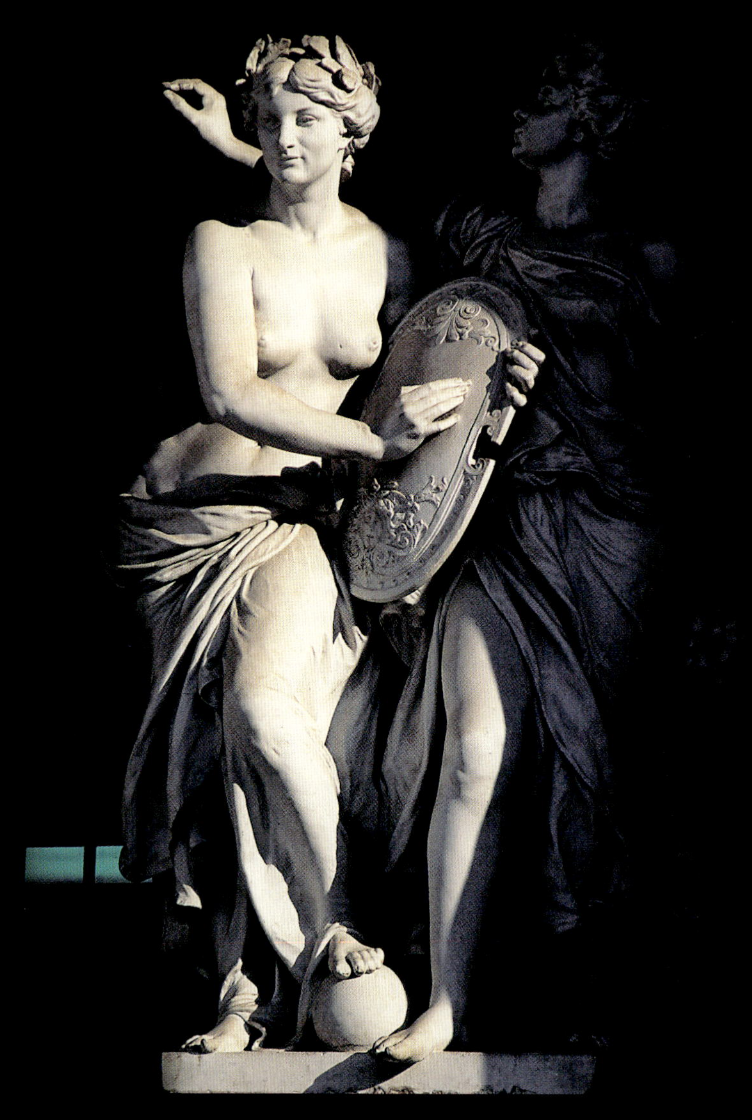

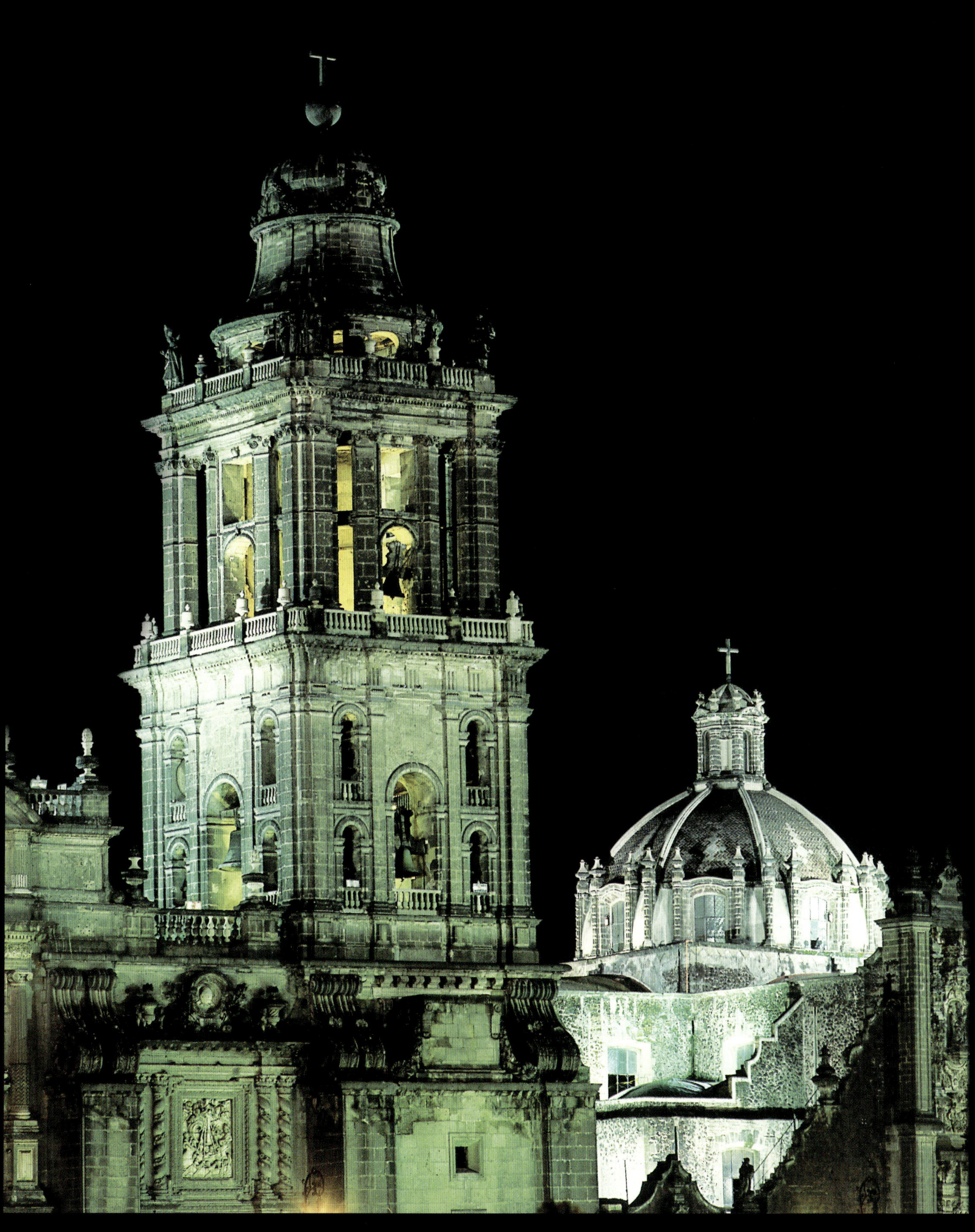

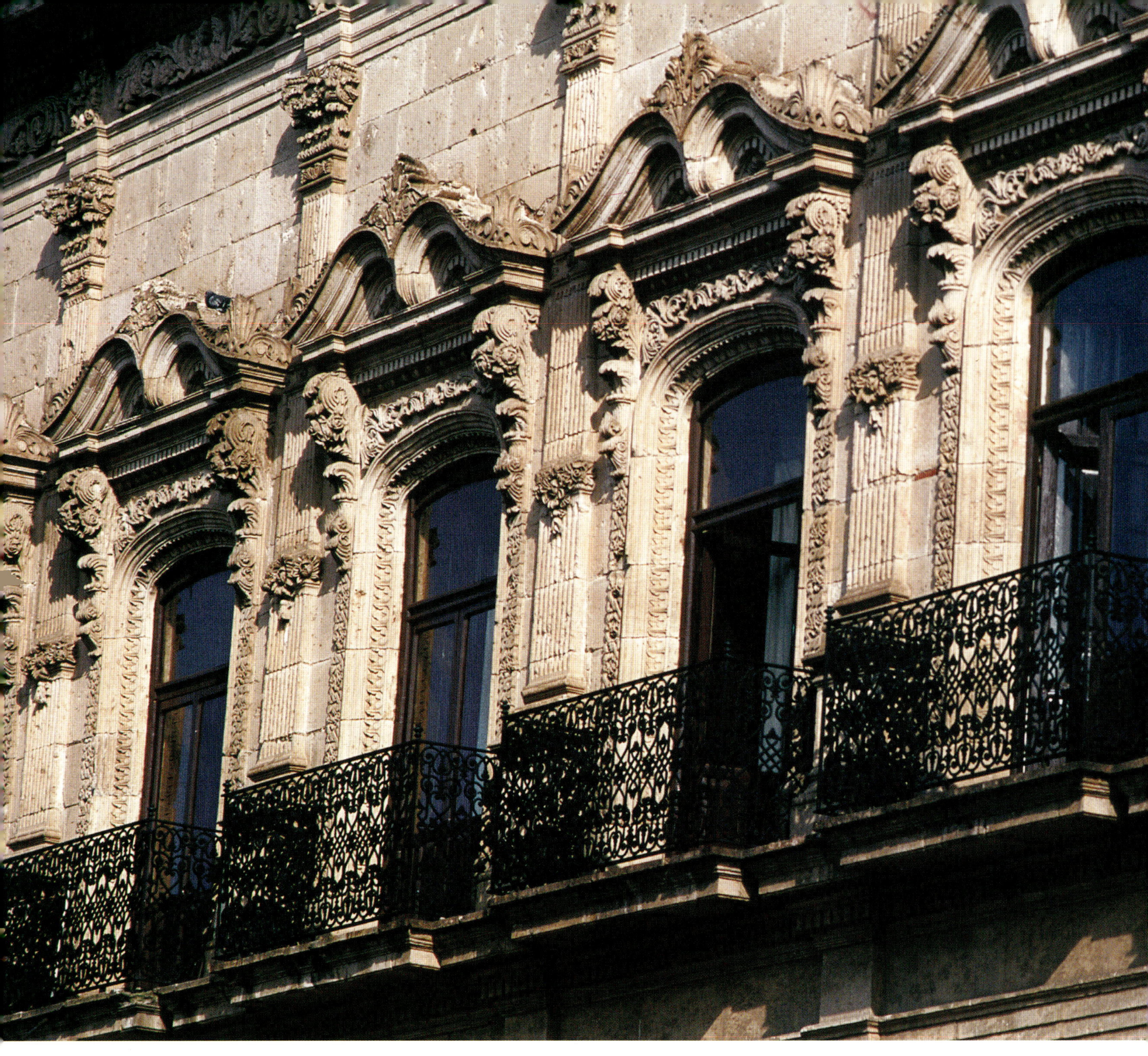

Ciudad de ricos palacios, que luce vistosas fachadas, con piedra hermosamente labrada, balcones de filigrana y finos detalles de cantera.

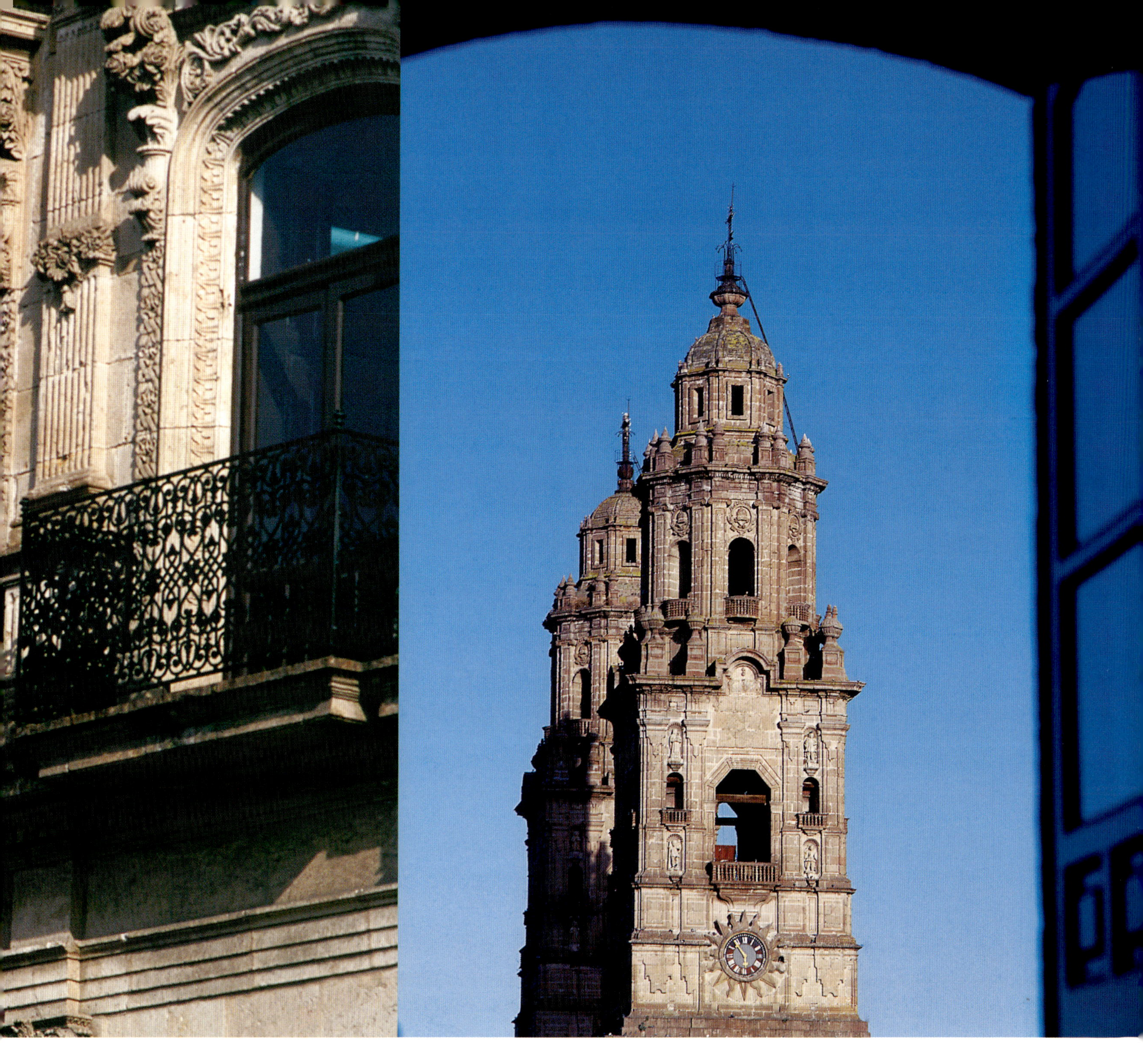

City of rich palaces, with their ornate façades of skillfully sculpted stone, finely crafted balconies and splendid stonework details.

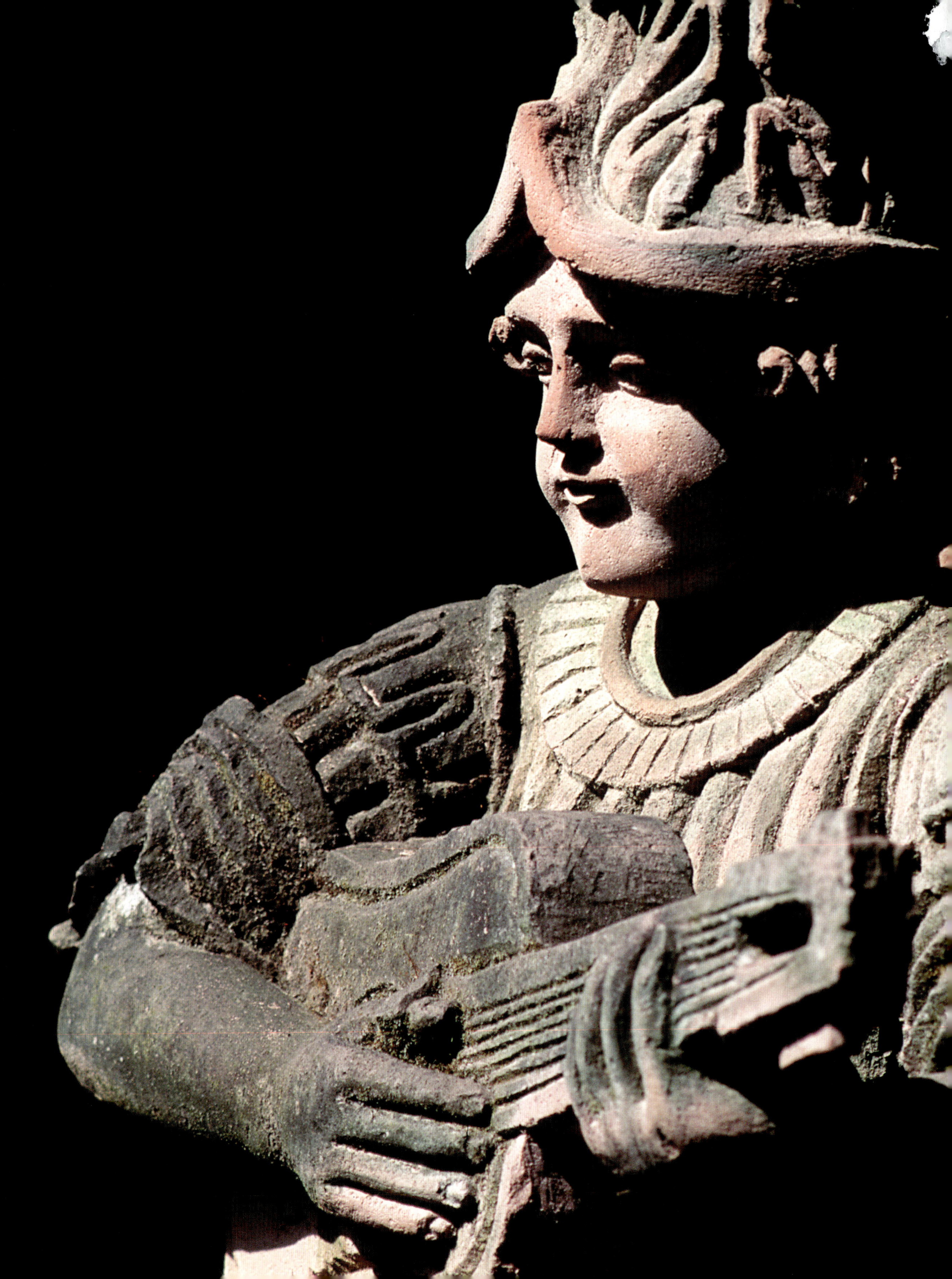

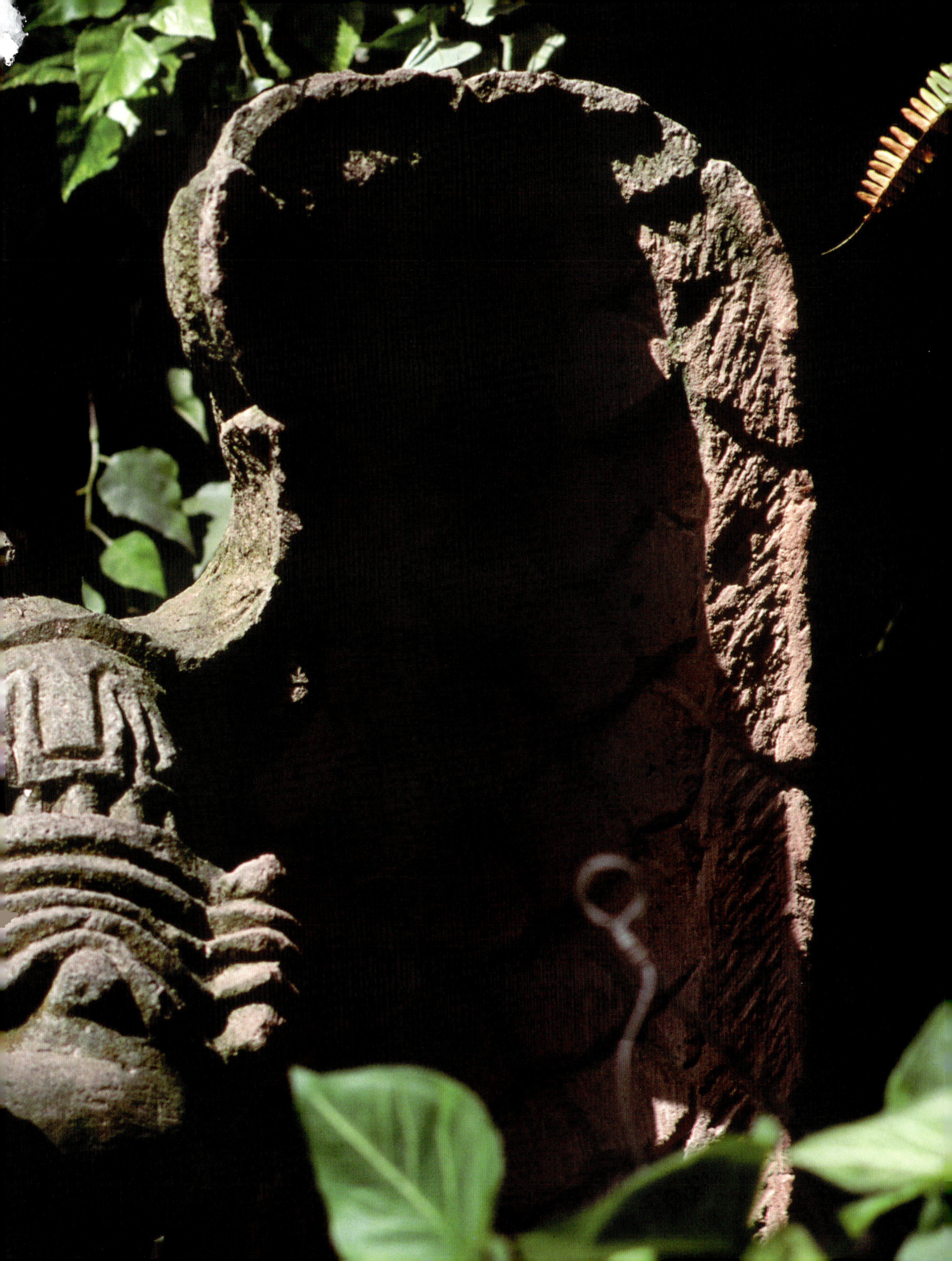

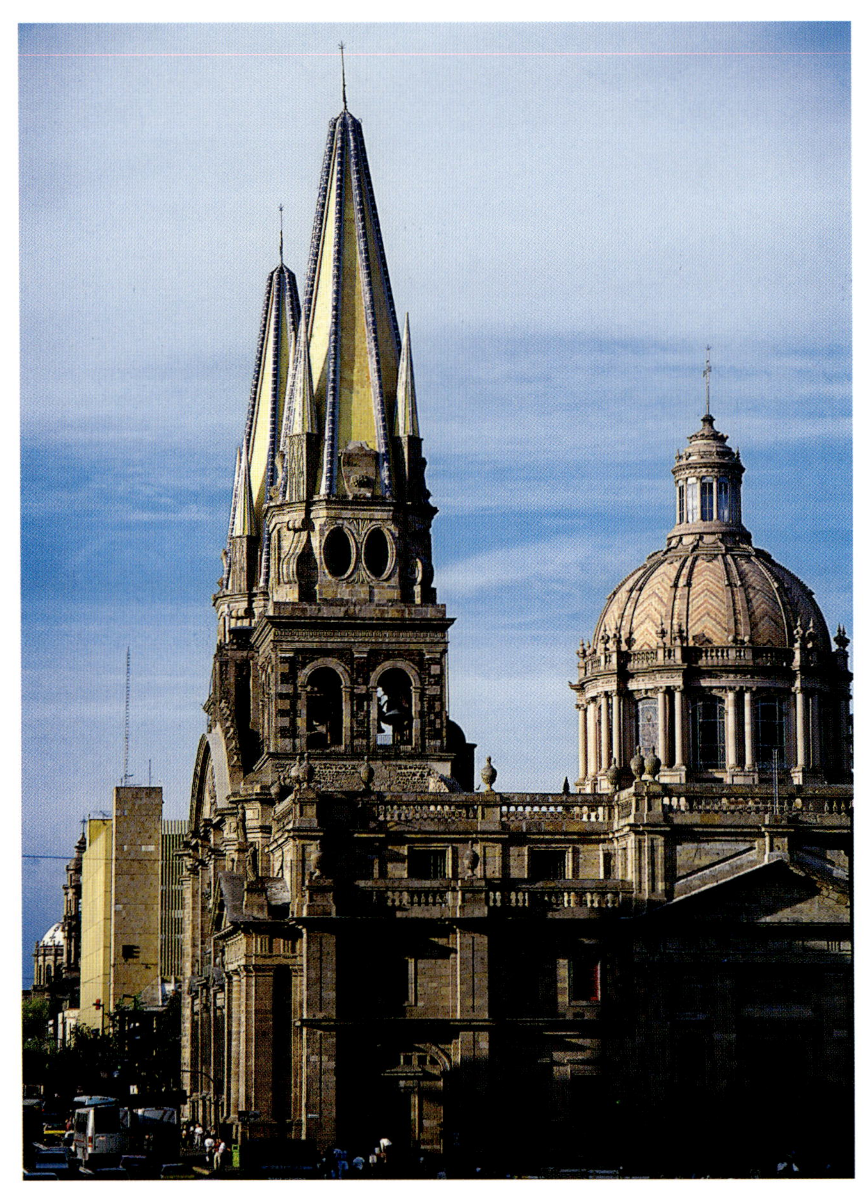

Catedral famosa en el mundo, símbolo de una ciudad,
con su torres puntiagudas, en forma de alcatraces.

~

World famous cathedral, the symbol of a city,
with its pointed towers, in the shape of gannets.

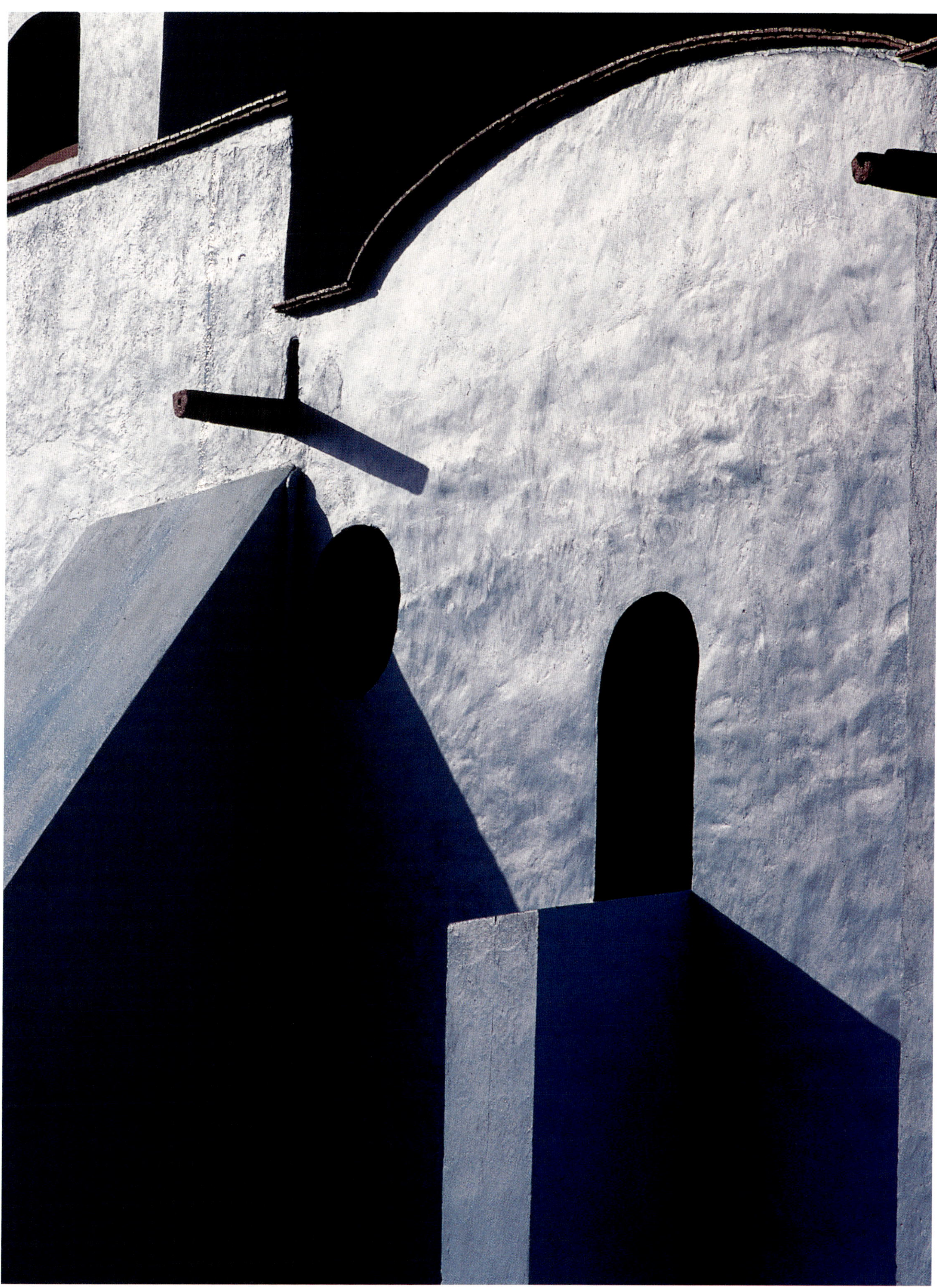

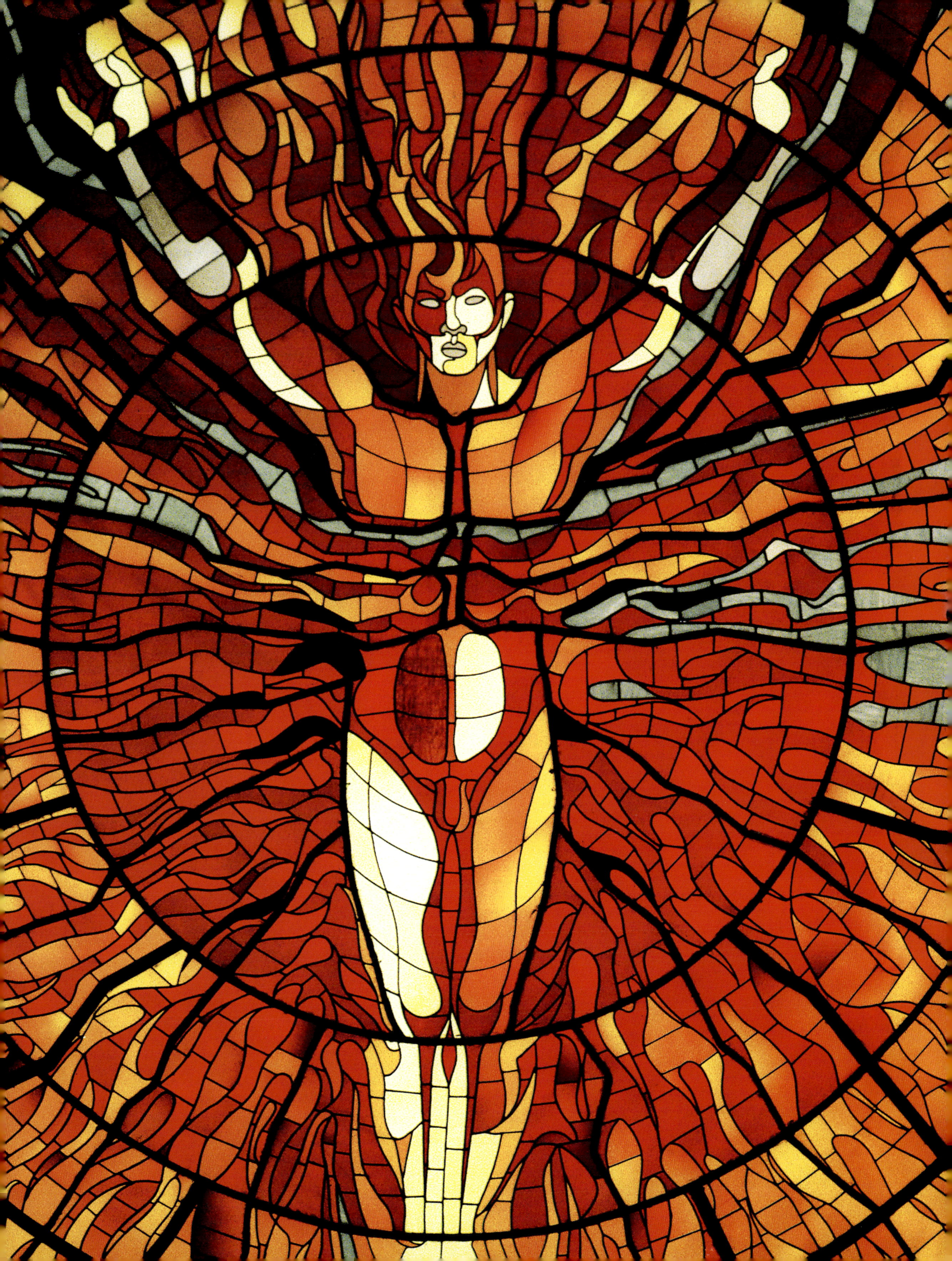

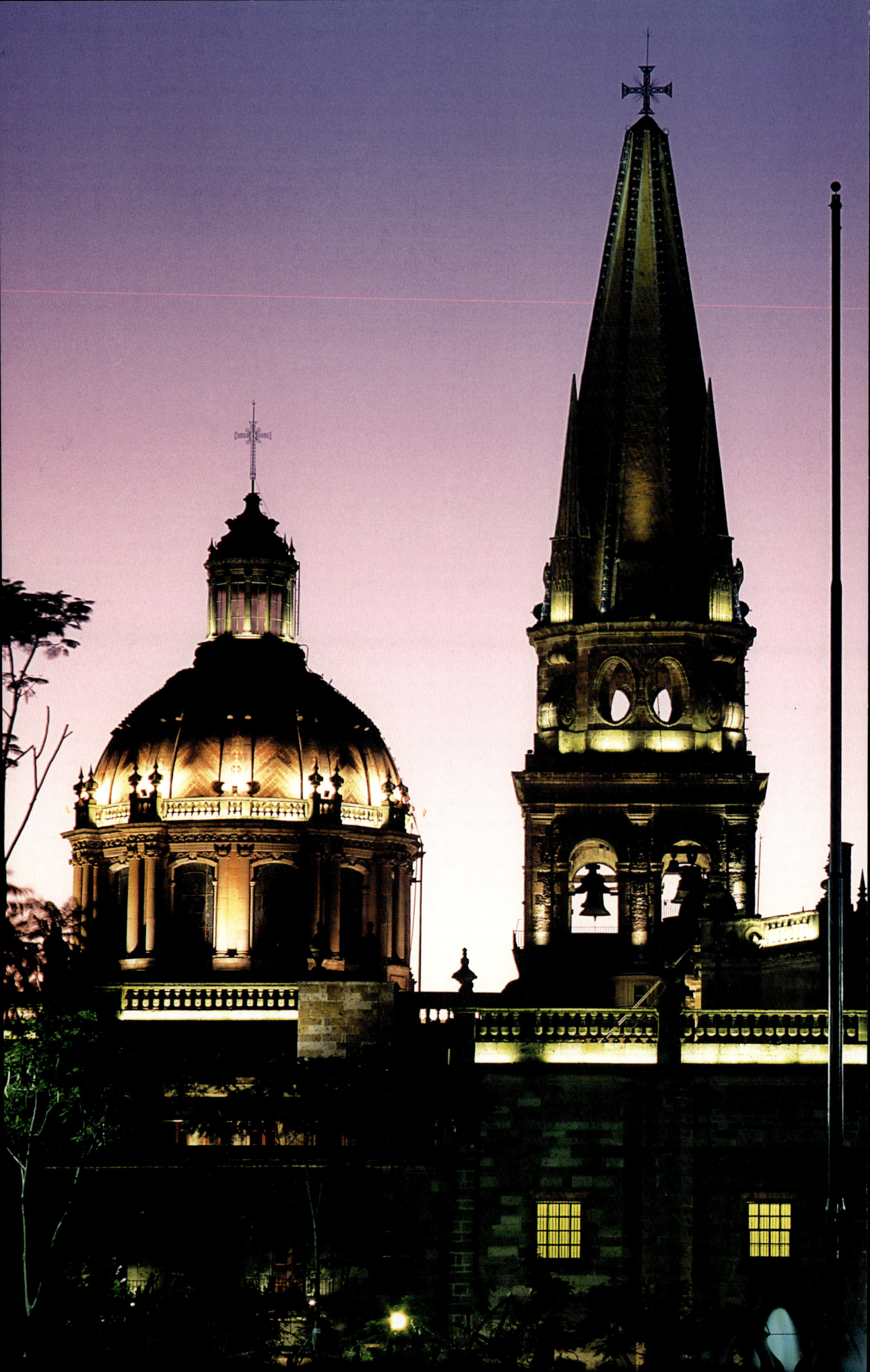

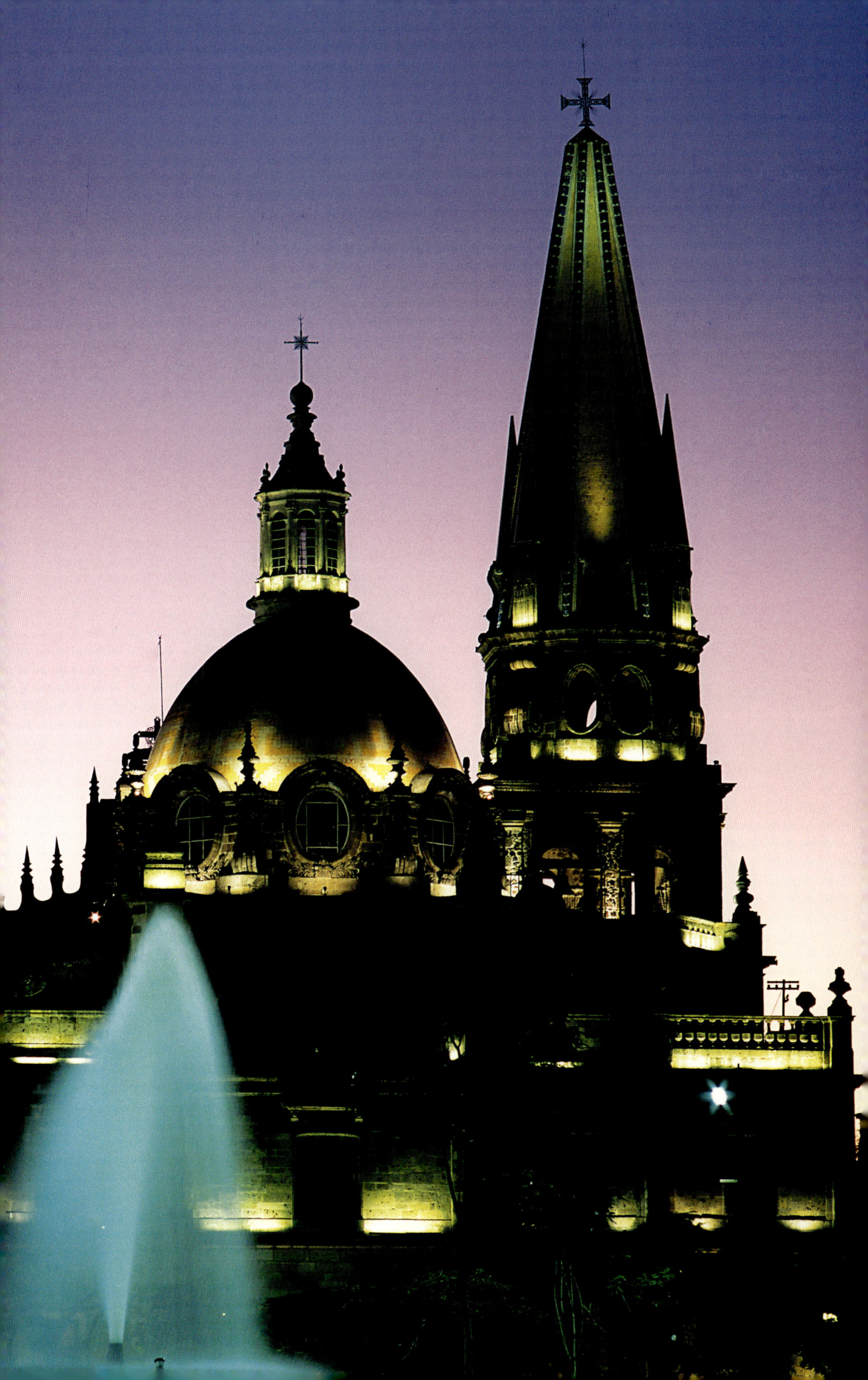

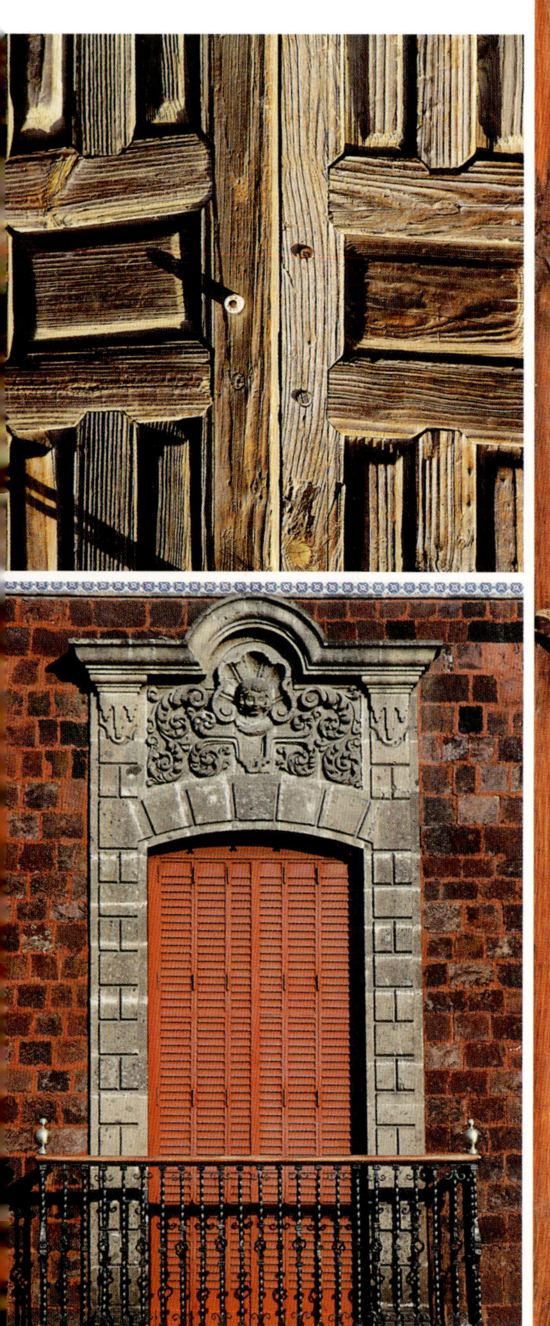

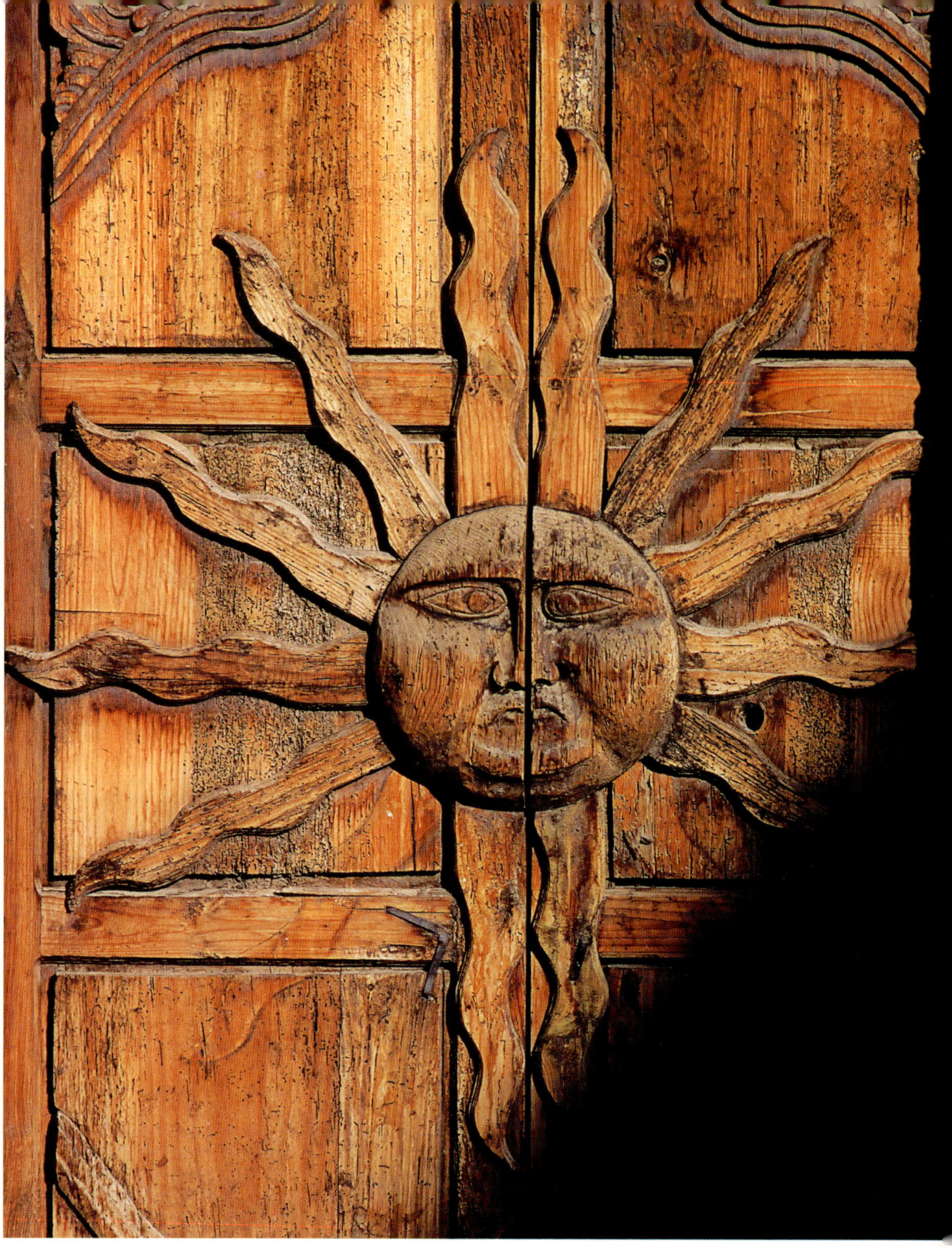

El portón limita el pórtico, con generosos tablones de madera,
que guardan la paz de la familia con complicados cerrojos
y aldabas de bronce con caras de sonriente sol.

~

The large door limits the portico with large planks of wood
to keep guard over family serenity with intricate locks
and bronze doorknockers with the smiling face of the sun.

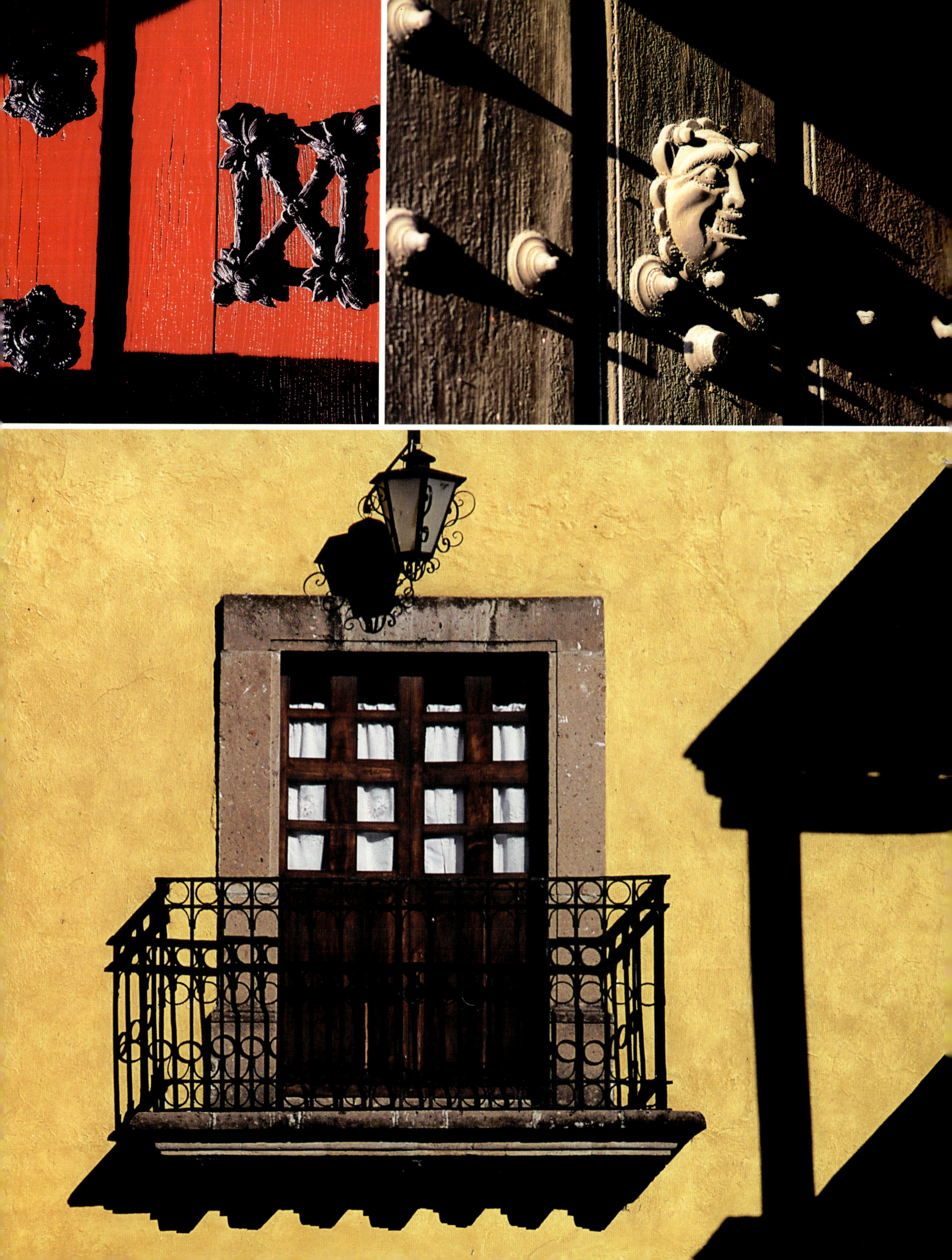

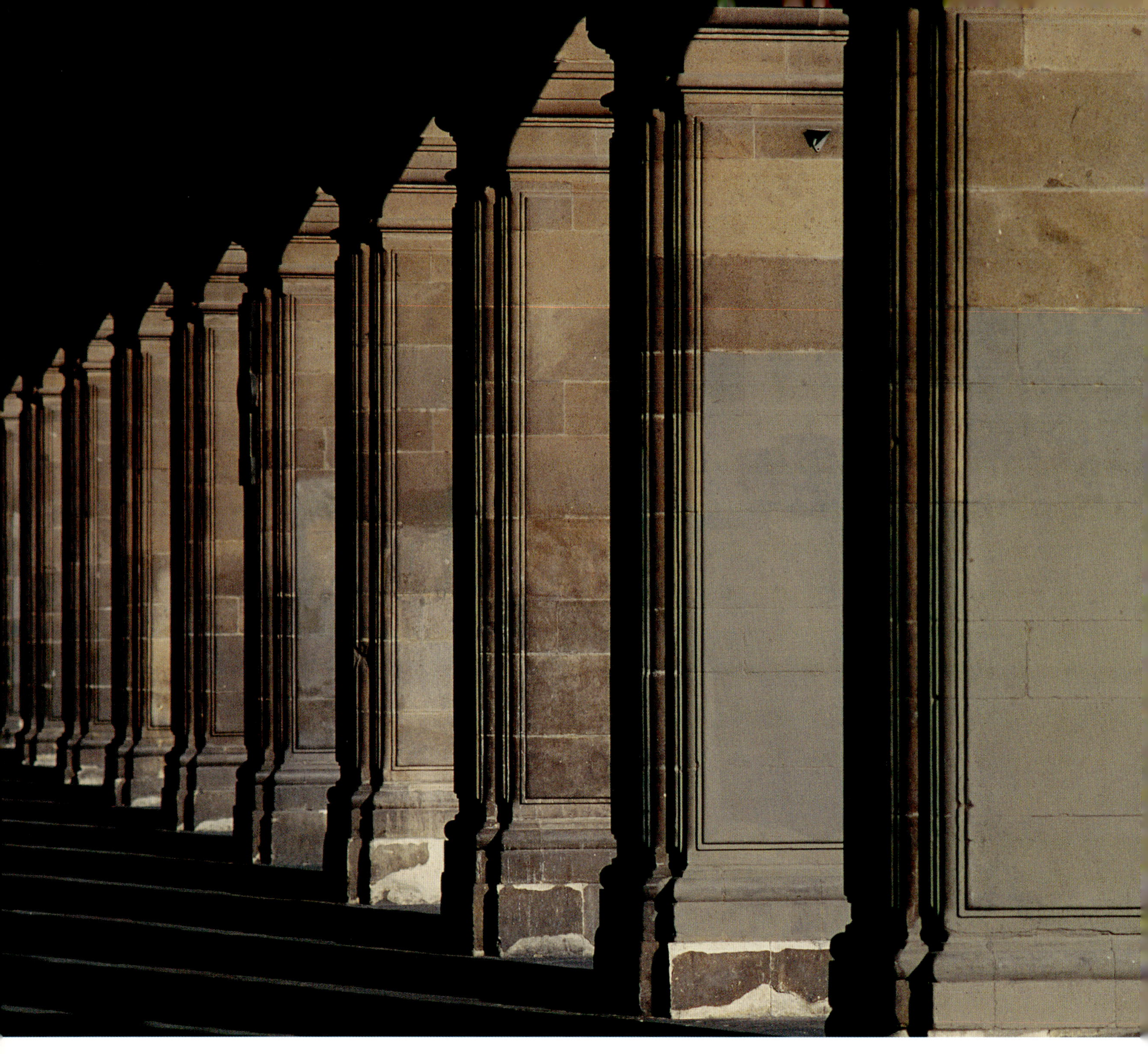

Ocho columnas estriadas, de claro estilo neoclásico, sostienen cornisa y fachada del teatro monumental a la luz de los faroles de inspiración colonial.

~

Eight grooved columns, clearly of the neoclassic style, hold up the cornice and façade of the monumental theater to the light of streetlamps of colonial inspiration.

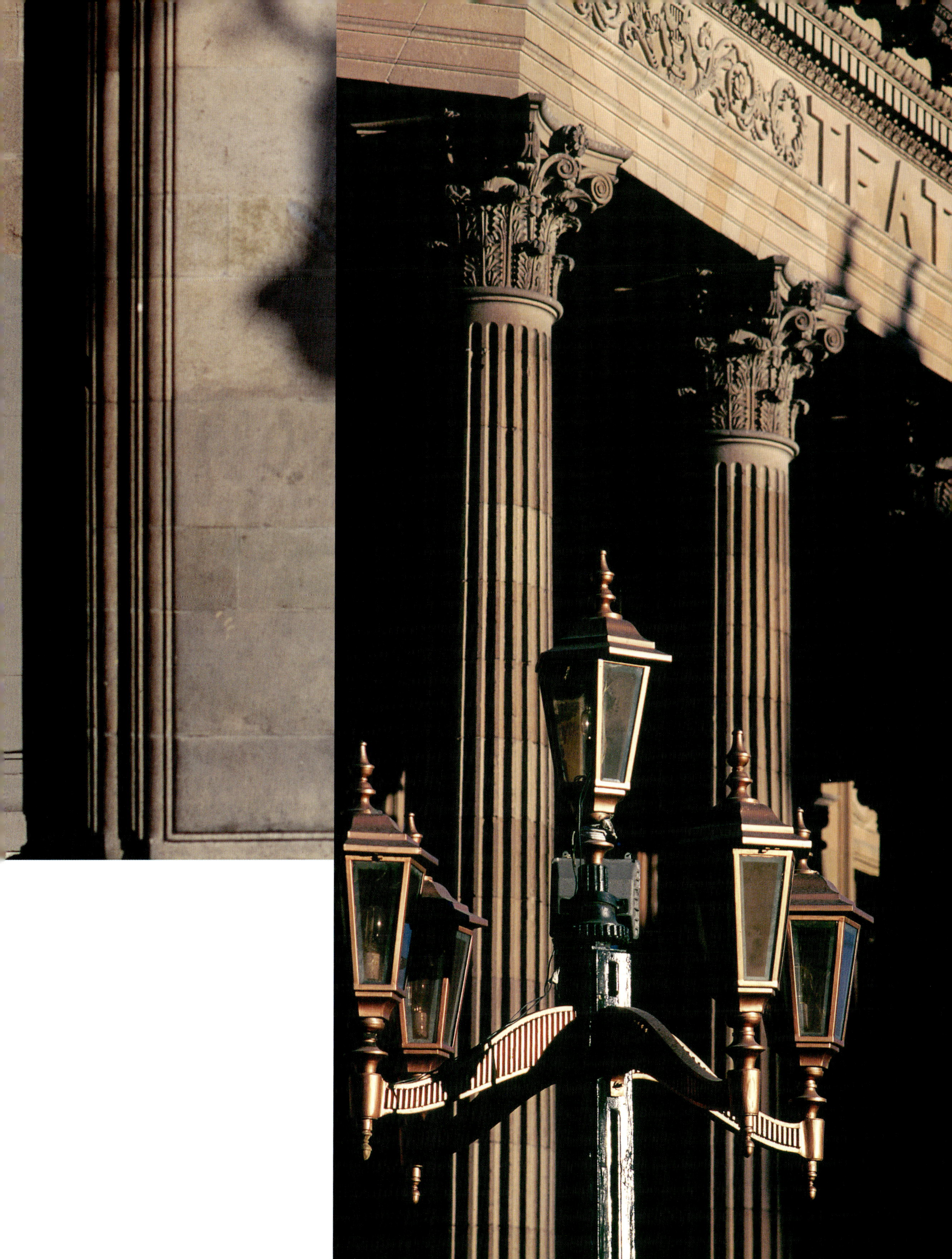

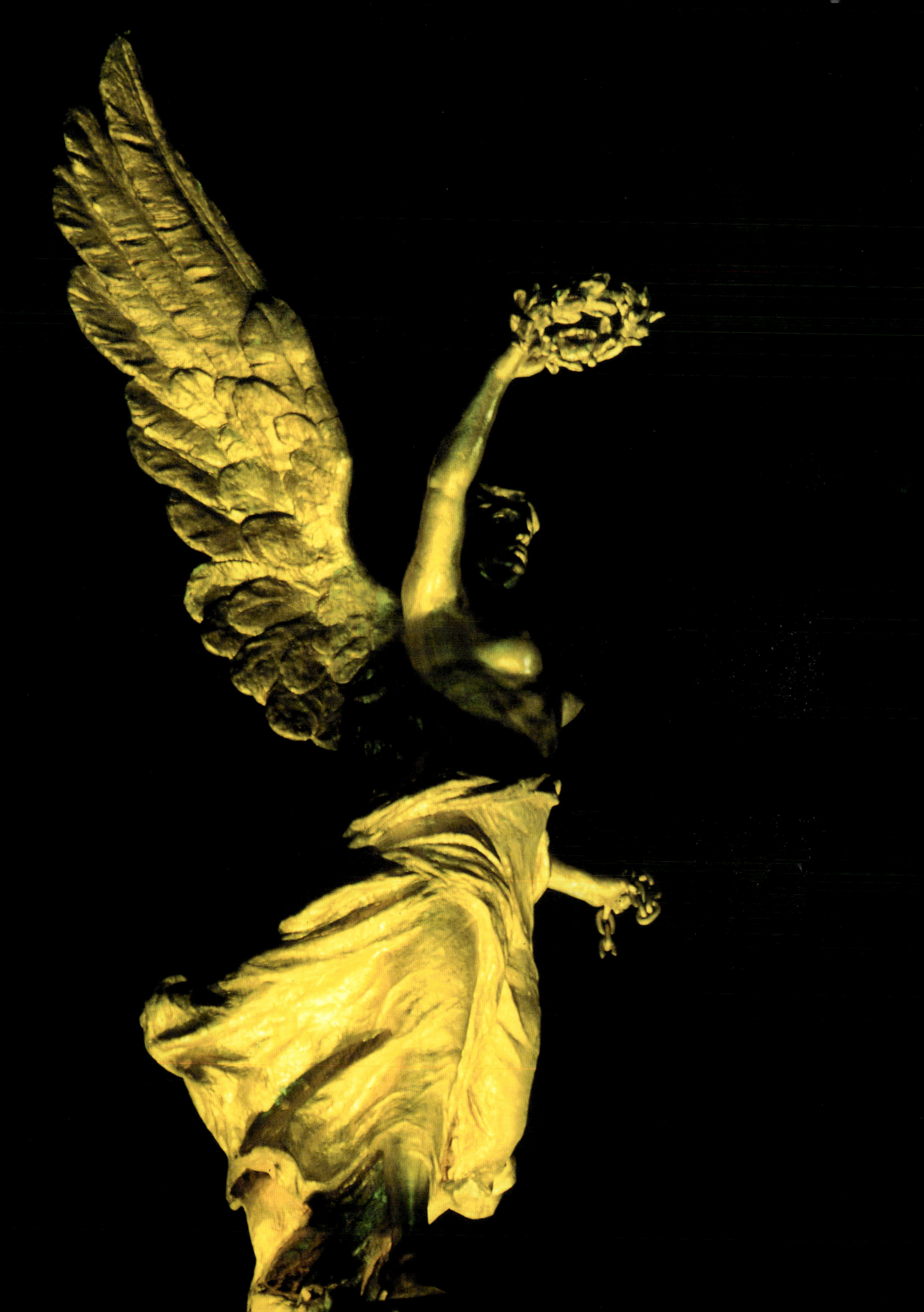

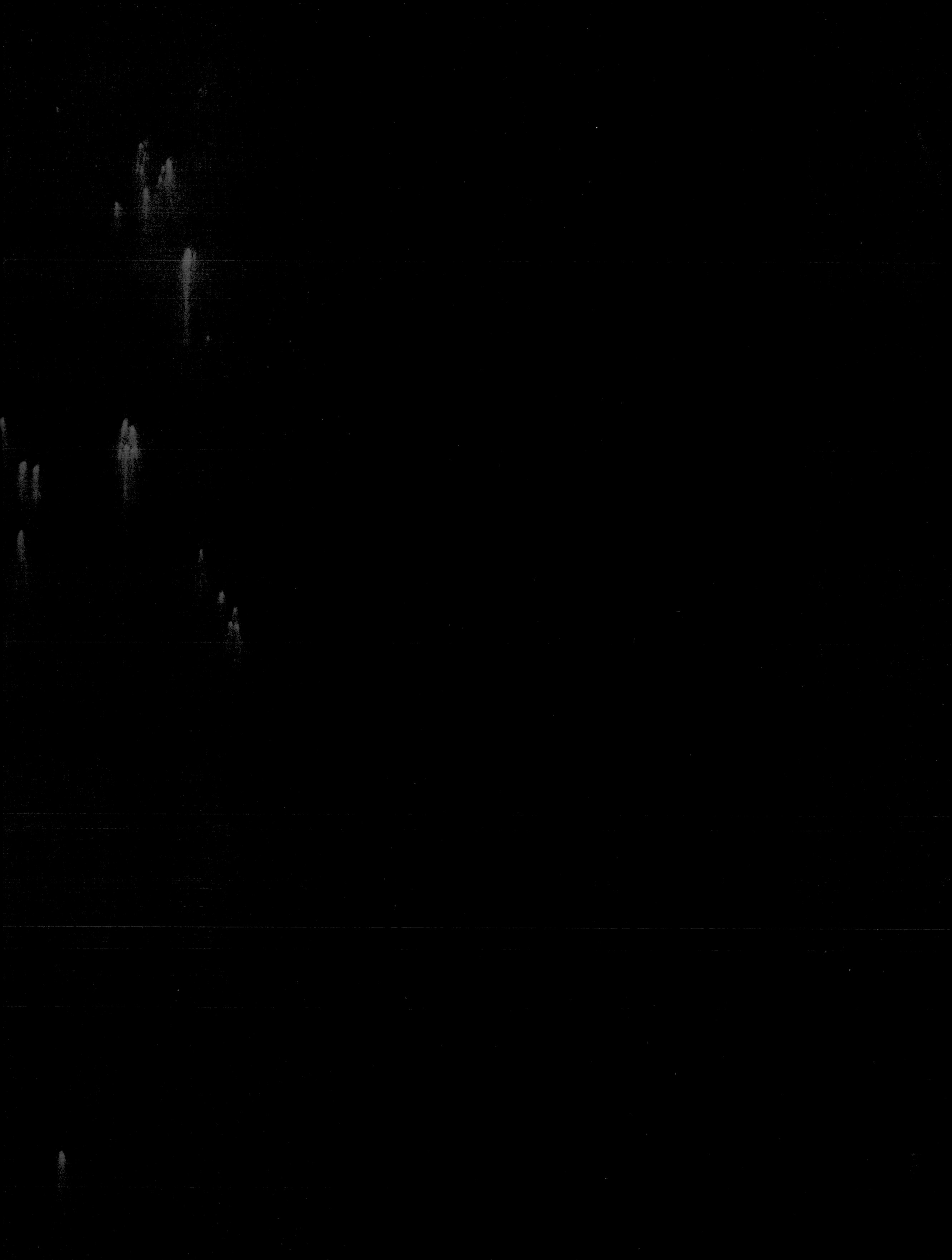

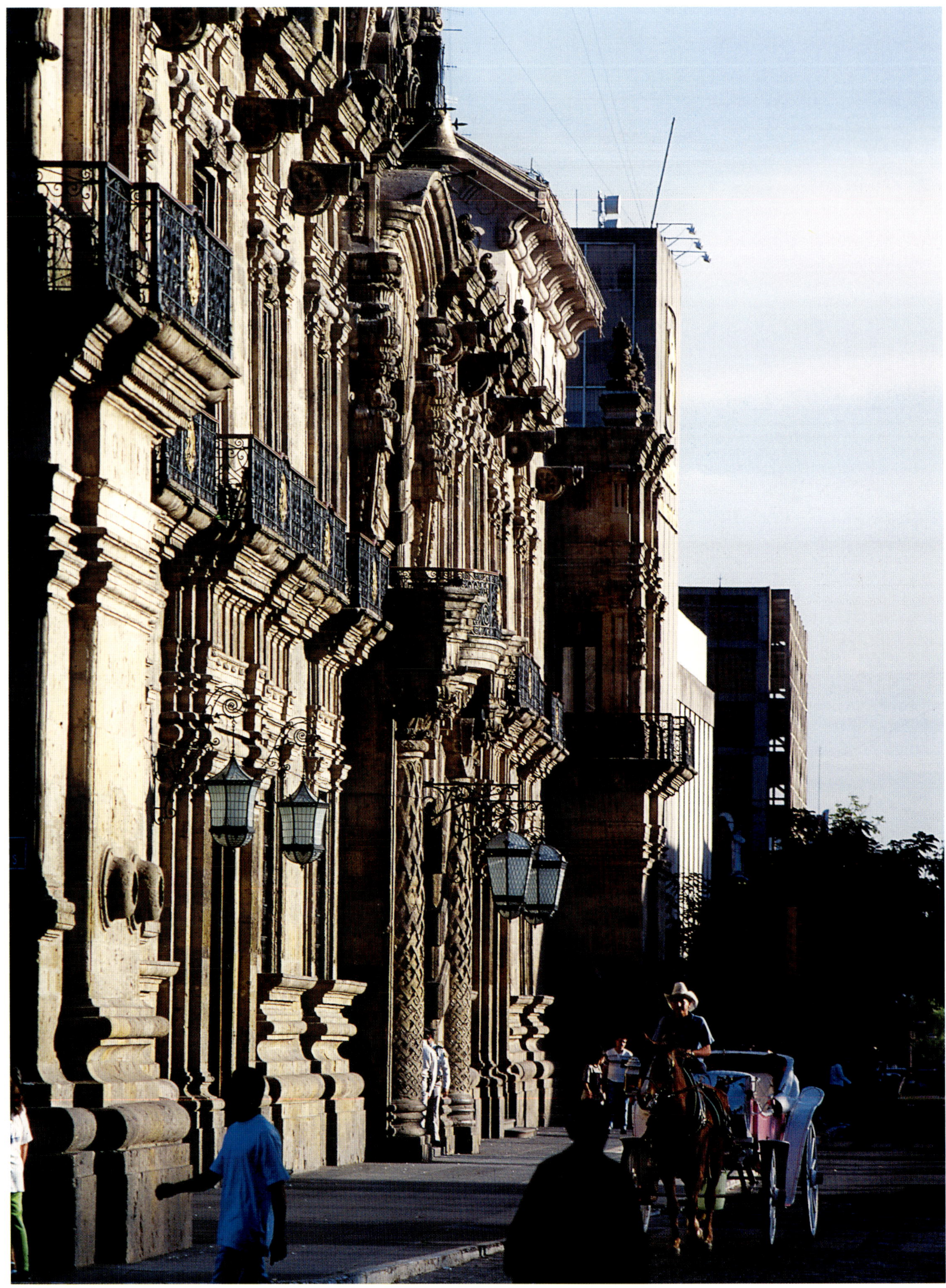

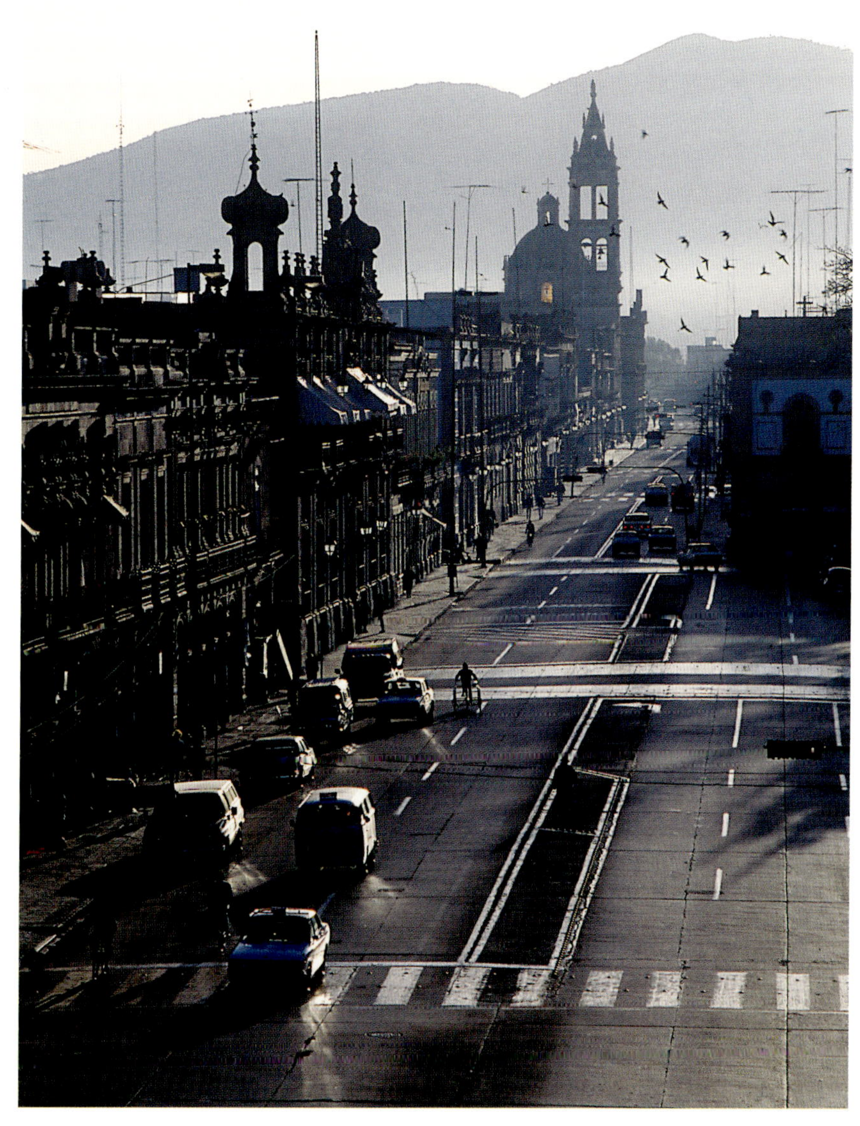

Gracia barroca, elegancia renacentista, toque churrigueresco en las fachadas, en la quietud y la calma de una ciudad colonial.

~

The grace of baroque, the elegance of the Renaissance and a touch of the churrigueresque on the façades, in the peace and quiet of a colonial city.

índice fotográfico

photographs

Ciudad de México

Situada en el extremo sur de la altiplanicie mexicana, la ciudad de México es el centro social, político y económico del país, aquí, las manos de sus habitantes crearon obras de enorme valor que aún subsisten en sus calles y plazas, sus grupos étnicos forjaron una identidad propia que se manifiesta en sus ritos, en sus costumbres, en sus obras artísticas, en su cocina, sabiamente mezclada con la influencia saludable de otras culturas; una ciudad que abre los brazos a las más diversas expresiones sin perder del todo su propia naturaleza. En síntesis, una auténtica ciudad cosmopolita.

Mexico City stands at the southern end of the Mexican highlands and is the center of the country's social, political and economic life. It was with their hands that the capital's inhabitants created works of great value that can still be found to this days in the city's streets and squares. Different ethnic groups forged their own identities as expressed in rituals, customs, works of art and cuisine, expertly blended with the welcome contributions of other cultures. This is a city that opens its doors to a vast range of cultural expressions but without diluting its own essence; this by definition makes it a genuinely cosmopolitan city.

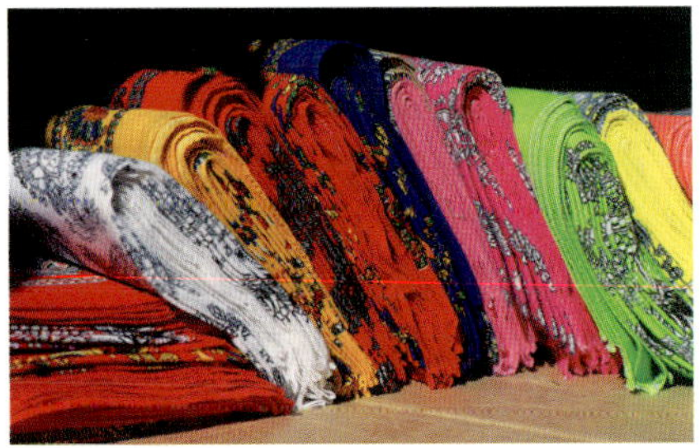

Los paliacates, de colores y diseños muy vistosos, son famosos en todo el mundo.

The shawls are famous the world over for their beautiful hand stitching and wonderful colors.

México, D.F.
p. 37

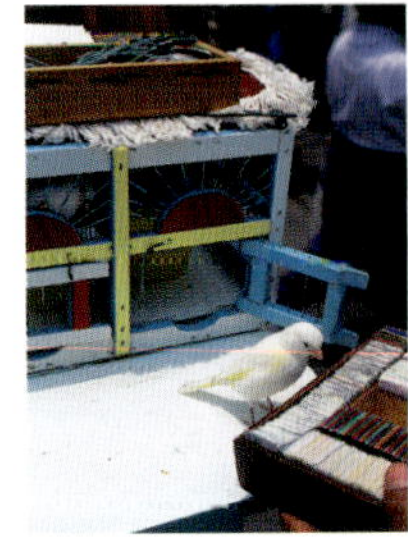

Pajarito de la suerte, Basílica de Guadalupe.

Lucky bird at the "Basílica de Guadalupe".

México, D.F.
p. 110

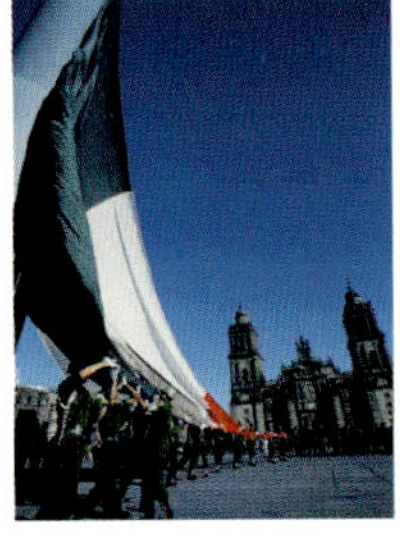

Zócalo Metropolitano.

The metropolitan "Zócalo".

México, D.F.
p. 179

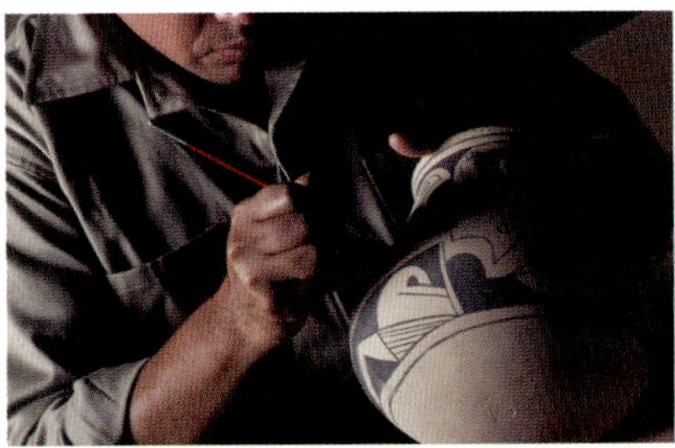

Toques decorativos de líneas suaves en un diseño artesanal moderno.

Smooth-lined decorative touches on a modern artistic design.

México, D.F.
p. 96-97

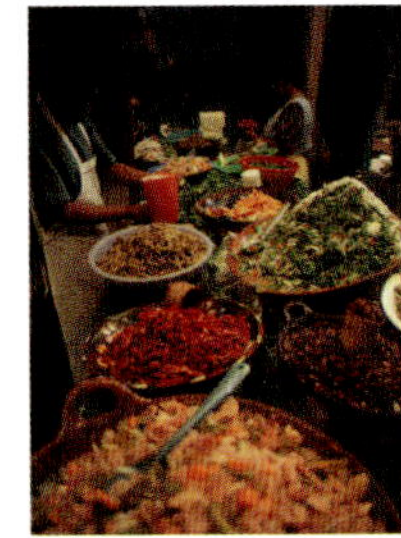

La cocina popular es una fiesta para los sentidos.

Popular cuisine is a feast for the senses.

México, D.F.
p. 135

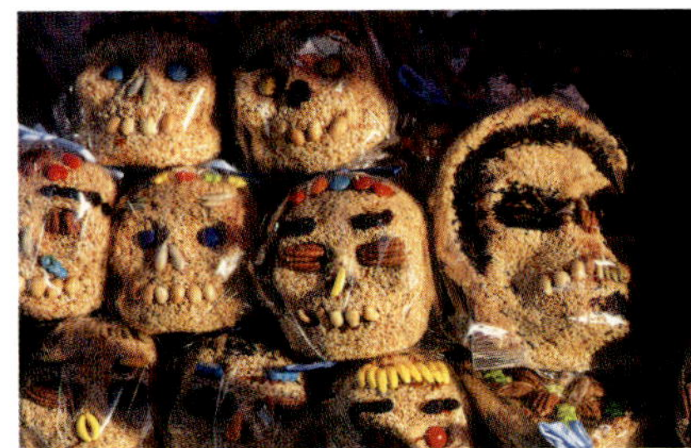

Calaveras de amaranto decoradas para saborearse.

Decorated amaranth skulls waiting to be devoured.

México, D.F.
p. 164

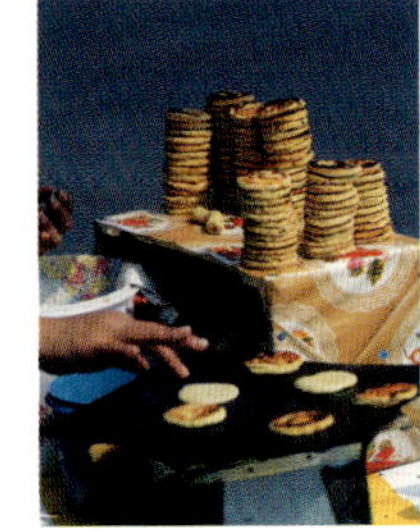

Gorditas de nata a la salida de la iglesia.

Cream "Gorditas" after church.

México, D.F.
p. 142

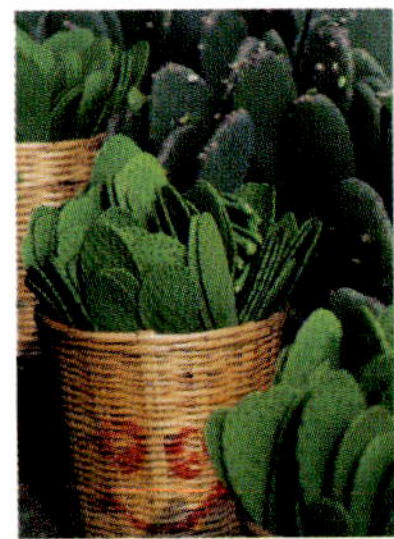

Cultivo de nopal.

Cactus plant crops.

México, D.F.
p. 9

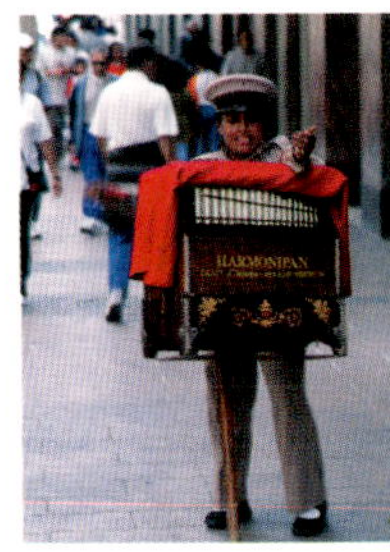

El cilindro alegra a los transeúntes.

Passers by enjoy this cylinder.

México, D.F.
p. 101

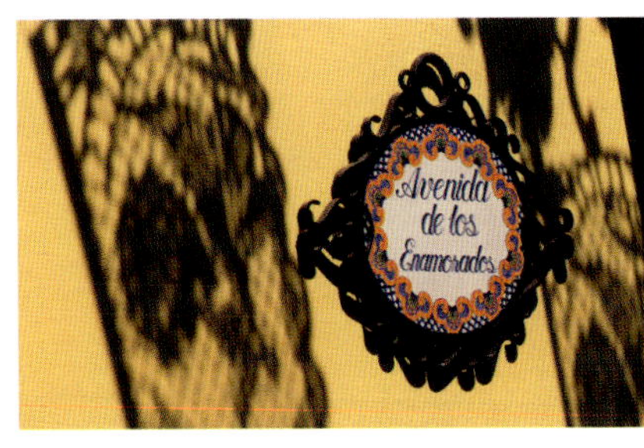

Bajo las sombras del papel picado, la filigrana del hierro forjado y el bordado de la cerámica, caminan del brazo los enamorados.

Under the shadow of decorative paper, the delicate wrought ironwork and the patterns on ceramics, embraces with lovers.

México, D.F.
p. 117

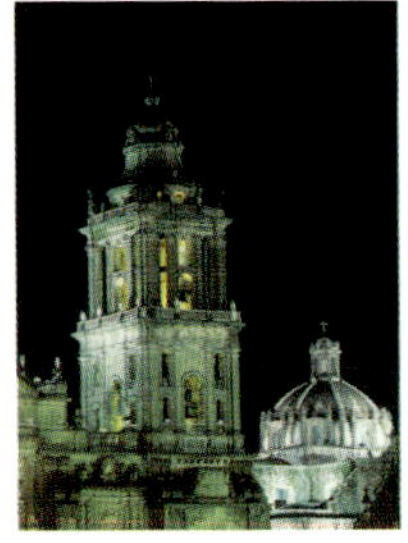

Campanario de la Catedral Metropolitana.

The belfry of the Metropolitan Cathedral.

México, D.F.
p. 189

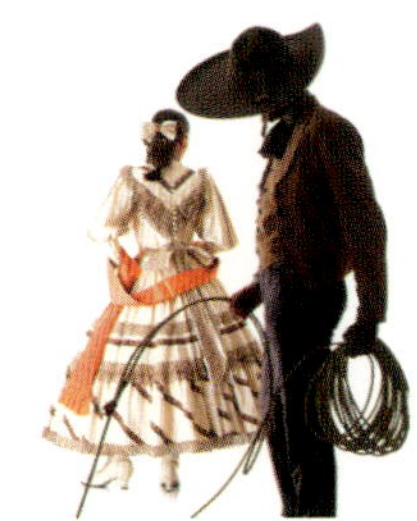

Vestimenta de la ranchera y el charro.

The attire of the "ranchera" and the "charro".

México, D.F.
p. 25

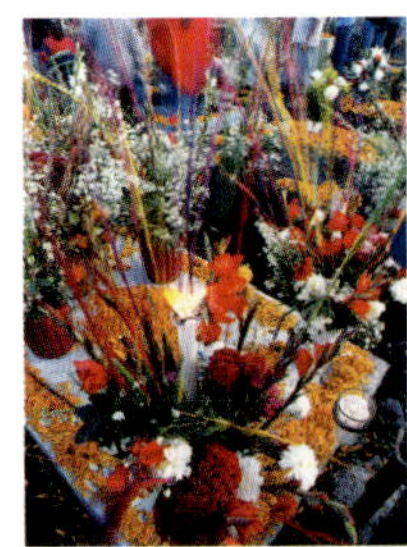

Ofrendas de flores para los difuntos.

Offerings of flowers for the departed.

México, D.F.
p. 165

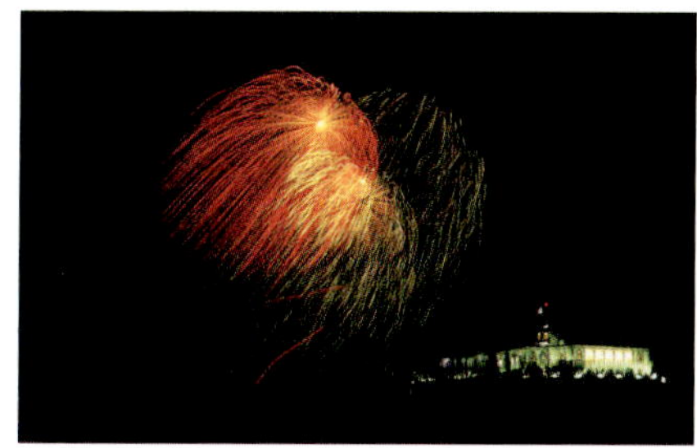

El cielo citadino se ilumina con los fuegos de artificio.

Fireworks light up the city sky.

México, D.F.
p. 110

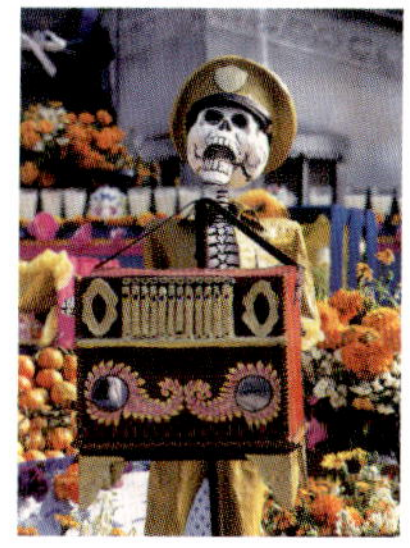

La calaca cilindrera, una fantasía popular.

"Calaca cilindrera", a popular fantasy.

México, D.F.
p. 100

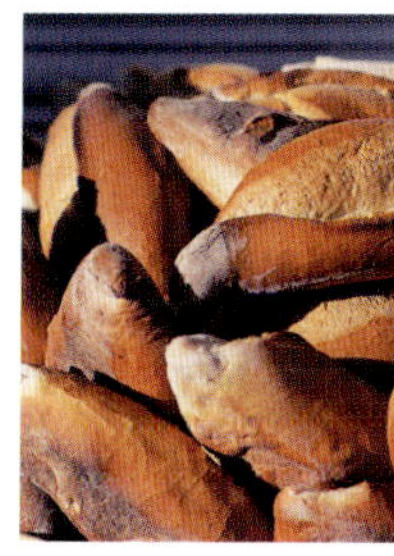

El tradicional bolillo mexicano.

The traditional Mexican bread roll.

México, D.F.
p. 17

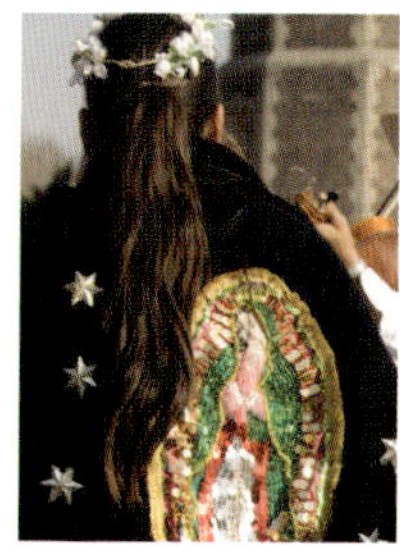

Imagen sagrada bordada en el manto ceremonial.

Religious image embroidered on a ceremonial robe.

México, D.F.
p. 16

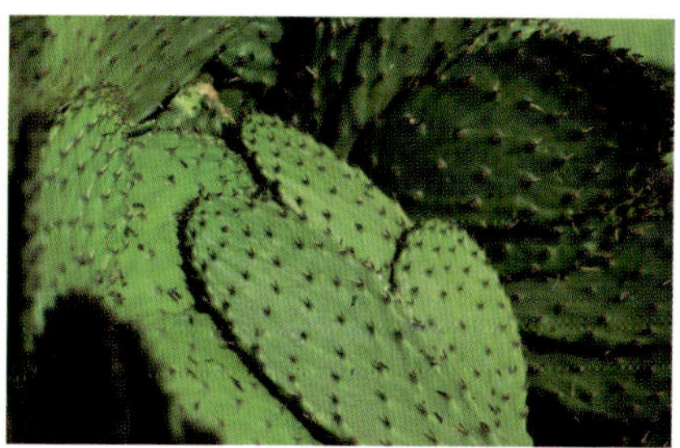

El nopal, áspero y de sabor exótico, con cualidades nutritivas y curativas.

The cactus plant, with its sharp and exotic taste, and its great nutritional and curative value.

México, D.F.
p.p. 136-137

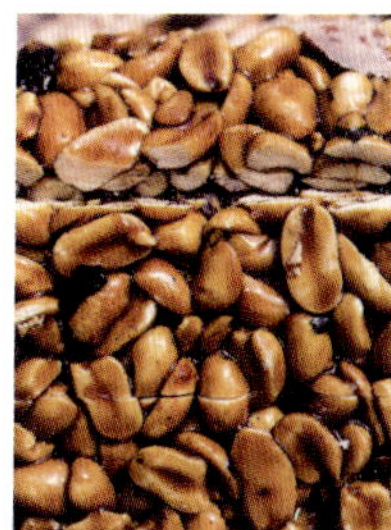

Palanquetas de cacahuate y miel.

Peanut and honey "palanquetas".

México, D.F.
p. 148

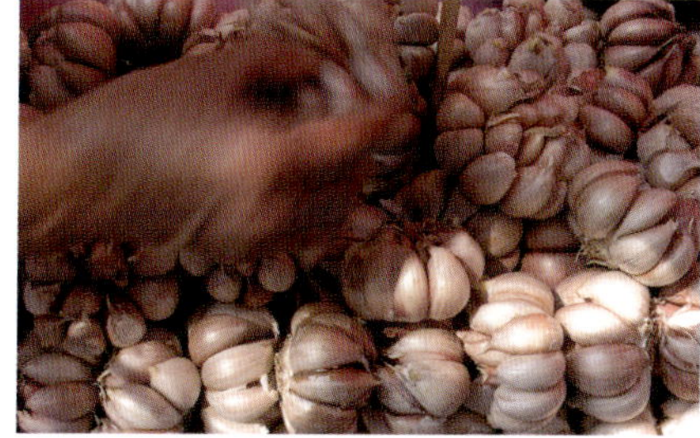

El ajo, fuente de salud e ingrediente indispensable en la cocina.

Garlic, a source of health and a vital ingredient in the kitchen.

México, D.F.
p. 144

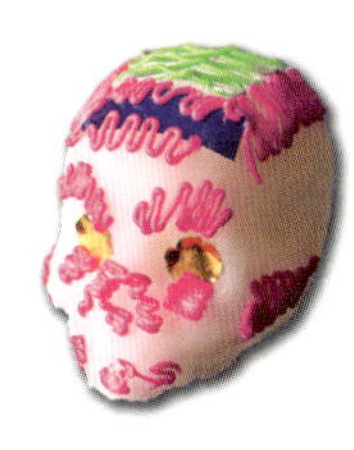

Calaveritas de dulce para la mesa de los fieles difuntos.

Candy skulls for the table of the departed.

México, D.F.
p. 128

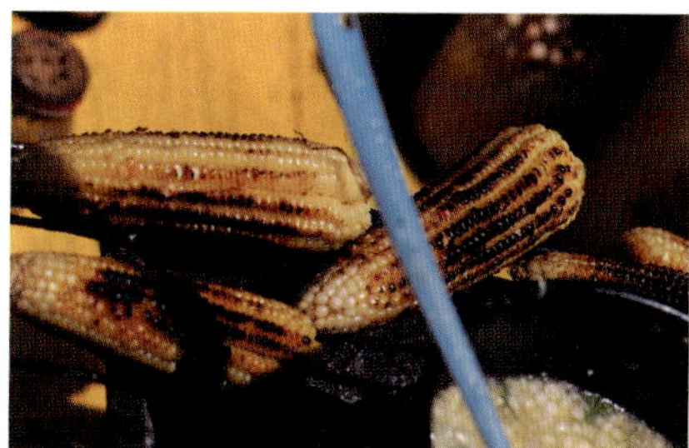

El maíz en sus presentaciones diversas, como elote en forma tradicional, o desgranado en forma de esquites.

Corn with numerous presentations, such as the traditional cob, or with the grains removed.

México, D.F.
p. 152

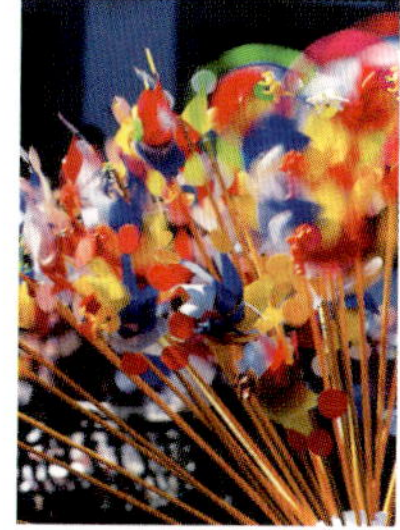

Color en movimiento con el juego de los rehiletes.

Color in motion in the form of windmills.

México, D.F.
p. 110

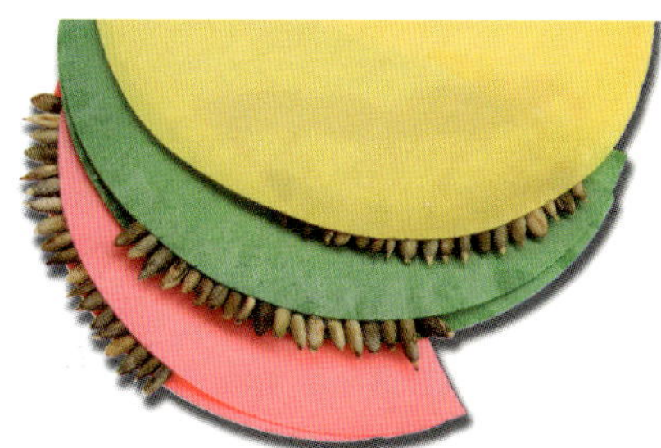

Pepitorias, el sabor de los colores.

Fricassee, with the flavor of colors.

México, D.F.
p. 133

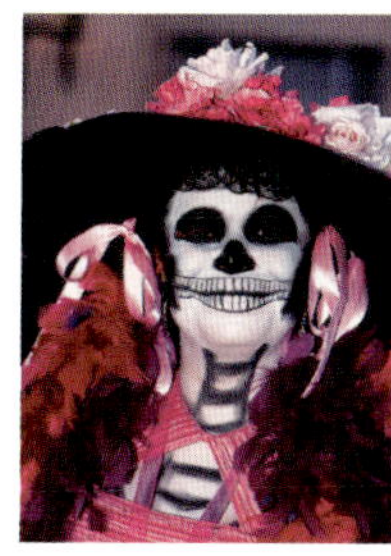

El mexicano juega con la muerte sin temor.

Mexicans play fearless with death.

México, D.F.
p. 51

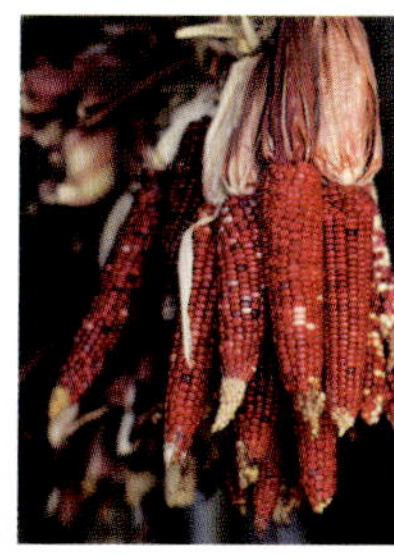

El maíz es un alimento sagrado.

Corn is a sacred food.

México, D.F.
p. 153

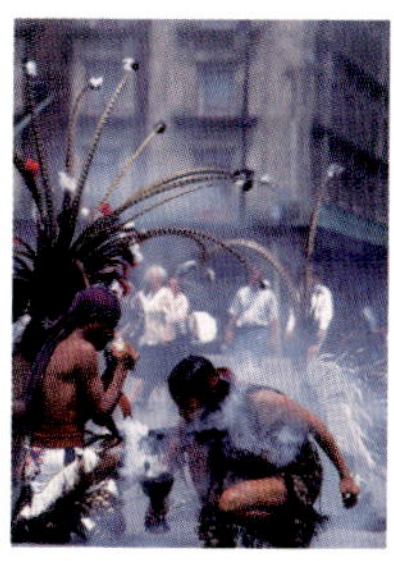

Ritual de Los Concheros en el Zócalo.

"Los Concheros" ritual at the "Zócalo".

México, D.F.
p. 42

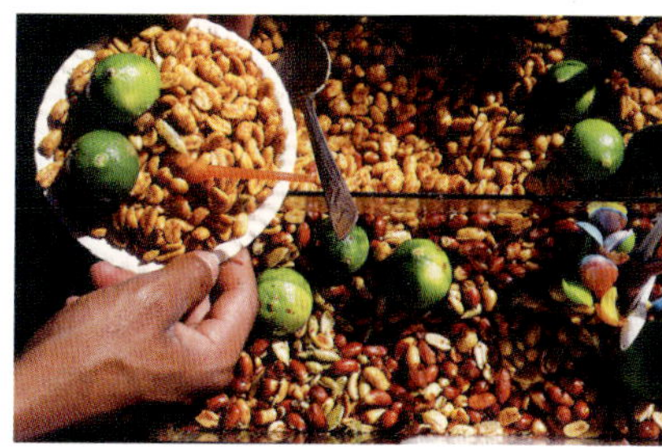

El cacahuate se suele servir como botana, sazonado con chile y aderezado con limón.

Peanuts prepared with chili and lemon make a great snack.

México, D.F.
p. 171

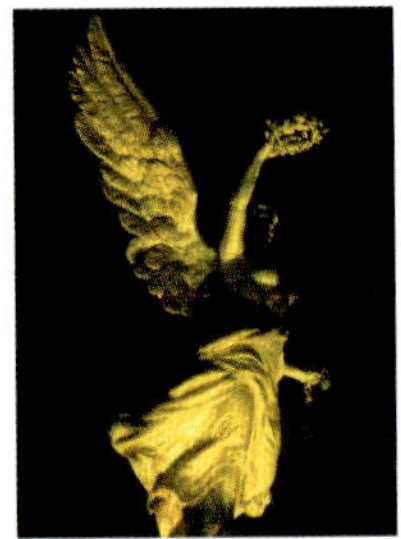

El Ángel de la Independencia.

The Angel of Independence.

México D.F.
p.p. 204-205

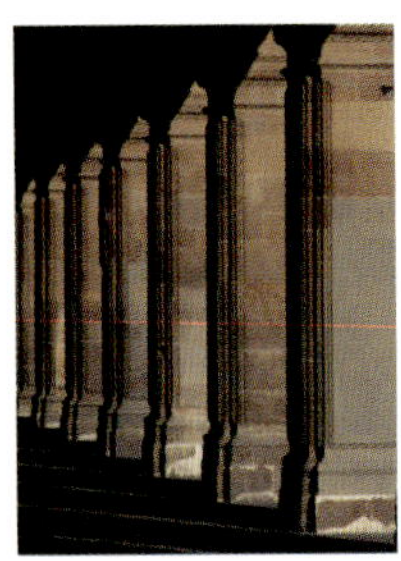

Juego de arcos de cantera en el Zócalo.

Set of freestone arches in the "Zócalo".

México, D.F.
p. 202

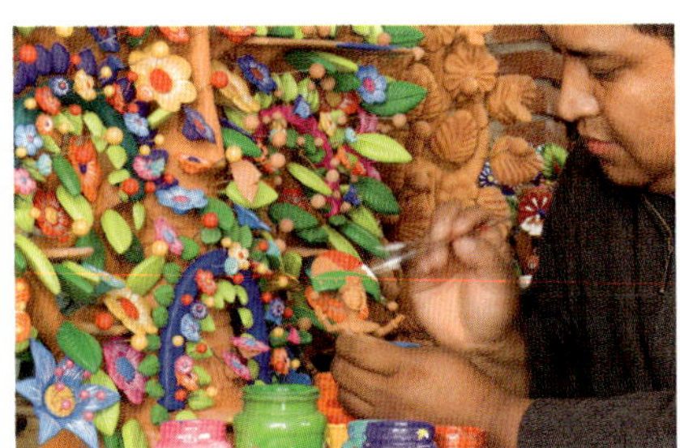

Color y forma en el árbol de la vida.

The color and shape of the tree of life.

México, D.F.
p. 99

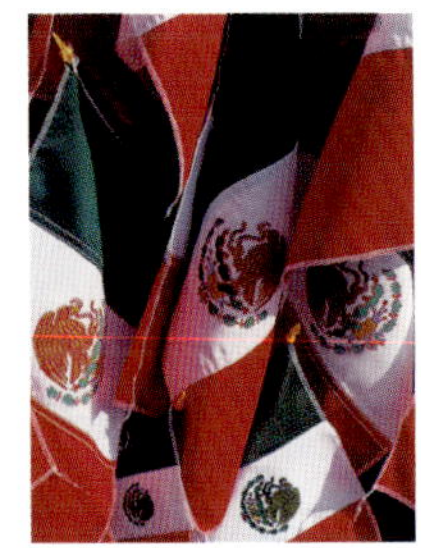

Banderas de las fiestas patrias.

Flags at Mexican celebrations.

México, D.F.
p. 17

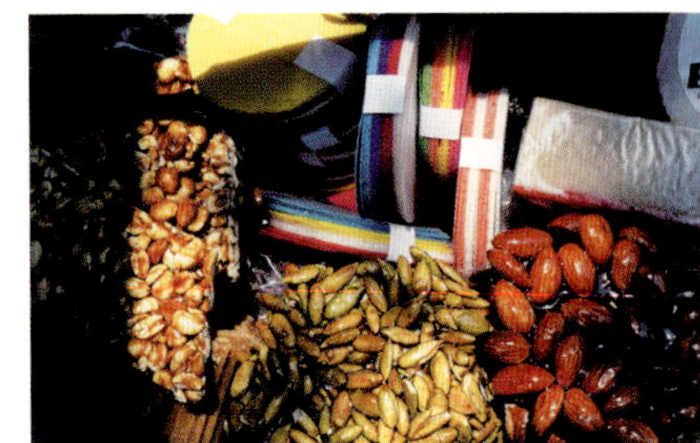

Una deliciosa fiesta de sabor para nuestros sentidos.

A delicious feast of flavors for our senses.

México, D.F.
p.p. 160-161

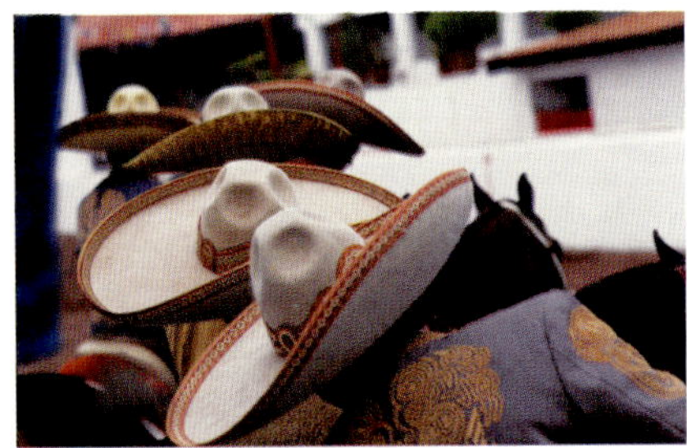

Charros con traje de media gala y sombrero de fieltro.

Charros with half ceremonial dress and felt hat.

México, D.F.
p.p. 34-35

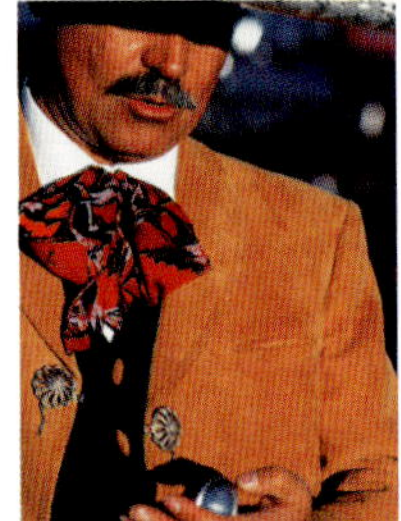

Elegante traje de gamuza, chaleco de paño y botonadura de plata.

A smart chamois suit with a woolen waistcoat and silver buttons.

México, D.F.
p. 45

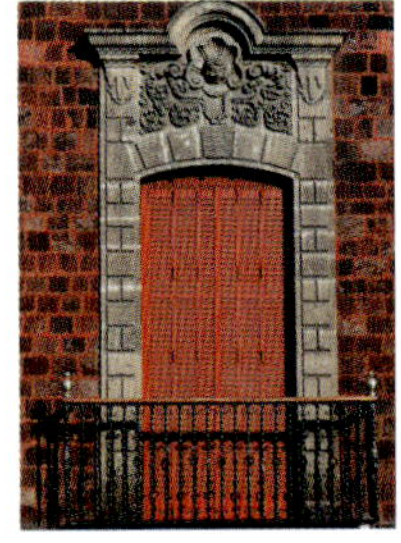

Balcón en el centro de la ciudad.

A balcony in the city center.

México, D.F.
p. 200

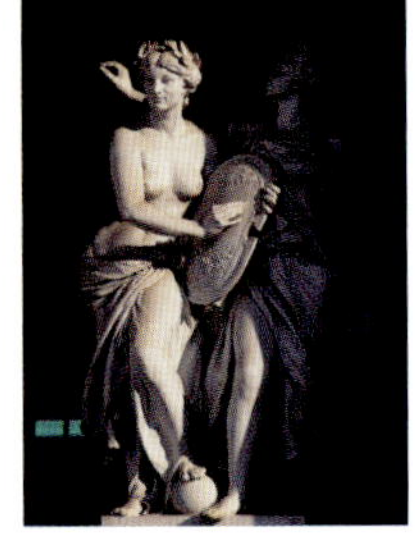

Esculturas en la fachada del Palacio de Bellas Artes.

Sculptures on the façade of the "Palacio de Bellas Artes".

México, D.F.
p. 188

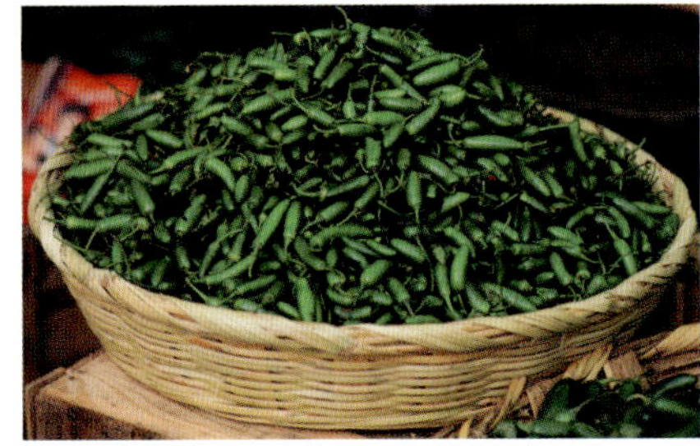

Famosos y picosos chiles.

Famous hot chilies.

México, D.F.
p.p. 124-125

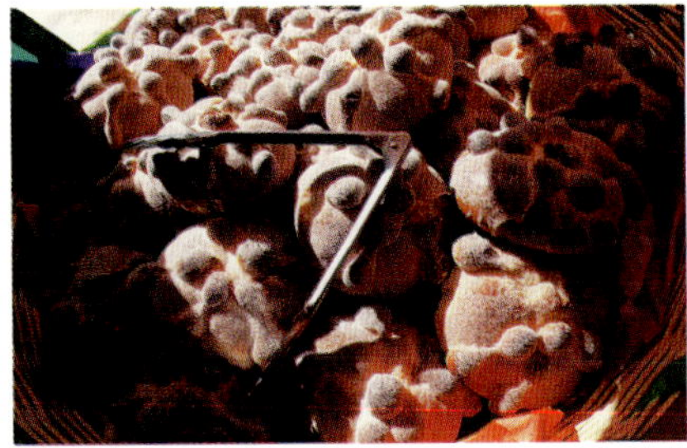

Panes de ofrenda en el ritual de culto a los antepasados.

Bread offerings in the ancestor worship ritual.

México, D.F.
p. 163

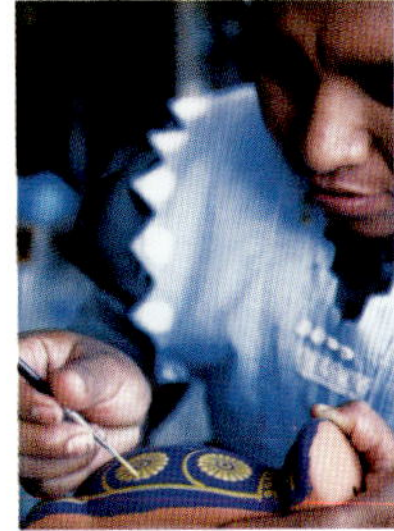

Las manos femeninas trabajan con delicadeza, en la creación artística.

Women's hands at work in the creation of art with delicacy.

México, D.F.
p. 77

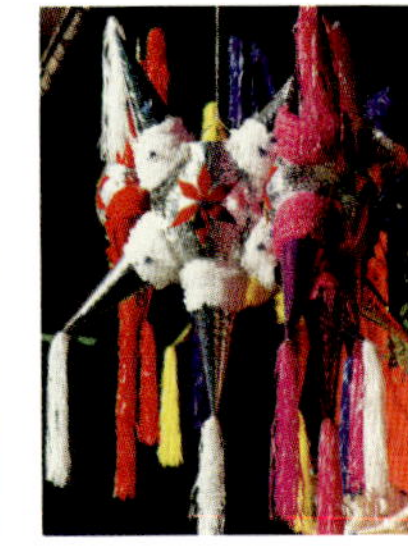

Las piñatas que alegran la posada mexicana.

The Mexican "posada" is brightened up by "piñatas".

México, D.F.
p. 79

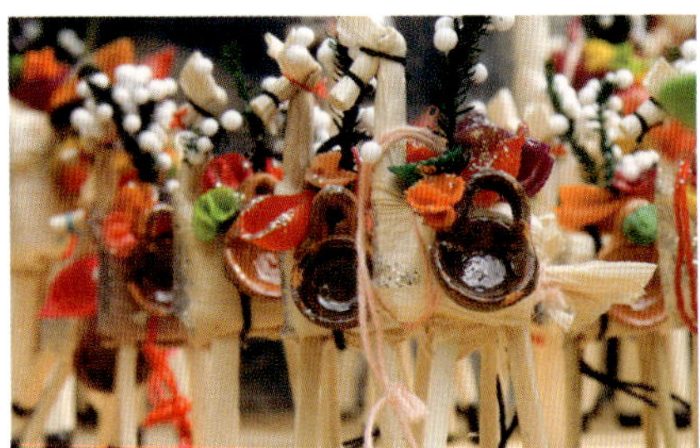

Hoja de maíz convertida en la tradicional "mulita" del Jueves de Corpus.

The traditional mule of Maundy Thursday made from corn leaf.

México, D.F.
p.p. 82-83

Michoacán

Los tarascos nunca pudieron ser subyugados por los aztecas, pero aceptaron pacíficamente la ocupación española. Fueron los primeros mesoamericanos en trabajar la metalurgia, no sólo conocían los metales puros sino también las aleaciones y con la llegada de los europeos aprendieron nuevas técnicas que aplicaron a sus productos ancestrales. Hoy en día ocupan un lugar importante en la producción artesanal y las fuertes raíces de su estirpe aún se conservan en sus ritos y en sus costumbres alimenticias y artísticas.

The Tarasco indians were never dominated by the Aztecs although they did accept Spanish occupation peacefully. They were the first Mesoamericans to use metallurgy; not only were they familiar with pure metals, they also knew about alloys, and the arrival of the Europeans brought new techniques which they incorporated into their ancestral arsenal. Today they rank among the country's top producers of handcrafts and their strong cultural roots are still prominent in their rituals, dietary habits and artistic expressions.

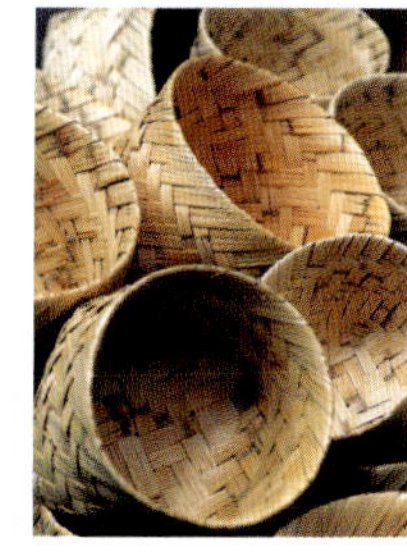

"Tompiate" de palma para las tortillas.

Palm "tompiate" for tortillas.

Morelia, Michoacán
p. 107

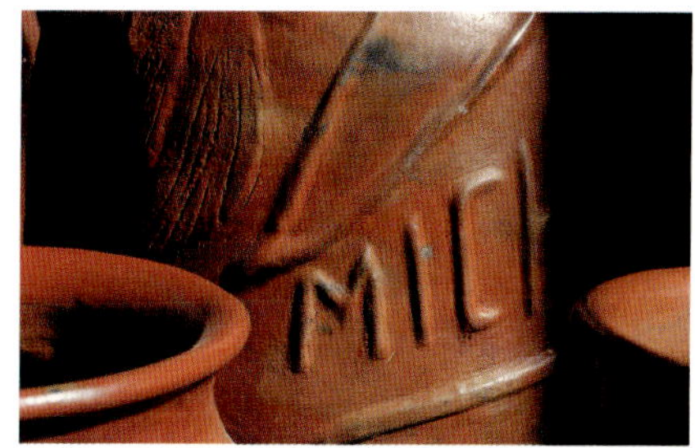

Hermosas ollas que guardan la frescura del agua y el calor del ponche y el café.

Beautiful pots whose rounded form keeps the revitalizing freshness of water and the welcome warmth of "ponche" and coffee.

Michoacán
p. 81

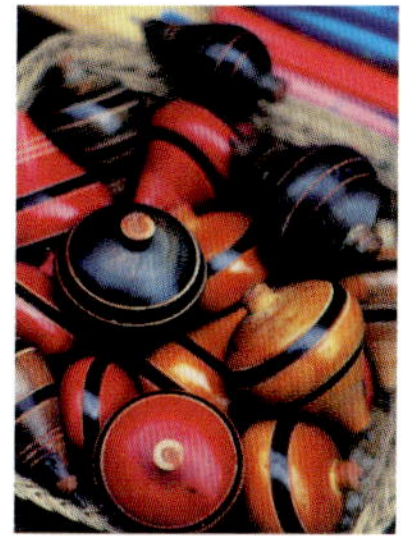

Los trompos de madera deben tornearse con cuidado.

Wooden spinning tops must be turned with care on the lathe.

Michoacán
p. 91

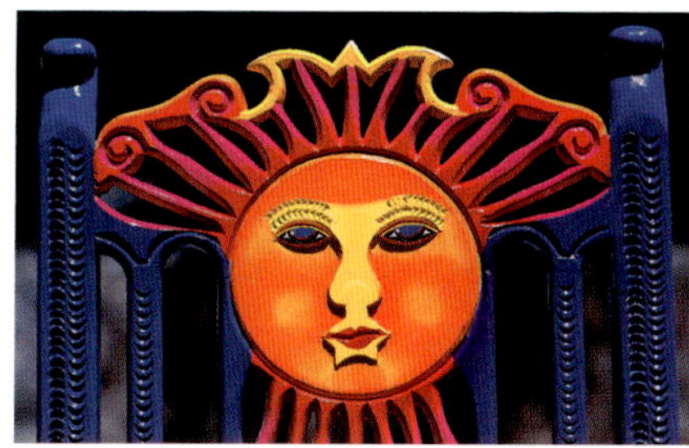

El Sol visto por el ingenio de una pincelada.

The sun seen through a painter's skillful eye.

Michoacán
p. 85

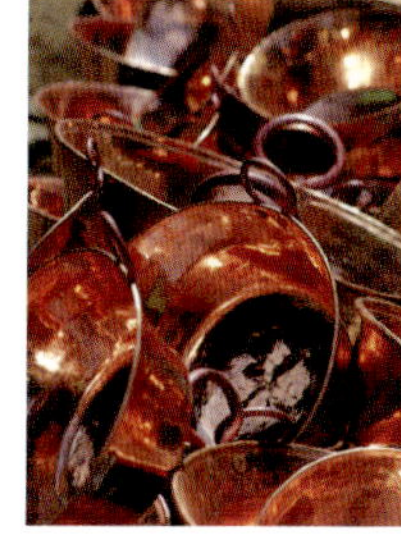

Cazo de cobre martillado.

Hammered copper pot.

Santa Clara del Cobre, Michoacán
p. 73

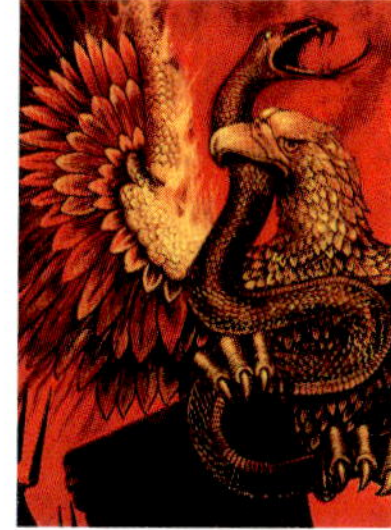

Águila devorando una serpiente, símbolo nacional.

An eagle devouring a snake, the national symbol.

Morelia, Michoacán
p. 16

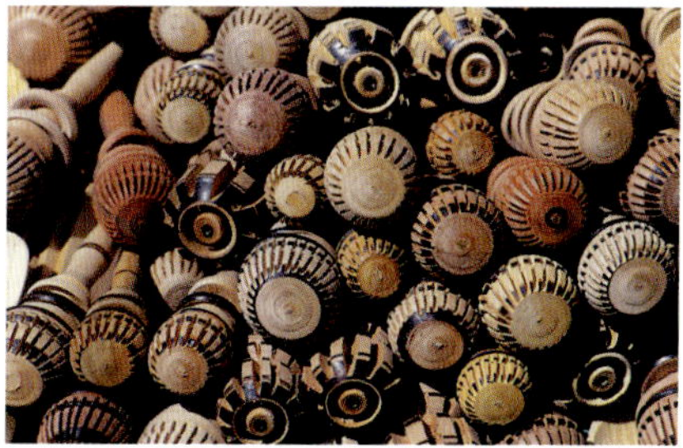

Molinillos de madera para preparar chocolate.

Wooden grinders for making chocolate.

Michoacán
p. 16

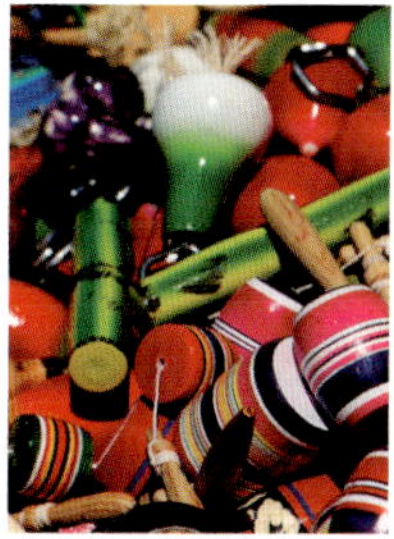

Juguetes y utensilios de madera.

Wooden utensils and toys.

Pátzcuaro, Michoacán
p. 17

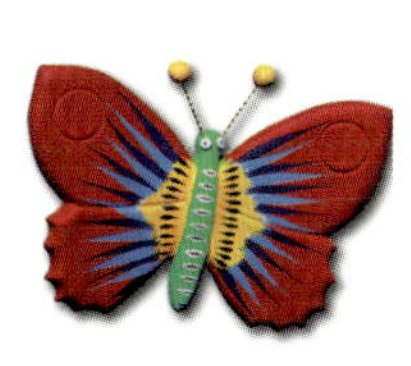

Mariposa llena de vida por sus colores.

Brightly colored butterfly.

Michoacán
p. 15

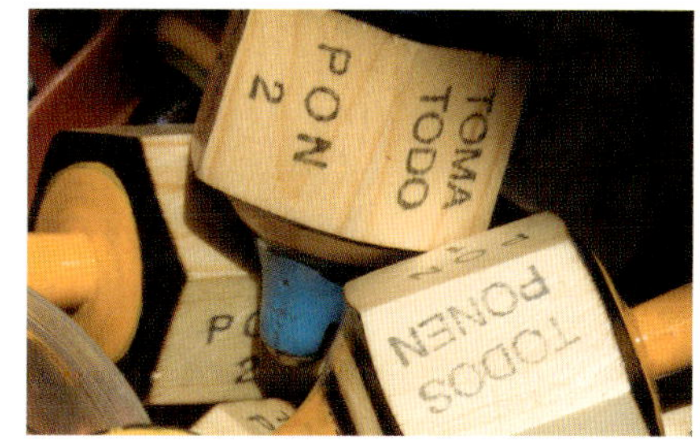

Visión michoacana de un antiguo juguete medieval.

Michoacán view of an old medieval game.

Michoacán
p. 88

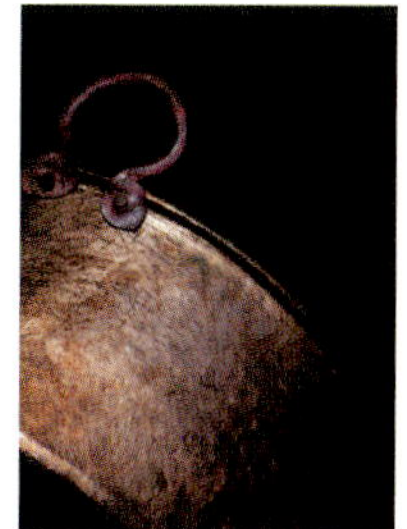

Cazo de cobre de diseño tradicional.

The traditional copper pot.

Santa Clara del Cobre, Michoacán
p. 72

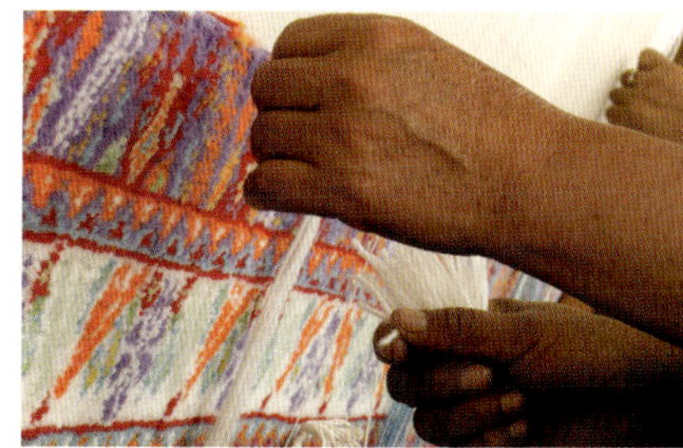

Los tapetes son altamente cotizados por la belleza de sus diseños.

These rugs are highly valued because of the splendor of their designs.

Michoacán
p. 57

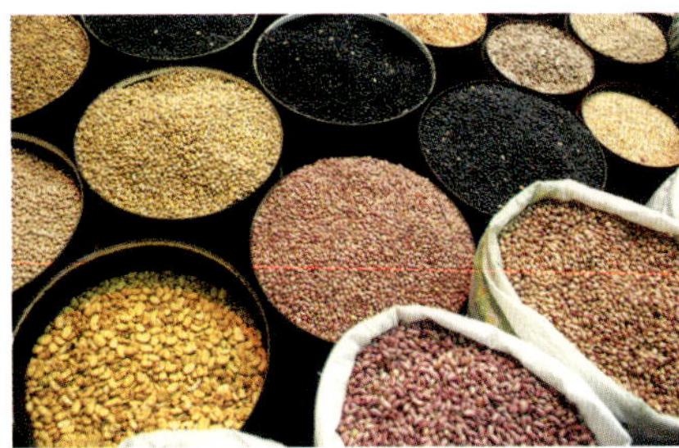

Las semillas, base en la preparación de múltiples platillos.

Seeds, the foundation stone of many dishes.

Michoacán
p.p. 150-151

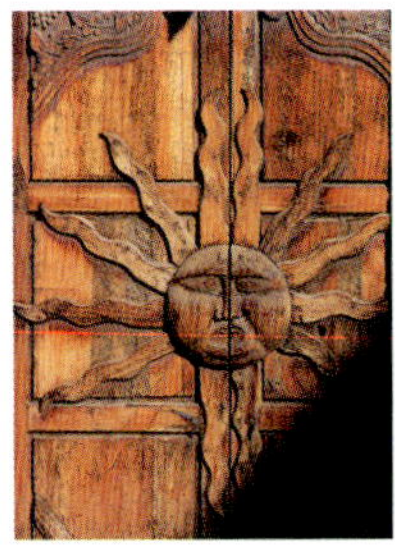

El sol estilizado en un antiguo portón de madera.

The sun crafted in an old wooden door.

Michoacán
p. 200

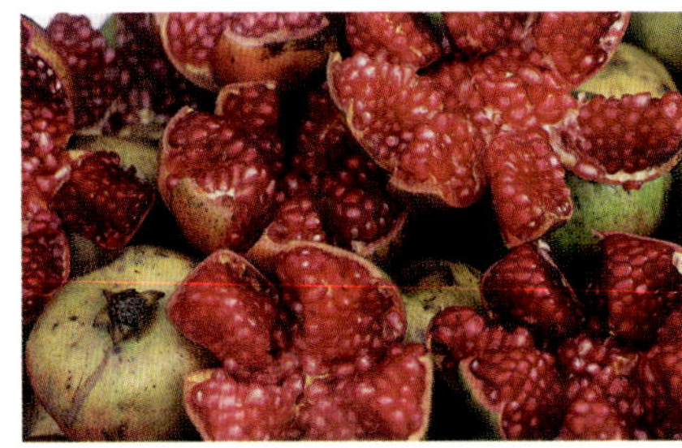

La granada, con su intenso color rojo, se utiliza para elaborar deliciosos platillos y bebidas.

Red grenadine is used to make exquisite dishes and drinks.

Michoacán
p. 158

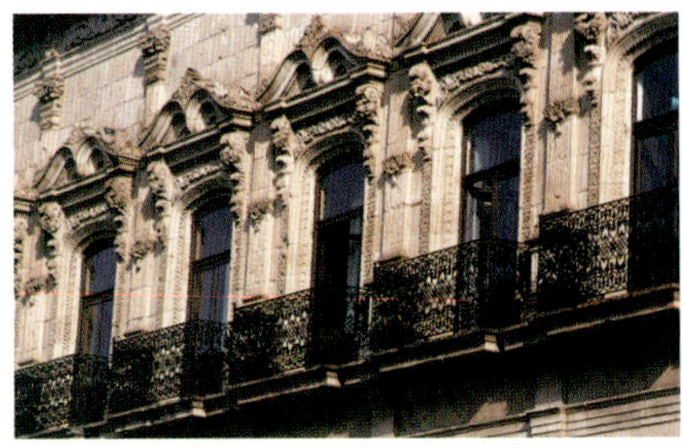

Balcones de filigrana y finos detalles de cantera.

Finely crafted balconies and splendid stonework details.

Morelia, Mich.
p. 190

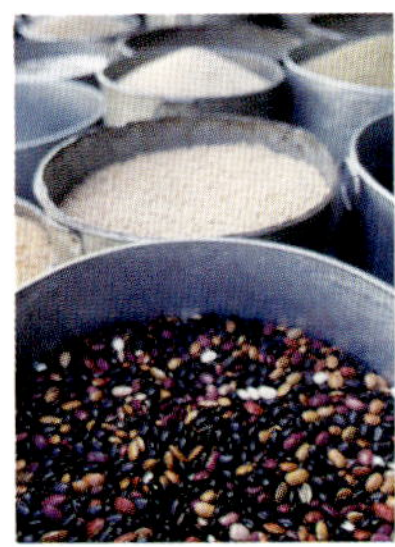

Michoacán es un gran productor de granos y cereales.

Michoacán is a major producer of grains and cereals.

Michoacán
p. 166

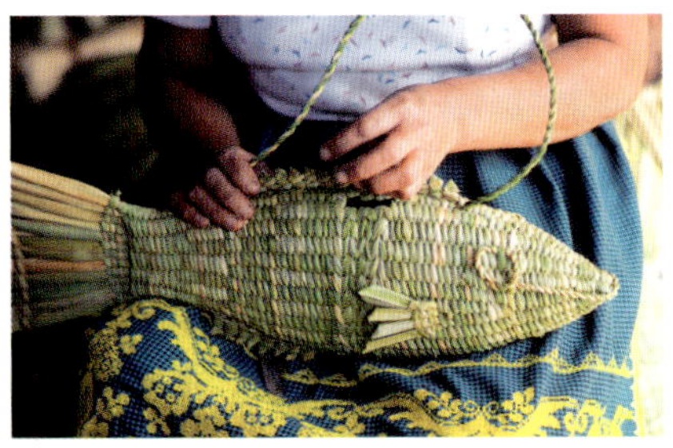

Bolsa de chuspata con un diseño de pescado.

Bag with a fish design.

Erongarícuarto, Mich.
p.p. 108-109

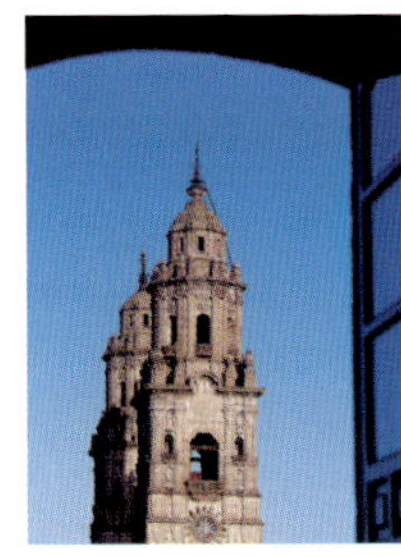

Vistosas fachadas, con piedra labrada.

Ornate façades of skillfully sculpted stone.

Morelia, Mich.
p. 191

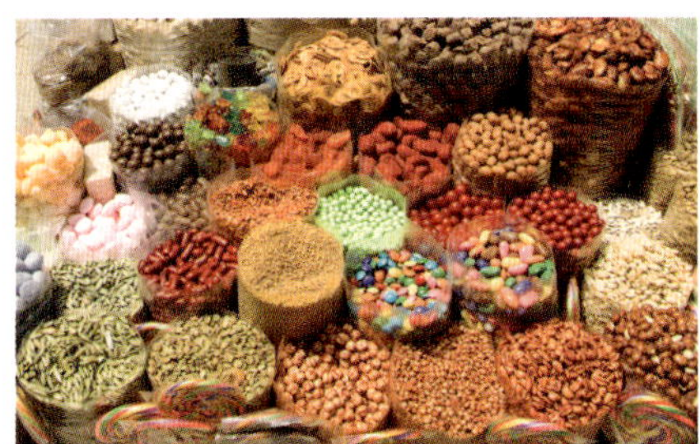

Inagotable variedad de dulces a granel, un paraíso de sabor.

An endless variety of sweet products, a flavor paradise.

Michoacán
p.p. 172-173

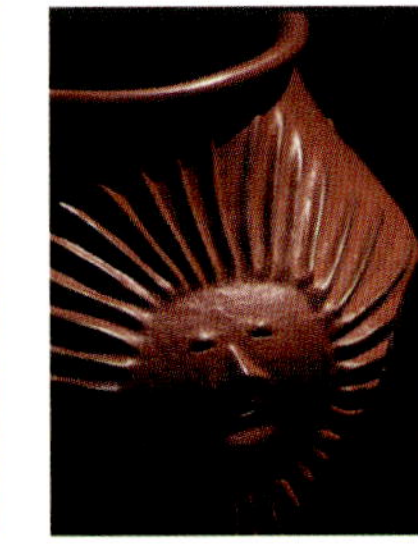

El sol, tema recurrente en las artesanías mexicanas.

The sun, the common theme of Mexican handcrafts.

Michoacán
p. 80

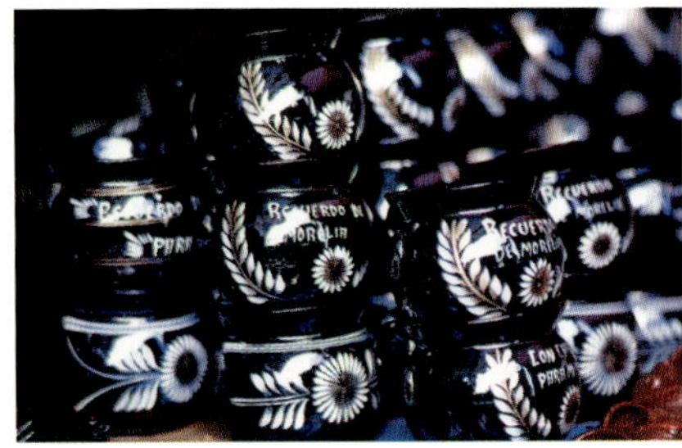

Vasijas de barro negro vidriado.

Glazed black clay pots.

Michoacán
p.p. 94-95

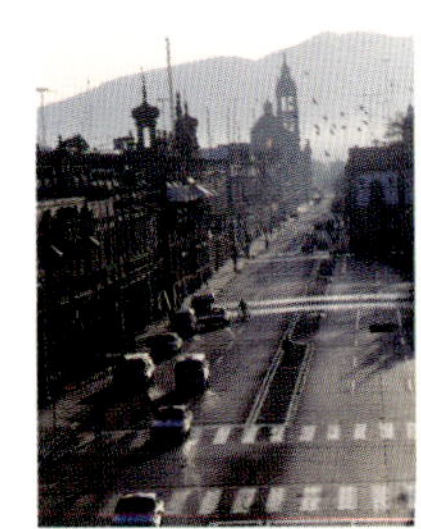

Elegancia renacentista en una ciudad colonial.

Elegance of the Renaissance in a colonial city.

Morelia, Mich.
p. 207

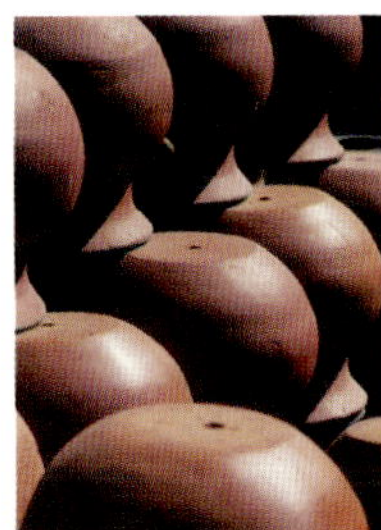

El barro se destaca por su excelente calidad.

The excellent quality of clay.

Michoacán
p. 17

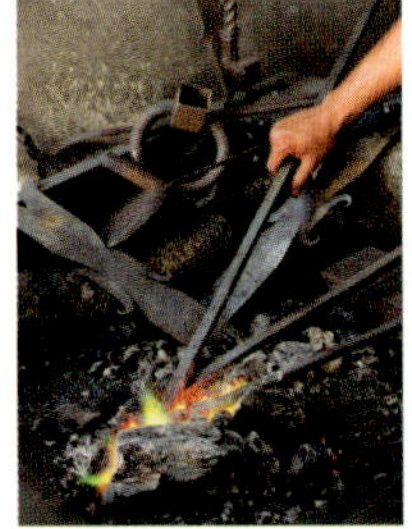

La fragua para trabajar metales debe estar al rojo vivo.

The metal forge must be red hot.

Morelia, Mich.
p. 116

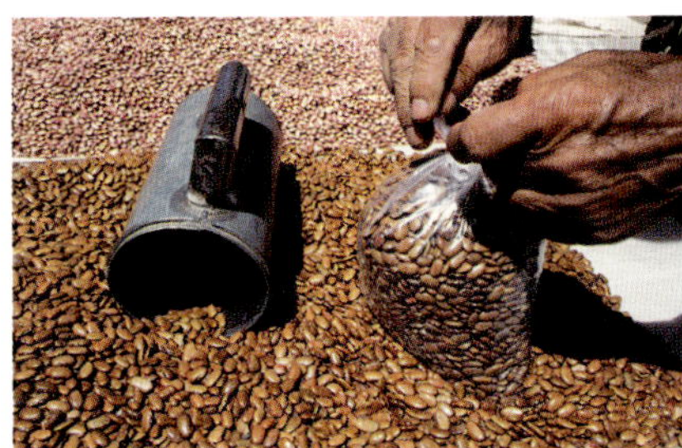

Aún se usan medidas muy antiguas para la venta de granos y semillas.

Measures from days gone by are still used for selling grains and seeds.

Michoacán
p. 166

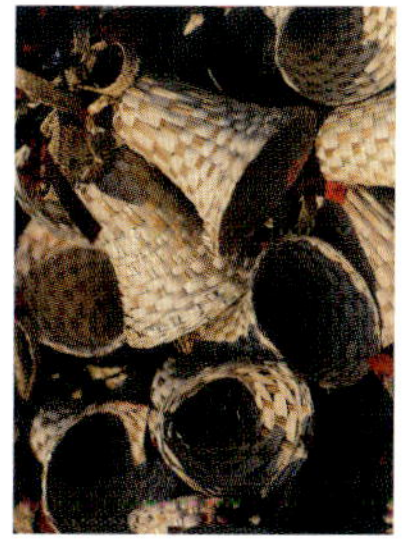

Sonido decorativo en campanas.

The crisp ringing of bells.

Michoacán
p. 16

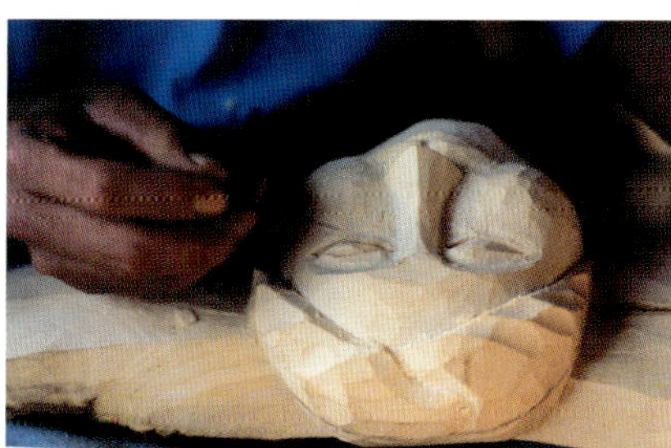

Las hábiles manos del artesano retocan los rasgos de una bellísima máscara de madera.

The skillful hands of the craftsman put the finishing touches to a beautiful wooden mask.

Michoacán
p. 84

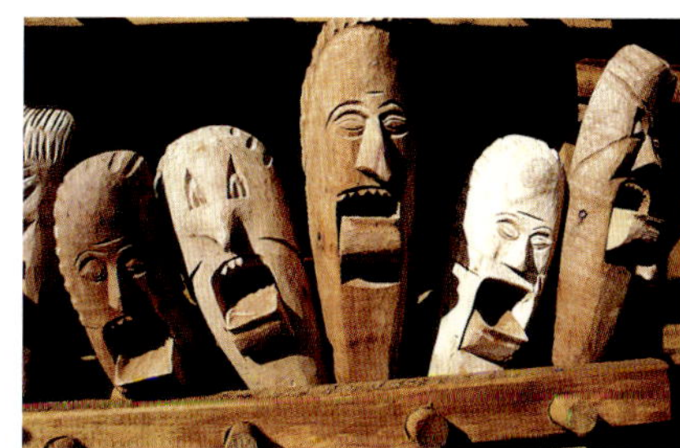

Silbatos de madera en forma de caras cantarinas.

Wooden whistles in the form of singing faces.

Michoacán
p. 84

Guanajuato, Querétaro, San Luis Potosí y Zacatecas

Regiones ocupadas por grupos nómadas procedentes del norte; su producción tiene un fuerte sello occidental. Salvo algunas excepciones, las manufacturas que elaboran están estrechamente vinculadas a las tradiciones sociales y religiosas de los indígenas y sus artículos más interesantes son trajes y adornos.
Esta región ocupa un lugar muy importante en las tradiciones culinarias y su arquitectura colonial es de una gran riqueza.

These regions were all occupied by nomadic groups from Northern Mexico who only managed to create a scant artistic tradition; as a result, local handcrafts have a prominently western flavor. With a few exceptions, products from this part of the country are closely linked to the social and religious traditions of the indigenous people, their most outstanding items being suits and ornaments. This region is particularly rich in gastronomy and colonial architecture.

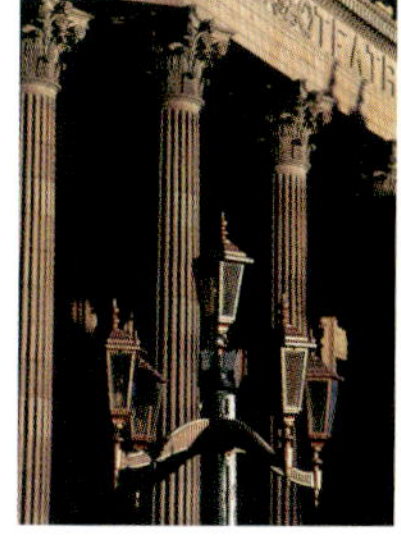

Columnas de estilo neoclásico.

Columns of neoclassic style.

Teatro de La Paz
San Luis Potosí, S.L.P.
p. 203

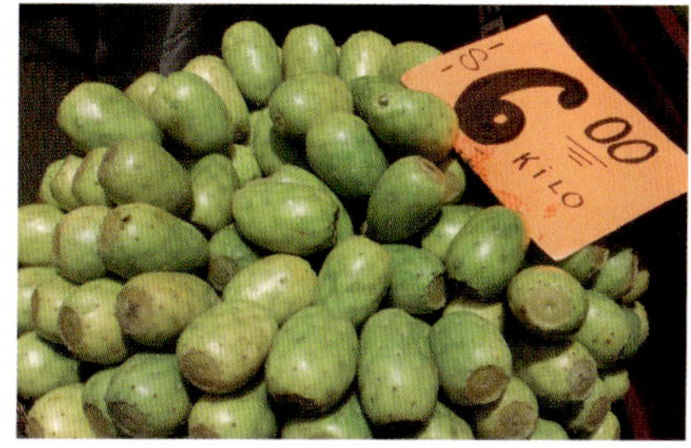

La tuna, dulce, jugosa y refrescante, fruta silvestre del nopal maduro.

Prickly pear, the sweet, juicy and refreshing wild fruit of the mature cactus.

San Luis Potosí, S.L.P.
p. 139

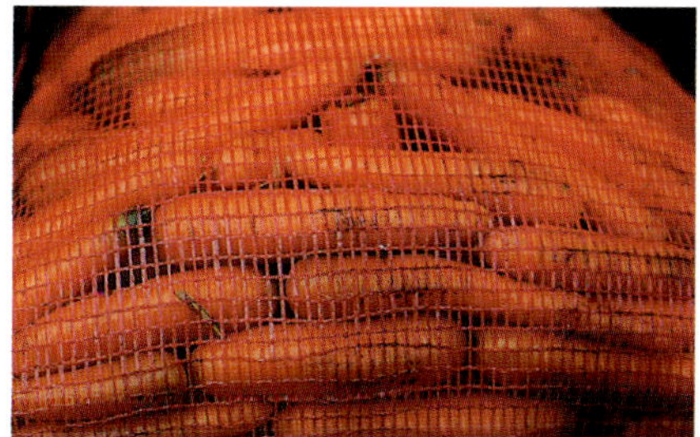

La zanahoria tiene muchas propiedades terapéuticas.

Carrots have many therapeutic properties.

Querétaro, Qro.
p. 159

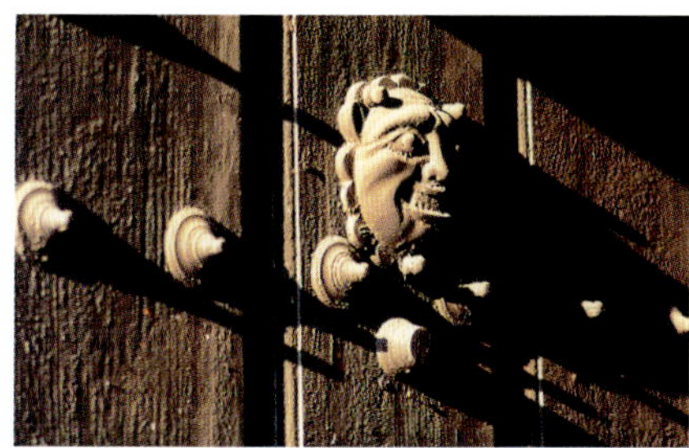

Portón de madera con chapetones y un llamador esculpido en forma de cara.

Large wooden door with studs and a door knocker in the form of a face.

Guanajuato, Gto.
p. 201

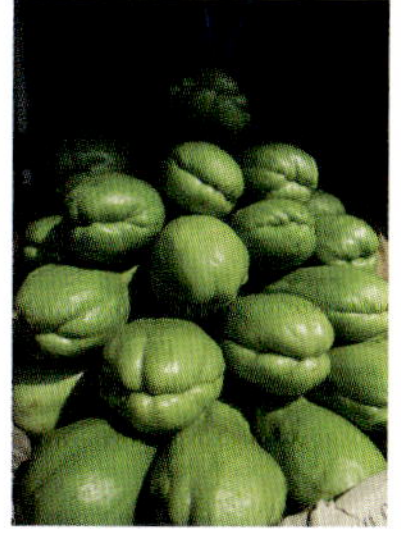

Venta de chayotes en el mercado.

Chayotes on sale in the market.

Querétaro, Qro.
p. 159

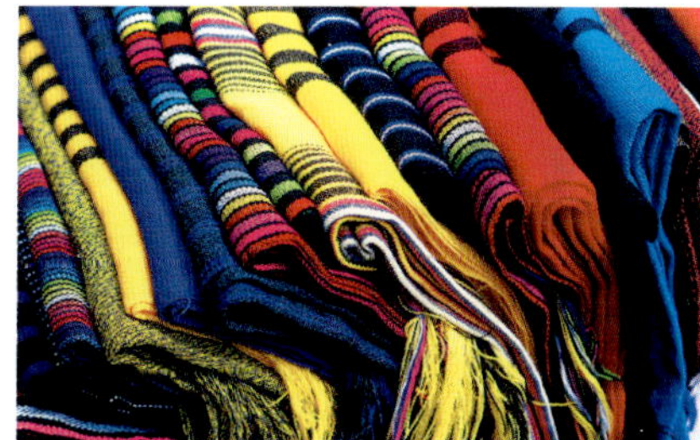

Diseño, color y textura en las prendas femeninas de uso cotidiano.

The design, color and texture of women's garments in daily usage.

Zacatecas
p. 21

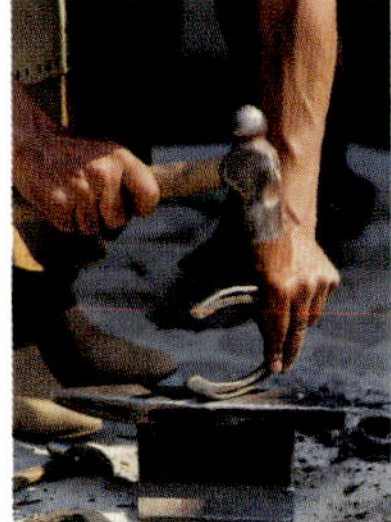

Moldeado de herraduras.

A horseshoe mold.

Querétaro
p. 16

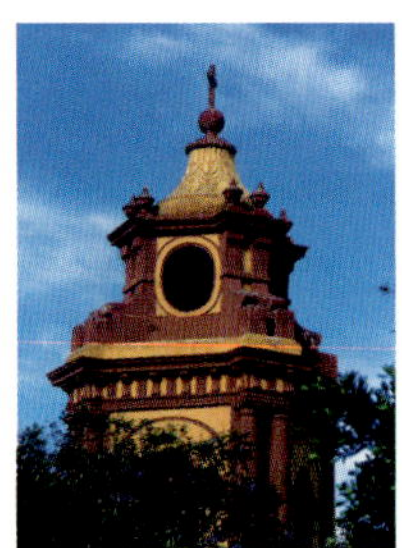

Detalle de la colorida iglesia de Bernal.

The colorful Bernal church.

Querétaro
p. 17

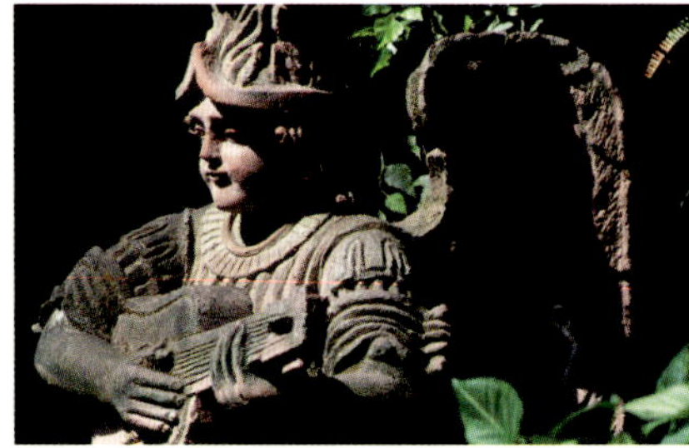

Ángel labrado cuidadosamente en piedra que narra cierto misterio.

An angel crafted masterfully from stone to reveal certain mysteries.

Guanajuato
p.p. 192-193

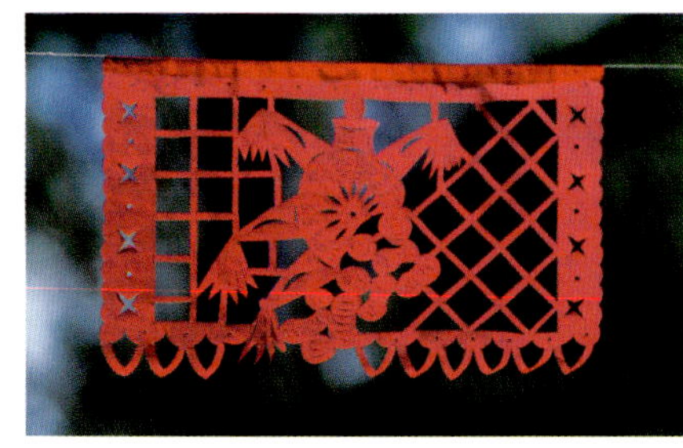

El papel picado alegra, con su cálida presencia.

The bright presence of decorative paper.

San Luis Potosí
p. 102

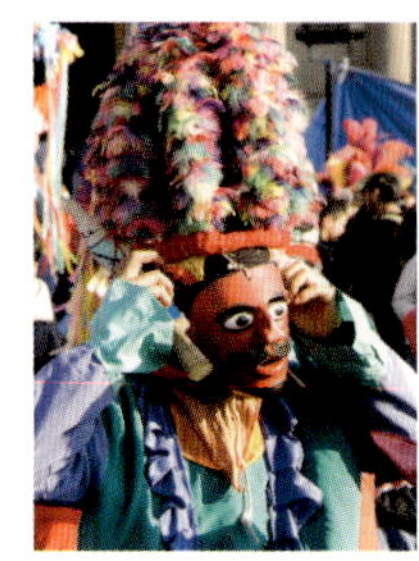

Tocado de plumas de un danzante de la Cuadrilla Azteca.

The feather headdress of a dancer in "Cuadrilla Azteca".

Guanajuato
p. 52

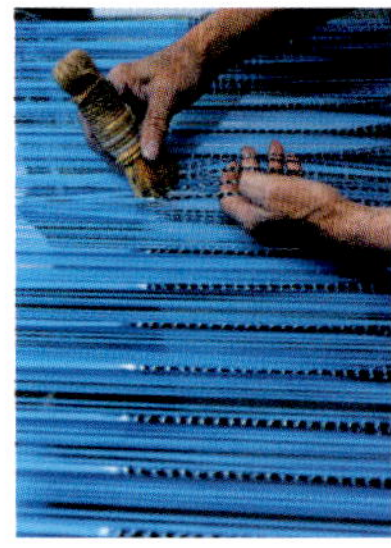

Manos que dan forma a los muy apreciados rebozos.

Hands bring the famous shawls to life.

Santa María del Río
San Luis Potosí.
p. 38

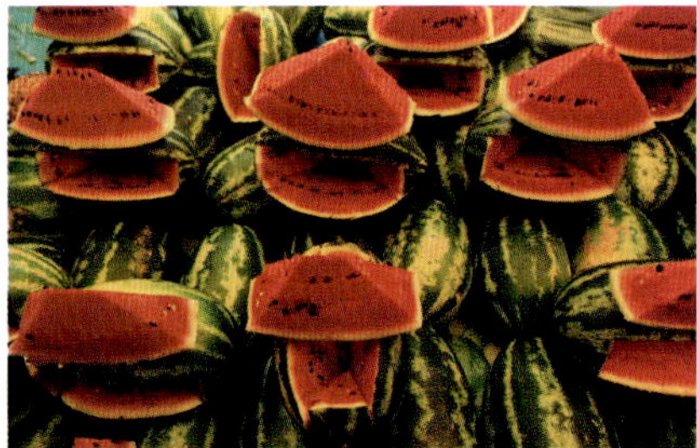

Los colores de la patria en una fruta refrescante.

The national colors in fresh fruit.

Zacatecas, Zac.
p. 123

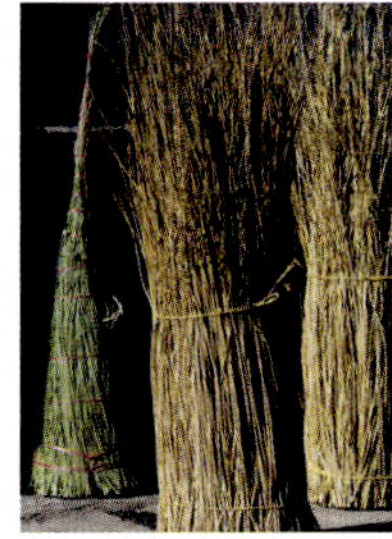

La naturaleza provee la materia prima.

Nature supplies the raw materials.

San Luis Potosí
p. 106

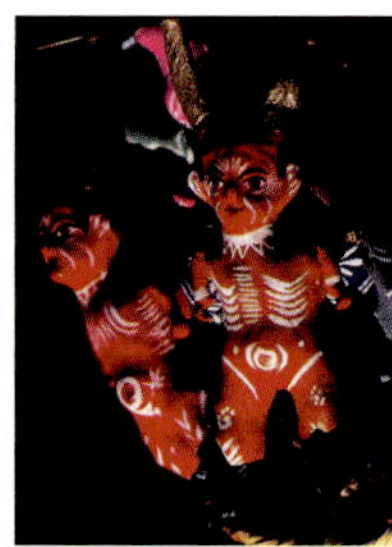

Artesanía de Judas.

Judas handcrafts.

San Miguel de Allende, Gto.
p. 17

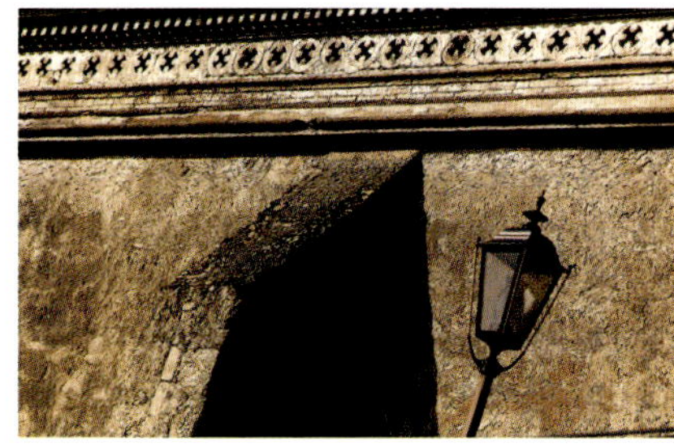

Friso bellamente decorado en una ciudad colonial.

A finely decorated frieze in a colonial city.

San Miguel de Allende, Gto.
p.p. 186-187

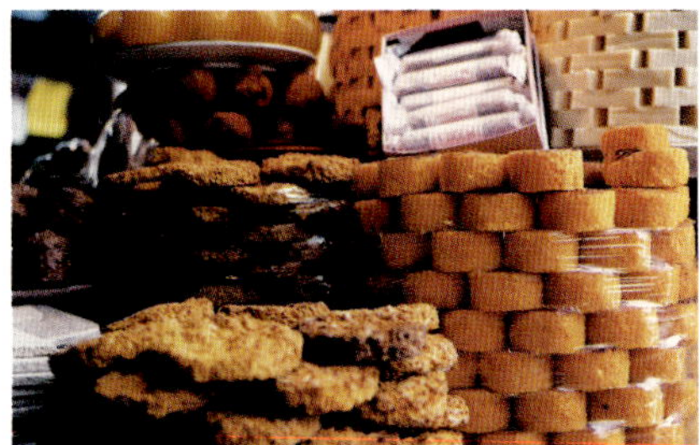

Dulces mexicanos, forma, color y sabor.

The shapes, colors and flavors of Mexican sweets.

Querétaro, Qro.
p. 146

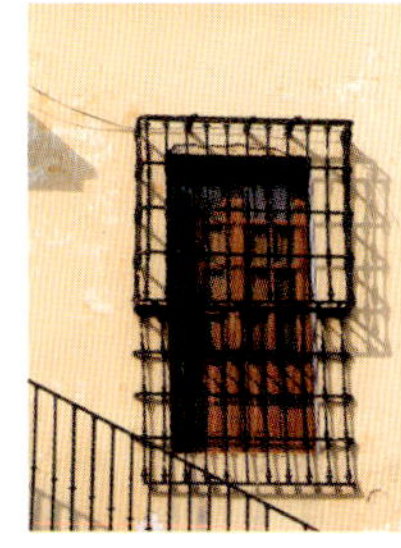

Ventana protegida por un artístico enrejado.

A window protected by an artistic trellis.

Guanajuato, Gto.
p. 13

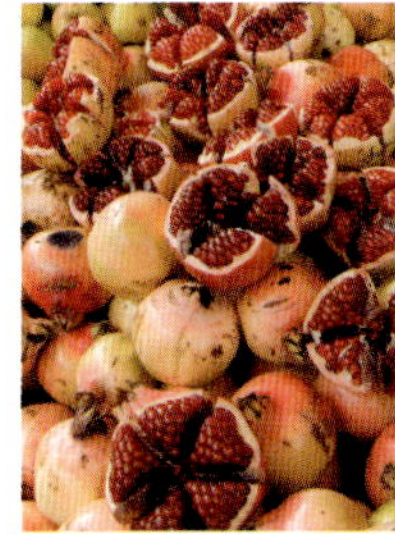

Jugosa y de colorido sabor es la granada.

The juicy and colorful grenadine.

San Luis Potosí
p. 17

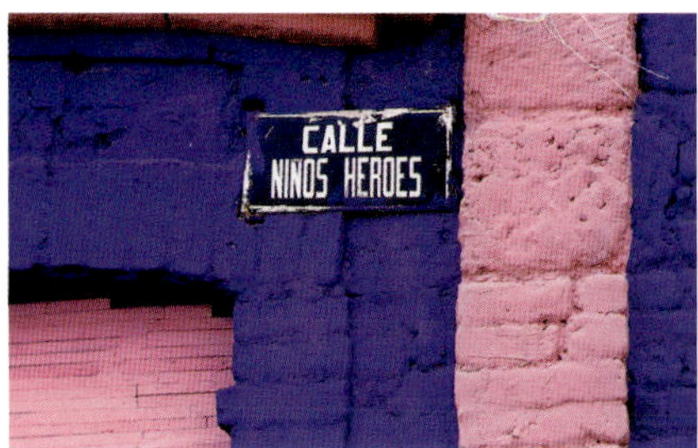

La textura y los colores son típicos en muchas ciudades.

The texture and colors are typical of many cities.

Irapuato, Gto.
p.p. 176-177

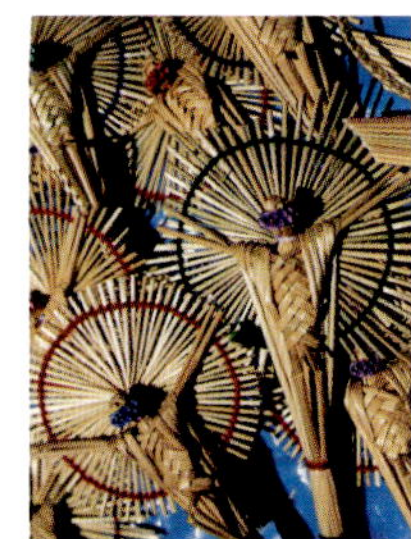

Cristo Crucificado, con resplandor, hecho de palma tejida teñida con anilina.

A radiant Christ on the cross made from woven palm dyed with aniline.

Guanajuato
p. 105

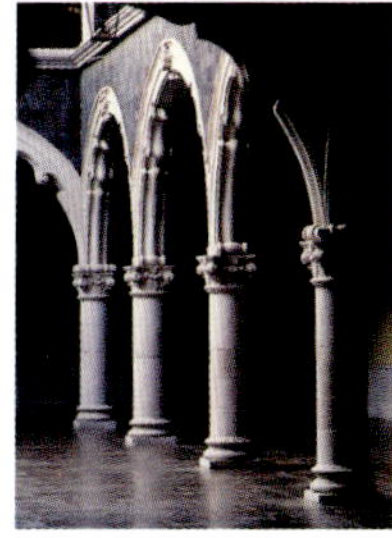

Patio interior con arcos de medio punto estilo mudéjar.

Inner patio with Mudejar arches.

Guanajuato
p. 16

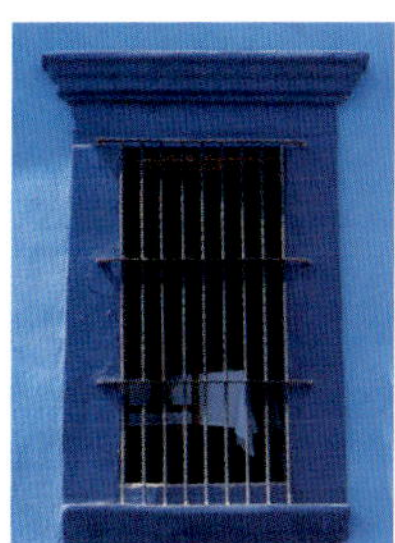

Ventana colonial de llamativos colores.

Brightly colored colonial window.

Dolores Hidalgo, Gto.
p. 184

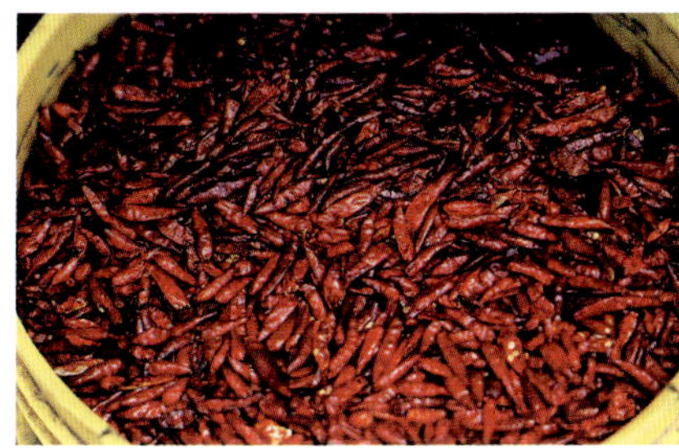

Guanajuato es un gran productor de chiles de diferentes especies.

Guanajuato is a major producer of different types of chilies.

Guanajuato, Gto.
p. 166

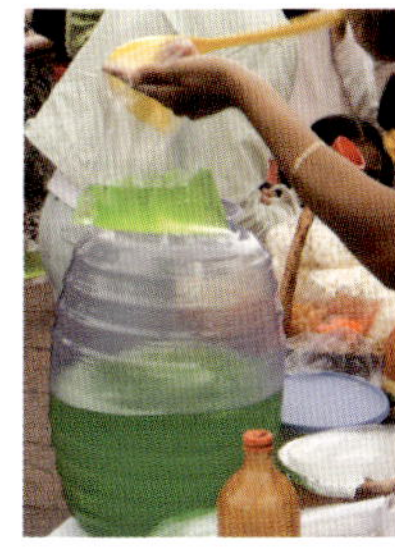

Las refrescantes aguas de sabores.

Refreshing flavored water drinks.

Irapuato, Gto.
p. 138

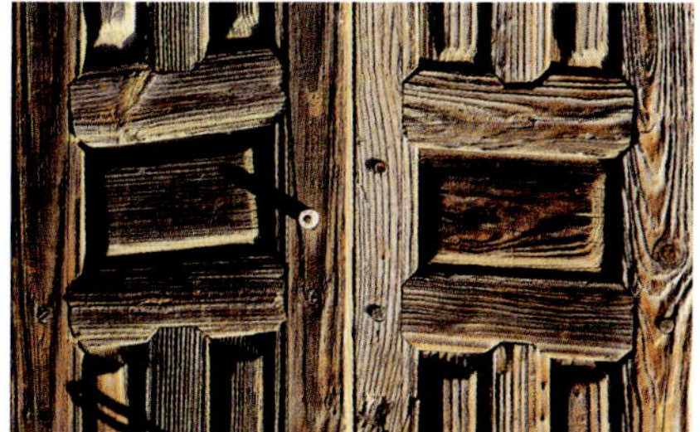

Antiguo portón de madera labrada.

Old carved wooden door.

San Miguel de Allende, Gto.
p. 200

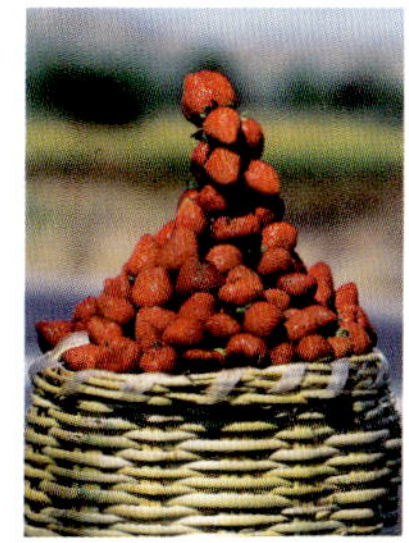

Las famosas fresas de Irapuato.

The famous strawberries of Irapuato.

Guanajuato
p. 159

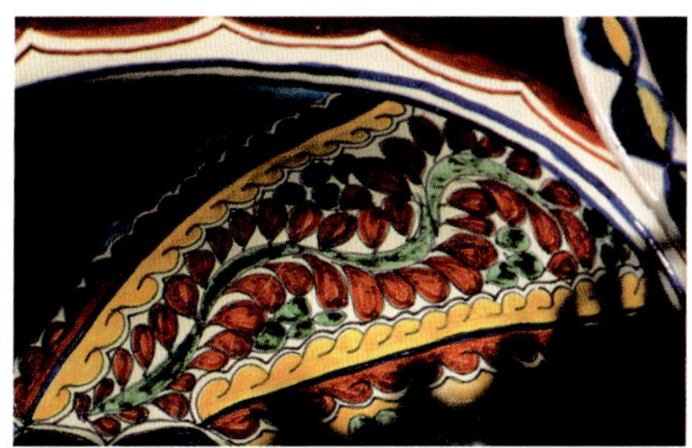

Cerámica de Talavera decorada con pincel.

Talavera ceramics decorated with fine brushstrokes.

Dolores Hidalgo, Gto.
p.p. 114-115

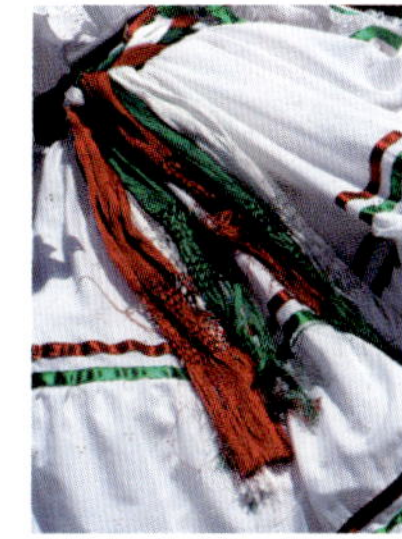

El vestido de charra, fino y elegante.

The fine and smart charra dress.

Zacatecas
p. 37

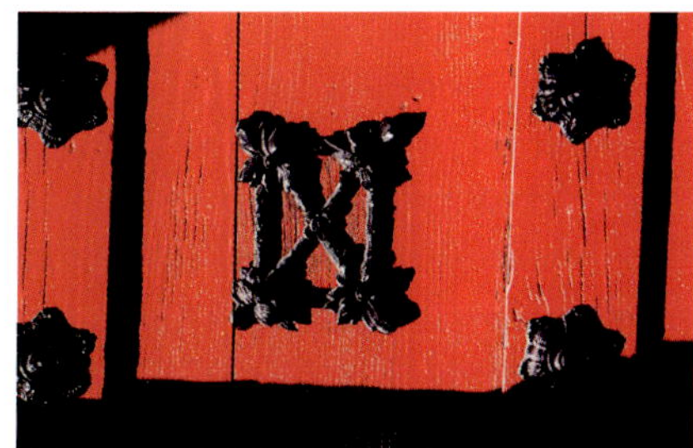

Portón con molduras metálicas de sello colonial.

Large door with colonial moldings in metal.

San Luis Potosí
p. 201

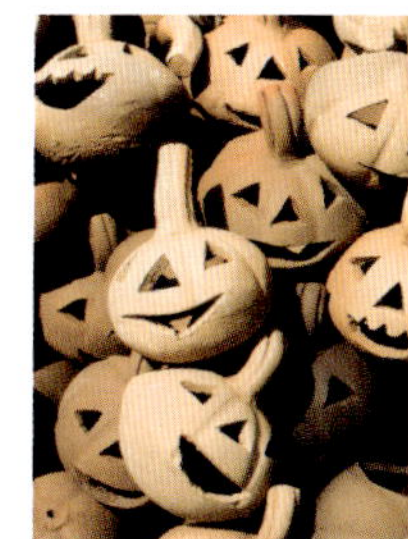

Figura de calabaza hecha de barro.

A pumpkin figure made from clay.

Zacatecas
p. 17

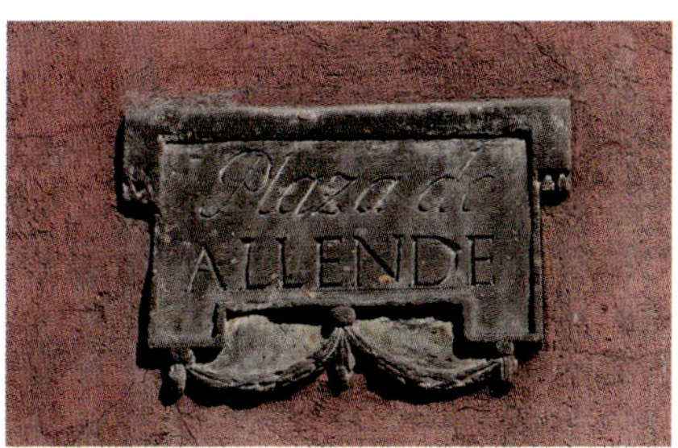

Letrero de calle hecho de piedra labrada, a tono con la arquitectura del lugar.

Street sign sculpted from stone, in keeping with the local architectural style.

San Miguel de Allende, Gto.
p. 71

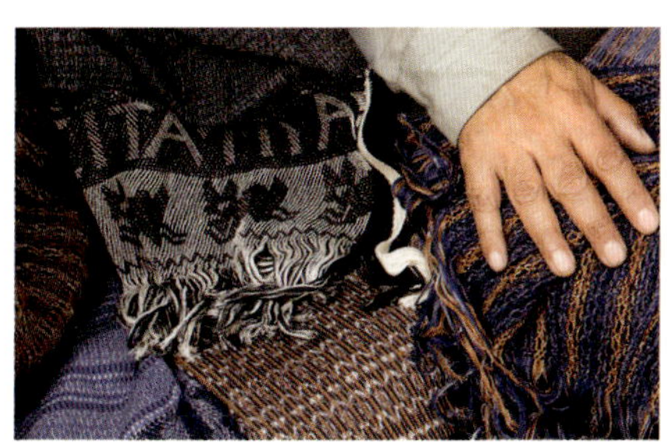

La belleza de los rebozos es lo que hace que sean mundialmente apreciados.

The beauty of the shawl make these garments popular all over the world.

Zacatecas
p. 56

Jalisco

Esta región forma parte del occidente de México, un área donde los rasgos mesoamericanos se mezclaron con influencias de culturas lejanas hasta que adquirió características propias. El enorme flujo de artífices europeos que llegaron durante la colonia, trajo un bagaje de conocimientos de las manufacturas y gustos del viejo mundo en todos los órdenes como la orfebrería, el vidriado del barro, la fabricación de vidrio, la mueblería, la herrería, los textiles, el vestido, entre otras más que configuran hoy en día el aristocrático estilo jalisciense.

This region is part of western Mexico, where Mesoamerican traits were fused with the offerings of distant lands to create a unique cultural blend. The numerous European craftsmen who arrived during the colonial era brought their own manufacturing skills and tastes in all fields such as goldsmithery, earthenware glazing, the manufacture of glass, furniture, ironworks, textiles, clothing and many other crafts that comprise the aristocratic style of Jalisco.

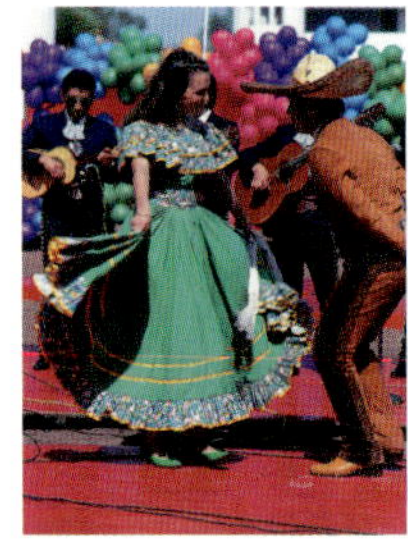

La tradición de los trajes regionales.

The tradition of regional suits.

Guadalajara, Jal.
p. 44

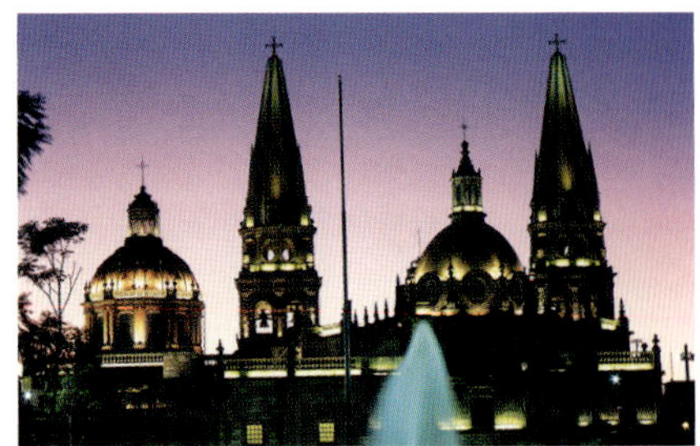

Una mirada nocturna a las torres de la catedral de Guadalajara.

A night-time view of the towers of Guadalajara's cathedral.

Guadalajara, Jal.
p.p. 198-199

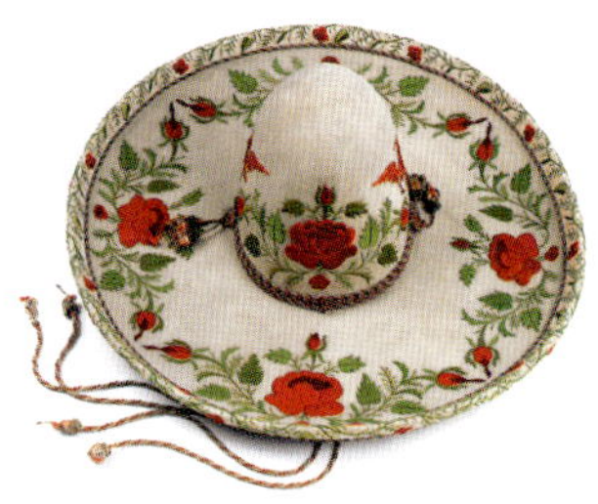

Sombrero de fieltro finamente bordado, con copa de piloncillo.

A finely embroidered felt hat, with a cone-shaped crown.

Guadalajara, Jal.
p. 28

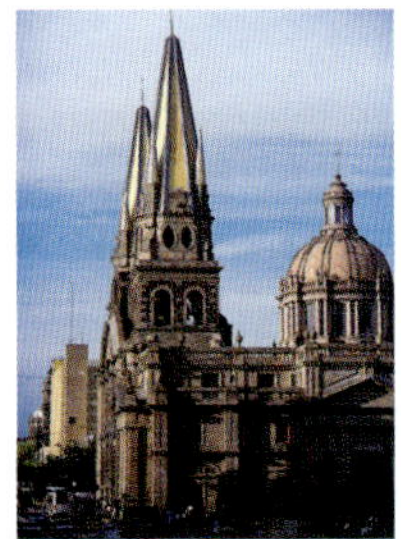

Catedral de Guadalajara, símbolo de una ciudad.

Guadalajara's cathedral, the symbol of a city.

Guadalajara, Jal.
p. 194

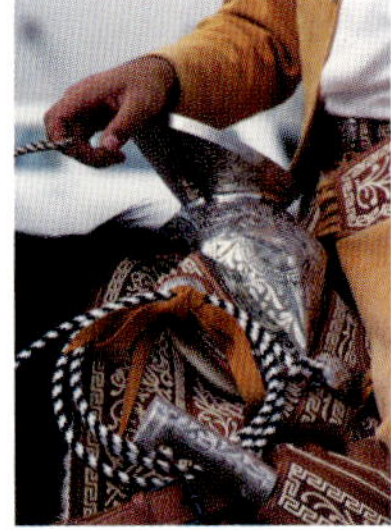

Cabezada de plata artísticamente labrada.

Artistically crafted silver hilt.

Guadalajara, Jal.
p. 36

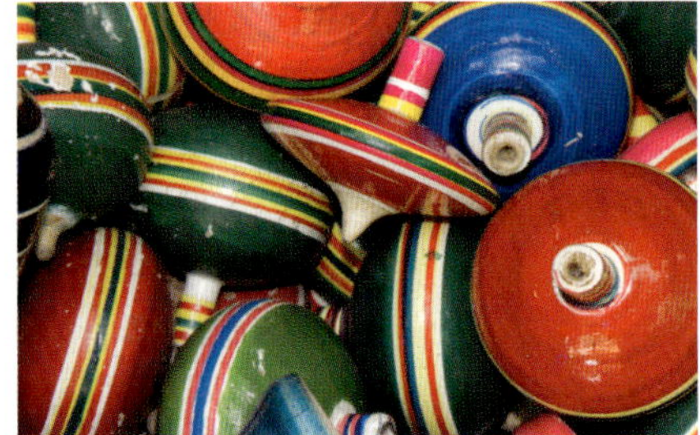

Trompos y pirinolas, de una sola pieza, pintados a mano.

Hand painted, one-piece spinning tops and teetotums.

Guadalajara, Jal.
p. 61

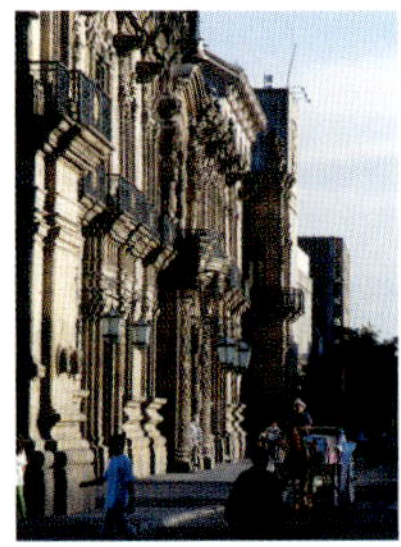

Palacio de gobierno en Guadalajara, edificado en 1730.

The city hall of Guadalajara, built in 1730.

Jalisco
p. 206

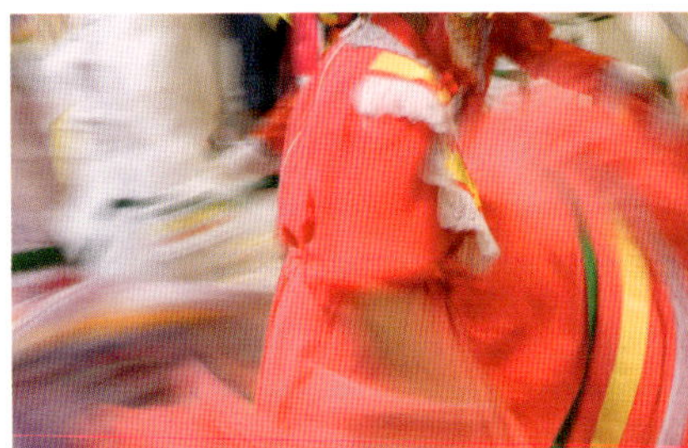

Vestido típico de colores, encajes, cintas y sedas.

Typical costume of colors, lace, ribbons and silk.

Guadalajara, Jal.
p.p. 22-23

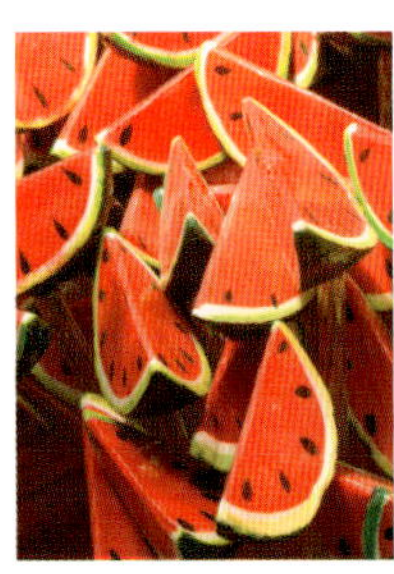

Sandías de papel maché.

Papier mache water melons.

Guadalajara, Jal.
p. 18

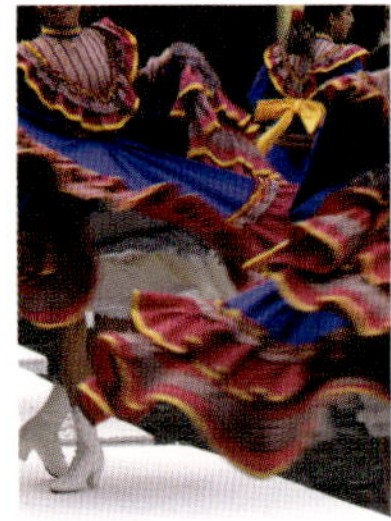

Danza regional que algo tiene de fandango español.

Regional dances with a touch of Spanish fandango.

Guadalajara, Jal.
p.p. 4

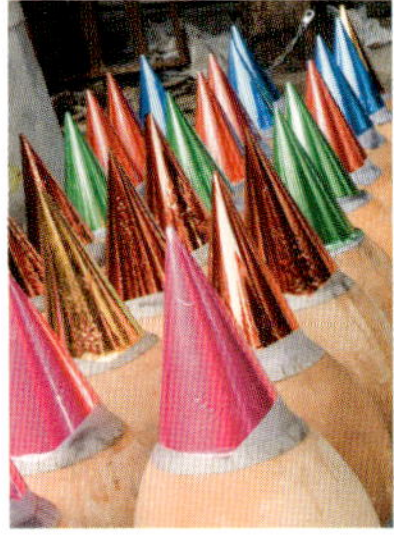

Piñatas en proceso de fabricación.

The making of piñatas.

Tlaquepaque, Jal.
p. 78

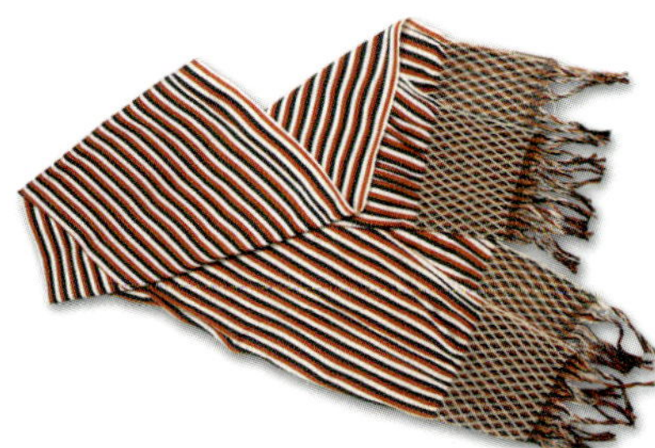

El rebozo es una prenda versátil y se usa también como accesorio.

The shawl is a versatile garment that is also used as an accessory.

Guadalajara, Jal.
p. 31

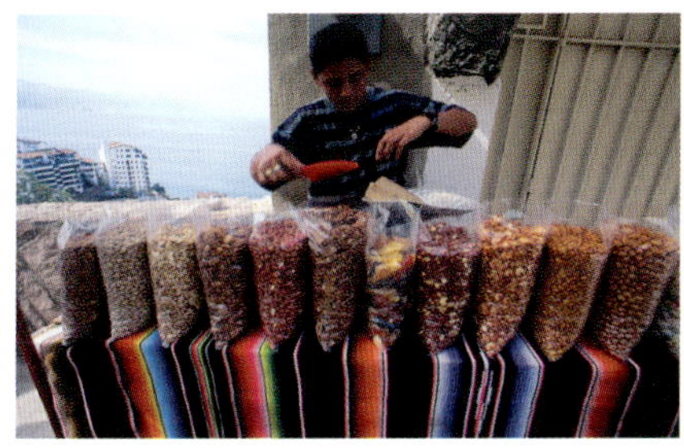

Venta de granos sobre un sarape de colores.

Grains on sale on an exquisitely colored serape.

Jalisco
p. 170

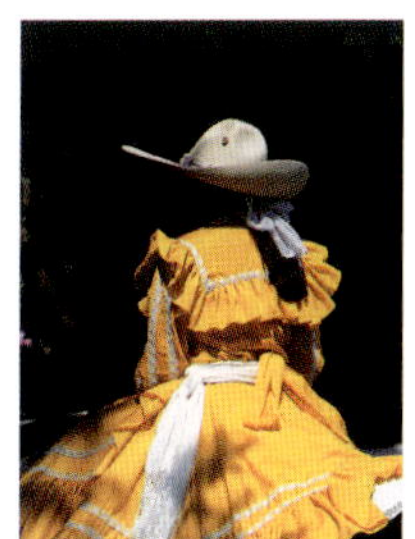

Traje de ranchera colorido, amplio y cómodo.

Colorful ranchera suit, loose and comfortable.

Guadalajara, Jal.
p. 36

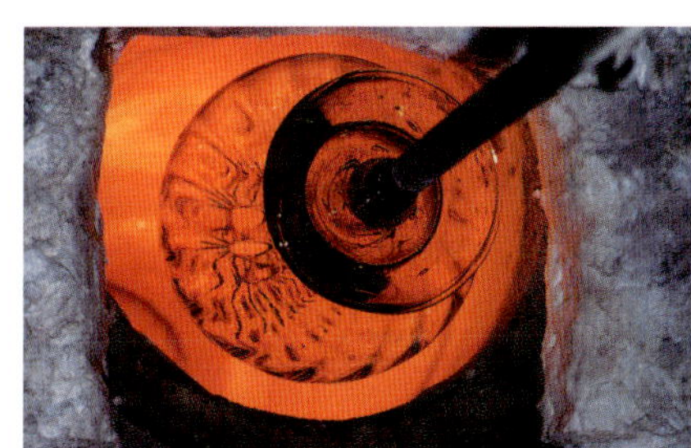

Elaboración de un jarrón de vidrio soplado en un horno especial.

A blown glass jar made in a special kiln.

Tlaquepaque, Jal.
p.p. 118-119

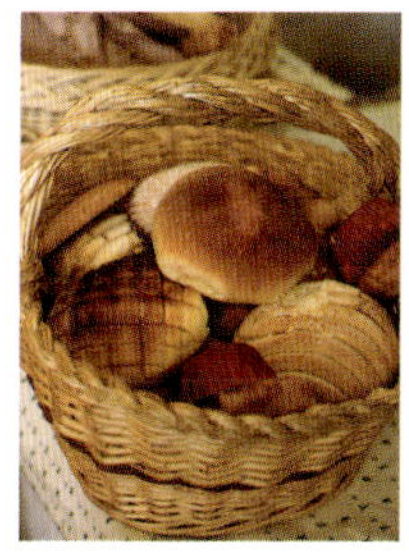

La calidad de la harina, el buen amasado y una buena masa definen el delicioso pan.

Good quality flour, skillful kneading and the right knead make great bread.

Guadalajara, Jal.
p. 130

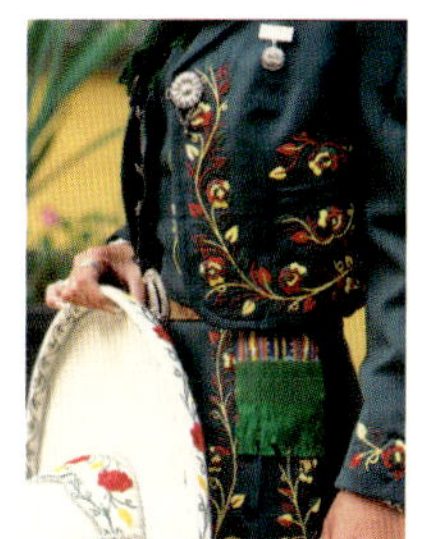

Elegante vestido de charra con bordados de hilo y sombrero galoneado.

Elegant charra dress with splendid embroidery and trimmed hat.

Guadalajara, Jal.
p. 33

Puebla, Tlaxcala e Hidalgo

Estos tres estados integran una región llena de contrastes, en ellos se concentra la más numerosa población indígena del país, los pueblos que la componen aportan como un torrente los frutos de su cultura que se manifiesta de muchas formas. Su manera de crear belleza viene de tiempos remotos, su amor por los colores y las formas ha resistido el paso del tiempo y sigue vigente, aún la vemos transitar todos los días por las calles de sus ciudades. Son famosas en el mundo las espectaculares dimensiones de la antigua Tula, el esplendor de una ciudad colonial, como Puebla, declarada por la UNESCO Patrimonio de la Humanidad, la riqueza cultural de sus conventos agustinos del siglo XVI, en Hidalgo y Tlaxcala.

The region covered by these three states is one of contrasts and accounts for the country's biggest indigenous population. Its people offer a huge range of expressions of their cultural prowess and beauty based on age-old techniques and their love of colors, which have stood the test of time and are still very much alive on the streets of local towns and cities. The imposing statues of Tula are famous the world over, as are the splendor of colonial cities like Puebla, declared a World Heritage site by UNESCO, the cultural wealth of its sixteenth-century Augustine convents in Hidalgo and Tlaxcala.

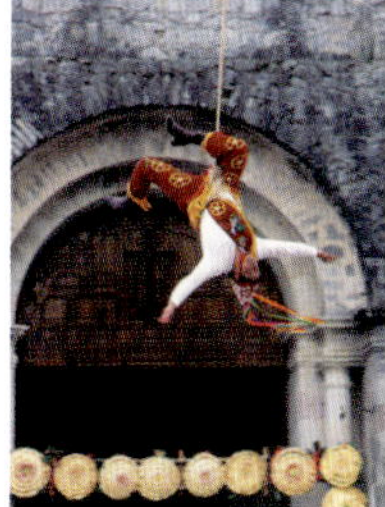

Volador de Papantla en Cuetzalan.

Papantla flier in Cuetzalan.

Puebla, Pue.
p. 55

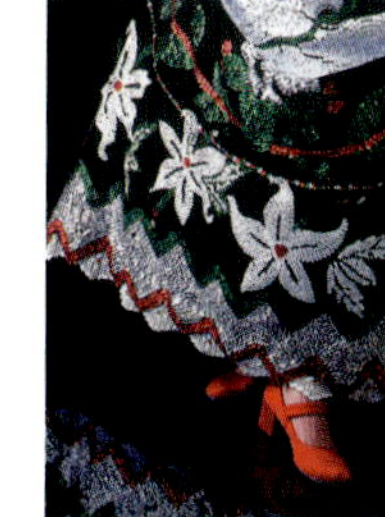

El traje de china poblana, ideal para la fiesta mexicana.

The "china poblana" suit is ideal for Mexican fiestas.

Puebla, Pue.
p. 36

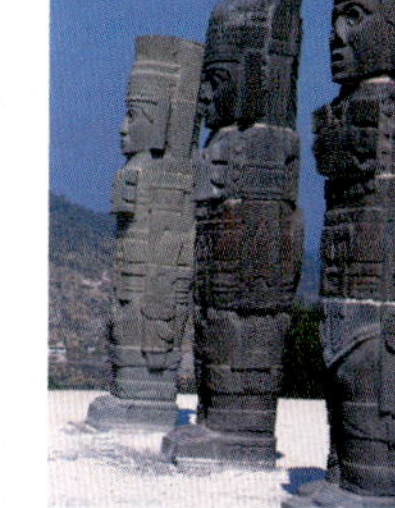

Los Atlantes de Tula, vestigios de una gran cultura.

The Atlantes of Tula, fingerprints of an outstanding civilization.

Tula, Hgo.
p. 17

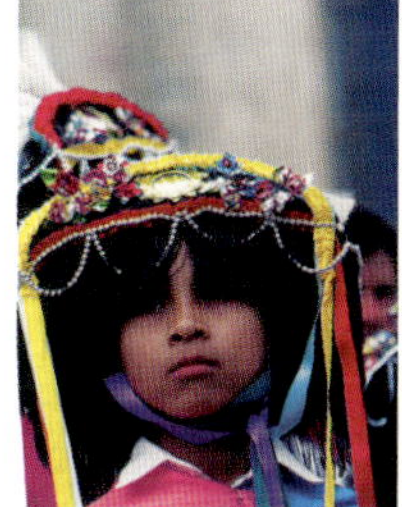

Pequeño ejecutante de la danza de Los Negritos.

A child dances the "Los Negritos" dance.

Puebla, Pue.
p. 49

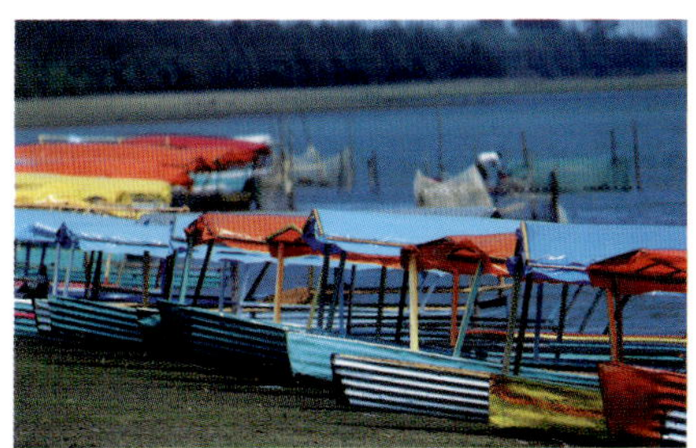

Lanchas de lámina colorida.

A colorful array of launches.

El Ocotal, Pue.
p. 120

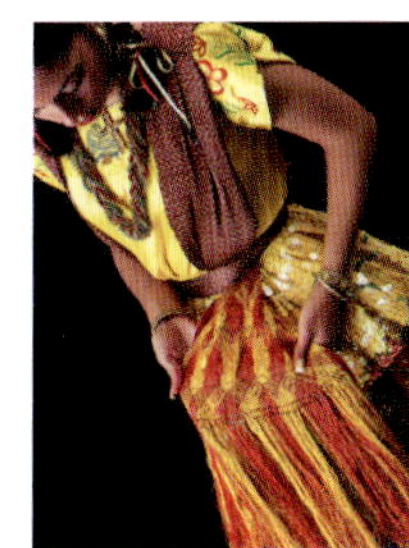

Traje de china poblana, con rebozo de vivos colores.

"China poblana" suit, with a brightly colored shawl.

Tlaxcala
p. 32

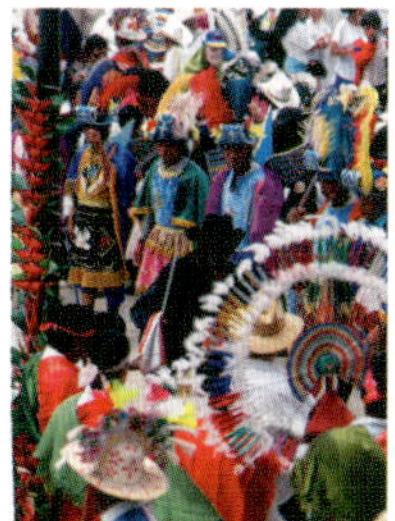

Las prendas del danzante, nos deslumbran con su riqueza y esplendor.

The dancer's attire dazzles us with its richness and splendor.

Puebla, Pue.
p. 48

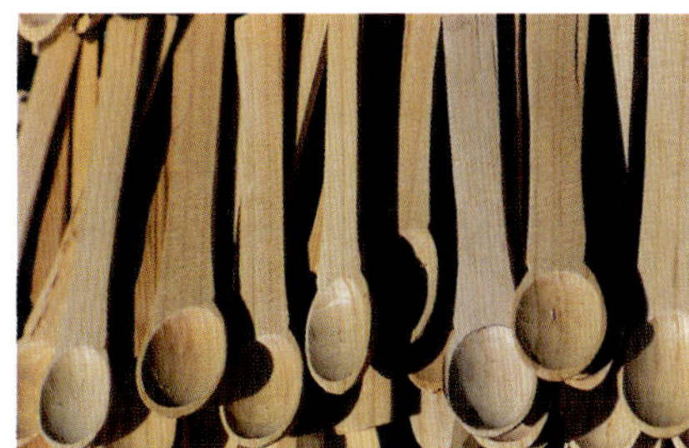

Aparente simplicidad de las cucharas de madera.

The apparent simplicity of wooden spoons.

Pachuca, Hgo.
p. 84

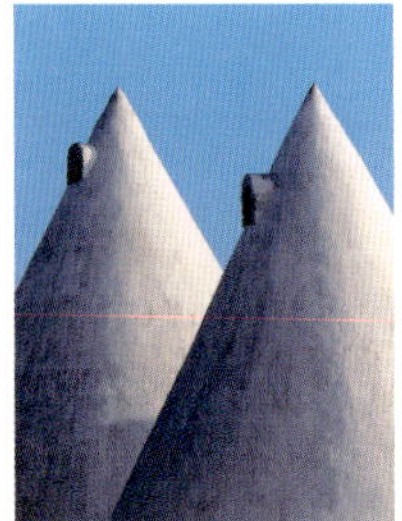

Silos para almacenar granos.

Artistic expressions in grain silos.

Tlaxcala
p. 16

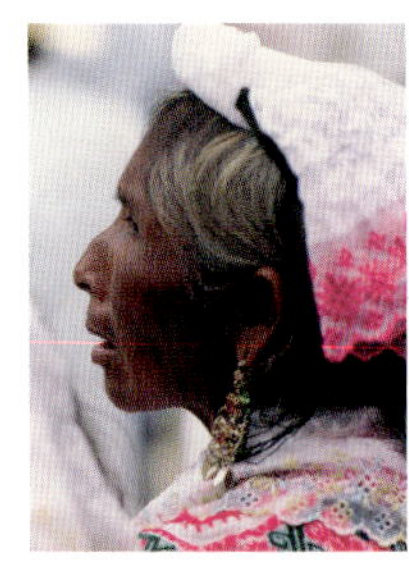

La mujer indígena confecciona con sus manos el bordado de su vestido.

The indigenous woman embroiders her dress.

Puebla, Pue.
p. 53

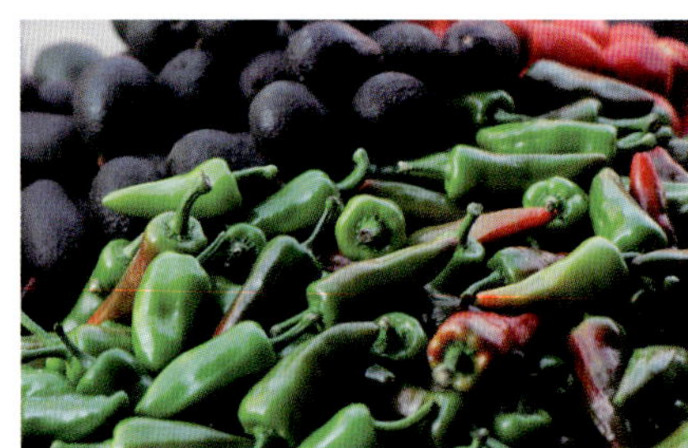

El chile y el aguacate son componentes habituales de la rica comida mexicana.

Chili and avocado are vital ingredients in Mexican cuisine.

Tula, Hgo.
p. 134

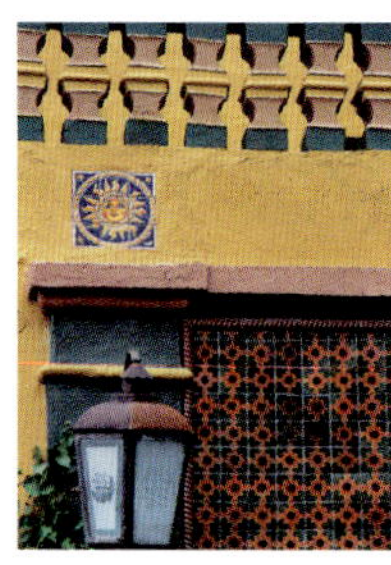

Detalles arquitectónicos de una ciudad colonial.

Architectural details of a colonial city.

Puebla, Pue.
p. 16

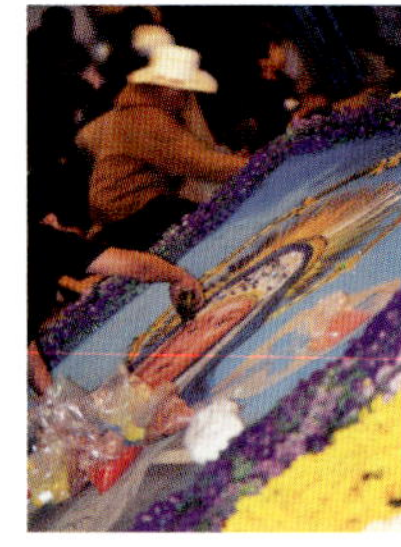

Manufactura de tapetes de aserrín en la feria de Huamantla.

Rugs made from sawdust at the fair of Huamantla.

Tlaxcala
p. 113

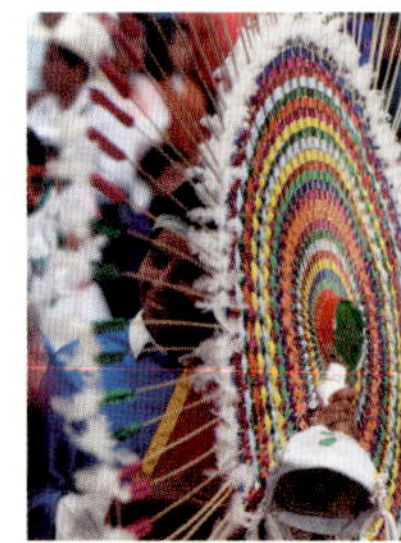

Pasión por el color y la textura.

Passion for color and texture.

Cuetzalan, Pue.
p. 111

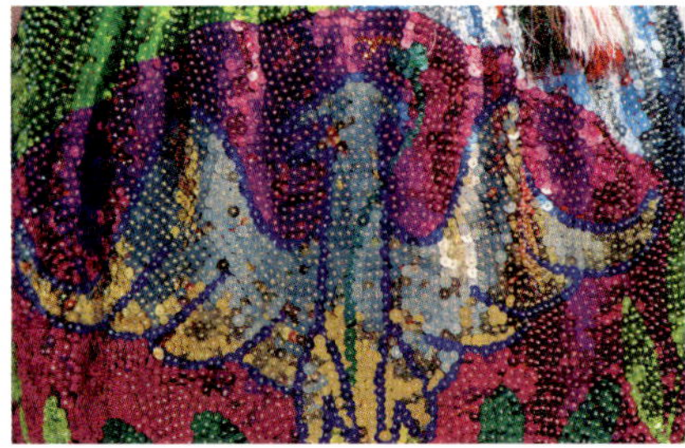

Fastuoso y deslumbrante traje de china poblana, bordado de lentejuela con motivos mexicanos.

Lavish and splendid china poblana suit, embroidered with shiny Mexican motifs.

Puebla, Pue.
p.p. 46-47

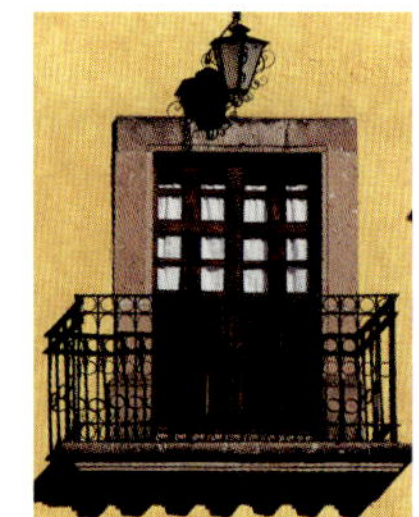

Balcón de una gran riqueza estética.

A beautiful balcony.

Hidalgo
p. 201

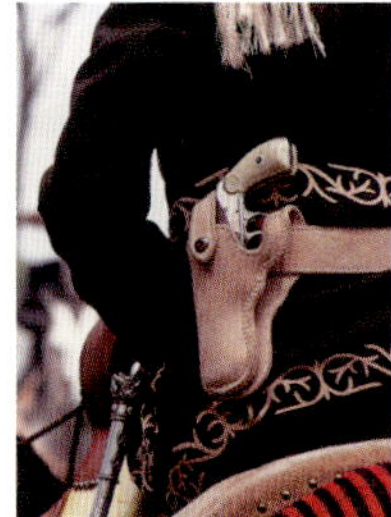

La elegancia del traje de charra se manifiesta en todos los detalles.

The elegant suit of the "charra" or horsewoman in all its splendor.

Puebla, Pue.
p. 37

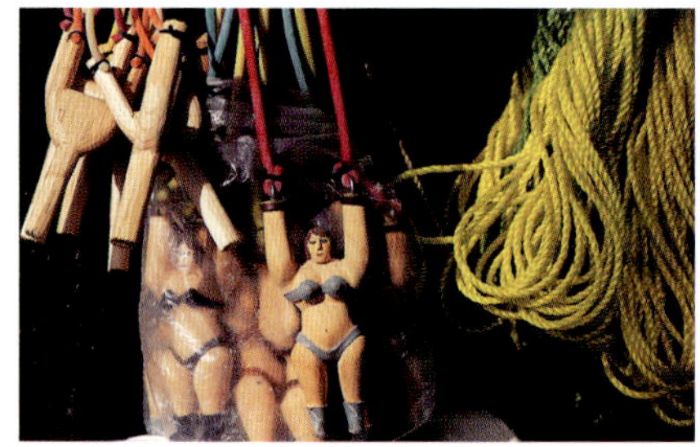

Ingeniosos diseños en las resorteras de madera.

Some ingeniously designed wooden catapults.

Hidalgo
p. 110

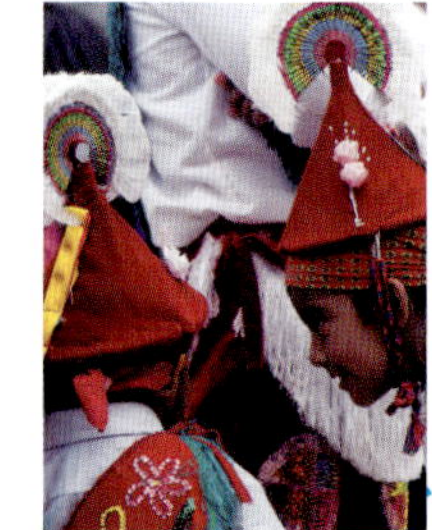

Niños en la danza del volador.

Children in the flier's dance.

Puebla, Pue.
p. 54

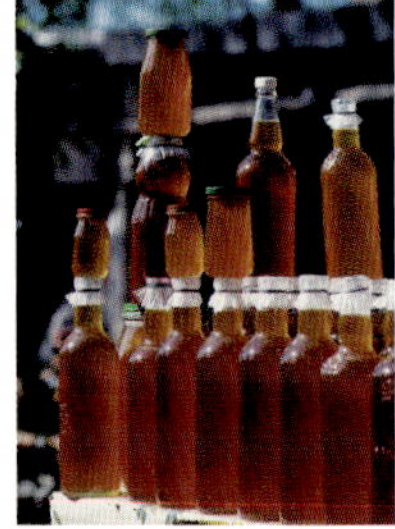

La miel es símbolo de dulzura y alimento espiritual de los sabios.

Honey is the symbol of sweetness, and spiritual food of the wise.

Hidalgo
p. 149

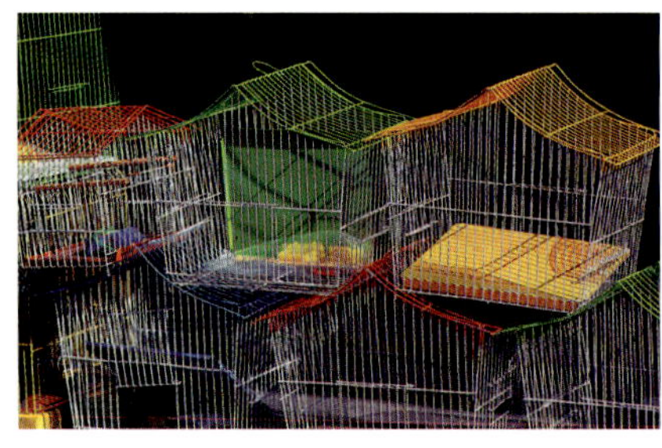

Jaulas para aves, artísticamente diseñadas.

Artistic birdcages.

Puebla, Pue.
p. 121

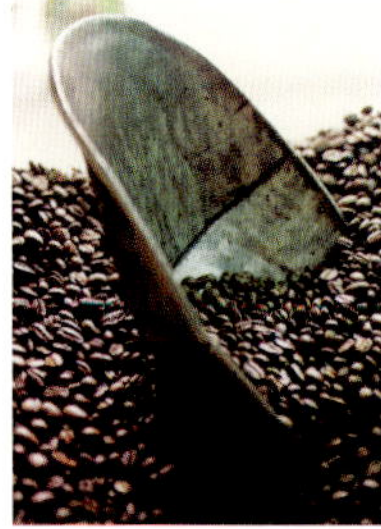

El aromático café, una bebida universal.

Aromatic coffee, the universal drink.

Tlaxcala
p. 167

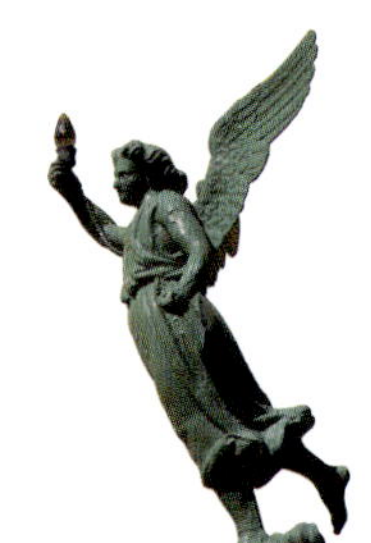

Escultura de piedra.

Stone sculpture.

Puebla, Pue.
p. 180

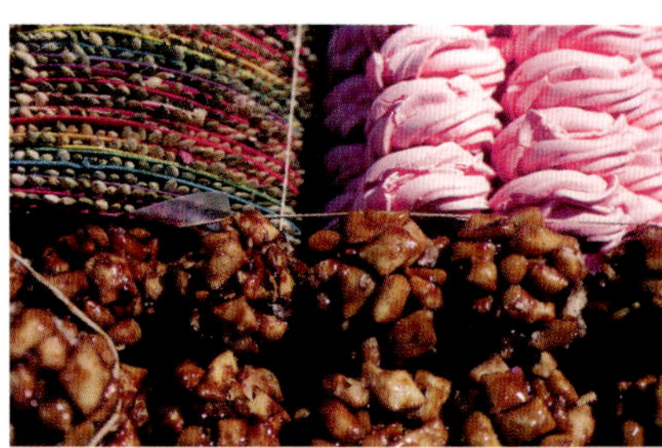

Color, textura y sabor de los dulces mexicanos.

The color, texture and flavor of Mexican sweets.

Hidalgo
p. 147

Estado de México

Su territorio ocupa la mayor parte de los valles del altiplano central, posee uno de los catálogos artesanales más completos de la república, la arquitectura de sus ciudades como Teotihuacan, Malinalco, Calixtlahuaca y Tenayuca habla de la gran capacidad de sus constructores. La calidad de sus prendas de vestir, sarapes, jorongos y tapetes coloca a esta industria entre las mejores de la república, y por si fuera poco, la gran producción agrícola y ganadera influye en su gastronomía, que es el resultado de la combinación de elementos de la cocina nativa con la española, la francesa y la procedente de otras culturas.

This state extends over most of the valleys of the central highlands and boasts one of the nation's most impressive arrays of handcrafts. In addition, there is the architecture of its cities and towns like Teotihuacan, Malinalco, Calixtlahuaca and Tenayuca, which proudly displays the great skill of its builders, as well as the quality of clothing, serapes, ponchos and rugs that positions the local textile industry among the best in all of Mexico. And, just to make sure no doubts remain as to state's awesome dynamism, its huge agricultural and livestock output have an equally huge impact on local gastronomy, based on the blend of native cuisine and the ingredients of Spain, France and other nations.

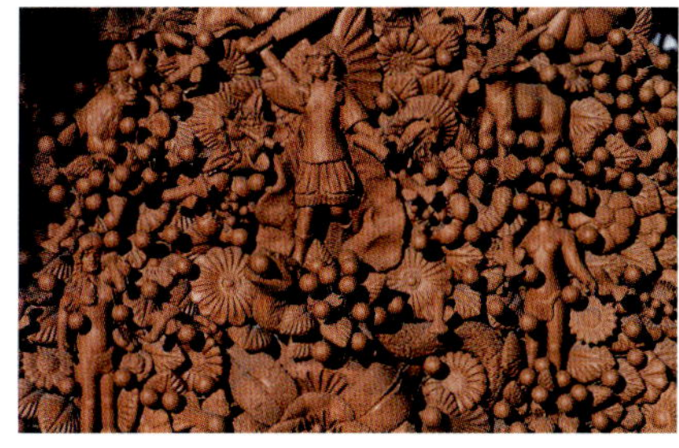

En el árbol de la vida, se destaca el significado religioso y la manera de crear belleza.

The tree of life displays, how beauty is created along with love with color and form.

Edo. de México
p. 98

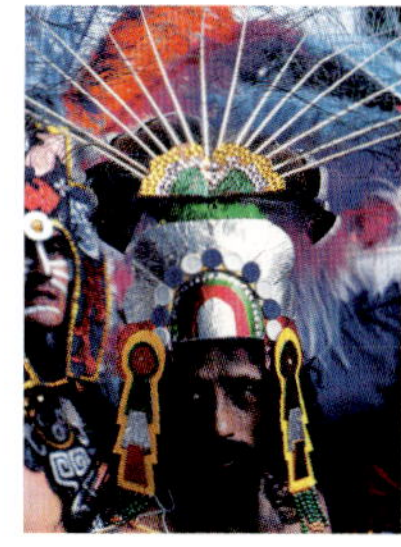

El campesino luciendo tocado de chaquiras y plumas.

A countryman showing off the feathers and ornaments of his headdress.

Ixtapan de la Sal,
Edo. de México
p. 43

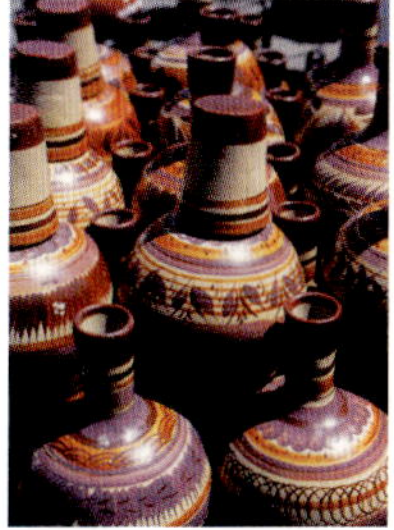

Botellones de barro para agua.

Clay water containers.

Valle de Bravo,
Edo. de México
p. 16

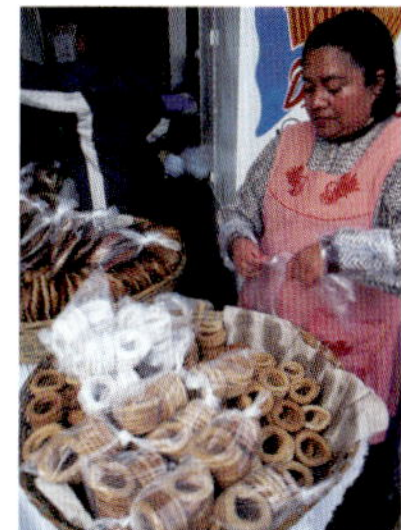

Pan y galletas de venta en el mercado popular.

Handmade buns and biscuits on sale in a local market.

Tenango del Valle,
Edo. de México
p. 143

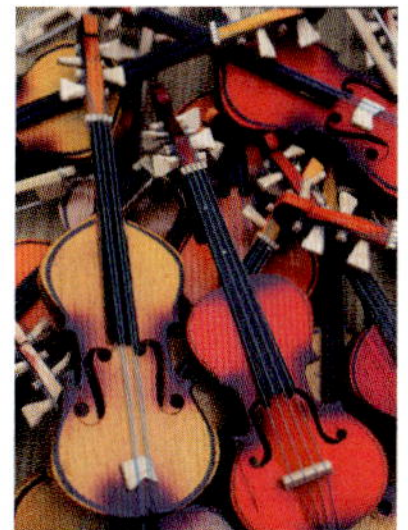

Hermosos violines de juguete.

Beautiful toy violins.

Naucalpan,
Edo. de México
p. 89

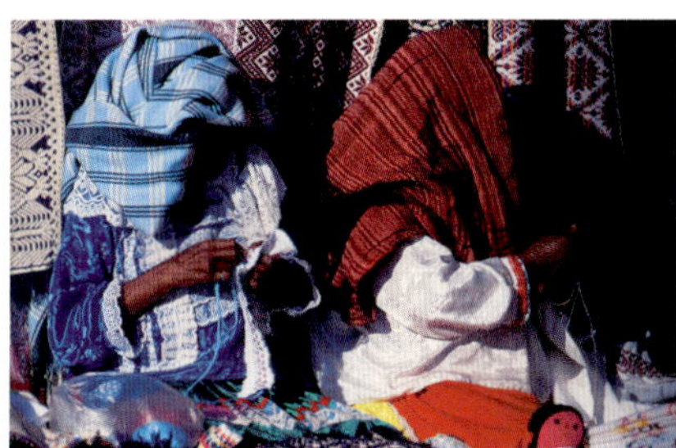

Entre los indígenas, la elaboración de textiles es considerada como un don divino otorgado a la mujer.

Among the indigenous people, the production of textiles is regarded as a divine gift granted to women.

Valle de Bravo, Edo. de México
p.p. 58-59

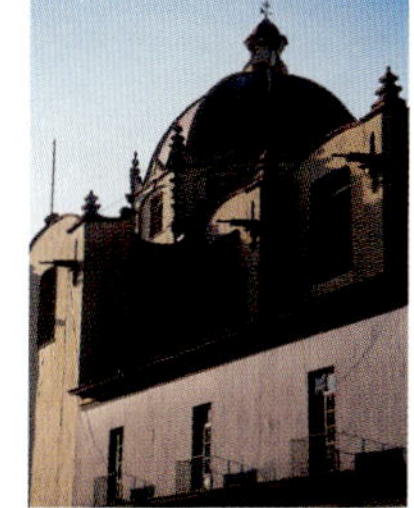

Muestra de la arquitectura barroca de la ciudad de Toluca.

Baroque architecture in the city of Toluca.

Edo. de México
p. 16

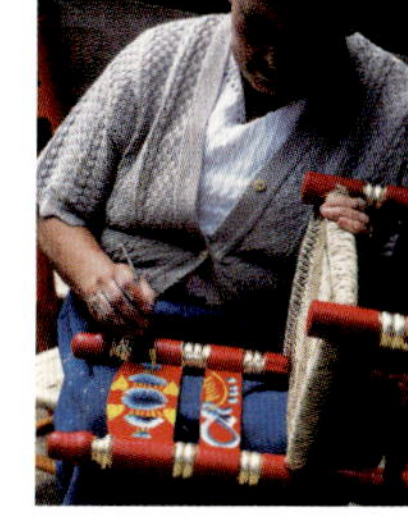

Pequeñas sillas para niños, vistosas y alegres, decoradas con pincel.

Vibrant and joyful chairs for children with painted decorations.

Edo. de México
p. 92

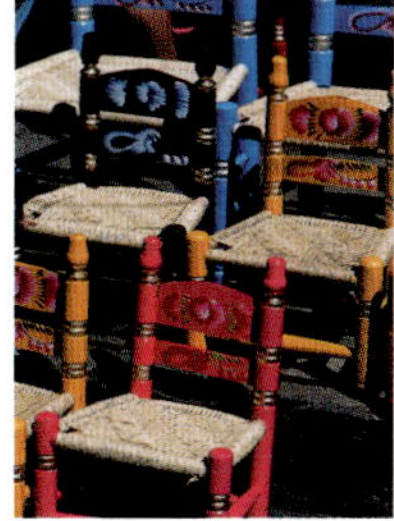

Sillas de colores para niños.

Colorful seats for children.

Valle de Bravo,
Edo. de México
p. 93

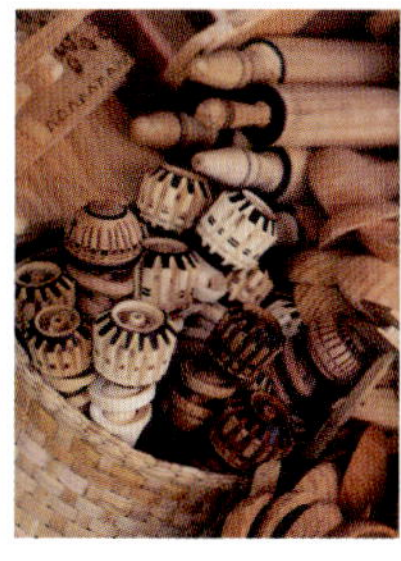

Utensilios de madera para la cocina.

Wooden kitchen utensils.

Metepec,
Edo. de México
p. 85

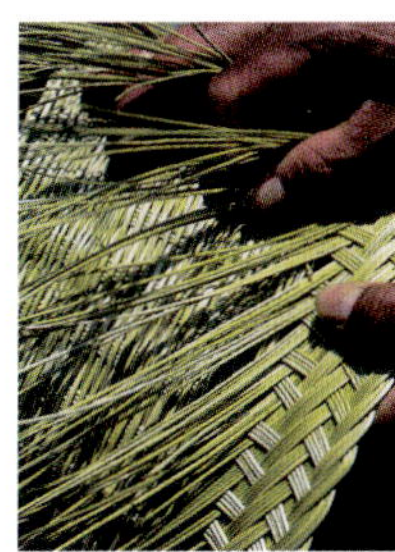

Manos que tejen la palma con delicadeza.

Hands delicately weaving palm.

Estado de México
p. 17

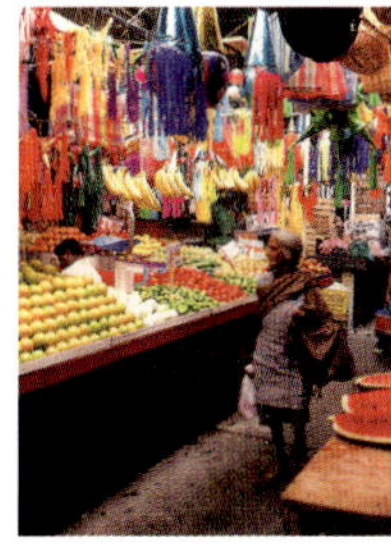

Los colores y los aromas del mercado.

The colors and scents of the market.

Metepec,
Edo. de México
p. 158

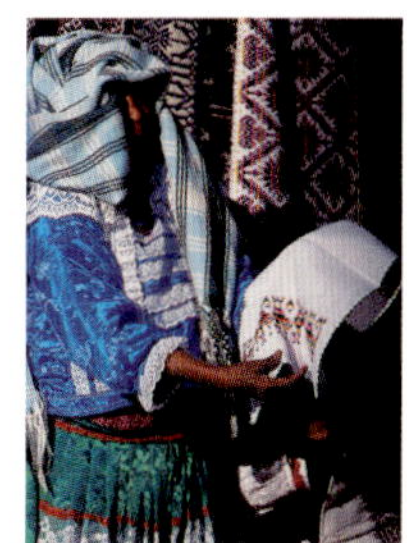

Telas bordadas por las mujeres mazahuas.

Cloth embroidered by Mazahua women.

Valle de Bravo,
Edo. de México
p. 39

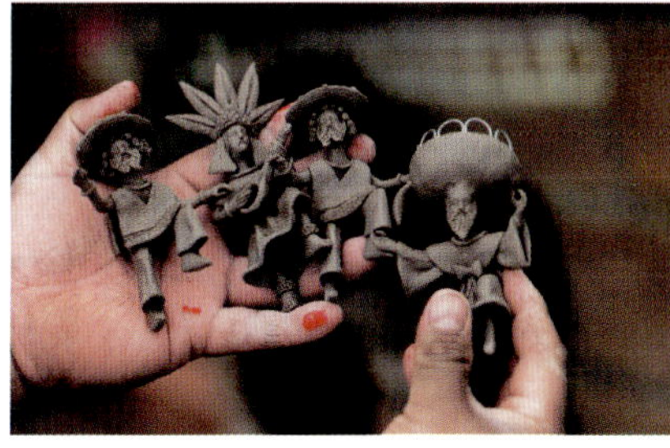

La perfección de los danzantes en miniaturas de barro.

The perfection of miniature clay dancers.

Metepec,
Edo. de México
p.p. 74-75

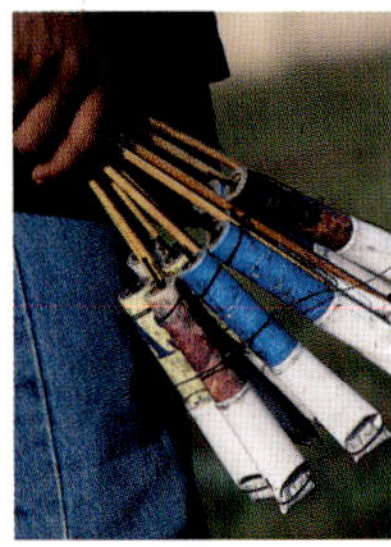

Cohetones de colores para iluminar las fiestas.

An explosion of colors to light up the celebrations.

Metepec,
Edo. de México
p. 111

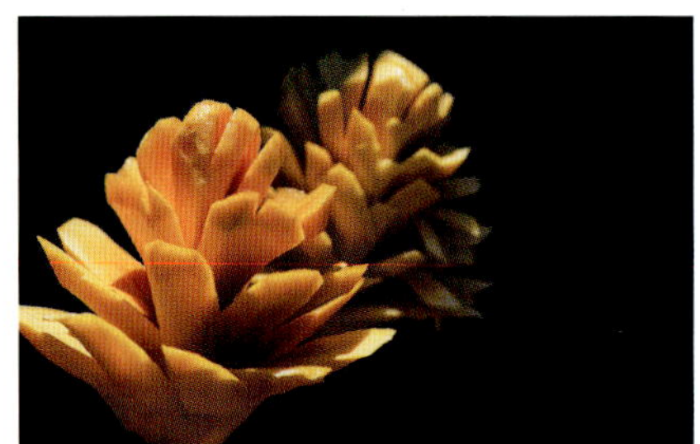

Mangos en flor, una promesa de sabor.

Mangos in bloom, the promise of flavor.

Ixtapan de la Sal, Edo. de México
p.p. 156-157

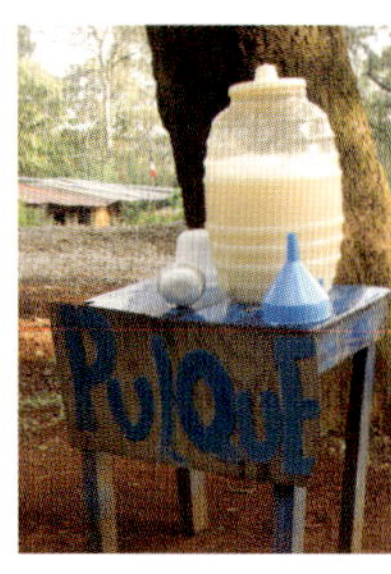

El pulque, una bebida ancestral, generosa y nutritiva.

Pulque, the generous and nutritional ancestral drink.

Huixquilucan,
Edo. de México
p. 141

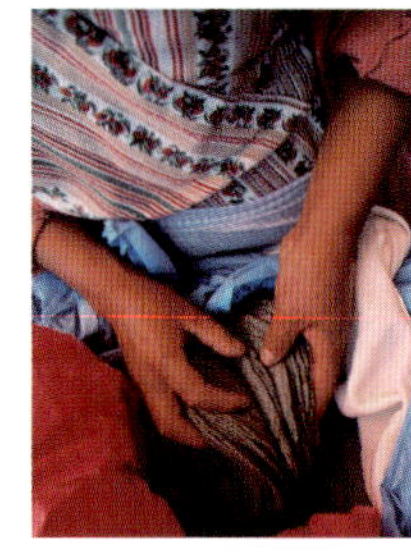

Tortilla de maíz, indispensable en la cocina nacional.

The tortilla, an essential ingredient of national cuisine.

Edo. de México
p. 127

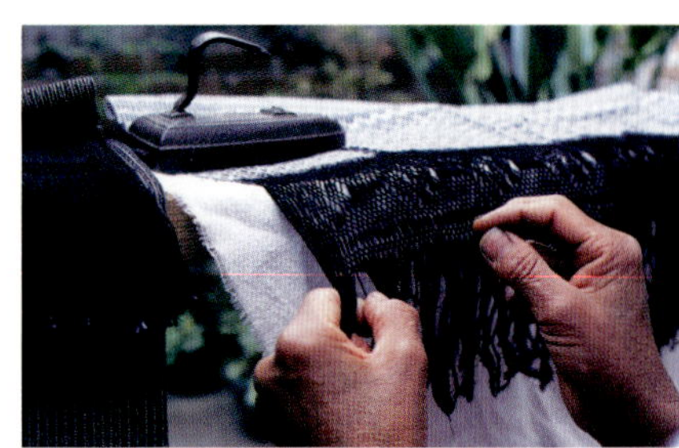

Los rebozos de Tenancingo, son famosos en el mundo por sus bellos empuntados a mano y sus maravillosos colores.

The shawls of Tenancingo, are famous the world over for their beautiful hand stitching and wonderful colors.

Edo. de México
p. 41

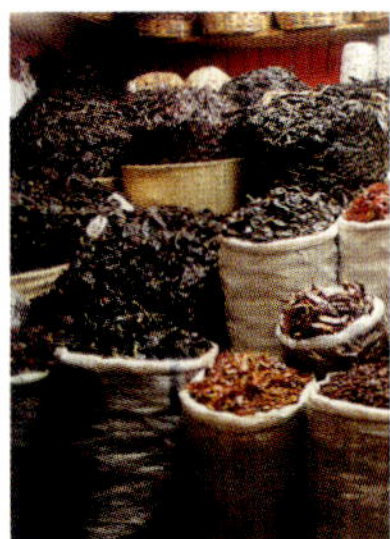

Costales de semillas y chiles.

Sacks of seeds and chilies.

Metepec,
Edo. de México
p. 167

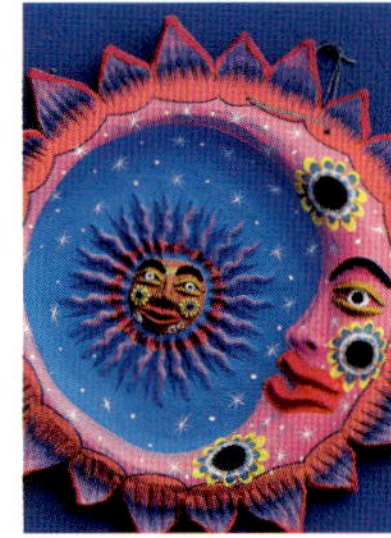

El sol, la luna y las estrellas en un paraíso de colores.

The sun, the moon and the stars in a colorful paradise.

Metepec,
Edo. de México
p. 76

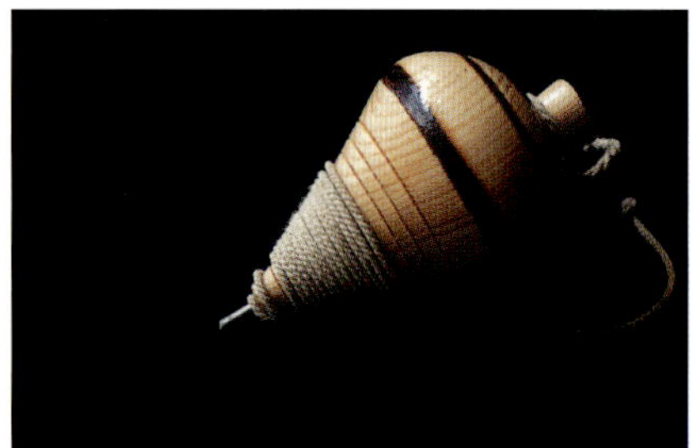

Los artesanos nunca abandonan el gusto infantil por las cosas sencillas.

Craftsmen never lose their childhood taste for simple things.

Valle de Bravo, Edo. de México
p.p. 6-7

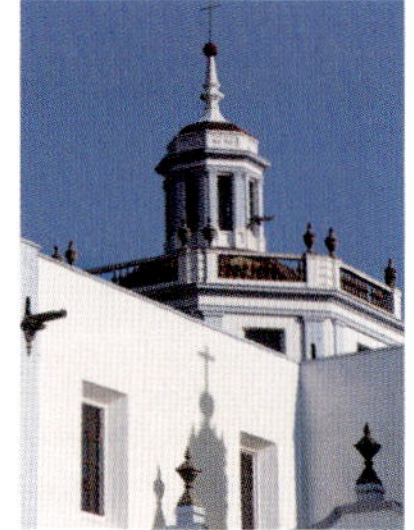

Muestra de la sobria arquitectura colonial.

An example of the outstanding colonial architecture.

Toluca,
Edo. de México
p. 196

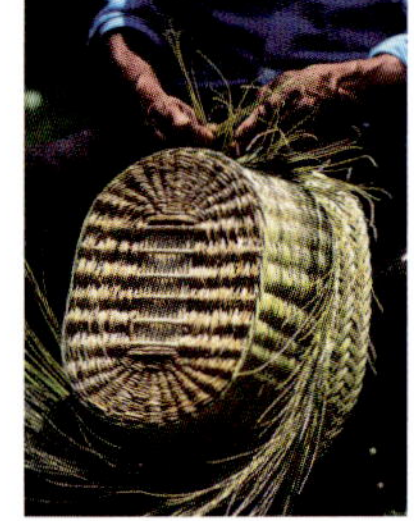

La mano del hombre transforma en arte lo que la naturaleza le brinda.

Nature provides and the hand of man turns it into art.

Edo. de México
p. 106

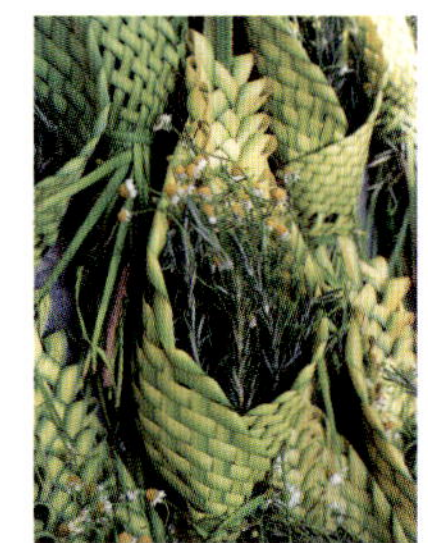

Figura de palma tejida para la ceremonia del Domingo de Ramos.

A woven palm figure for the Palm Sunday ceremony.

Toluca,
Edo. de México
p. 104

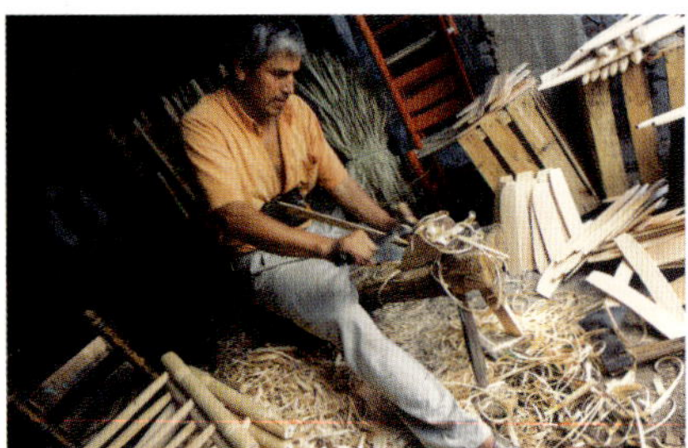

El trabajo del artesano empieza con la elaboración de su propia materia prima.

The craftsman begins his work by preparing his own raw materials.

Tenancingo,
Edo. de México,
p.p. 86-87

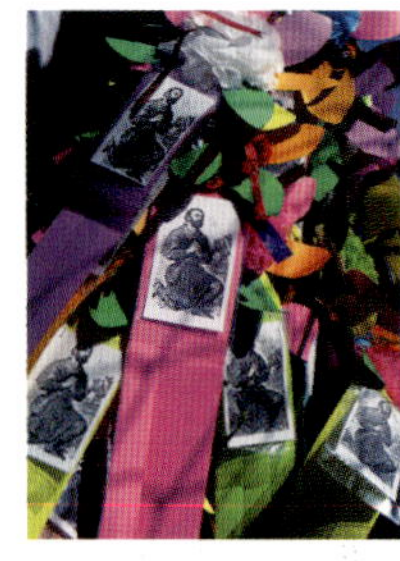

Adornos para la fiesta de San Isidro.

Decorations for the San Isidro festival.

Tenancingo,
Edo. de México
p. 112

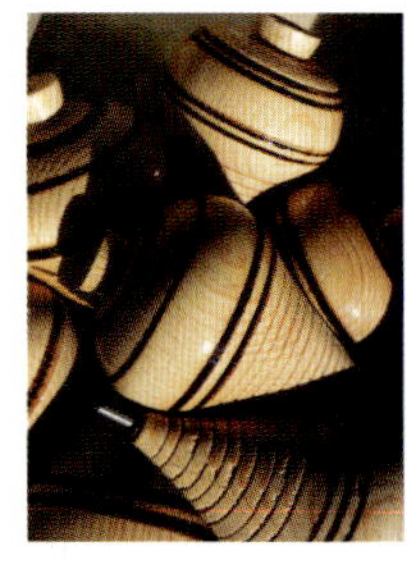

Trompos bellamente torneados.

Exquisitely made spinning tops.

Edo. de México
p. 90

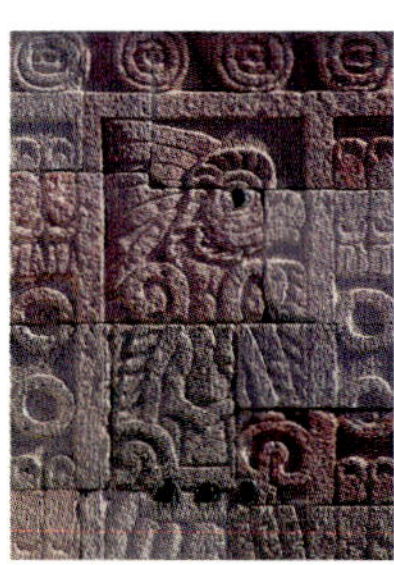

Detalle de la piedra en el Templo de las mariposas.

Stone works in the "Templo de las mariposas".

Teotihuacan,
Edo. de México
p. 16

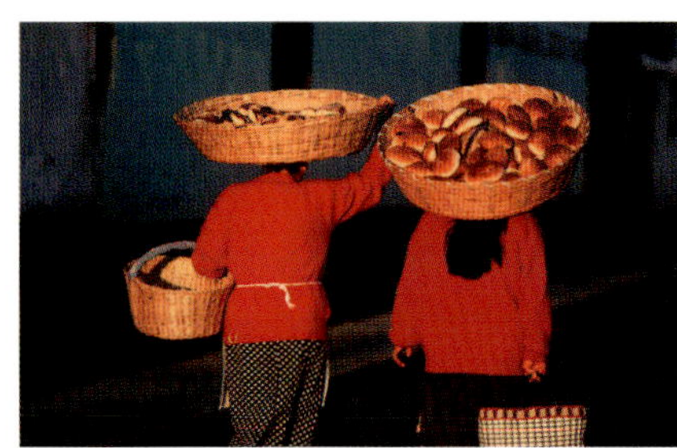

Los panes de pueblo en su canasto de palma forman parte del paisaje matinal.

Village bread in palm breadbaskets is part of the morning panorama.

Edo. de México
p.p. 154-155

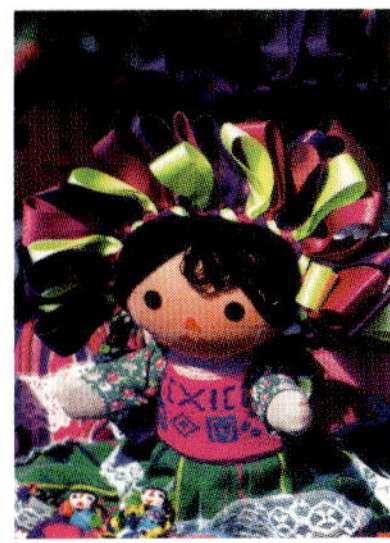

Muñeca de trapo con sus cintas de colores, convertida en obra de arte.

Rag doll with colored ribbons, elevated to the status of a work of art.

Toluca,
Edo. de México
p. 64

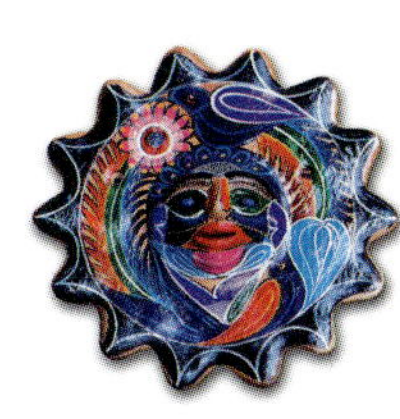

El Sol, capturado en la simplicidad del barro.

The sun portrayed in the simplicity of clay.

Metepec,
Edo. de México
p. 67

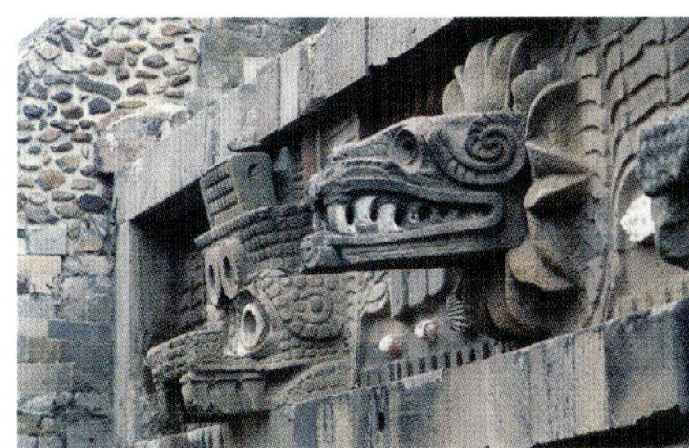

Cabeza de Quetzalcóatl labrada en piedra.

Head of Quetzalcóatl sculpted from stone.

Teotihuacan, Edo. de México
p. 175

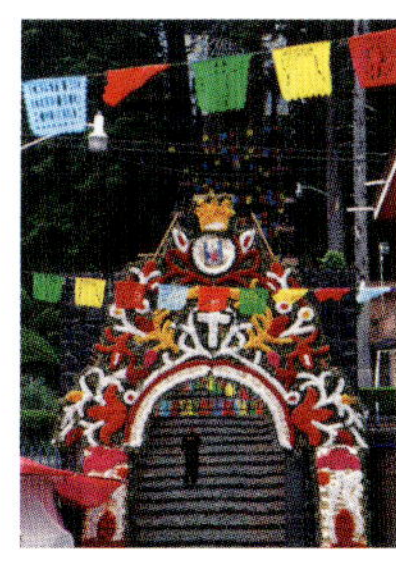

Un arco florido al pie de la escalinata del templo.

A flowery arch marks the bottom of the flight of stairs in this place of worship.

Edo. de México
p. 103

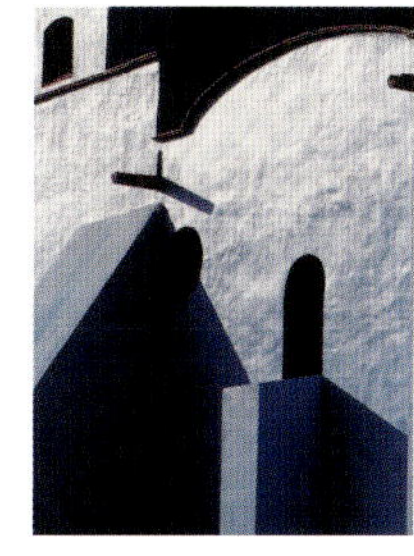

Arquitectura religiosa.

Religious architecture.

Toluca,
Edo. de México
p. 195

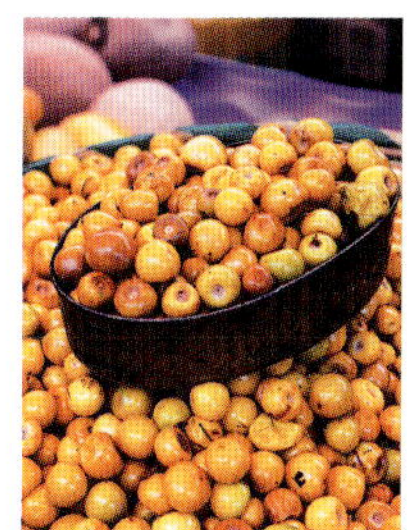

Deliciosa fruta mexicana.

Delicious Mexican fruit.

Edo. de México
p. 158

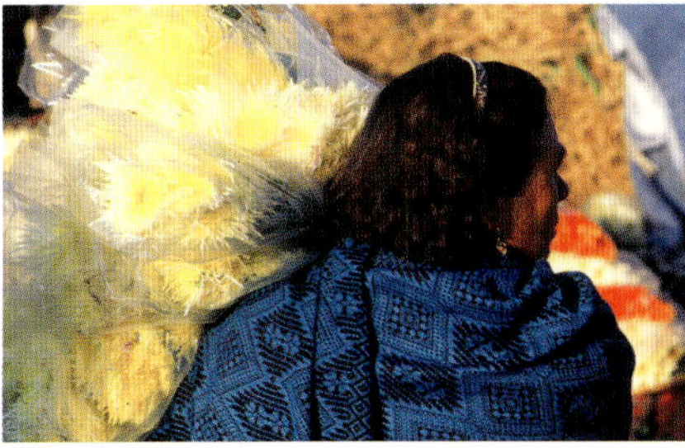

Juego de colores en telas y flores.

The magic of colors.

Huixquilucan, Edo. de México
p. 40

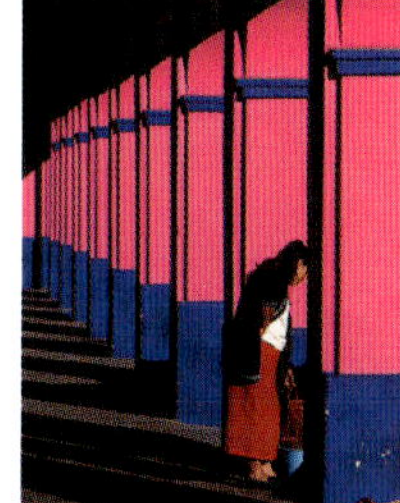

Los portales, punto de encuentro y recreación.

The porticos, a place for socializing and leisure.

Villa Guerrero,
Edo. de México
p. 185

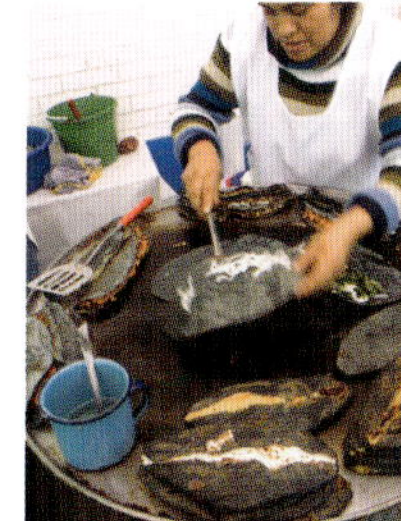

Las quesadillas son alimento popular por excelencia.

"Quesadillas" are one of the most popular choices.

Huixquilucan,
Edo. de México
p. 145

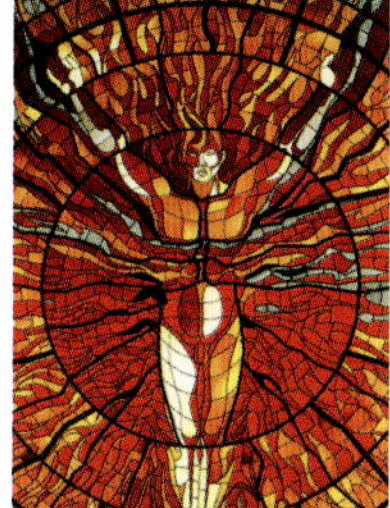

Cosmovitral de proporciones monumentales en jardín botánico.

The gigantic Cosmovitral botanical garden.

Toluca,
Edo. de México
p. 197

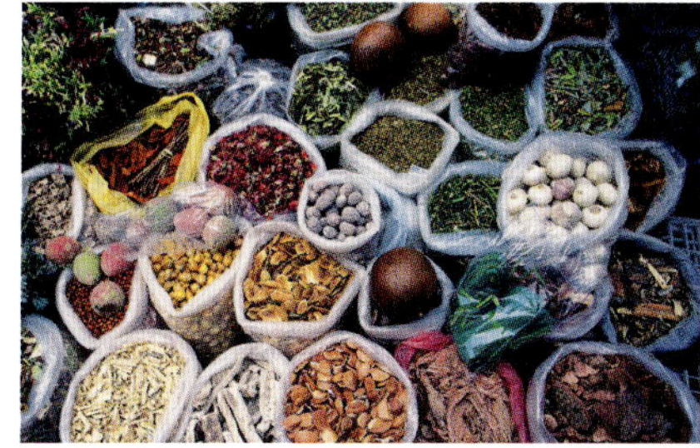

Herbolaria mexicana, el laboratorio de la medicina popular.

Mexican herbalist, the laboratory of people's medicine.

Edo. de México
p.p. 168-169

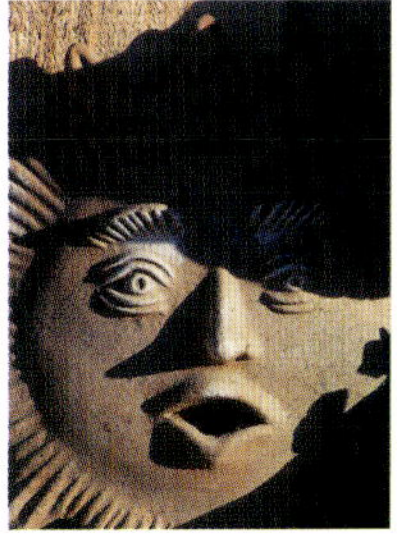

Un sol de barro que parece hablar o cantar.

This earthenware sun seems to be talking or singing.

Valle de Bravo,
Edo. de México
p. 16

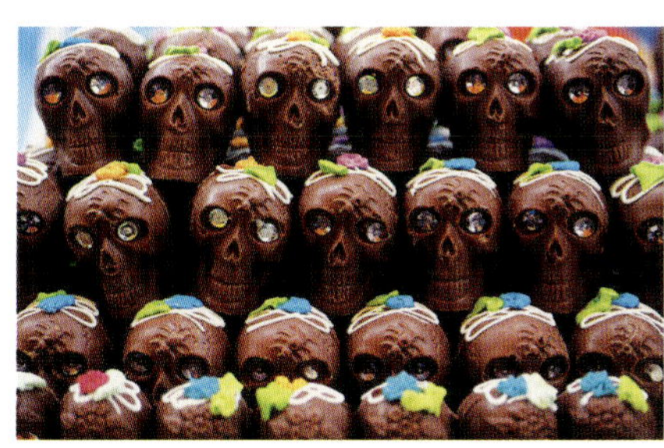

Calaveritas de chocolate decoradas con dulces de colores.

Chocolate skulls decorated with colorful sweets.

Metepec, Edo. de México
p. 162

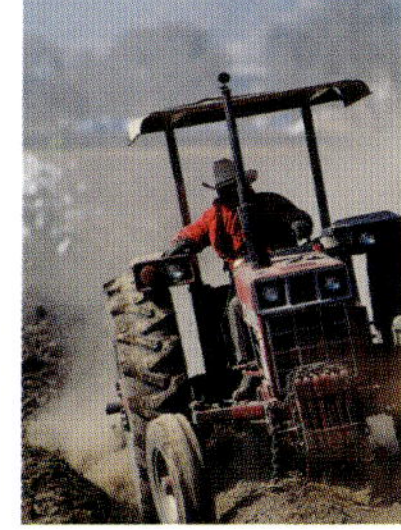

El trabajo de labrar la tierra.

Working the land.

Toluca,
Edo. de México
p. 166

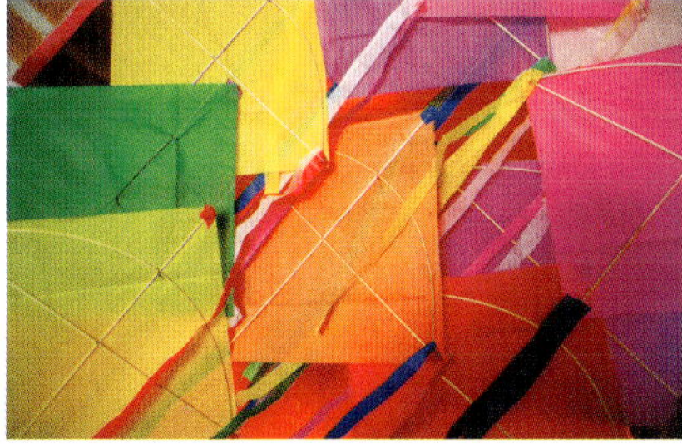

Papalotes de papel de china que juegan con el viento.

Rice paper kites enjoying the wind.

Edo. de México
p.p. 62-63

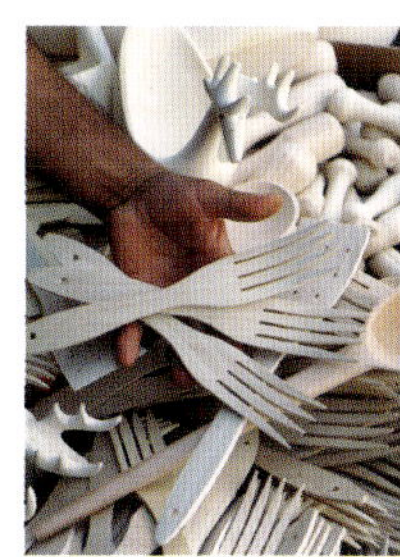

Tenedores y cucharas hechos de madera.

Forks and spoons made of wood.

Toluca,
Edo. de México
p. 84

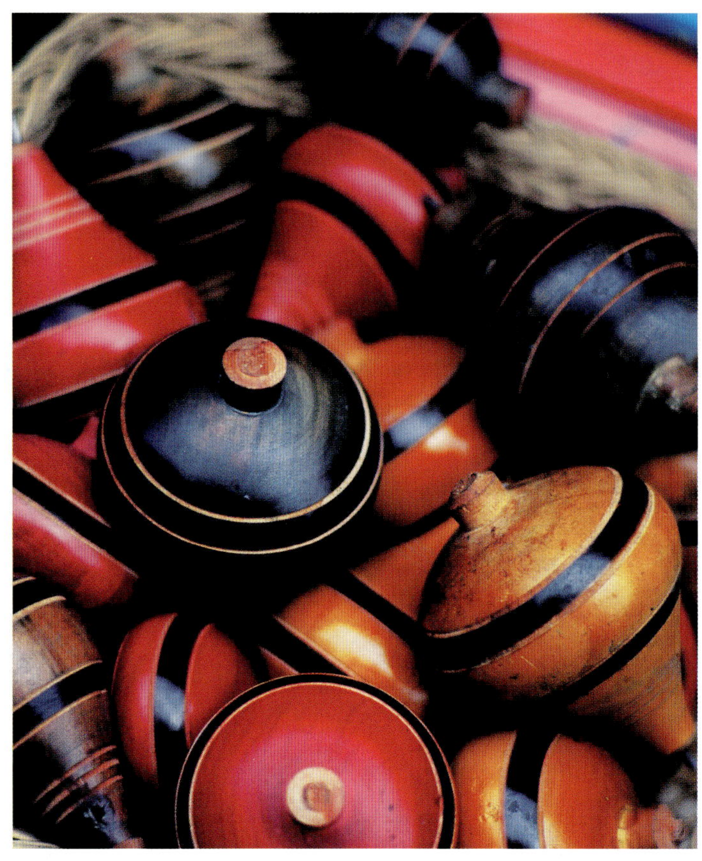

Se terminó de imprimir en el mes de octubre del 2007 en China.

El cuidado de la edición estuvo a cargo de AM Editores S.A. de C.V.

Printed in October 2007 in China. Published by AM Editores S.A. de C.V.